Markus Widl

Microsoft 365 Copilot

Einstieg, Prompts, Best Practices

Rheinwerk
Computing

Liebe Leserin, lieber Leser,

sicherlich kennen Sie die Angst vor dem leeren Blatt, wenn einem mal wieder gar keine Idee für den Text einfällt, dessen Deadline bedrohlich näher rückt. Oder den bangen Blick in die überquellende Inbox mit der Frage, wann man diese ganzen Mails abarbeiten soll? Vielleicht haben Sie es auch schon mal mit einer vor Jahren entwickelten komplexen Excel-Formel zu tun gehabt, deren Logik heute niemand mehr nachvollziehen kann. Oder Sie stehen nach einem chaotischen Meeting vor der Herausforderung, dass Sie nicht mehr genau wissen, wer welche Aufgaben übernehmen sollte.

Diese alltäglichen Büroprobleme kann Ihnen auch die beste künstliche Intelligenz nicht vollständig abnehmen. Doch wenn Sie ihn richtig einsetzen, kann Ihnen ein intelligenter Assistent zeitraubende Routinearbeiten erleichtern und Ihnen helfen, den Überblick im Informationsdschungel zu behalten.

In diesem Leitfaden zeigt Ihnen Markus Widl, wie Sie effektiv mit dem Microsoft 365 Copilot arbeiten. Er setzt das Tool nicht nur selbst erfolgreich ein, sondern unterstützt auch Kunden bei dessen Einführung und schult sie im Umgang mit diesem innovativen KI-Werkzeug. Seine umfangreiche Erfahrung teilt er mit Ihnen, indem er zeigt, wie Sie Ihren neuen Arbeitskollegen ideal in Ihre Workflows und Aufgaben integrieren.

Abschließend noch ein Wort in eigener Sache: Dieses Werk wurde mit großer Sorgfalt geschrieben, geprüft und produziert. Sollte dennoch einmal etwas nicht so funktionieren, wie Sie es erwarten, freue ich mich, wenn Sie sich mit mir in Verbindung setzen. Ihre Kritik und Ihre konstruktiven Anregungen sind jederzeit willkommen.

Ihr Christoph Meister
Lektorat Rheinwerk Computing

christoph.meister@rheinwerk-verlag.de
www.rheinwerk-verlag.de
Rheinwerk Verlag · Rheinwerkallee 4 · 53227 Bonn

Auf einen Blick

Wir hoffen, dass Sie Freude an diesem Buch haben und sich Ihre Erwartungen erfüllen. Ihre Anregungen und Kommentare sind uns jederzeit willkommen. Bitte bewerten Sie doch das Buch auf unserer Website unter **www.rheinwerk-verlag.de/feedback**.

An diesem Buch haben viele mitgewirkt, insbesondere:

Lektorat Christoph Meister
Korrektorat Friederike Daenecke, Zülpich
Herstellung Stefanie Meyer, Maxi Beithe
Typografie und Layout Vera Brauner
Einbandgestaltung Noah Neuhaus
Coverbild Shutterstock: 2104457900 © Gorodenkoff
Satz Typographie & Computer, Krefeld
Druck Beltz Grafische Betriebe GmbH, Bad Langensalza

FSC www.fsc.org MIX Papier | Fördert gute Waldnutzung FSC® C089473

Dieses Buch wurde gesetzt aus der TheAntiquaB (9,35/13,7 pt) in FrameMaker.

Gedruckt wurde es mit mineralölfreien Farben auf chlorfrei gebleichtem, FSC®-zertifiziertem Offsetpapier (90 g/m²).

Hergestellt in Deutschland.

Bibliografische Information der Deutschen Nationalbibliothek:
Die Deutsche Nationalbibliothek verzeichnet diese Publikation in der Deutschen Nationalbibliografie; detaillierte bibliografische Daten sind im Internet über *http://dnb.dnb.de* abrufbar.

ISBN 978-3-367-10045-3

1. Auflage 2025, 2. Nachdruck 2026

Rheinwerk Verlag GmbH • Rheinwerkallee 4 • 53227 Bonn
service@rheinwerk-verlag.de

Informationen zu unserem Verlag und Kontaktmöglichkeiten finden Sie auf unserer Verlagswebsite **www.rheinwerk-verlag.de**. Dort können Sie sich auch umfassend über unser aktuelles Programm informieren und unsere Bücher und E-Books bestellen.

Inhalt

TEIL III Sicherheit, Erweiterung und Administration

Jarvis is my co-pilot
(Avengers: Age of Ultron, Marvel, 2015)

Geleitwort

Ich erinnere mich noch lebhaft daran, wie meine Eltern eine 18-bändige Enzyklopädie kauften, damit unsere Familie zu Hause über ein Allgemeinwissen verfügte. Das war eine große Investition für uns, und bis heute stehen diese großen, in Leder gebundenen Bücher in der Bibliothek meiner Mutter. Später, während des Studiums, verbrachte ich zwei Nachmittage damit, mit der Hand Bewerbungen für Praktika zu schreiben. Der Frust, wenn ich beim letzten Satz einen Fehler machte und von vorne anfangen musste, verfolgt mich noch immer. Während meines ersten Praktikums in einer Bank bestand eine meiner Aufgaben darin, alle Transaktionen des Vortags auszudrucken und manuell zu überprüfen, wobei ich Stunden damit verbrachte, die Zeilen zu markieren, die ich überprüft hatte. Ich könnte noch weitere 350 Seiten über diese alten Arbeitsweisen von vor über 30 Jahren schreiben.

Während sich die Technologie weiterentwickelt hat, um die Effizienz solcher Prozesse zu verbessern, verändert die KI nicht nur den Ansatz, sondern auch die Rolle, die wir Menschen dabei spielen. Der spannendste Aspekt ist, dass KI die Arbeit, die uns bei vielen täglichen Aufgaben Energie, Nerven und Motivation gekostet hat, effektiver und präziser vorbereiten kann. Informationen, Umfragen und Erkenntnisse nehmen explosionsartig zu? Kein Problem! KI kann mir dabei helfen, mich auf den neuesten Stand zu bringen, indem sie Informationen aus verschiedenen Quellen zusammenfasst und es mir ermöglicht, sie bei Bedarf zu vertiefen. Die Enzyklopädie im Regal meiner Mutter kann mit der Informationsfülle der KI nicht mithalten. Ich suche nach Inspirationen für einen Text, eine Werbekampagne oder ein kreatives Projekt? KI spart mir Stunden, indem sie mir auf der Grundlage meines Briefings Ideen vorschlägt. Überwältigt von Finanz-, Medizin-, Test- und anderen Daten? KI ermöglicht eine frühzeitige Erkennung von Krankheiten und eine personalisierte Behandlung oder schnellere klinische Tests, was sowohl Kosten spart als auch Leben rettet.

Die Art und Weise, wie wir arbeiten, hat sich verändert, da KI jede Branche, Aufgabe und Funktion betrifft. KI bietet jedem Menschen die Möglichkeit, von einem persönlichen Assistenten zu profitieren, der in seinem Kontext und mit seinen Daten arbeitet und ihm dabei hilft, sich auf das zu konzentrieren, was wirklich wichtig ist und wo er den größten Beitrag leisten kann. KI kann Daten präziser verarbeiten, schneller mehrere Entwürfe vorschlagen, Szenarien effektiver bewerten und den Output schneller personalisieren als Menschen. Dies befreit uns von lästiger Arbeit und ermöglicht es uns, unsere Zeit und Energie in Bereiche zu investieren, in denen menschliche Qualitäten wie emotionale Intelligenz, Empathie, Selbstreflexion, gesunder Menschenverstand, ausgeprägte Kreativität und Ethik entscheidend sind.

Diese Vision ist keine Zukunftsvision, sie ist mit Microsoft 365 Copilot bereits heute verfügbar. Nachdem ich es in den letzten 18 Monaten intensiv genutzt habe, kann ich mich für seinen Wert und den Fortschritt, den es bietet, verbürgen. Markus und ich haben eng im selben Team zusammengearbeitet, und ich bewundere seine Fähigkeit, sich auf sein Publikum einzulassen und Technologie zugänglich und praktisch zu machen. KI beschleunigt das Tempo des technologischen Wandels, kann aber auch einschüchternd wirken. So werden nach Angaben des Weltwirtschaftsforums 65 % der Kinder, die heute die Grundschule besuchen, in Berufen arbeiten, die es noch gar nicht gibt.

Wie können wir also mithalten und uns und künftige Generationen auf den Erfolg vorbereiten? Der erste Schritt ist die Akzeptanz der neuen Realität und das Anerkennen der Chancen, die KI bietet. Dann geht es darum, KI für sich selbst und das eigene Unternehmen auf die Probe zu stellen, was mit Trial and Error, der Investition von Zeit und Selbstreflexion verbunden ist, um die Grenzen des Möglichen zu erweitern. Aus diesem Grund bin ich froh, dass Markus dieses Buch geschrieben hat. Es bietet einen umfassenden Überblick über Microsoft 365 Copilot als Ihren persönlichen Assistenten und steckt voller konkreter Tipps, Aufforderungen und zugänglichem Wissen, damit Sie mit Zuversicht loslegen können.

Ich begann meine Reise mit Microsoft 365 Copilot im März 2023. Die ersten Monate waren steinig, denn ich musste lernen, mit meinem Assistenten auf kollegiale Weise zu interagieren und nicht nur im Webbrowser. Ich musste meine Eingabeaufforderungen verfeinern, um die relevantesten Antworten zu erhalten, und neue Gewohnheiten für Prozesse wie Recherche, hybride Meetings und E-Mail-Verwaltung entwickeln. Ich wünschte, ich hätte diesen Leitfaden an meiner Seite gehabt, um mich nicht über einige der Ergebnisse zu ärgern und um einen Vorsprung vor denjenigen zu haben, die IT-erfahren sind und die Lernkurve bereits durchlaufen haben.

Mit diesem Buch machen Sie den ersten Schritt in eine bessere Zukunft und eine lohnendere Art zu arbeiten! Durch die Integration von KI in Ihre täglichen Aufgaben können Sie neue Ebenen der Effizienz und Kreativität erschließen. Microsoft 365 Copilot ist da, um Sie zu unterstützen und Ihre Arbeit einfacher und angenehmer zu machen. Machen Sie sich das Potenzial von KI zunutze und entdecken Sie, wie sie Ihre Arbeitsweise positiv verändern kann. Die Reise ist aufregend, und die Vorteile sind zum Greifen nah. Beginnen Sie noch heute mit der Erkundung und erleben Sie den Unterschied, den KI machen kann!

PS: Falls Sie sich fragen, ob KI mir beim Schreiben dieses Vorworts geholfen hat: Ja, hat es! Markus hat mich gebrieft, und auf dieser Grundlage habe ich mir überlegt, was ich sagen wollte, also hatte ich kein Problem mit der leeren Seite. KI hat mich bei der Umwandlung von Sprache in Text unterstützt (sodass ich nicht noch einmal tippen musste). Sie kann bei der Verbesserung und Kürzung des ursprünglichen Textes um 10 % helfen – ebenso wie bei der Abfassung des Schlussabsatzes (ich habe hier um Worte gerungen) und bei der Übersetzung ins Deutsche, das meine dritte Sprache ist, weswegen es mir auf Deutsch schwerer fällt, komplizierte Dinge passend auszudrücken. KI verändert alles, was wir tun. Wo KI Ihnen heute helfen kann, erfahren Sie mit Sicherheit auf den nächsten Seiten.

Celine Joergens
KMU Lead Microsoft Deutschland

Vorwort

Gleich geht es los. Doch vorher möchte ich Ihnen noch ein paar einleitende Sätze zum Inhalt dieses Buches mit auf den Weg geben.

Microsoft 365 Copilot hat als generativer KI-Assistent in Microsoft 365 Einzug gehalten. Er soll den Anwenderinnen und Anwendern dabei helfen, ihre Arbeit effizienter und kreativer zu gestalten, und unterstützt sie dabei, ihre eigenen Fähigkeiten auszubauen. So können mit Microsoft 365 Copilot Dokumente, Präsentationen, E-Mails, Tabellen und vieles mehr erstellt, bearbeitet und zusammengefasst werden, indem die Absicht oder ein Ziel formuliert wird. Im Gegensatz zu Diensten wie *ChatGPT* greift Microsoft 365 Copilot direkt – und unter Beachtung des Berechtigungsmodells – auf alle in Microsoft 365 gespeicherten Daten des Unternehmens zurück und kann diese in den Antworten berücksichtigen. Auf Basis dessen »versteht« Copilot die Anfrage und schlägt passende Inhalte, Formate, Grafiken und Quellen vor, die mit einem Klick übernommen oder angepasst werden können. Dabei ist Copilot tief insbesondere in die Office-Applikationen, den Teams-Client und das Anwendungs-Interface von Microsoft 365 integriert.

Die Anwendungsfälle sind vielfältig, doch sind sie nicht immer sofort ersichtlich. Auch das Formulieren von Prompts, also den Anweisungen, mit denen die Anwenderinnen und Anwender das gewünschte Ziel vorgeben, fällt nicht allen Personen gleichermaßen leicht und erfordert ein gewisses Maß an Übung. Dabei möchte ich Sie, liebe Leserinnen und Leser, mit diesem Buch begleiten, um dem möglichen Frust ein wenig vorzubeugen, der schnell entstehen kann, wenn die Ergebnisse von Copilot nicht so recht dem entsprechen, was man sich vorgestellt hat.

Ich beschreibe in diesem Buch nicht nur die Funktionsweise von Microsoft 365 Copilot, sondern vor allem dessen praktische Anwendung anhand von greifbaren Beispielen. Das Buch richtet sich zuallererst an Endanwenderinnen und -anwender, die den vollen Nutzen aus diesem innovativen Tool ziehen möchten, ohne sich zu tief in technischen Details zu verlieren.

Ist das Buch für alle Varianten von Copilot geeignet?

Der Begriff *Copilot* taucht in einer ganzen Reihe unterschiedlicher Produkte von Microsoft auf. In diesem Buch beschäftigen wir uns mit *Microsoft 365 Copilot*, wie er zusammen mit den Produktivitätsanwendungen wie den Office-Applikationen, Microsoft Teams, Exchange, SharePoint etc. unter dem Dach *Microsoft 365* verwendet wird. Microsoft 365 Copilot ist dabei eine kostenpflichtige Zusatzlizenz – im Gegensatz zu *Microsoft 365 Copilot Chat*. Letzteres ist seit Mitte Januar 2025 erhältlich und in vielen Microsoft 365-Lizenzen für Unternehmen und Organisationen integriert, so dass keine weiteren Kosten anfallen. Dieses Buch hat die kostenpflichtige Variante mit dem kompletten Funktionsumfang im Fokus. Viele Informationen können Sie aber auch einsetzen, wenn Sie »nur« über Microsoft 365 Copilot Chat verfügen.

Microsoft bietet daneben mit *Microsoft Copilot Pro* sowie integriert in *Microsoft 365 Single* und *Microsoft 365 Family* einen auf den ersten Blick identischen Dienst für private Anwenderinnen und Anwender an. Doch unterscheiden sich die beiden Dienste sehr deutlich in der bereitgestellten Funktionalität. Dieses Buch berücksichtigt explizit nicht die Copilot-Varianten für den Privatgebrauch.

Für wen ist das Buch gedacht?

Dieses Buch richtet sich insbesondere an Anwenderinnen und Anwender, die Microsoft 365 Copilot für ihre Arbeit nutzen wollen. Dazu zählen die typischen Information Worker, die beispielsweise tagtäglich einen Großteil Ihrer Arbeitszeit mit den Office-Anwendungen und Microsoft Teams bestreiten. Natürlich zählen dazu auch Personen in technischen Rollen aus der IT, beispielsweise die Administratoren. Für diese gibt es zusätzlich an der einen oder anderen Stelle Informationen dazu, wie sie den Betrieb von Microsoft 365 Copilot an die unternehmensspezifischen Anforderungen und Besonderheiten anpassen können.

Für wen ist das Buch nicht gedacht?

Falls Sie auf der Suche nach einem reinen Administrationshandbuch sind, das die technische Verwaltung von Microsoft 365 Copilot im Detail beleuchtet, sind Sie mit diesem Buch nicht optimal bedient.

Welche Vorkenntnisse werden vorausgesetzt?

Spezielle Vorkenntnisse sind zunächst nicht erforderlich. Allerdings ist es hilfreich, wenn Sie über Erfahrungen im Umgang mit der Microsoft-Produktpalette verfügen, insbesondere mit Office-Anwendungen und Microsoft Teams.

Und der Inhalt?

Der Inhalt dieses Buchs ist in drei Teile gegliedert. Im ersten Teil, »Basiswissen«, beginnen wir mit dem Aufbau des grundsätzlichen Wissens zu Microsoft 365 Copilot.

Es geht los mit Kapitel 1, »Einführung«, in dem ich einige grundlegende Fragen rund um den Einsatz von Microsoft 365 Copilot beantworte. Dazu gehört beispielsweise, an welchen Stellen der Dienst in die Anwendungsoberflächen integriert ist, wie er im Arbeitsalltag hilft und welche Voraussetzungen für seinen Einsatz erfüllt sein müssen. Auch finden Sie dort einen Funktionsüberblick.

Weiter geht es in Kapitel 2, »Prompts effektiv gestalten«. Dort beschreibe ich, wie Sie über Prompts mit Microsoft 365 Copilot interagieren. Prompts sind eine Art Anweisungen, mit denen Sie mitteilen, was Sie als Ergebnis erwarten. Oft hilft es dabei, einen gewissen Aufbau zu berücksichtigen, und ich gebe Ihnen viele Tipps zum Formulieren Ihrer Prompts, damit Sie möglichst auch das Ergebnis erhalten, das Sie sich wünschen.

Nach diesen grundlegenden Kapiteln folgt der zweite Teil, »Anwendungen und Dienste«. Wie der Name schon andeutet, beschreibe ich in sechs Kapiteln die Nutzung von Microsoft 365 Copilot und verschiedenen Anwendungen, beispielsweise der Office-Applikationen, und Diensten, etwa Microsoft Teams.

Den Start macht dabei die Textverarbeitung in Kapitel 3, »Microsoft Word«. Dort geht es insbesondere um das Generieren neuer Texte, die Beantwortung von Fragen zu bestehenden Texten und das Zusammenfassen.

In Kapitel 4, »Microsoft Excel«, arbeiten und erweitern wir bestehende Arbeitsmappen, erstellen Diagramme und nehmen Auswertungen vor.

Weiter geht es mit Kapitel 5, »Microsoft PowerPoint«. Dabei erstellen wir neue Präsentationen auf Basis vorhandener Dateien, beispielsweise einem Word-Dokument. Wir ergänzen und optimieren bestehende Präsentationen und erstellen Zusammenfassungen.

In Kapitel 6, »Microsoft Outlook«, verschaffen wir uns einen Überblick im Posteingang, was besonders hilfreich nach dem Wochenende und am ersten Arbeitstag nach der Urlaubszeit ist. Außerdem erstellen wir Entwürfe für neue E-Mails und lassen uns zu bestehenden E-Mails coachen, um möglichst den richtigen Ton zu treffen. Auch zeige ich Ihnen, wie Microsoft 365 Copilot Sie bei der Terminkoordinierung unterstützt.

In Microsoft Teams ist der Microsoft 365 Copilot an unterschiedlichen Stellen integriert. Deshalb sehen wir uns in Kapitel 7, »Microsoft Teams«, an, wie Sie während eines Meetings Fragen zum Inhalt stellen können (etwa wenn Sie ein paar Minuten zu spät sind), nach der Besprechung eine Zusammenfassung erhalten, Informationen finden und nicht zuletzt eine Unterstützung bei Chats und Beiträgen erhalten.

Da die Copilot-Integration nach Word, Excel, PowerPoint, Outlook und Teams nicht aufhört, sondern noch weitere Komponenten aus Microsoft 365 umfasst, sehen wir uns in Kapitel 8, »Weitere Anwendungen und Dienste«, nicht ganz so ausführlich, aber dennoch im Überblick OneDrive, OneNote, Whiteboard, Loop, Forms und Viva an.

Dann folgt der dritte Teil, »Sicherheit, Erweiterung und Administration«, mit einigen weiterführenden Kapiteln.

In Kapitel 9, »Sicherheit und Datenschutz«, beschreibe ich diesbezügliche Herausforderungen, die durch den KI-Einsatz im Unternehmen bestehen. Ich führe dann eine ganze Reihe an verschiedenen Microsoft 365-Komponenten auf, die die Sicherheit erhöhen und den Datenschutz ermöglichen. Dazu befassen wir uns mit der Berechtigungsstruktur (und den mit ihr verbundenen Problematiken), mit der Datenklassifizierung und mit der Verhinderung von Datenverlust. Außerdem beantworte ich typische Fragen, die in diesem Themenkomplex auftreten.

Die Einsatzmöglichkeiten von Microsoft 365 Copilot sind zwar vielfältig, dennoch reichen sie an manchen Stellen nicht aus – beispielsweise wenn es darum geht, Daten in die Verarbeitung von Copilot mit einfließen zu lassen, die nicht in Microsoft 365 gespeichert sind, oder auch, wenn es um die Anwendung spezifischer unternehmensinterner Prozesse geht. Deshalb zeige ich Ihnen in Kapitel 10, »Copilot erweitern«, verschiedene Möglichkeiten, wie Sie die Funktionen und Anwendungsbereiche des KI-Assistenten mit eigenen Erweiterungen ergänzen.

Das Buch schließt dann mit Kapitel 11, »Administrationsüberblick«. Hier zeige ich, welche Möglichkeiten aus der Perspektive der IT-Verwaltung bestehen, um Microsoft 365 Copilot an die Anforderungen Ihres Unternehmens anzupassen. Und sollten Sie nicht zum Administratorenkreis gehören, können Sie mit den Informationen aus diesem Kapitel besser verstehen, warum sich Copilot in Ihrem Unternehmen eben genau so verhält.

Beachten Sie bitte beim Lesen, dass wir die Informationen sehr sorgfältig zusammengestellt haben. Dennoch ist es nicht auszuschließen, dass sich doch der eine oder andere Fehler eingeschlichen hat. Außerdem ändern sich gerne auch mal Gegebenheiten, beispielsweise bei den Limitierungen, denn man kann davon ausgehen, dass die KI-Modelle in der Zukunft vieles können werden, was heute noch nicht reibungslos funktioniert.

An dieser Stelle noch ein wichtiger Hinweis: Zur besseren Lesbarkeit verzichte ich in diesem Buch an einigen Stellen auf die gleichzeitige Verwendung weiblicher und männlicher Bezeichnungen, sondern verwende das generische Maskulinum. Sehen Sie es mir bitte nach, wenn ich von »Anwendern, Mitarbeitern und Benutzern« schreibe und nicht von »Anwenderinnen und Anwendern, Mitarbeiterinnen und Mitarbeitern, Benutzerinnen und Benutzern« – es sind immer von Herzen Personen aller Geschlechter gleichermaßen angesprochen.

Manche Absätze sind mit diesem Symbol gekennzeichnet. Diese Absätze enthalten zusätzliche oder besonders beachtenswerte Informationen. [«]

Was ist die Beispiel AG?

Im Buch verwende ich zur Verdeutlichung der angesprochenen Szenarien und Sachverhalte an einigen Stellen das fiktive Unternehmen *Beispiel AG*. Dabei werden Sie verschiedene Protagonisten aus unterschiedlichen Bereichen kennenlernen, beispielsweise *Lucy Walker*, *Robin Ryan* und *Juli Stark*, die sich mithilfe von Microsoft 365 Copilot ihren Arbeitsalltag in unterschiedlichen Szenarien erleichtern.

Was ist mit neuen Funktionen?

Microsoft 365 Copilot ist ein lebendiges Produkt. Neue Funktionen werden nicht wie früher bei klassischen Anwendungen und Server-Produkten im Dreijahresrhythmus veröffentlicht, sondern regelmäßig in kurzen Abständen. Dieses Prinzip sorgt dafür, dass Sie mit Ihrem Unternehmen möglichst frühzeitig mit immer moderneren und zusätzlichen Funktionen ausgestattet werden. Das heißt allerdings auch, dass zu dem Zeitpunkt, an dem Sie dieses Buch lesen, sicher so manche spannende Funktion zusätzlich verfügbar ist, so manche Einschränkungen nicht mehr existieren oder die Oberfläche angepasst wurde. Ich bitte Sie, dies zu berücksichtigen.

Dankeschön!

Das Vorwort ist ein guter Platz, um allen zu danken, die zum Gelingen dieses Buches beigetragen haben. Da wäre zunächst einmal mein Lektor *Christoph Meister*, der mich zu jeder Zeit unterstützt hat, stets ein offenes Ohr für mich hatte – und dabei die Ansprüche von Ihnen als Leser nie aus dem Blick verloren hat.

Dank gebührt auch den vielen anderen *Rheinwerkern*, die im Hintergrund während der Entstehungsphase, bei der Veröffentlichung und auch später für eine hohe Qualität des Buchs sorgen.

Die Sprachkorrektur wurde von *Friederike Daenecke* durchgeführt. Das Cover hat *Bastian Illerhaus* gestaltet.

Ein Dankeschön auch an den Setzer *Jörg Gitzelmann*, durch dessen Arbeit das relativ trockene Themengebiet ein ansprechendes Äußeres erhalten hat.

Herzlichen Dank auch an meine Kollegin Celine Joergens für das Geleitwort.

Zu guter Letzt sei hier noch meine *Familie* erwähnt, die, wenn auch nicht direkt, zumindest indirekt ihren Anteil an diesem Buch hat – sei es durch moralische Unterstützung oder die Freiheit, ein solch zeitintensives Projekt neben dem Familienleben und der »normalen« Arbeit anzugehen.

Ihnen und euch allen ein herzliches Dankeschön!

Fragen, Wünsche, Anregungen?

Sollten bei Ihnen Fragen zum Inhalt des Buches aufkommen oder wenn Sie Wünsche oder Anregungen für eine eventuelle Neuauflage haben, sind Sie herzlich eingeladen, sich mit mir in Verbindung zu setzen. Ich bin beruflich zwar sehr eingespannt, und es kann ein paar Tage dauern, bis Sie eine Antwort von mir bekommen, aber ich werde mich melden. Meine E-Mail-Adresse finden Sie unten.

Nun aber genug der Vorrede. Ich wünsche Ihnen viele neue Erkenntnisse und Erfolg mit Microsoft 365 Copilot!

Schömberg, im Januar 2025

Markus Widl
markus@widl.de

TEIL I

Basiswissen

Kapitel 1
Einführung

In diesem Kapitel widmen wir uns einigen grundlegenden Fragestellungen rund um den Einsatz von Microsoft 365 Copilot. Wo ist er integriert? Wo hilft er? Und wo nicht? Wie arbeitet er? Und wie sicher ist das Ganze?

Der immer weiter zunehmende Digitalisierungsgrad hat nicht nur Vorteile: Als *Information Worker*, die den größten Teil unseres Arbeitsalltags vor einem Bildschirm sitzen, müssen wir regelmäßig die unterschiedlichsten Informationsströme im Blick behalten und mit eigenen Inhalten füllen. Dazu gehören neben den klassischen Kanälen wie dem E-Mail-Postfach, Chats, Unterhaltungen in Teams und dem Intranet auch noch rollen- oder berufsspezifische Kanäle wie Webseiten, Datenbankinhalte, das CRM-System und dergleichen. Daneben müssen wir die vielen Dateien, die von unseren Kolleginnen und Kollegen oder auch von unserem Kundenkreis erstellt werden, im Blick behalten und sie gegebenenfalls kommentieren, ergänzen usw. Und natürlich müssen wir Information Worker typischerweise auch selbst Dateien neu erstellen und verbreiten. Das wiederum gestaltet sich in der Praxis manchmal schwierig, weil umfangreiche Daten aus unterschiedlichen Quellen zusammengesucht werden müssen oder die Inhalte in einer Sprache aufzubereiten sind, in der man sich weniger sicher fühlt.

Darüber hinaus sind wir ständig auf der Suche nach Informationen – zu einem Produkt, einem Projekt, einem Kunden, einem Mitbewerber oder auch nur zu dem richtigen Ansprechpartner für ein bestimmtes Thema.

Und als Ergänzung kommt dann noch die Meetingkultur dazu. Oft verhält es sich in Unternehmen so, dass wir Mitarbeitenden von morgens bis abends nahtlos von einem Meeting ins nächste springen könnten. Nicht selten sind Meetings dann auch noch parallel gebucht, sodass es uns gar nicht möglich ist, selbst wenn wir wollten, jedes Meeting zu besuchen – geschweige denn, konzentriert und aufmerksam den Inhalten zu folgen. Natürlich könnte man dem nun entgegnen, dass wichtige Meetings ja durchaus auch aufgezeichnet werden können. Doch wer hat schon Zeit, sich stundenlang Aufzeichnungen von Meetings anzusehen?

Abbildung 1.1 illustriert diese Situation recht gut. Zumindest ich fühle mich ab und an in meinem Arbeitsalltag so wie der Herr an seinem Schreibtisch.

Abbildung 1.1 Überforderung (Bild generiert mit Microsoft Designer)

Wäre es in solchen Situationen nicht hilfreich, wenn wir eine Art Assistenten zur Seite gestellt bekämen, der für uns zumindest ein Stück weit zeitfressende Arbeiten erledigen könnte, sodass wir die frei gewordene Zeit für die wirklich wichtigen Dinge aufwenden könnten? Ich denke da beispielsweise an folgende Situationen:

- Meist am Morgen (und besonders nach ein paar Urlaubstagen) müssen die neuen Nachrichten im Posteingang sowie in Teams gesichtet und gelesen werden und es muss eine mögliche Reaktion auf sie priorisiert werden.
- Noch leere Dateien, z. B. Word-Dokumente und PowerPoint-Präsentationen, müssen mit sinnvollen Inhalten gefüllt werden.
- Aus bestehenden Textdokumenten muss eine ansprechende Präsentation erzeugt werden. Oder auch umgekehrt: Zu einer bestehenden Präsentation wird ein Handout in Textform erwartet.
- Eine Unterstützung, wenn nicht sogar ein Coaching, beim Formulieren von E-Mails und anderen Texten wird gebraucht – idealerweise auch noch in einer Sprache, die uns vielleicht nicht so liegt und deren sprachspezifischen Feinheiten wir nicht komplett beherrschen.

- Die Kernaussagen von Dateien und von Meetings, die schon stattgefunden haben, sollen kurz und prägnant präsentiert werden, sodass wir nicht ellenlange Dokumente oder Meetingaufzeichnungen durchgehen müssen.
- Relevante Informationen und Personen sollen schnell und ohne aufwendige manuelle Recherche gefunden werden – egal ob es dabei um öffentliche Dinge geht, die im Internet zu finden sind, ober um unternehmensspezifische Daten.
- Nicht immer beherrschen wir jede Anwendung und jeden Dienst bis ins letzte Detail. Ein Assistent könnte uns beispielsweise bei der Analyse oder der Erweiterung der Daten in einer Excel-Datei helfen, selbst dann, wenn wir nur bedingt mit den Formeln und Funktionen umgehen können.

Diese Punkte sind eine Auswahl der Tätigkeiten, bei denen uns *Microsoft 365 Copilot* unterstützen kann.

[«] Im weiteren Verlauf verwende ich verkürzt den Begriff *Copilot*. Bedenken Sie aber immer, dass es im Microsoft-Universum mehr als einen Copilot gibt und dass die diversen Copiloten ihre Anwender bei unterschiedlichen Dingen unterstützen. Dazu gehören beispielsweise:

- *Security Copilot*: ein Dienst, der Sicherheitsanalysten dabei unterstützt, Bedrohungen schneller zu erkennen und auf sie zu reagieren. Er bietet Einblicke und Automatisierungen, um die Sicherheitslage eines Unternehmens zu verbessern.
- *Windows Copilot*: ein Assistent, der in Windows 11 integriert ist. Er hilft Benutzern, Fragen in natürlicher Sprache zu beantworten, Inhalte zusammenzufassen, Einstellungen anzupassen, Probleme zu beheben und Aktionen über bevorzugte Apps hinweg auszuführen.
- *Power Platform Copilot*: ein Tool, das in die *Microsoft Power Platform* integriert ist und Benutzern hilft, Apps, Automatisierungen und Datenanalysen schneller zu erstellen.
- *Dynamics 365 Copilot*: Dieser Copilot ist in *Dynamics 365* integriert und unterstützt Unternehmen dabei, ihre Geschäftsprozesse zu optimieren. Er bietet intelligente Einblicke und Automatisierungen für Bereiche wie Vertrieb, Kundenservice und Marketing.
- *GitHub Copilot*: ein Tool für Softwareentwickler, das Code-Vervollständigungen und -Vorschläge direkt in der Entwicklungsumgebung bietet. Es nutzt maschinelles Lernen, um den Programmierprozess zu beschleunigen und zu verbessern.

Darüber hinaus wird der Begriff *Copilot* – je nach verwendeter Quelle – auch einfach für intelligente Assistenten verwendet, die generative KI und große Sprachmodelle nutzen, um Menschen bei komplexen kognitiven Aufgaben zu unterstützen.

Doch nun genug der Vorrede. Sehen wir uns Microsoft 365 Copilot nun genauer an.

1.1 Worum handelt es sich bei Microsoft 365 Copilot?

Copilot ist einer der jüngsten Dienste innerhalb von Microsoft 365 und ergänzt die dort enthaltenen Dienste und Anwendungen um zusätzliche Funktionen, die besonders Information Worker bei ihren täglichen Aufgaben und Herausforderungen unterstützen sollen.

Wichtig ist dabei die Betonung auf dem *Co* von *Copilot*, denn es handelt sich bei diesem Dienst nicht um einen *Autopiloten*. Copilot wird beispielsweise nicht automatisch Ihren Posteingang überwachen und selbstständig Antworten auf die E-Mails verschicken (zumindest solange Sie keine Automatisierung dafür eingerichtet haben). Auch kann er nicht stellvertretend für Sie an Meetings teilnehmen und sich dort rege an der Diskussion beteiligen. Copilot steht Ihnen jedoch wie ein neuer Mitarbeiter zur Verfügung, den Sie zur Unterstützung rufen können, wenn Sie ihn benötigen. Sie selbst bestimmen aber jederzeit, was mit den Ergebnissen einer Copilot-Anfrage passiert – beispielsweise ob Sie einen generierten Text eines Dokuments oder einer E-Mail so übernehmen, wie er geliefert wurde, oder diesen anpassen, umschreiben oder auch komplett verwerfen. Und wie oft bei neuen Mitarbeitern benötigen diese detaillierte Anweisungen, damit sie die übertragene Aufgabe auch möglichst genau und wie gewünscht erledigen können.

1.1.1 Assistenzfunktionen

Letztendlich unterstützt Copilot insbesondere in fünf Bereichen:

- **Mehr Produktivität**
  Routineaufgaben werden für uns Menschen einfacher. Beispielsweise wenn es um die Arbeit mit großen Datenmengen geht, um unsere E-Mails und Teams-Nachrichten, um große Dokumente, die Informationen aus Meetings etc.

  Abbildung 1.2 zeigt ein Beispiel.
- **Höhere Kreativität**
  Kennen Sie auch die »Angst vor dem leeren Blatt«? Zumindest mir geht es so, dass ich deutlich schneller vorankomme, wenn ich beispielsweise schon die Grundzüge eines Dokuments oder einer Präsentation vor mir sehe, auf denen ich aufbauen kann. Auch beim Brainstorming ist es oft einfacher, wenn es bereits die ersten Impulse gibt, um diese dann durch eigene Ideen zu erweitern.

  Abbildung 1.3 zeigt als Beispiel die Whiteboard-App mit Vorschlägen von Copilot.

Abbildung 1.2 Copilot erstellt in Sekunden Zusammenfassungen auch umfangreicher Dokumente.

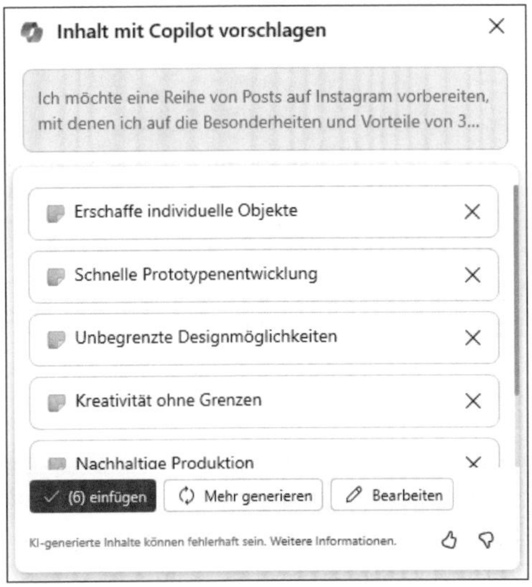

Abbildung 1.3 Copilot gibt Impulse für neue Inhalte.

- **Schnelleres Auffinden von Informationen**
  In Unternehmen schlummert häufig ein gewaltiger Informationsschatz, doch ist es nicht immer einfach, zu den gewünschten Informationen zu gelangen. Copilot hilft beim Auffinden und Priorisieren unterschiedlichster Informationen.

  In Abbildung 1.4 sehen Sie, wie Copilot Informationen und einen Ansprechpartner zu einem bestimmten unternehmensinternen Thema findet.

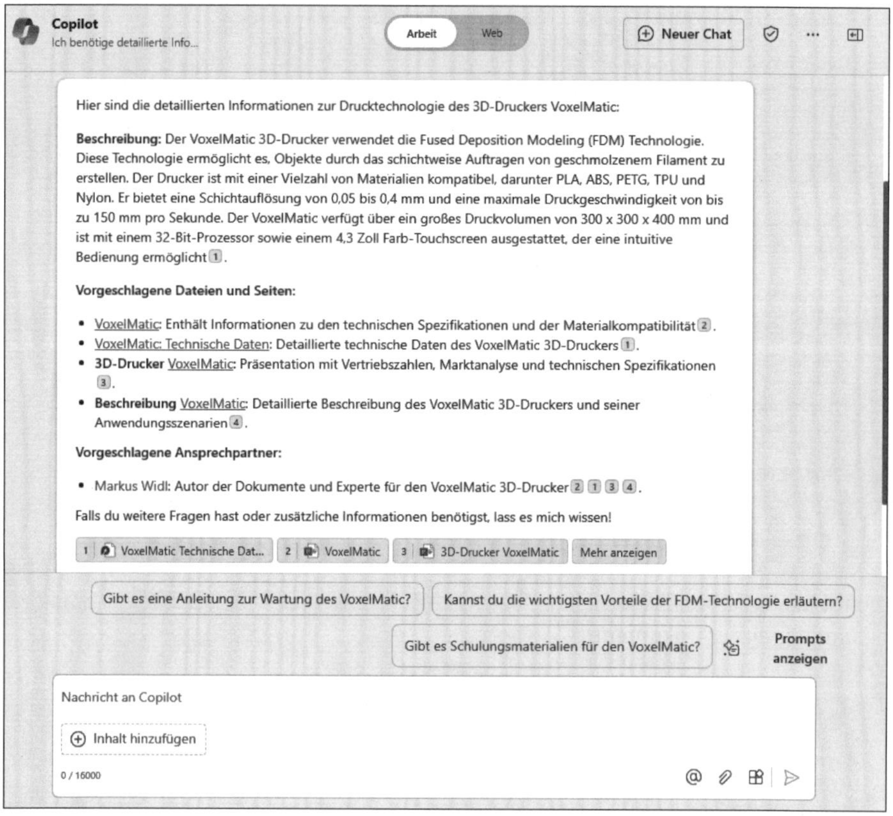

Abbildung 1.4 Copilot hilft beim Auffinden von Informationen und Ansprechpartnern.

- **Unterstützung bei Anwendungsfunktionen**
  Manche Anwendungen sind recht komplex, und nicht immer ist man routiniert in der Verwendung bestimmter Funktionen. Beispielsweise hat Excel eine hohe Verbreitung, doch kann das Erstellen von Formeln und Verweisen mitunter recht komplex werden. Auch hier kann Copilot Sie unterstützen.

  Abbildung 1.5 zeigt ein einfaches Beispiel, wie Copilot selbst Spalten mit Formeln erstellt. Und dabei bleibt es nicht: Copilot erläutert sogar, wie die Formeln funktionieren, sodass Sie gegebenenfalls dabei auch noch etwas lernen können.

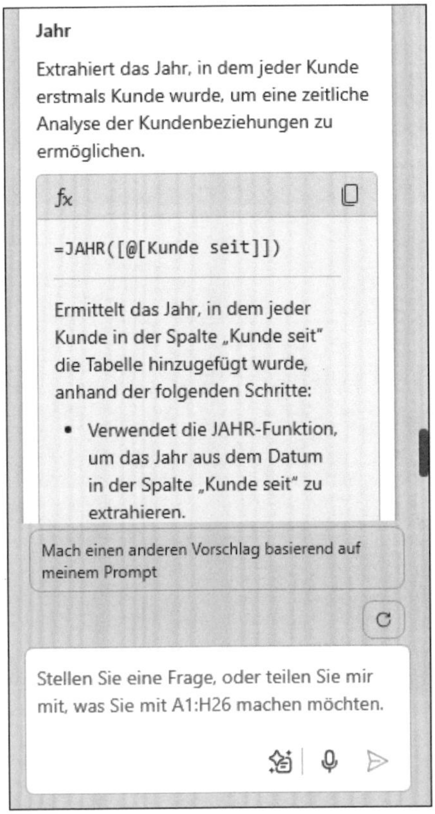

Abbildung 1.5 Copilot erstellt selbstständig neue Spalten samt passender Formeln.

- **Unterstützung von Unternehmensprozessen**
  Copilot kann die Mitarbeitenden auch bei Unternehmensprozessen unterstützen. Dabei kommen gerne sogenannte *Agenten* zum Einsatz. Einen Agenten können Sie sich – stark vereinfacht – wie einen virtuellen Assistenten vorstellen, der auf eine bestimmte Aufgabe oder in einem bestimmten Bereich spezialisiert ist.

  So könnte Ihr Unternehmen beispielsweise einen Agenten für die Personalabteilung bereitstellen, den Sie (beispielsweise über Copilot) fragen können, wie denn ein Urlaubsantrag gestellt wird. Je nachdem, wie ausgefeilt dieser Agent ist, könnten Sie ihn aber auch bitten, direkt einen Urlaubsantrag für einen gewissen Zeitraum zu stellen – ohne dass Sie selbst in die Urlaubsantragsanwendung Ihres Unternehmens wechseln müssen. Abbildung 1.6 zeigt ein Beispiel für einen einfachen SharePoint-basierten Agenten, der Fragen Ihrer Mitarbeiterinnen und Mitarbeiter beantwortet.

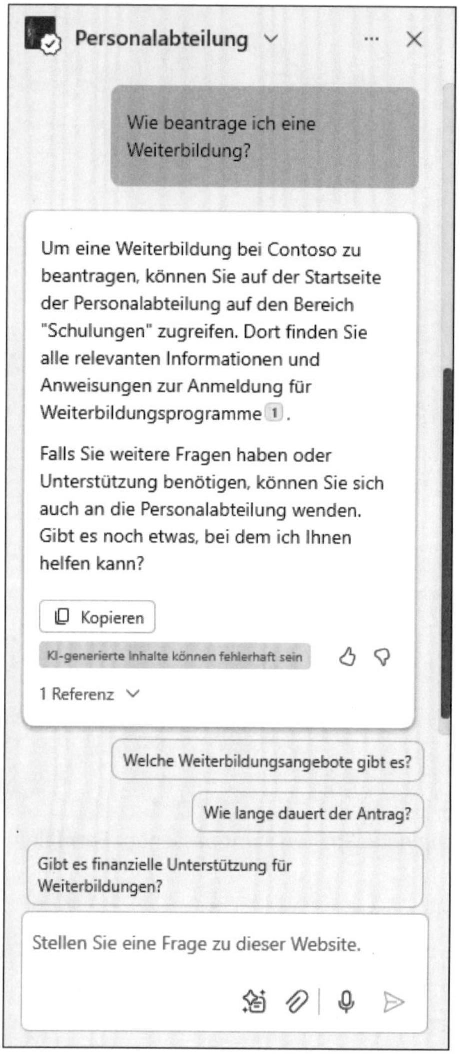

Abbildung 1.6 Agent für Fragen an die Personalabteilung

In Tabelle 1.1 finden Sie einen Überblick, was Sie mit Copilot in verschiedenen Apps wie den Office-Anwendungen und dem Teams-Client tun können. Diese Tabelle ist natürlich nicht vollständig, sondern soll Ihnen einen ersten Eindruck geben – insbesondere weil Microsoft die Fähigkeiten von Copilot mit der Zeit immer weiter ausbaut.

Anwendung	Beispiele für Funktionalitäten
Word	▶ Schreiben – Erstellen von Entwürfen – Hinzufügen von Text im Kontext des bestehenden Inhalts – Erstellen von Text aus vorhandenem Inhalt, beispielsweise aus PowerPoint-Präsentationen, Loop-Listen usw. ▶ Lesen – Zusammenfassen bestehender Texte – Beantworten von Fragen zu bestehenden Texten
PowerPoint	▶ Schreiben – Erstellen von Entwürfen – Hinzufügen von zusätzlichem Inhalt – Anpassen und Formatieren von bestehenden Inhalten – Einbinden vorhandener Inhalte aus Word-Dokumenten und Loop-Listen – Verwenden vorhandener Präsentationen als Vorlage ▶ Lesen – Zusammenfassen des Foliendecks – Beantworten von Fragen zu den Inhalten – Ermitteln der nächsten Schritte
Excel	▶ Entdecken von Trends in bestehenden Daten ▶ Formatieren und Erweitern der Spalten und Zellen ▶ Erstellen von Diagrammen ▶ Erstellen von Dashboards ▶ Erstellen von Szenarienmodellen
Outlook	▶ Schreiben – Erstellen von Entwürfen für neue E-Mails – Erstellen von Entwürfen für Antworten – E-Mail-Coaching für Tipps zu Stil, Tonfall usw. bei vorhandenen E-Mail-Texten vor dem Versand ▶ Lesen – Zusammenfassen von E-Mails – Zusammenfassen von E-Mail-Threads – Priorisieren der Nachrichten im Posteingang ▶ Organisieren – Finden passender Zeitslots für Besprechungen – Anlegen von Besprechungen

Tabelle 1.1 Funktionalitätsüberblick

Anwendung	Beispiele für Funktionalitäten
Teams	▸ Direkte Interaktion – Allgemeine Interaktion mit Copilot via Chat ▸ Chats und Kanäle – Zusammenfassen und Beantworten von Fragen zu Chats (in 1:1-Chats, Gruppenchats und Kanal-Unterhaltungen) – Anpassen von Stil und Inhalt beim Verfassen eines Chats vor dem Absenden – Automatisches Erstellen von Notizen zu den Inhalten von Chats ▸ Besprechungen – Zusammenfassen des Besprechungsinhalts (während und nach der Besprechung) – Beantworten von Fragen zum Besprechungsinhalt – Automatisches Erstellen von Notizen zu den Inhalten von Besprechungen ▸ Telefonie – Zusammenfassen eines Gesprächs – Beantworten von Fragen zum Gesprächsinhalt ▸ Übersetzungen – Live-Übersetzung der sprechenden Person in eine gewünschte Sprache über eine synthetische Stimme (angekündigt für Anfang 2025)

Tabelle 1.1 Funktionalitätsüberblick (Forts.)

1.1.2 Vorteile

Mit den Assistenzfunktionen von Copilot ergeben sich für Sie als Information Worker eine ganze Reihe an Vorteilen, insbesondere diese:

- **Zeit sparen**
  Der Faktor Zeit spielt beim Einsatz von Copilot eine große Rolle: Sie sparen Zeit bei bislang aufwendigen Tätigkeiten, etwa beim Zusammenfassen von Inhalten aus Dateien, Mails, Chats usw., ebenso beim Verfassen oder Erstellen neuer Inhalte. Auch besteht das Potenzial, dass Tätigkeiten wie die Informationsrecherche weniger zeitintensiv sind – unabhängig davon, ob es dabei um allgemein verfügbare Informationen aus dem Internet oder um unternehmensspezifische Dinge geht. Dazu gehört auch, die wesentlichen Punkte und Absprachen in Meetings zu erfassen. Und zu guter Letzt gibt es ein großes Einsparpotenzial an erforderlicher Zeit

bei Aufgaben wie dem Überarbeiten der Darstellung von Inhalten, beispielsweise in Textdokumenten und Präsentationen.

Eine Umfrage unter Nutzerinnen und Nutzern, die Copilot über mehrere Monate verwendet hatten, ergab ein Zeiteinsparpotenzial von rund 10 Stunden pro Monat. Würden Sie das in Ihrer Situation und mit Ihren Tätigkeiten auch erreichen, wäre das grob gerechnet ein Arbeitstag, den Sie für andere Dinge aufwenden könnten (oder auch, dass Sie weniger Überstunden machen müssten).

[«] Beachten Sie hier jedoch, dass die Nutzung von Copilot gelernt werden muss und nicht unbedingt immer leicht und intuitiv von der Hand geht. Wie so oft beim Erlernen neuer Tätigkeiten oder Verhaltensweisen benötigen diese am Anfang oft mehr Zeit als bei der bisher üblichen Vorgehensweise. Je öfter Sie Copilot aber nutzen, desto einfacher und schneller werden Sie zu brauchbaren Informationen gelangen.

- **Bessere Qualität von Meeting-Notizen, Texten, Mails**
  In so manchem Meeting erhält eine Person die meist unliebsame Aufgabe, ein Protokoll zu erstellen. Diese Person kann dann oft nicht mehr voll an der eigentlichen Diskussion teilnehmen, da sie sich auf die Notizen konzentrieren muss. Copilot kann diese Aufgabe abnehmen, sodass immer ein Protokoll zur Verfügung steht und niemand diese Aufgabe von Hand erledigen muss. Abbildung 1.7 zeigt ein Beispiel.

  [«] Falls es Ihre Aufgabe ist, regelmäßig Besprechungsnotizen anzufertigen, werden Sie durch Copilot übrigens nicht gänzlich arbeitslos. Nicht selten sind die automatischen Notizen zwar inhaltlich passabel, eine Überprüfung, Überarbeitung oder Ergänzung schadet an der einen oder anderen Stelle jedoch nicht. Lesen Sie hierzu auch Abschnitt 1.3.2, »Halluzinationen«.

  Auch kann Copilot Texte erzeugen oder ein Feedback zu vorhandenen Texten geben, selbst in Sprachen, in wir nicht wie ein Muttersprachler beherrschen.

- **Lernen**
  Oben in Abschnitt 1.1.1, »Assistenzfunktionen«, habe ich bereits erwähnt, dass Copilot in Excel nicht nur Formeln auf Basis Ihrer Angaben erstellen kann, sondern diese Ihnen bei Bedarf auch erläutert (siehe Abbildung 1.8). Damit können Sie an der einen oder anderen Stelle selbst auch noch etwas lernen.

Abbildung 1.7 Copilot erstellt automatisch Besprechungsnotizen (hier in englischer Sprache).

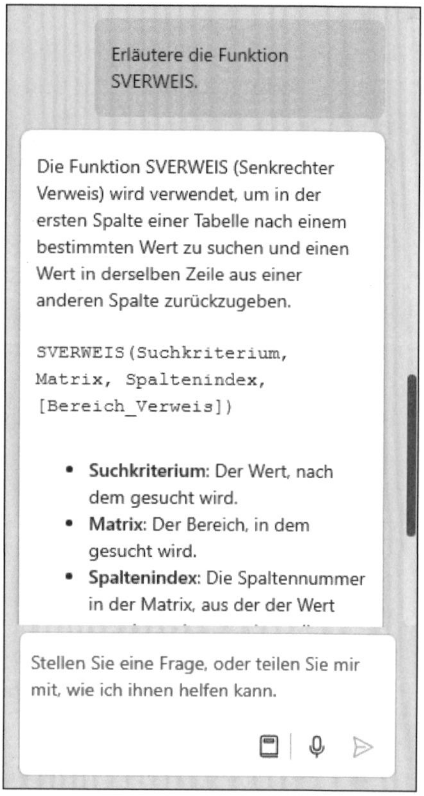

Abbildung 1.8 Copilot erläutert die Funktion SVERWEIS.

Unabhängig davon können Sie Copilot aber auch direkt fragen, wie etwas zu tun ist, und im Idealfall erhalten Sie eine für Sie passende Antwort.

1.1.3 Geschichte und Entwicklung

Microsoft kündigte im März 2023 Microsoft 365 Copilot offiziell an. Das Tool wurde als KI-gestützter Assistent für die Microsoft 365-Plattform vorgestellt, integriert in Anwendungen wie Word, Excel, PowerPoint, Outlook und Teams. Damit starteten auch Testphasen und Pilotprojekte mit ausgewählten Geschäftskunden, um Feedback und Daten für die weitere Entwicklung zu sammeln.

Im Oktober 2023 wurde Copilot für alle Geschäftskunden allgemein verfügbar. Microsoft startete einen breiten Rollout, der Unternehmen weltweit Zugriff auf die neuen KI-Funktionen ermöglichte. Damals war der Bezug noch mit gewissen Einschränkungen versehen. So mussten interessierte Kunden etwa mindestens 300 Copilot-Lizenzen für den Mindestzeitraum von einem Jahr abnehmen. Zumindest die Schwelle der Mindestabnahme wurde im Januar 2024 aufgehoben, sodass sich auch kleinere Unternehmen mit wenigen Mitarbeitenden Copilot leisten konnten. Und größere Unternehmen konnten in einer kleineren Testgruppe mit der Einführung von Copilot beginnen und erste Erfahrungen sammeln.

Damals wie heute entwickelt Microsoft den Copilot nach dem *Evergreen-Prinzip*. Das bedeutet, dass der Dienst kontinuierlich aktualisiert und verbessert wird, anstatt in großen, separaten Versionen veröffentlicht zu werden. Sie erinnern sich vielleicht an die alte Versionierung, beispielsweise beim Office-Paket. Nach Office 2003 folgten 2007, 2010, 2013, 2016, 2019, 2021 usw. In den Zeiträumen zwischen diesen Versionen hat sich das Produkt funktional kaum weiterentwickelt. Mit dem Evergreen-Prinzip ist es möglich, auch in kurzen Zeitabständen neue Funktionalitäten zu veröffentlichen. Diese Vorgehensweise hält bis heute an und ist im Microsoft 365-Umfeld üblich. Doch setzt dies auch bei den Unternehmen und insbesondere bei den Anwenderinnen und Anwendern eine gewisse Flexibilität und Offenheit für laufende Änderungen voraus.

1.2 Wo finden Sie Copilot?

In den vorangegangenen Abschnitten habe ich nun schon mehrfach darauf hingewiesen, dass Copilot nicht automatisch für Sie Tätigkeiten übernimmt, sondern dann mit seiner Arbeit loslegt, wenn Sie ihn beauftragen. Dazu ist Copilot an den unterschiedlichsten Stellen innerhalb der Benutzeroberflächen der Microsoft 365-Apps und -Dienste integriert.

Verschaffen wir uns in diesem Abschnitt einen Überblick. Beachten Sie dabei, dass sich die bereitgestellten Funktionalitäten unterscheiden, je nachdem, ob Ihnen *Microsoft 365 Copilot* oder nur *Microsoft 365 Copilot Chat* zur Verfügung steht. Lesen Sie hierzu auch den Abschnitt 1.5.1, »Lizenzen und Copilot-Varianten«.

1.2.1 Copilot auf separater Webseite

Die allgemeinste Variante von Copilot finden Sie auf einer eigenen Webseite, die Sie über die URL *https://www.microsoft365.com/chat* erreichen (siehe Abbildung 1.9).

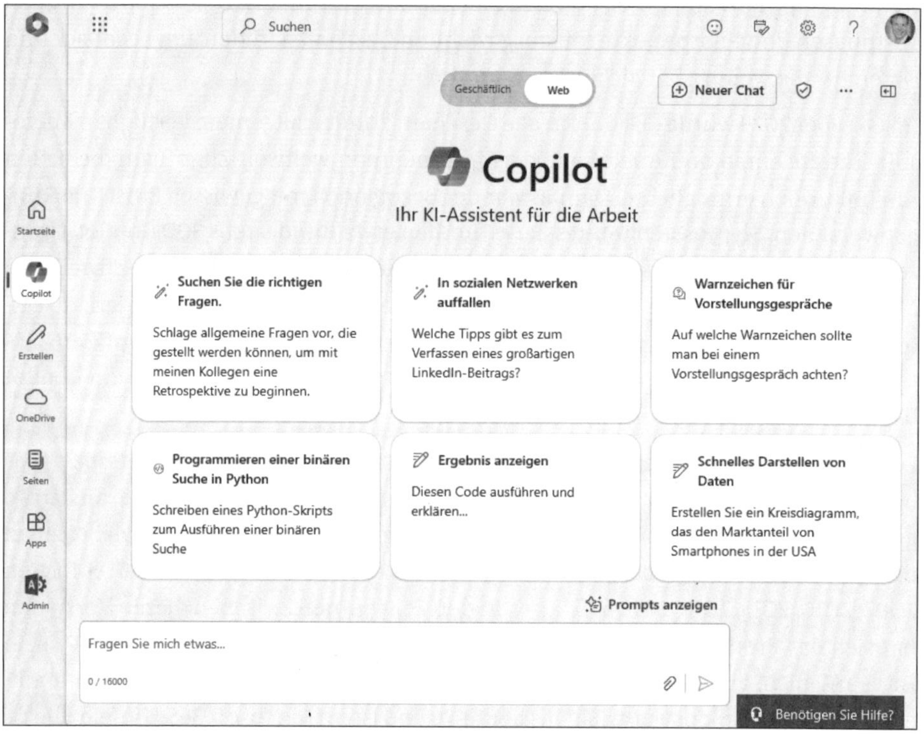

Abbildung 1.9 Die Copilot-Ansicht »Web« im Browser

Prominent am unteren Rand dargestellt finden Sie das Eingabefeld, über das Sie Chat-ähnlich mit Copilot interagieren und ihm Anweisungen geben – mit dem sogenannten *Prompt*. Dieser Begriff stammt aus dem englischen Sprachgebrauch und bedeutet so viel wie »Aufforderung« oder »Anregung«. In der KI-Welt wurde dieser Begriff übernommen, um den Startpunkt für die Generierung von Inhalten zu beschreiben.

[»] Microsoft übersetzt den Begriff *Prompt* im Deutschen an einigen Stellen mit *Eingabeaufforderung*. Diese Übersetzung halte ich jedoch für missverständlich. Ich verwende deshalb in diesem Buch weiterhin den Begriff Prompt.

Am oberen Bildschirmrand sehen Sie darüber hinaus einen wichtigen Schiebeschalter, mit dem Sie zwischen GESCHÄFTLICH und WEB wechseln können.

Ist hier WEB ausgewählt (wie in Abbildung 1.9), arbeiten Sie ausschließlich mit den allgemein im Internet verfügbaren Informationen – nicht jedoch mit den Daten aus der Microsoft 365-Umgebung Ihres Unternehmens (dem sogenannten *Mandaten* oder auch *Tenant*). Sie können also Copilot beispielsweise anweisen, Texte zu erstellen und dabei bei Bedarf auf öffentliche Informationen zurückzugreifen.

Schieben Sie den Schalter jedoch auf GESCHÄFTLICH, bezieht Copilot Ihre Unternehmensdaten mit ein. Die Oberfläche ändert sich dadurch auch ein wenig, wie Sie in Abbildung 1.10 sehen können.

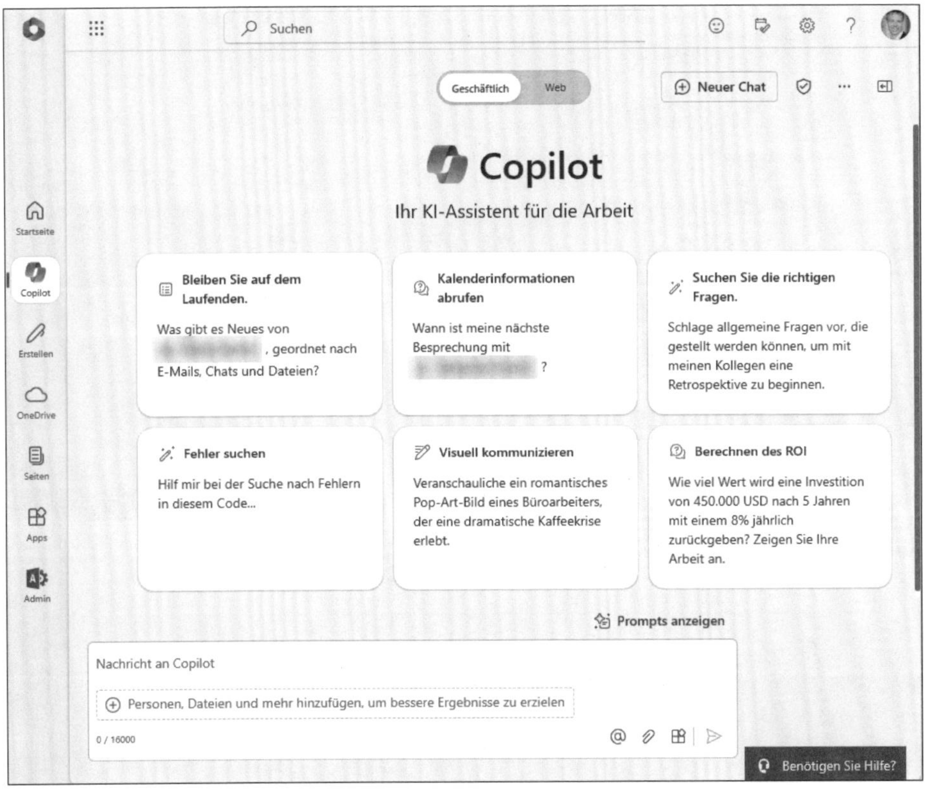

Abbildung 1.10 Die Copilot-Ansicht »Geschäftlich« im Browser

Stellen Sie also dieselbe Anfrage einmal unter GESCHÄFTLICH und einmal unter WEB, können Sie völlig unterschiedliche Antworten erhalten. Abbildung 1.11 und Abbildung 1.12 illustrieren dies.

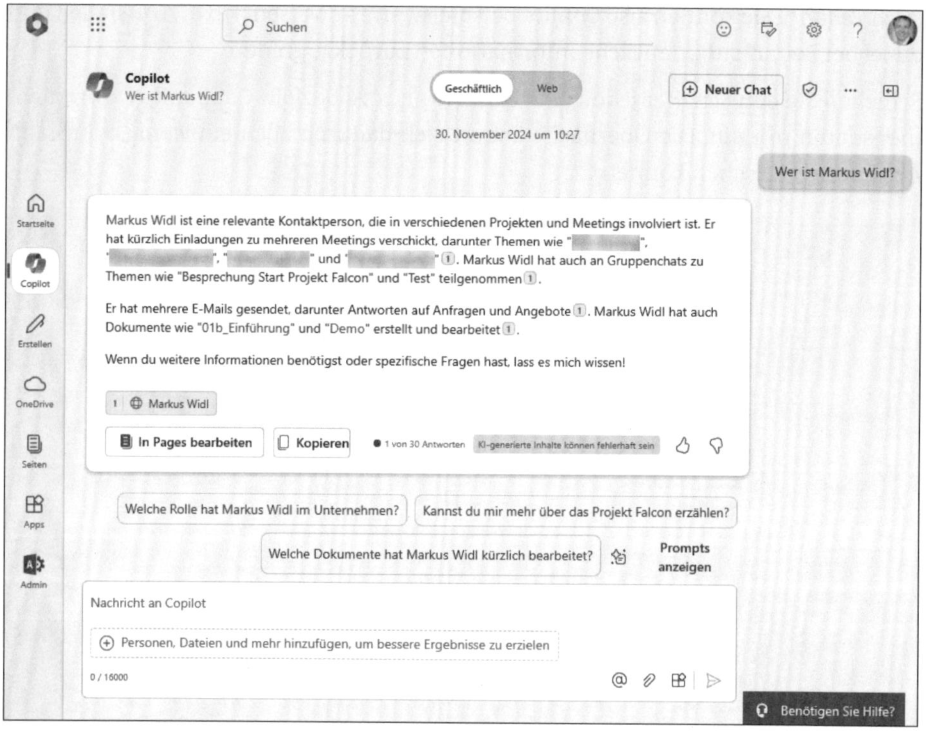

Abbildung 1.11 Anfrage zu einer Person in der Ansicht »Geschäftlich«

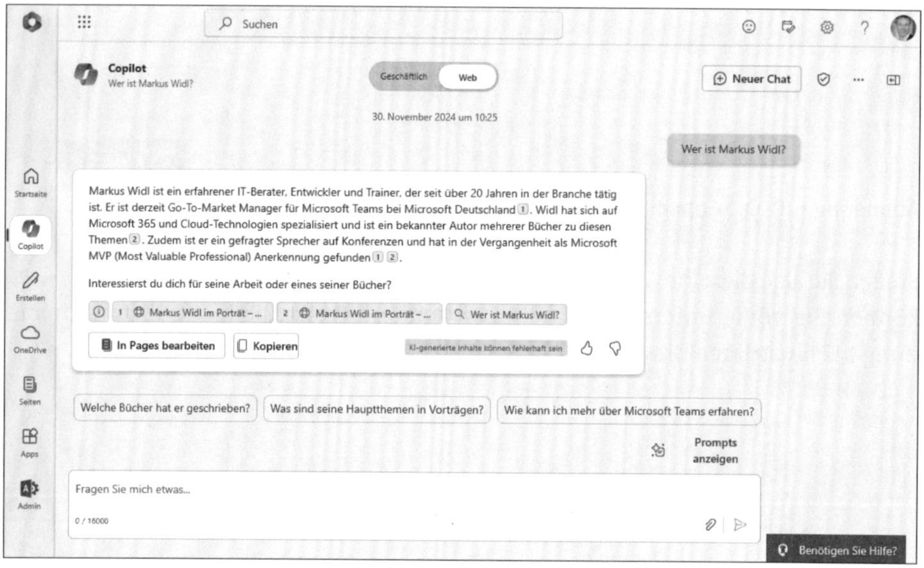

Abbildung 1.12 Anfrage zu einer Person in der Ansicht »Web«

In Abschnitt 1.6, »Wie sicher ist Copilot?«, sehen wir uns das noch genauer an, aber Copilot liefert auch mit der Schiebeschalterposition auf Geschäftlich nicht sämtliche Daten Ihres Unternehmens zurück, sondern im Ergebnis sind ausschließlich solche Informationen enthalten, auf die Sie selbst auch eine Zugriffsberechtigung haben. Copilot liefert also nur Daten, auf die Sie selbst über andere Wege auch zugreifen könnten.

Die Ansicht »Web«

Betrachten wir noch mal die Web-Ansicht wie in Abbildung 1.9. Direkt über dem Eingabefeld gibt Copilot Ihnen einige Anregungen, was Sie machen könnten. Es lohnt sich gerade zu Beginn, diese Vorschläge immer mal zu überfliegen, da sie wechseln und Inspirationen enthalten, was mit Copilot möglich wäre. Das Eingabefeld selbst enthält auch noch einige wichtige Details (siehe Abbildung 1.13).

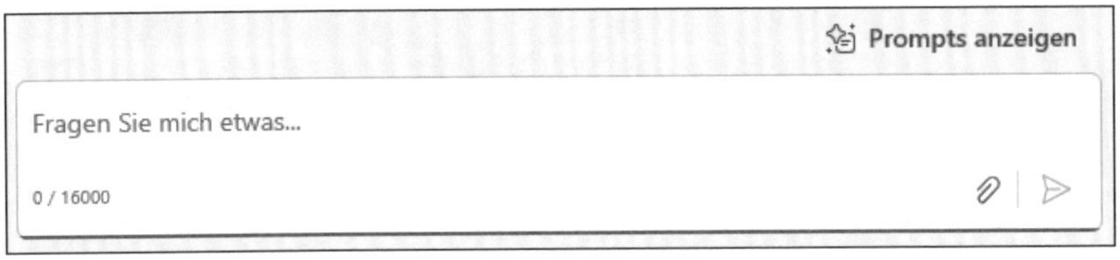

Abbildung 1.13 Das Eingabefeld in der Ansicht »Web«

- Über die Büroklammer (Datei hochladen) können Sie eine bestehende Datei (beispielsweise ein Foto oder eine Office-Datei) hochladen und deren Inhalt dann in Ihre Copilot-Anfrage einbinden – beispielsweise wenn Copilot mit dem Inhalt einer Bilddatei etwas tun soll oder um den Inhalt einer Office-Datei zusammenzufassen.
- Die dargestellten Zahlen zeigen Ihnen, wie viele Zeichen Ihre Anfrage aktuell schon umfasst und wie lang die Anfrage maximal sein darf. Dies ist insbesondere dann wichtig, wenn Sie umfangreiche Texte in das Eingabefeld kopieren wollen. Die Maximallänge wurde in der Vergangenheit schon angepasst. Vielleicht ist sie bei Ihnen schon größer als die 16000 hier in der Abbildung.
- Die Schaltfläche Prompts anzeigen über dem Eingabefeld führt zu einer Art Prompt-Bibliothek. Diese sehen wir uns in Abschnitt 2.5.1 noch genauer an.

Rechts oben in Abbildung 1.9 sehen Sie einige weitere Schaltflächen:

- Indem Sie auf das Sprechblasen-Symbol (Neuer Chat) tippen, weisen Sie Copilot an, die bisherigen Anfragen und Antworten nicht weiter zu berücksichtigen. Verwenden Sie diese Funktion immer dann, wenn Sie mit einer Anfrage fertig sind und bevor Sie zu einem neuen Thema kommen. Ansonsten bezieht sich Copilot immer auf die bisher durchgeführte Interaktion.

- Der SCHILD (UNTERNEHMENSDATENSCHUTZ) informiert Sie darüber, dass bei der Arbeit mit Copilot Ihre Daten besonders geschützt sind. Lesen Sie hierzu auch Abschnitt 1.6, »Wie sicher ist Copilot?«.
- Das I-SYMBOL (ÜBER) (möglicherweise ist es hinter den drei Punkten versteckt) zeigt einige Informationen zu Copilot selbst.
- Der PFEIL (COPILOT-CHATS UND MEHR) öffnet am rechten Fensterrand eine Historie der bisher ausgeführten Unterhaltungen mit Copilot (siehe Abbildung 1.14). So können Sie ältere Ergebnisse nochmals aufrufen oder an diesen weiterarbeiten).

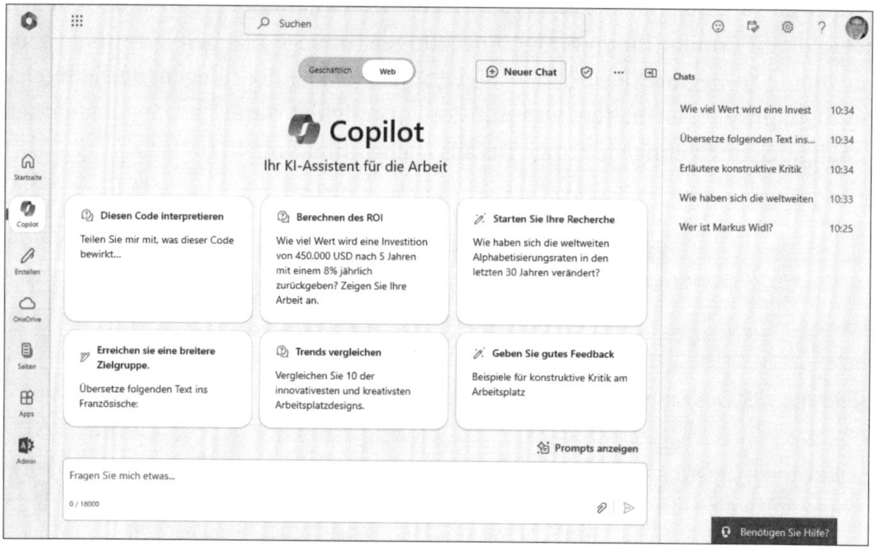

Abbildung 1.14 Chat-Historie am rechten Fensterrand

Möchten Sie nicht, dass einer der Chats hier dargestellt wird, führen Sie den Mauszeiger auf die jeweilige Überschrift. Dann erscheint am rechten Rand wiederum eine Schaltfläche mit DREI PUNKTEN, über die Sie den Chat löschen oder auch umbenennen können.

Der erste Prompt

Allerspätestens jetzt ist es Zeit, dass wir den ersten Prompt an Copilot richten. Erinnern Sie sich noch daran, wie Sie vor Jahren das erste Mal eine Suchanfrage an Google oder eine anderen Suchmaschine gestellt haben? Vermutlich war es ein einzelner Begriff und Google hat mit einer Liste von Webseiten geantwortet, die zu diesem Begriff passten. Mit der Zeit haben Sie dann vielleicht gelernt, dass das Suchergebnis sehr viel besser wird, wenn Sie die Anfrage spezifischer formulieren, sie auf bestimmte Webseiten einschränken oder Filter verwenden. Ähnlich können Sie sich die Arbeit mit Copilot vorstellen, bei dem das Ergebnis umso besser wird, je genauer und zielgerichteter Sie den Prompt formulieren.

Versuchen wir das einmal gemeinsam.

Falls noch nicht geschehen, öffnen Sie im Browser die Webseite mit der Adresse *https://www.microsoft365.com/chat* und wechseln gegebenenfalls mit dem Schiebeschalter zur Ansicht WEB.

Beginnen wir mit einem Prompt, der nur aus einem einzelnen Wort besteht:

> **Prompt:**
> Elektroauto

Da wir keine näheren Angaben gemacht haben, reagiert Copilot auf diese Anfrage mit einer allgemeinen Beschreibung, wie beispielsweise in Abbildung 1.15.

Abbildung 1.15 Prompt-Ergebnis zu einem einzelnen Begriff

Übrigens führt derselbe Prompt nicht bei jedem Aufruf zwangsläufig zum identischen Ergebnis. Wundern Sie sich also nicht, wenn bei Ihnen die Ausgabe anders lautet. Führen Sie den Prompt testweise in einem weiteren Browserfenster aus, erhalten Sie dort höchstwahrscheinlich ebenso eine anderslautende Antwort.

Auch wenn die Antwort in Abbildung 1.15 sehr allgemein ist, sehen wir dort einen grundsätzlichen interessanten Punkt: Copilot hat die Informationen aus unterschiedlichen Webseiten zusammengestellt. Hilfreich ist dabei, dass Copilot Referenzen auf die Quellen angibt. So sehen Sie etwa hinter dem Satz »[...] da sie keine schädlichen Emissionen produzieren« eine Fußnote. Am Ende der Ausgabe ist zu dieser ein Link auf die ursprüngliche Quelle angegeben. Damit haben Sie es leicht, auf der verlinkten Seite nach weiteren Details zu schauen oder zu überprüfen, ob Copilot die Informationen auch richtig und vollständig wiedergegeben hat. Diese Fußnoten finden Sie dabei nicht nur bei Webinhalten, sondern später auch bei Daten aus dem eigenen Unternehmen, beispielsweise mit Verweisen auf Dokumente, Präsentationen oder E-Mails. Doch bevor es so weit ist, versuchen wir uns noch an einigen spezifischeren Prompts.

Am Ende des Ergebnisses haben Sie vielleicht auch schon einige weitere Symbole bemerkt (siehe Abbildung 1.16):

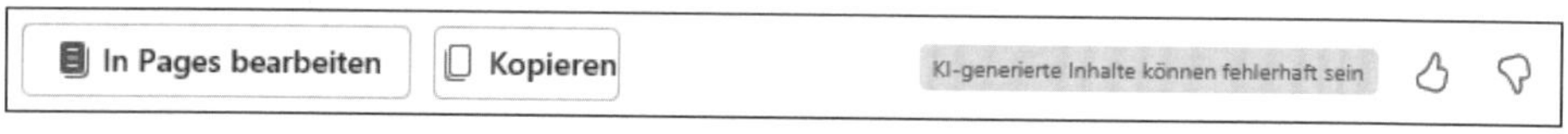

Abbildung 1.16 Symbole am Ende eines Prompt-Ergebnisses

- Mit Daumen hoch (Gefällt mir) und Daumen runter (Gefällt mir nicht) geben Sie Feedback an Microsoft, ob das Ergebnis Ihres Prompts Ihren Erwartungen entspricht. Dieses Feedback wiederum hilft Microsoft, die Ergebnisse von Copilot zu optimieren.
- Das Symbol mit den Quadraten (Kopieren) überträgt das Prompt-Ergebnis in die Zwischenablage, sodass Sie es an anderer Stelle wiederverwenden können. Interessant ist dabei auch, in welcher Form Copilot den Text in die Zwischenablage kopiert. Dabei handelt es sich um das sogenannte Markdown-Format. Mehr dazu lesen Sie im Kasten »Was ist Markdown?«.
- Die Schaltfläche In Pages bearbeiten überträgt das Prompt-Ergebnis auf eine Seite im Dienst *Microsoft Loop*. Damit können Sie das Ergebnis einfach weiterverarbeiten oder sogar mit Ihren Kolleginnen und Kollegen teilen. Wie das genau geht, sehen wir uns in Abschnitt 7.1.1, »Chats mit Copilot weiterverarbeiten«, an.

Was ist Markdown?

Bei *Markdown* handelt es sich um eine sogenannte Auszeichnungssprache, die nicht speziell für Copilot entwickelt wurde. Markdown gibt es schon seit etwa 20 Jahren. Mit dieser Sprache wird es ermöglicht, formatierten Text in einfachen Texteditoren zu schreiben. Damit ist der Text auch einfach zwischen Anwendungen und Betriebssystemen austauschbar.

Hier sind einige Beispiele:

- Fettgeschriebener Text wird in Markdown mit jeweils zwei führenden und folgenden Sternchen angegeben, wie in `**Fetter Text**`.
- Bei schräg geschriebenem (kursivem) Text wird dagegen nur ein einzelnes Sternchen verwendet, etwa `*Kursiver Text*`.
- Eine Überschrift wird mit dem Nummernsymbol eingeleitet, beispielsweise `# Überschrift`.

- Eine Tabelle sieht grundlegend so aus:
Spalte 1	Spalte 2	Spalte 3
Inhalt 1	Inhalt 2	Inhalt 3
Inhalt 4	Inhalt 5	Inhalt 6

Copilot verwendet ebenfalls Markdown. Kopieren Sie ein Prompt-Ergebnis mit dem entsprechenden Symbol in die Zwischenablage und fügen Sie es von dort beispielsweise in den Windows-Editor ein, können Sie dies sehen.

Möchten Sie mehr zu Markdown erfahren, ist die folgende Webseite ein guter Startpunkt:

https://markdown.de

Im nächsten Schritt stellen wir Copilot eine etwas genauere Frage, und dabei versuchen wir, etwas in Erfahrung zu bringen, was vielleicht nicht genau so auf einer bestimmten Webseite zu finden ist:

> **Prompt:**
> Kann ein Elektroauto einen Elefanten ziehen? Wie könnte das umgesetzt werden?

Mein Ergebnis sehen Sie in Abbildung 1.17.

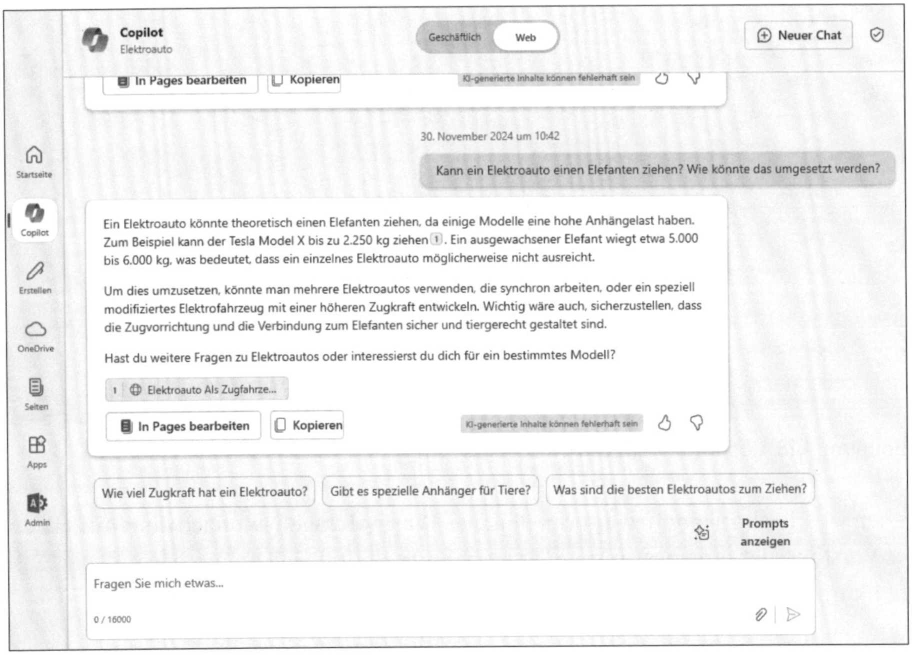

Abbildung 1.17 Ergebnis einer konkreteren Anfrage

Hier ist die Antwort schon deutlich interessanter. Wir erhalten Informationen über die Zugkraft von gängigen Elektroautos und diese wird dem durchschnittlichen Gewicht eines Elefanten gegenübergestellt. Außerdem erhalten wir eine Reihe von Aspekten genannt, die bei der Umsetzung berücksichtigt werden sollten.

Copilot kann aber nicht nur mit reinem Fließtext antworten. So könnten wir im Prompt durchaus auch eine Anweisung geben, in welchem Format die Antwort ausgegeben werden soll. Hierzu wieder ein Beispiel:

> **Prompt:**
> Wie schätzt du die Umweltauswirkungen eines Elektroautos im Vergleich zu einem herkömmlichen Verbrennerauto ein? Erstelle dazu eine Tabelle mit den jeweiligen Vor- und Nachteilen.

Wie in Abbildung 1.18 zu sehen ist, antwortet Copilot nun wie gewünscht mit einer Tabelle.

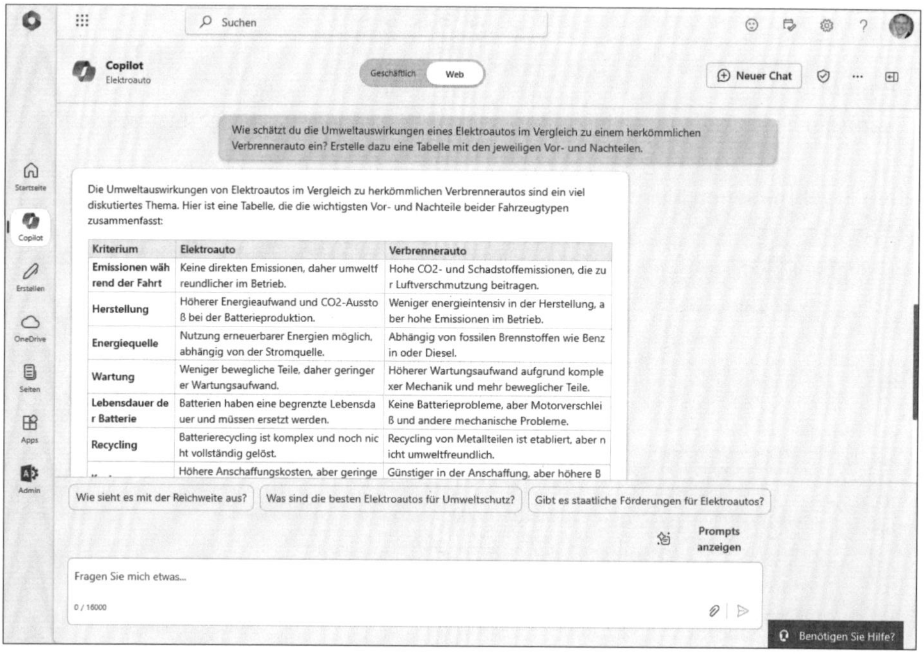

Abbildung 1.18 Copilot erstellt auch Tabellen.

Gehen wir gleich zu einem weiteren Beispiel. Diesmal fragen wir nach dem Aufbau eines Vortrags, der eine bestimmte Länge haben soll und sich an ein besonderes Zielpublikum richtet:

> **Prompt:**
> Ich möchte einen Vortrag über die Vor- und Nachteile von Elektroautos halten. Die Zielgruppe sind Schulabsolventinnen und -absolventen. Für den Vortrag stehen mir 45 Minuten zu Verfügung. Mache einen Vorschlag zum Inhalt und zur Gliederung des Vortrags.

Wären wir tatsächlich in der beschriebenen Situation, könnte uns der Vorschlag aus Abbildung 1.19 durchaus helfen, einen solchen Vortrag zu strukturieren. Und selbst wenn wir ihn so nicht übernehmen, sondern ihn doch etwas anders strukturieren, haben wir vielleicht dennoch Zeit gespart oder den richtigen Impuls für unseren Vortrag erhalten.

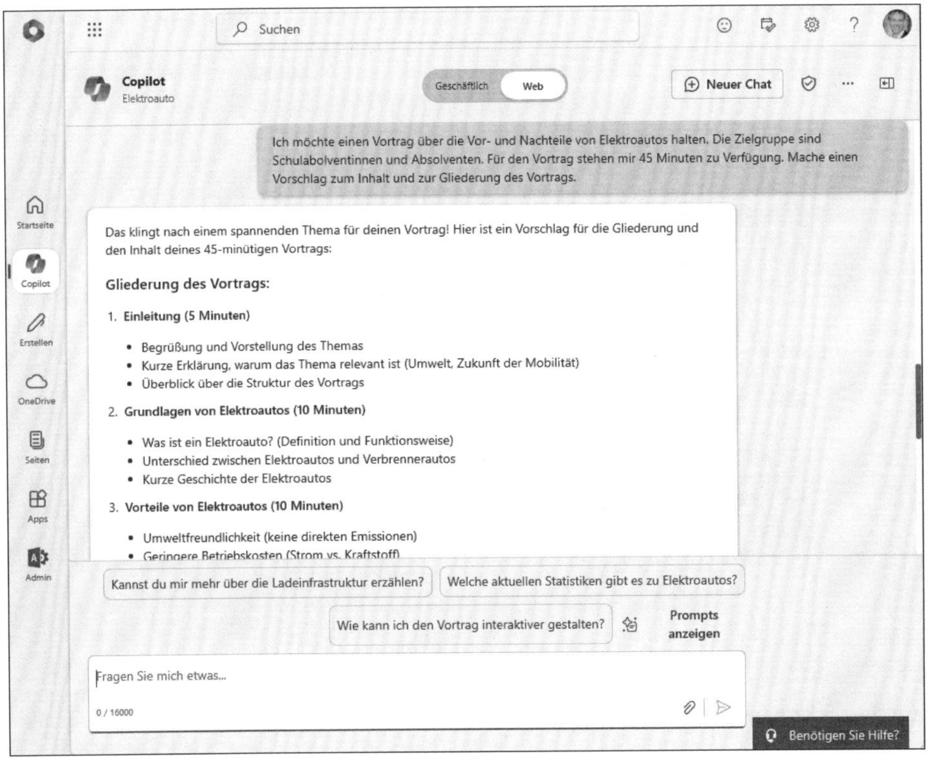

Abbildung 1.19 Copilot erstellt einen Vorschlag zum Aufbau eines Vortrags.

In diesem Abschnitt folgt nun noch ein letzter Beispiel-Prompt. Mit ihm möchte ich Ihnen zeigen, dass Copilot in manchen Fällen nicht nur mit Text antworten kann. Durch Erweiterungen, die in Copilot eingebunden sind, können Sie die Funktionalität von Copilot erweitern und dann beispielsweise Bilder oder sogar Musikstücke generieren lassen. Die verfügbaren Erweiterungen werden dabei ständig mehr. Welche Ihnen zur Verfügung stehen, bestimmt aber auch die IT Ihres Unternehmens.

Mit dem folgenden einfachen Prompt lassen wir vier Varianten eines Bildes erzeugen. Diese werden mit dem Dienst *Microsoft Designer* erstellt, der wiederum *Dall-E*, eine Bilder-KI der Firma *OpenAI*, verwendet.

> **Prompt**:
> Erstelle das Bild einer Ladesäule für Elektroautos.

In Abbildung 1.20 sehen Sie das Ergebnis. Da der Prompt recht unspezifisch war, sind die Bilder recht zufällig. Mit einem Prompt, der genauer erklärt hätte, was wir sehen wollen, wäre das Ergebnis anders ausgefallen.

Abbildung 1.20 Mit Copilot können Sie auch Bilder erstellen lassen.

Die Ansicht »Geschäftlich«

Die Ansicht GESCHÄFTLICH unterscheidet sich an einigen Stellen von der Ansicht WEB. Hier stehen der Zugriff und die Einbeziehung der Daten Ihres Unternehmens im Vordergrund. Um Ihnen hier die Vorgehensweise ein wenig er erleichtern – insbesondere dann, wenn die Arbeit mit Copilot bei Ihnen noch nicht zu einer täglichen Routine-Übung geworden ist, finden Sie zunächst in den Kästen eine Auswahl von Anfragen (Prompts), die Sie mit einem Klick übernehmen können, um dann Ihren Text in die Platzhalter einzusetzen (siehe Abbildung 1.21).

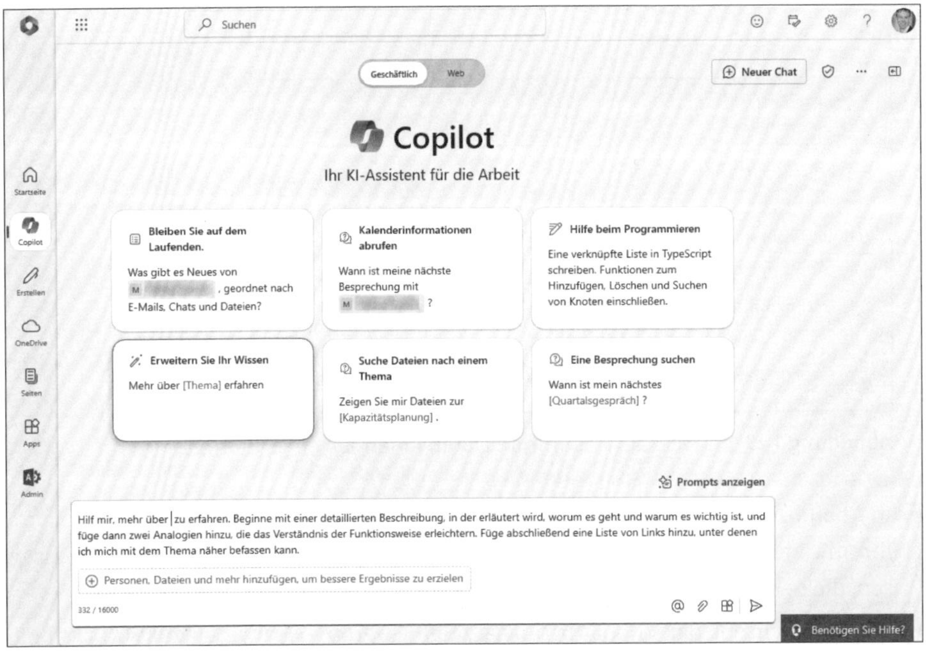

Abbildung 1.21 Beispielprompts mit Platzhaltern

An dieser Stelle finden Sie immer wieder eine andere Auswahl an Prompts. Es lohnt sich, diese zu überfliegen. So erhalten Sie Impulse für eigene Anfragen.

Das Eingabefeld in der Ansicht GESCHÄFTLICH hat auch einen etwas anderen Aufbau (siehe Abbildung 1.22).

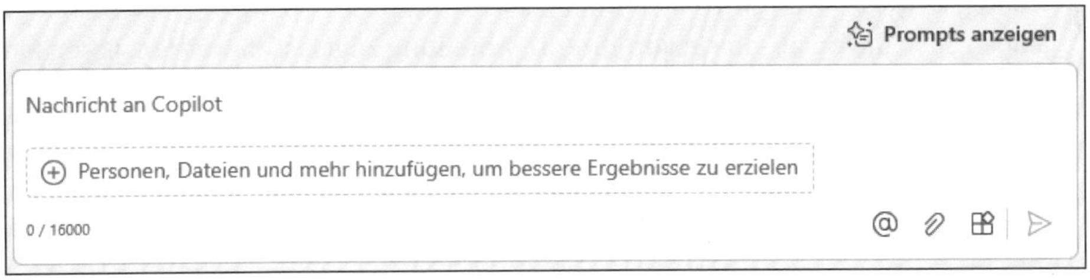

Abbildung 1.22 Das Eingabefeld in der Ansicht »Geschäftlich«

- Im eigentlichen Textfeld sehen Sie ein PLUS-Symbol. Tippen bzw. klicken Sie dieses an, können Sie auf bestimmte Daten verweisen, beispielsweise auf eine Datei, die Sie zusammenfassen wollen, eine Person, über die Sie Daten anfragen, eine Besprechung, auf die Sie sich beziehen, oder auch auf eine E-Mail oder Vergleichbares. Statt auf das PLUS-Symbol können Sie auch auf das Symbol mit der BÜROKLAMMER (IHRER EINGABEAUFFORDERUNG KONTEXT HINZUFÜGEN) klicken, um ein Auswahlfeld wie in Abbildung 1.23 zu erhalten.

Abbildung 1.23 Verweis auf bestimmte Daten innerhalb eines Prompts

- In Abbildung 1.23 sehen Sie auch die Schaltfläche HOCHLADEN, um eine Datei von Ihrem Gerät aus zu Microsoft 365 hochzuladen oder um auf eine Datei zu verweisen, die bereits dort gespeichert ist.
- Mit dem Symbol, das VIER QUADRATE zeigt (COPILOT-ANTWORT VERWALTEN) haben Sie die Möglichkeit, den Zugriff auf weitere Datenquellen zu aktivieren (oder zu deaktivieren). Wie Sie in Abbildung 1.24 sehen, können Sie dort beispielsweise den Zugriff auf den Webinhalt aktivieren, sodass Copilot nicht nur die Daten Ihres Unternehmens aus Microsoft 365 einbezieht, sondern eben auch die öffentlichen Inhalte aus dem Web.

Es ist davon auszugehen, dass die hier dargestellte Liste der Auswahlmöglichkeiten ständig anwachsen wird. Welche Ihnen zur Auswahl zur Verfügung stehen, hängt jedoch auch davon ab, ob sie von Ihrer IT-Abteilung zugelassen werden. Lesen Sie hierzu auch Kapitel 11, »Administrationsüberblick«.

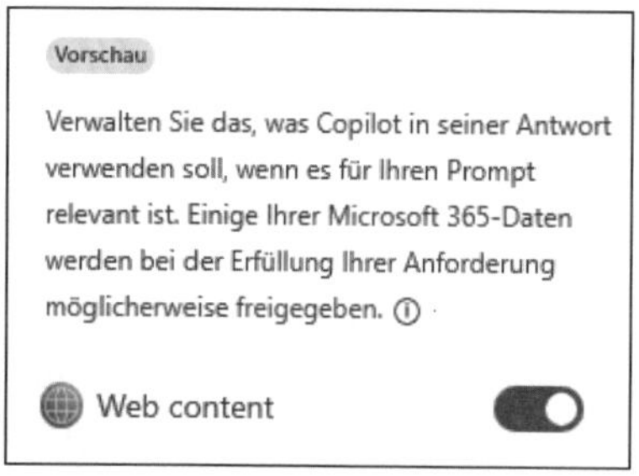

Abbildung 1.24 Aktivierung bestimmter Datenquellen

- Wenn Sie auf PROMPTS ANZEIGEN klicken, sehen Sie wie in Abbildung 1.25 eine Reihe von Vorlagen für Prompts. Diese stammen aus dem *Copilot-Promptkatalog*, einer separaten Webseite, die Sie unter *https://copilot.cloud.microsoft/prompts*

erreichen. Dabei handelt es sich, vereinfacht gesagt, um eine Bibliothek für Prompts. Halten Sie dort einen Prompt für Ihre tägliche Arbeit für sinnvoll, können Sie ihn speichern, sodass er unter anderem dann an dieser Stelle angezeigt wird. Mehr zum Copilot-Promptkatalog lesen Sie in Abschnitt 2.5.1.

Abbildung 1.25 Copilot-Promptkatalog

- Mit dem @-Symbol rufen Sie einen Agenten zu Hilfe (siehe Abbildung 1.26). Was es damit auf sich hat, beschreibe ich in Kapitel 10, »Copilot erweitern«.

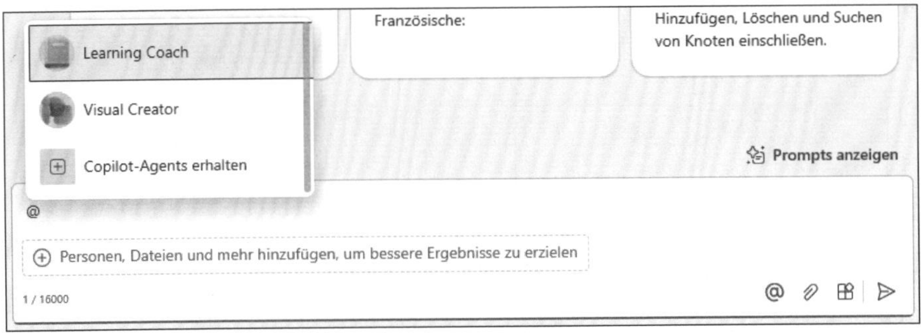

Abbildung 1.26 Einen Agenten ansprechen

- Die dargestellten Zahlen (im Bild 1 / 16000) zeigen Ihnen, wie viele Zeichen Ihre Anfrage aktuell schon umfasst und wie lang die Anfrage maximal sein darf. Dies ist insbesondere dann wichtig, wenn Sie umfangreiche Texte in das Eingabefeld kopieren wollen. Die Maximallänge wurde in der Vergangenheit schon angepasst. Vielleicht ist sie bei Ihnen schon größer als hier in der Abbildung.

Oben rechts in Abbildung 1.21 sehen Sie weitere wichtige Schaltflächen:

- Wenn Sie auf das SPRECHBLASEN-Symbol (NEUER CHAT) klicken, weisen Sie Copilot an, die bisherigen Anfragen und Antworten nicht weiter zu berücksichtigen. Verwenden Sie diese Funktion immer dann, wenn Sie mit einer Anfrage fertig sind und bevor Sie zu einem neuen Thema kommen. Ansonsten bezieht sich Copilot immer auf die gesamte bisher durchgeführte Interaktion.
- Der SCHILD führt zu einem Link auf eine Website, die Informationen zum Datenschutz bereithält.
- Über das Symbol mit den DREI PUNKTEN (MEHR) können Sie Informationen zu Copilot abrufen und Microsoft einen Kommentar zukommen lassen.
- Der PFEIL (COPILOT-CHATS UND MEHR) öffnet am rechten Fensterrand eine Aufgabenleiste mit einer Historie der Unterhaltungen, die Sie bisher mit Copilot geführt haben. So können Sie ältere Ergebnisse nochmals aufrufen oder an diesen weiterarbeiten. Fahren Sie mit der Maus dort auf einen Eintrag, erscheinen drei Punkte, über die Sie die ausgewählte Unterhaltung löschen oder den in der Liste angezeigten Titel modifizieren können (siehe Abbildung 1.27). Ist die Liste sehr lang, hilft das, einen bestimmten Eintrag wiederzufinden. Die dargestellten Zahlen stehen übrigens für das Datum, zu dem die Unterhaltung stattfand.

  Doch enthält die Aufgabenleiste nicht nur die bisher durchgeführten Chats, sondern auch Agenten, etwa den *Visual Creator*. Agenten sind eine Art spezialisierter Assistenten, die auf eine Aufgabe fokussiert sind (Visual Creator beispielsweise auf das Generieren von Bildern) und die Basisfunktionalität von Copilot erweitern. In Kapitel 10, »Copilot erweitern«, sehen wir uns dieses Konzept noch im Detail an.

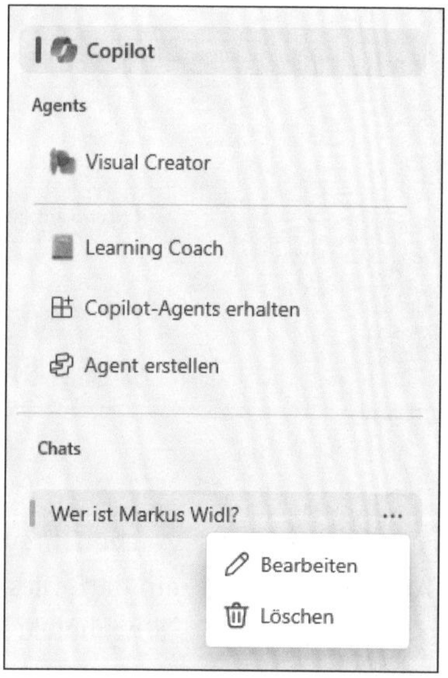

Abbildung 1.27 Bearbeiten früher ausgeführter Chats

1.2.2 Copilot als App

Arbeiten Sie lieber mit einer App, als mit der Copilot-Webseite, ist das unter Windows, Apple iOS und Google Android auch möglich. Auf Ihrem Windows-Gerät laden Sie die App *Microsoft 365 Copilot* aus dem Microsoft Store herunter. Die direkte Adresse lautet:

https://apps.microsoft.com/detail/9wzdncrd29v9

Abbildung 1.28 Die App im Microsoft-Store

Für die Betriebssysteme iOS und Android stellt Microsoft in den jeweiligen App-Stores auch eine App für Copilot bereit:

- iOS: *https://apps.apple.com/de/app/microsoft-365-office/id541164041*
- Android: *https://play.google.com/store/apps/details?id=com.microsoft.office.officehubrow*

Der Funktionsumfang der Apps orientiert sich in etwa an der separaten Webseite. Abbildung 1.29 zeigt die App auf einem iPhone.

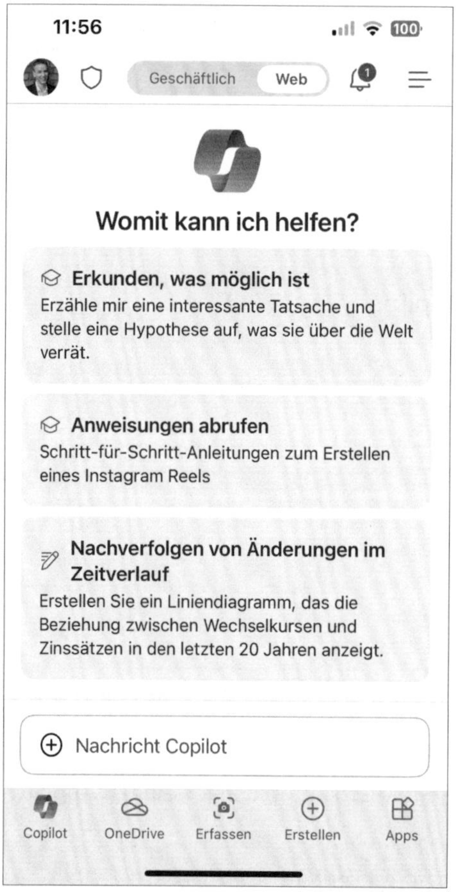

Abbildung 1.29 Copilot-App unter iOS

1.2.3 Copilot im Teams-Client

In Abschnitt 1.2.1, »Copilot auf separater Webseite«, haben Sie die Interaktion mit Copilot über eine separate Webseite kennengelernt. Das ist auf der einen Seite hilfreich, doch im Arbeitsalltag stellt es manchmal eine unnötige Barriere dar, zuerst den Browser zu öffnen, die richtige Seite aufzurufen, sich gegebenenfalls dort anzumelden, bis man endlich seinen Prompt ausführen darf.

Für viele Mitarbeiterinnen und Mitarbeiter ist der Client (also die Anwendungssoftware) von *Microsoft Teams* zu einem der wichtigsten Werkzeuge geworden. Entsprechend häufig halten sie sich in ihm auf. Da ist es hilfreich, dass Copilot ebenfalls direkt im Teams-Client verfügbar ist – und das gleich an unterschiedlichen Stellen und für verschiedene Tätigkeiten.

Verschaffen wir uns einen Überblick. Genauer ins Detail gehe ich dann in Kapitel 7, »Microsoft Teams«.

Direkter Chat mit Copilot

Eine ähnliche Ansicht der Copilot-Darstellung wie im Browser finden Sie also auch im Teams-Client, und zwar im Bereich CHAT (siehe Abbildung 1.30).

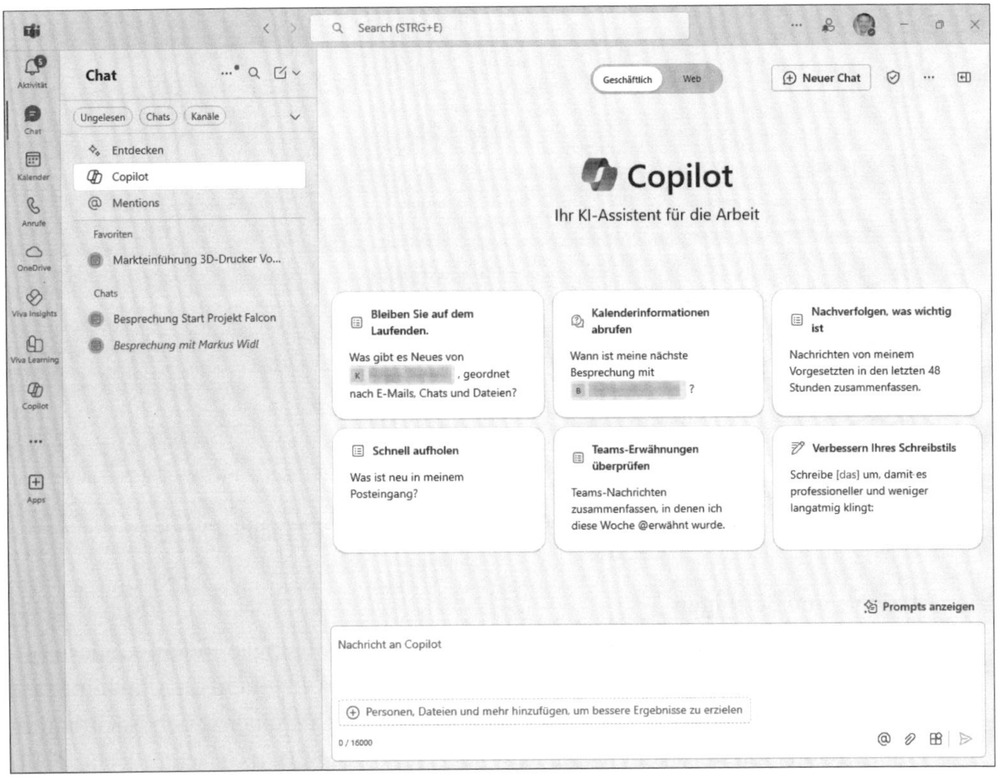

Abbildung 1.30 Copilot im Chat-Bereich des Teams-Clients

Möchten Sie Copilot noch prominenter dargestellt sehen als im Chat-Bereich? Dann öffnen Sie in der Navigationsleiste des Teams-Clients den Bereich APPS (gegebenenfalls ist Copilot auch hinter der Schaltfläche mit den drei Punkten verborgen). Dort suchen Sie nach Copilot und fügen Sie ihn zu Ihrem Client hinzu. Damit hat Copilot dann einen festen Platz in der Navigationsleiste (siehe Abbildung 1.31). Funktional ist dies aber identisch mit der Anzeige im Chat-Bereich.

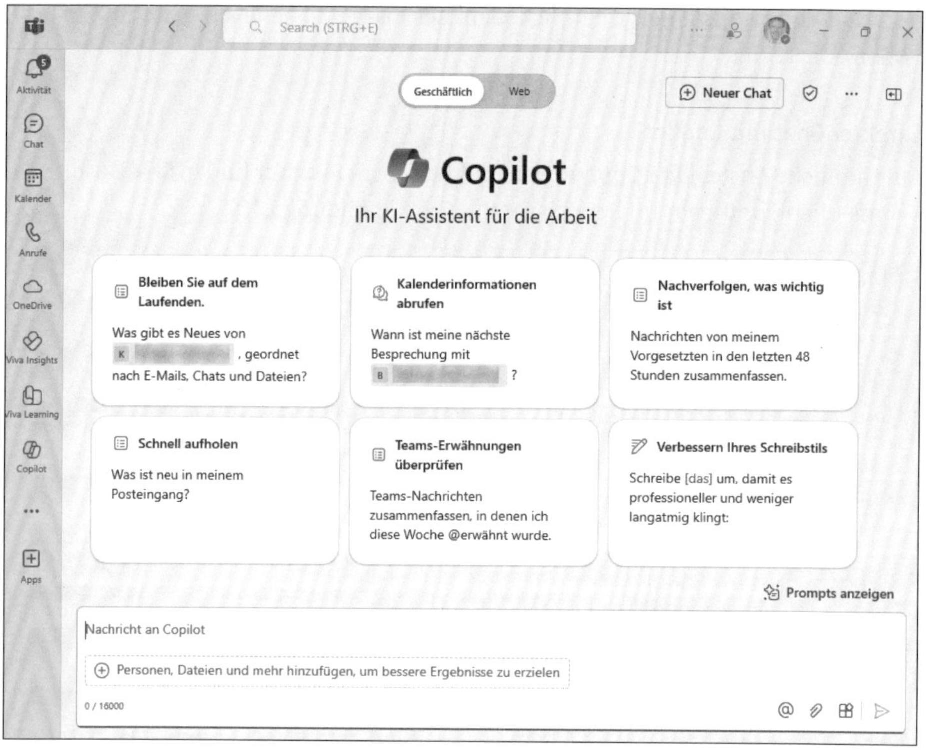

Abbildung 1.31 Copilot, integriert in der Navigationsleiste des Teams-Clients

In Chats und Beiträgen

Copilot ist aber nicht nur allgemein in den Teams-Client eingebunden, sondern findet sich auch an weiteren situationsspezifischen Stellen. In einem Chat mit einer anderen Person, mit einer Gruppe oder auch beim Verfassen einer neuen Nachricht in einem Teams-Kanal ist Ihnen vielleicht auch schon die COPILOT-Schaltfläche (Stift) beim Eingabefeld aufgefallen. Die Arbeit damit ist wie folgt gedacht: Zuerst verfassen Sie Ihre nächste Nachricht auf dem üblichen Weg im Textfeld. Den Text können Sie dann über einen Klick auf die COPILOT-Schaltfläche überarbeiten lassen (siehe Abbildung 1.32).

So können Sie Ihren Text allgemein umschreiben lassen, prägnanter oder länger machen oder ihn auch anders klingen lassen.

Bei Chats können Sie rechts oben ebenfalls auf ein Copilot-Symbol klicken (siehe Abbildung 1.33). Damit öffnen Sie am rechten Bildschirmrand eine separate Leiste zur Arbeit mit Copilot.

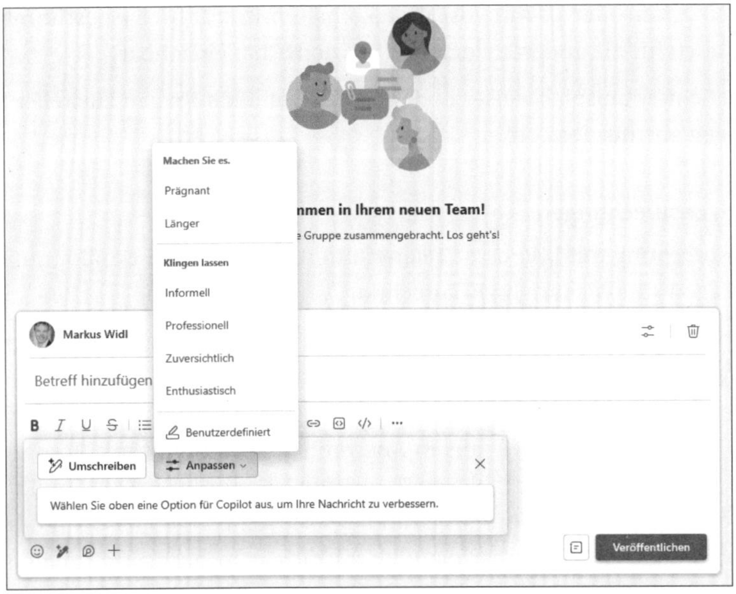

Abbildung 1.32 Copilot im Eingabefeld innerhalb eines Teams-Kanals

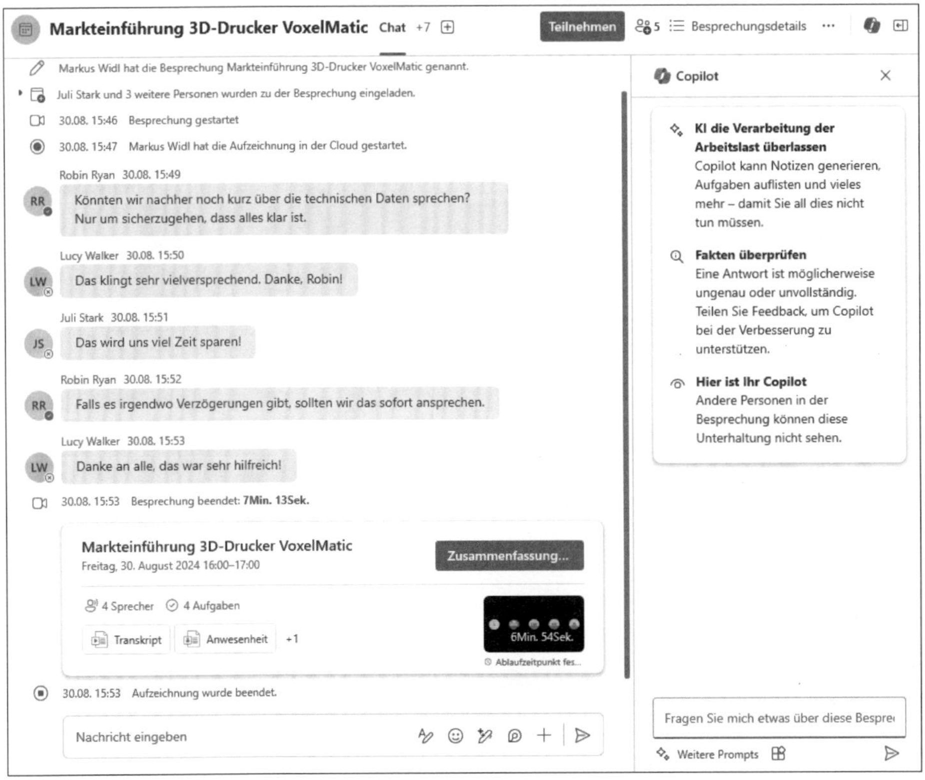

Abbildung 1.33 Copilot im Teams-Chat

[»] Alles, was Sie dort eingeben oder als Antwort zurückerhalten, ist nur für Sie bestimmt und ist nicht etwa auch für die anderen Personen aus dem Chat einsehbar.

Diese Leiste ermöglicht es beispielsweise, zu dem jeweiligen Chat Fragen zu stellen, Zusammenfassungen anzufordern etc.

Während und nach Besprechungen

Während einer Besprechung mit Microsoft Teams können Sie ebenfalls Copilot nutzen, um gezielte Fragen zum bisherigen Besprechungsverlauf zu stellen.

Um Copilot aufzurufen, klicken Sie in der Symbolleiste des Besprechungsfensters auf COPILOT. Gegebenenfalls werden Sie dann noch um Bestätigung gebeten, dass das *Transkript* gestartet wird, also eine textliche Aufzeichnung des gesprochenen Wortes erzeugt wird. Das Transkript sehen wir uns in Abschnitt 7.1.4, »Copilot mit Besprechungen«, noch genauer an. Vorab so viel: Das Transkript ist erforderlich, da Copilot nicht mit Audio selbst arbeitet, sondern als Grundlage für seine Ergebnisse auf das Transkript (sowie die Chats und die über die Bildschirmfreigabe gezeigten Inhalte) aus dem Meeting zugreift. Danach erscheint am rechten Rand des Fensters Ihr persönlicher Copilot-Bereich (siehe Abbildung 1.34).

[»] Die Betonung liegt hierbei auf »persönlich«, denn welche Anweisungen Sie dort Copilot geben und auch die Antworten sehen nur Sie selbst. Die anderen Personen, die am Meeting teilnehmen, bekommen diese nicht zu Gesicht.

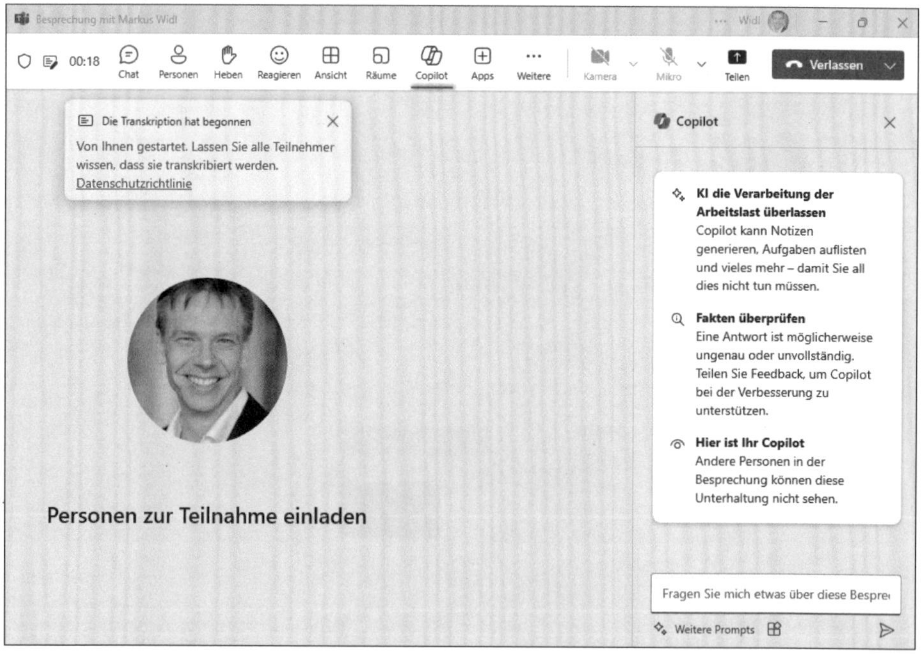

Abbildung 1.34 Persönlicher Copilot-Arbeitsbereich in einer Besprechung

Ist die Besprechung vorüber, können Sie dennoch Copilot zu den Inhalten befragen. Eine Möglichkeit wäre es, im Teams-Chat oder auf der separaten Copilot-Webseite auf eine Besprechung zu verweisen. Es gibt aber auch einen alternativen Weg: Dazu öffnen Sie die Besprechung im Kalender des Teams-Clients. Am oberen Rand sollten Sie dann den Bereich ZUSAMMENFASSUNG vorfinden. Dieser sieht so wie beispielsweise in Abbildung 1.35 aus.

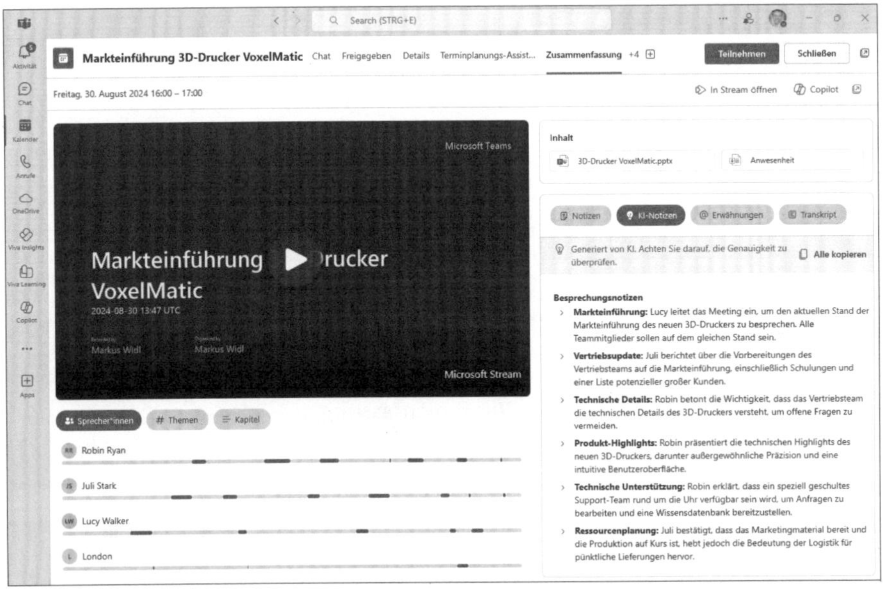

Abbildung 1.35 Automatisch generierte Zusammenfassung eines Meetings

Dort finden Sie beispielsweise automatisch generierte Besprechungsnotizen. Den Zugriff auf Copilot erhalten Sie wiederum mit einem Klick auf die gleichnamige Schaltfläche, wodurch die schon bekannte Copilot-Leiste am rechten Fensterrand dargestellt wird (siehe Abbildung 1.36).

Wie auch bei der Arbeit im Chat-Bereich gilt: Was Sie während oder nach einer Besprechung mit Copilot austauschen, ist nur für Sie selbst sichtbar und nicht etwa für die anderen Teilnehmenden. Die automatisch generierte Zusammenfassung steht dagegen allen Teilnehmenden gleichermaßen zur Verfügung (sofern diese eine geeignete Lizenz dafür haben).

Übrigens kann Copilot auch bereits während einer Besprechung automatisch Besprechungsnotizen generieren. Dazu muss der Besprechungsorganisator im Teams-Client beim Anlegen der Besprechung die Option KI-GENERIERTE NOTIZEN aktivieren oder ein Teilnehmer klickt während der Besprechung auf die Schaltfläche NOTIZEN. Die dann erzeugten Notizen stehen allen Teilnehmenden gleichermaßen zur Verfügung und können von allen angepasst werden. Wie das aussehen kann, zeigt Abbildung 1.37.

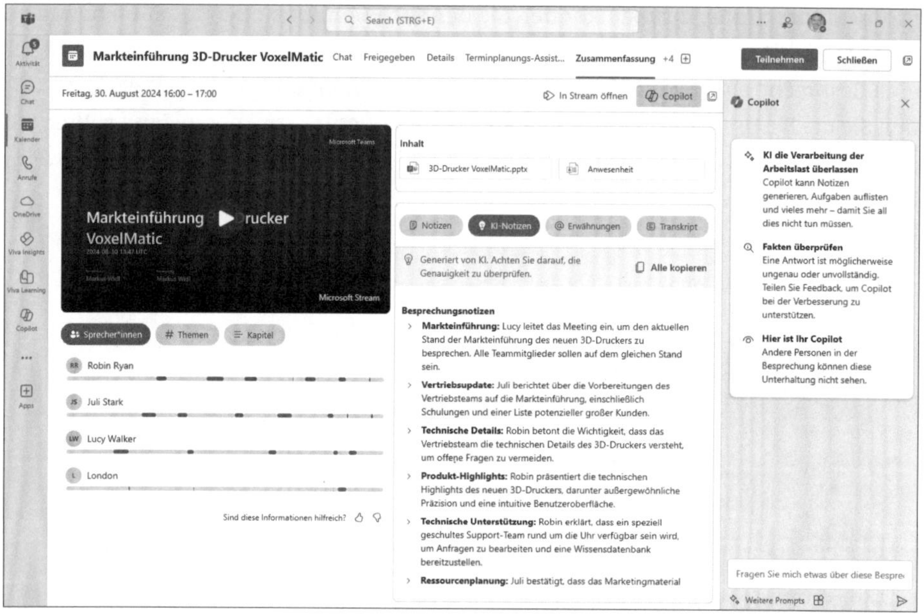

Abbildung 1.36 Copilot für die Meeting-Zusammenfassung

Abbildung 1.37 Automatisch generierte Besprechungsnotizen (hier in englischer Sprache)

1.2.4 Copilot in verschiedenen Apps

Copilot ist nicht nur im Browser als Webseite und im Teams-Client verfügbar. Microsoft hat ihn auch in verschiedene andere Anwendungen und Dienste aus dem Microsoft 365-Universum integriert. Allen voran dabei natürlich in die Office-Anwendungen Word, PowerPoint, Excel und Outlook mit jeweils anwendungsspezifischen Funktionalitäten. Diese sehen wir uns in diesem Abschnitt als Überblick an, um einen ersten Eindruck zu gewinnen. In Teil II dieses Buches, »Anwendungen und Dienste«, werden Sie aber noch die Details und eine ganze Reihe weiterer Anwendungen sehen, in die Copilot integriert ist.

Die Copilot-Integration finden Sie dabei nicht nur in den lokal installierten Office-Anwendungen, sondern auch in ihren Pendants im Browser.

Microsoft Word

Copilot können Sie in Word gar nicht übersehen, denn er bietet fast schon überall seine Dienste an. Selbst auf einem neuen, noch leeren Dokument erscheint gleich das Textfeld, in das Sie Ihren Prompt eingeben können (siehe Abbildung 1.38). Verweise auf andere Dateien sind dabei wieder möglich. Beachten Sie aber auch die Angaben aus Abschnitt 1.3, »Welche Anwendungen und Dienste integrieren Copilot?«, in dem Sie erfahren, auf welche Unternehmensdaten Sie hier zugreifen können.

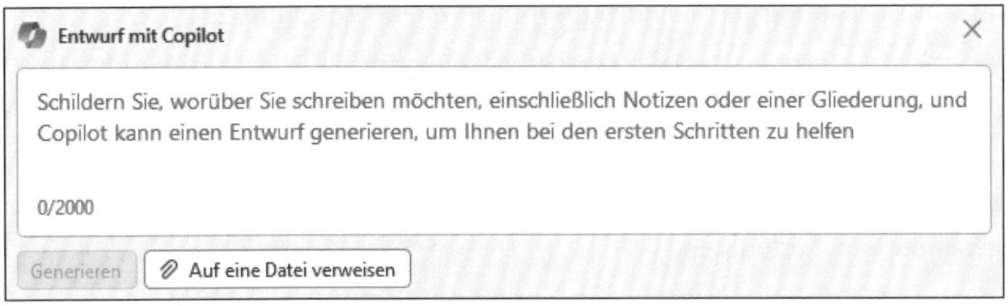

Abbildung 1.38 Copilot hilft beim Entwerfen von Texten in Word.

Unabhängig davon, ob Sie gleich zu Beginn auf die Unterstützung von Copilot zurückgreifen oder nicht, finden Sie jeweils links neben dem Absatz, über dem gerade der Mauszeiger schwebt, das Copilot-Symbol, um das Eingabefenster wieder aufzurufen und gegebenenfalls an exakt dieser Stelle den von Copilot generierten Text einzufügen.

Neben diesem absatzspezifischen Ansatz rufen Sie über die COPILOT-Schaltfläche auf der Registerkarte START der Symbolleiste wiederum die separate Leiste am rechten Fensterrand auf (siehe Abbildung 1.39).

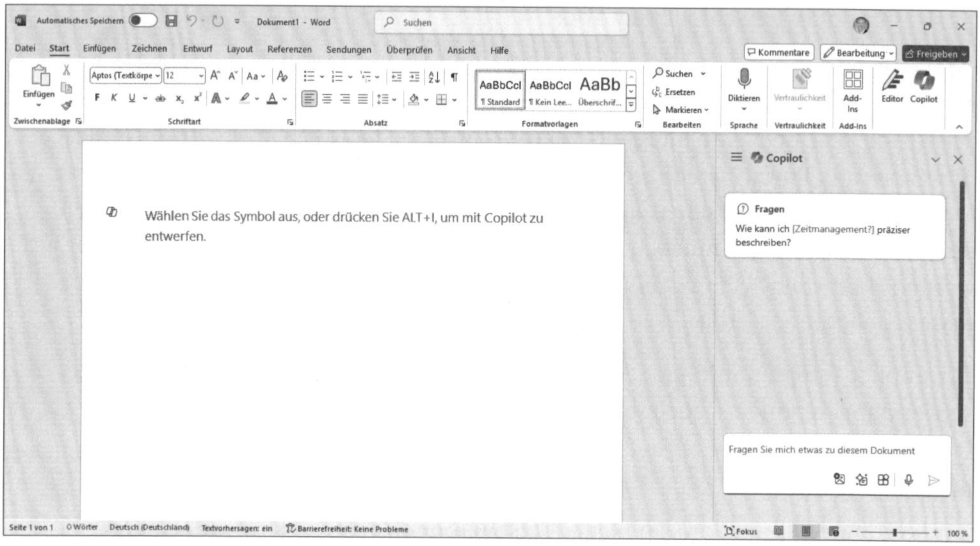

Abbildung 1.39 Copilot-Arbeitsleiste am rechten Fensterrand in Word

Sehen wir uns dort das Eingabefeld etwas genauer an:

- PROMPTS ANZEIGEN (Sternchen): Über diese Schaltfläche erhalten Sie einige Promptvorschläge für die Arbeit mit Word. Darüber hinaus finden Sie dort die im Copilot-Promptkatalog gespeicherten Prompts (siehe Abschnitt 2.5.1).
- VERWALTEN VON INHALTSEINSTELLUNGEN (Quadrate): Hier aktivieren beziehungsweise deaktivieren Sie weitere Datenquellen, die Copilot bei der Generierung der Antworten mit einbezieht, beispielsweise den Inhalt des Webs.
- MIKROFON: Bevorzugen Sie die Eingabe Ihrer Anfrage per Sprache, können Sie das mit diesem Symbol erledigen.
- CHATVERLAUF: Ermöglicht Ihnen den Zugriff auf Prompts, die Sie in der Vergangenheit schon einmal ausgeführt haben.

Microsoft PowerPoint

Ähnlich wie bei Word finden Sie Copilot an verschiedenen Stellen: Einmal ist links oben über der angezeigten Folie eine Copilot-Schaltfläche zu sehen. Und über die COPILOT-Schaltfläche in der Registerkarte START der Symbolleiste rufen Sie wiederum die separate Leiste am rechten Fensterrand auf (siehe Abbildung 1.40).

Die Leiste funktioniert so, wie Sie es bei Word kennengelernt haben. Die Schaltfläche über der Folie enthält folgende Befehle:

- Erstellen einer Präsentation mit Informationen zu
- Präsentation aus einer Datei erstellen
- Copilot fragen

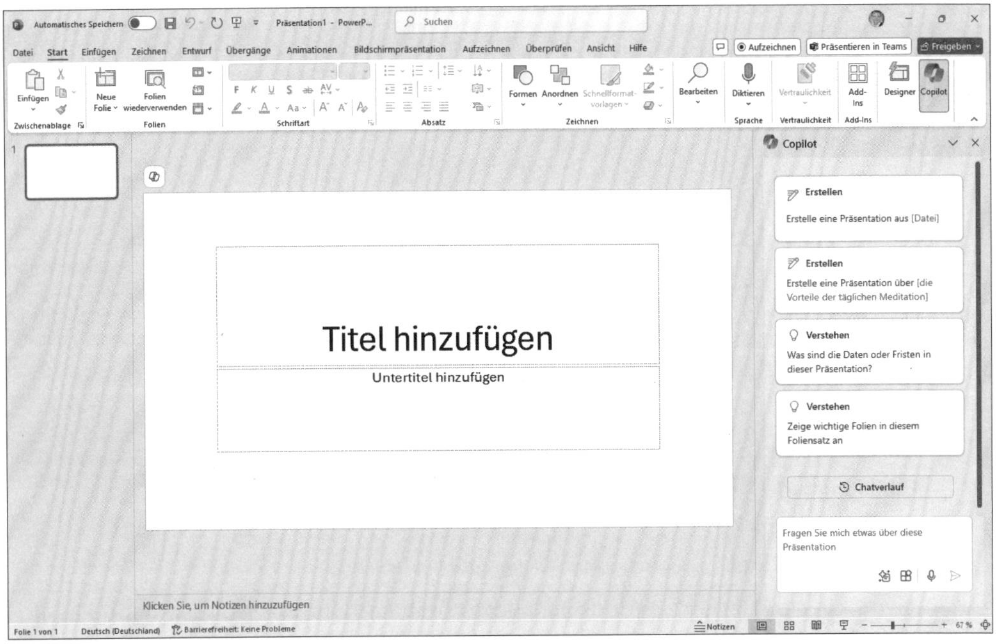

Abbildung 1.40 Die Copilot-Arbeitsleiste am rechten Fensterrand in PowerPoint

Der erste Punkt führt Sie zu einem Assistenten, mit dem Sie das Foliendeck auch mit umfangreichen Inhalten füllen können. Dieser Assistent nennt sich *Narrative Builder*. In Abschnitt 5.1.2, »Narrative Builder«, sehen wir uns diesen genauer an.

Die beiden anderen Menüpunkte öffnen letztendlich nur die Copilot-Aufgabenleiste am rechten Fensterrand.

Microsoft Excel

Bei Excel ist es ähnlich wie bei PowerPoint: Sie rufen über die Copilot-Schaltfläche auf der Registerkarte Start der Symbolleiste die separate Leiste am rechten Fensterrand auf (siehe Abbildung 1.41).

Der Copilot in Excel setzt voraus, dass die Datei, die Sie bearbeiten, automatisch gespeichert wird. Sollte dies nicht der Fall sein, weist Copilot Sie darauf hin und schlägt gleich geeignete Speicherorte vor, wie OneDrive, SharePoint usw.

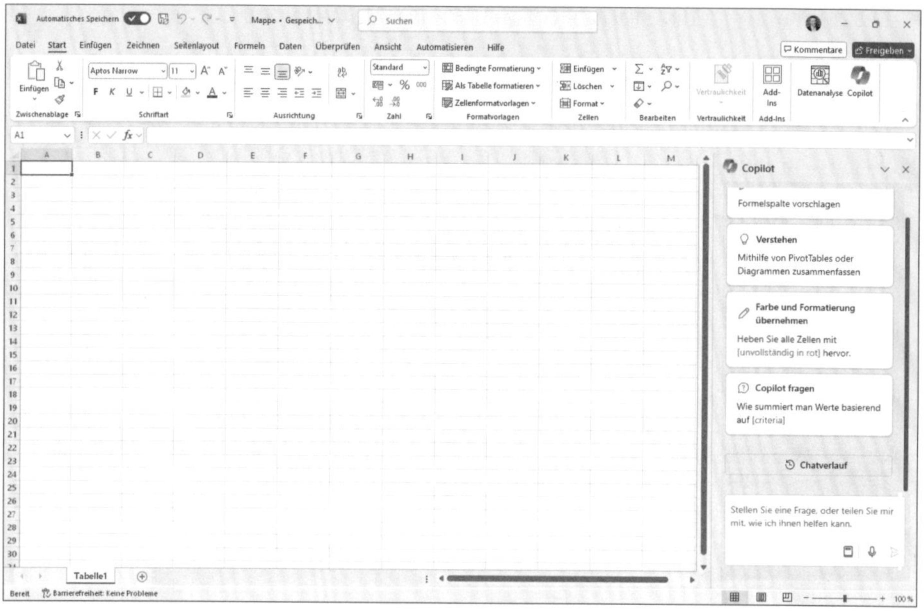

Abbildung 1.41 Die Copilot-Arbeitsleiste am rechten Fensterrand in Excel

Microsoft Outlook

Bevor wir genauer auf Outlook schauen, vorab ein Hinweis: Aktuell befinden sich zwei Outlook-Varianten im Umlauf: einmal die klassische und einmal eine modernere (»das neue Outlook«, das auch mit dem Codenamen *Projekt Monarch* bezeichnet wird). Abbildung 1.42 zeigt das neue Outlook.

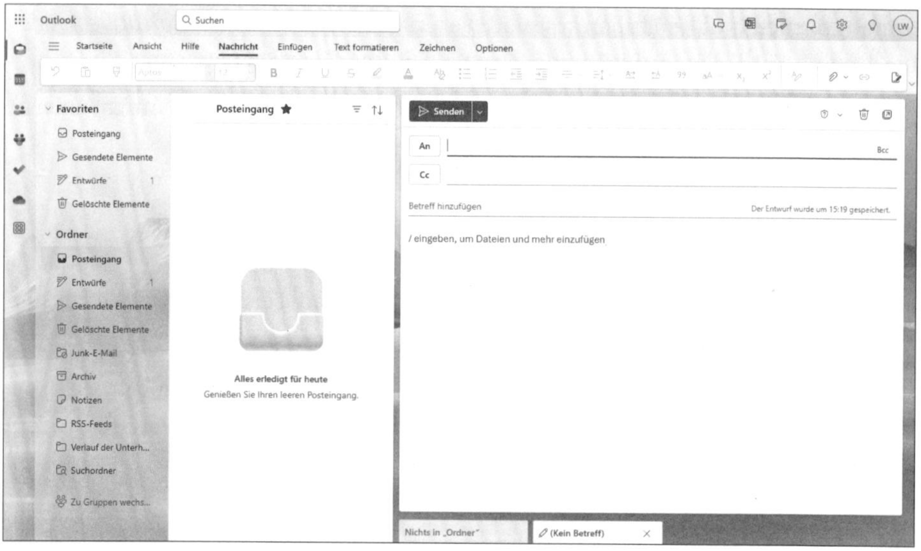

Abbildung 1.42 Das neue Outlook

Beim Erscheinen von Copilot waren seine Funktionen nur im neuen Outlook zu finden, nicht jedoch im klassischen. Inzwischen hat sich das geändert und Copilot ist grundsätzlich in beiden Varianten integriert. Die Darstellung sieht jedoch ein klein wenig unterschiedlich aus. Und es gibt noch einen weiteren wichtigen Aspekt, den Sie beziehungsweise die IT Ihres Unternehmens berücksichtigen sollten: Neue Copilot-Funktionen implementiert Microsoft zuerst im neuen Outlook und dann – manchmal mit einer mehrmonatigen Verzögerung – im klassischen Outlook. Nutzen Sie Copilot, sollten Sie im Idealfall mit dem neuen Outlook arbeiten, um möglichst alle aktuellen Funktionalitäten zur Verfügung zu haben.

In diesem Buch verwende ich für die Bildschirmabbildungen deshalb das neue Outlook. Im alten Outlook werden Sie die meisten Funktionen an ähnlicher Stelle entdecken, sofern sie dort bereits verfügbar sind. Steht Ihnen das neue Outlook nicht zur Verfügung und finden Sie eine Funktion im alten Outlook nicht, könnten Sie auch auf die Outlook-Webansicht wechseln. Dort finden Sie die Copilot-Funktionen ebenfalls. Im Browser rufen Sie dazu die folgende Adresse auf (siehe Abbildung 1.43):

https://outlook.office.com

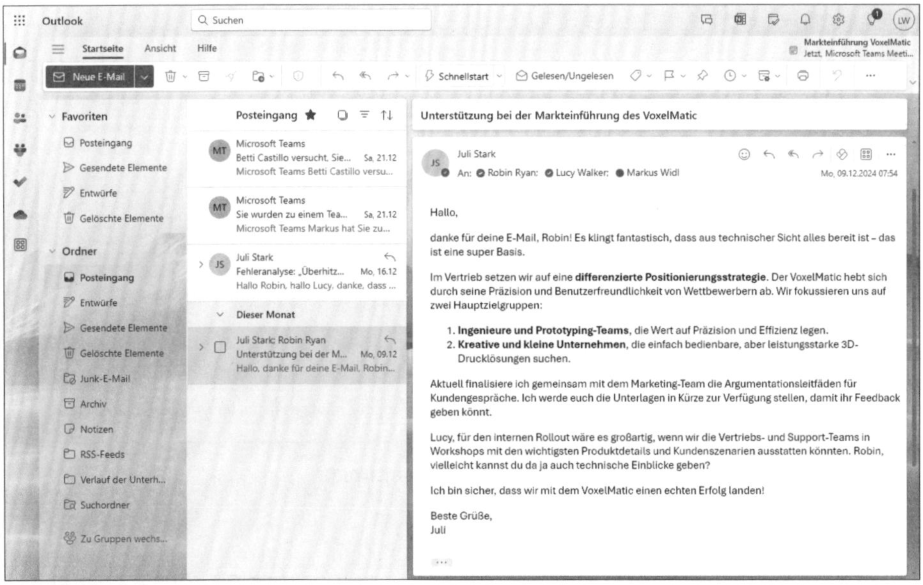

Abbildung 1.43 Outlook im Browser

Copilot finden Sie innerhalb von Outlook an verschiedenen Stellen – und nicht immer müssen Sie einen Prompt schreiben; manche Funktionalitäten rufen Sie einfach über eine Schaltfläche auf:

- **E-Mails und Threads zusammenfassen**
  Wenn Sie im Posteingang eine längere E-Mail oder auch einen ganzen E-Mail-Verlauf markieren, können Sie über die Schaltfläche ZUSAMMENFASSUNG DURCH COPILOT Copilot anweisen, die wichtigsten Punkte herauszuarbeiten und darzustellen. Ein Beispiel sehen Sie in Abbildung 1.44. Bei besonders langen E-Mails oder auch, wenn nach dem Urlaub einer längerer E-Mail-Verlauf auf Sie wartet, sparen Sie damit oftmals wertvolle Zeit, die Sie dann für andere Aufgaben zur Verfügung haben.

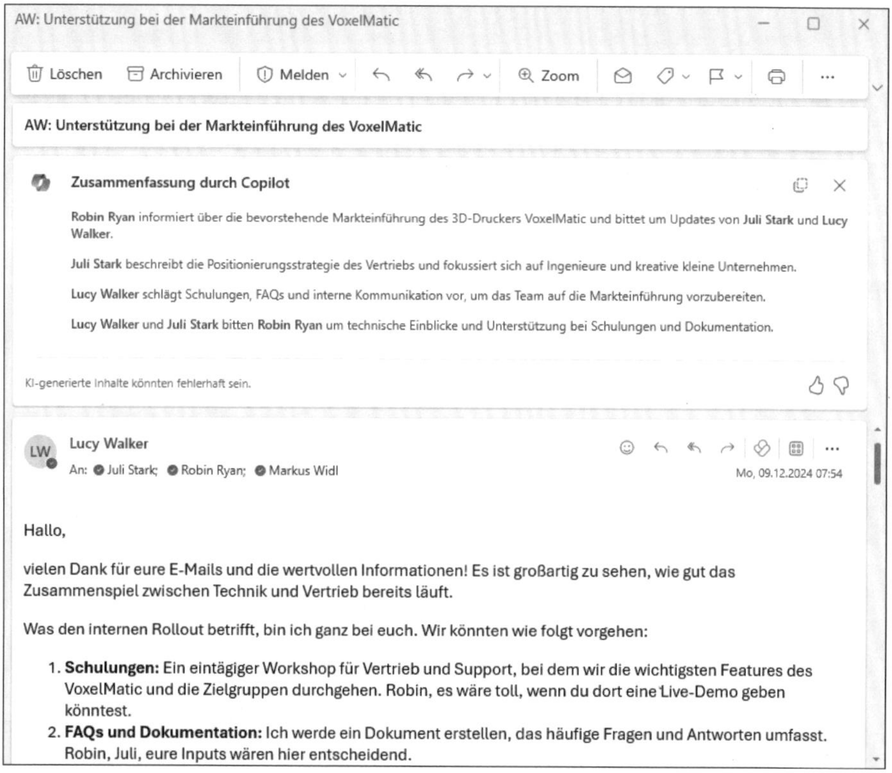

Abbildung 1.44 Copilot fasst E-Mail-Threads zusammen.

- **E-Mail-Texte entwerfen**
  Erstellen Sie eine neue E-Mail, können Sie über das COPILOT-Symbol auf der Registerkarte NACHRICHT und durch Auswahl von ENTWURF MIT COPILOT Unterstützung anfordern (siehe Abbildung 1.45). Über die Schaltfläche ANPASSEN wählen Sie dann auch noch die Länge und den Stil des generierten Textes.

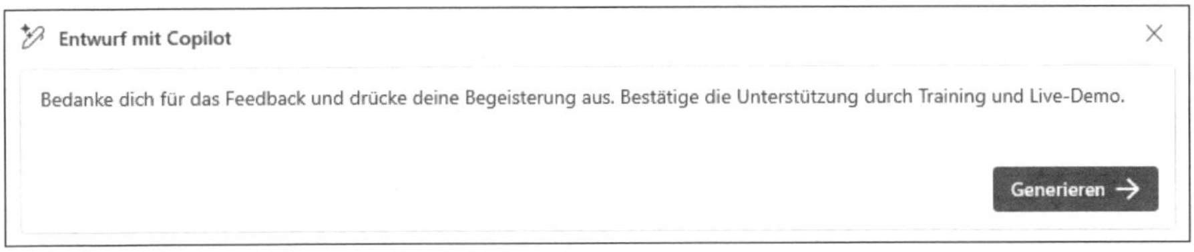

Abbildung 1.45 Copilot hilft beim Entwerfen von E-Mail-Texten.

- **Coaching für E-Mail-Texte**
  Haben Sie den Text der E-Mail bereits formuliert, können Sie ebenfalls über das Copilot-Symbol und die Auswahl des Befehls COACHING VON COPILOT Feedback einholen. Copilot gibt dann zu Tonfall, Leserstimmung und Klarheit ein Feedback sowie gegebenenfalls konkrete Vorschläge, wie der Text besser formuliert werden könnte. Ein Beispiel sehen Sie in Abbildung 1.46.

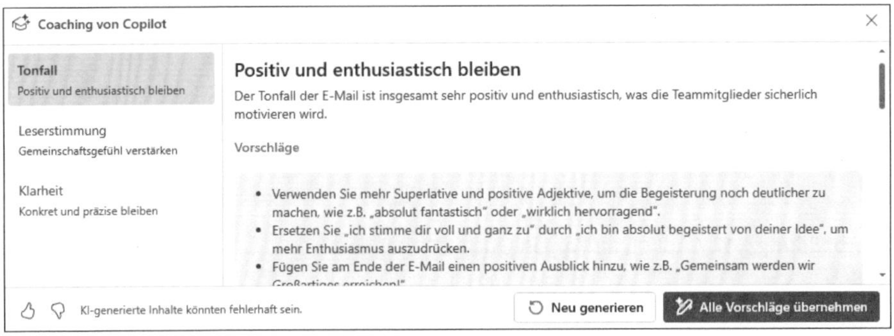

Abbildung 1.46 E-Mail-Coaching durch Copilot

- **Copilot als App integriert**
  In der Navigationsleiste am linken Fensterrand von Outlook finden Sie ebenfalls ein Copilot-Symbol. Von dort aus wechseln Sie zu einer Ansicht wie in Abbildung 1.47. Dort haben Sie Zugriff auf den Copilot-Chat, analog zur separaten Webseite (siehe Abschnitt 1.2.1, »Copilot auf separater Webseite«), und auf den direkten Chat im Teams-Client (siehe Abschnitt 1.2.3, »Copilot im Teams-Client«).
- **Aufgabenleiste**
  Rechts oben im Anwendungsfenster von Outlook finden Sie ebenfalls ein Copilot-Symbol. Damit öffnen Sie eine Aufgabenleiste am rechten Rand, um Copilot Prompts ausführen zu lassen, die im Allgemeinen das Postfach mitsamt E-Mails und Besprechungen betreffen (siehe Abbildung 1.48).

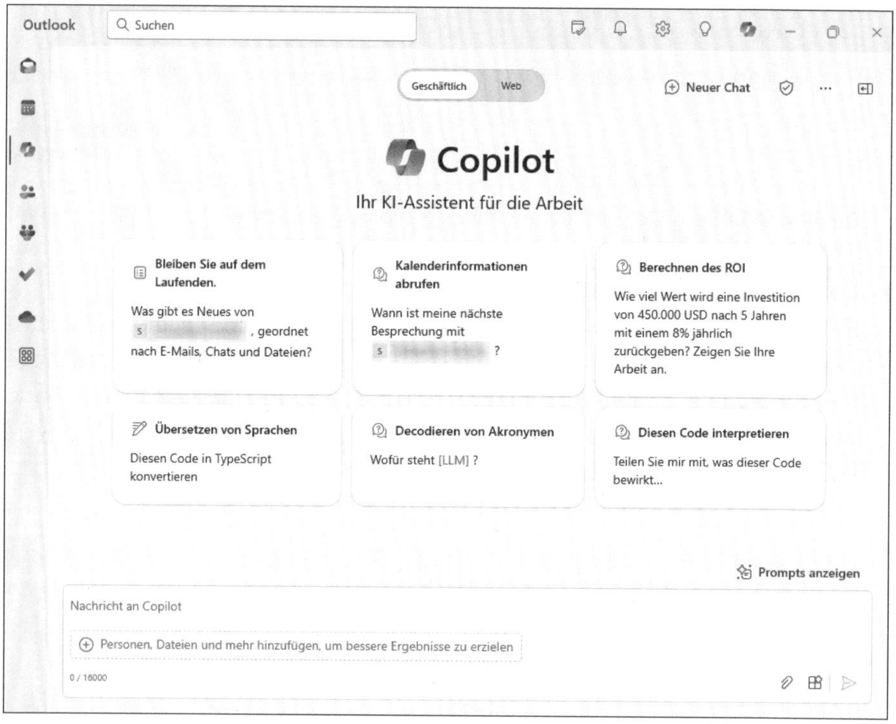

Abbildung 1.47 Copilot, als App in Outlook integriert

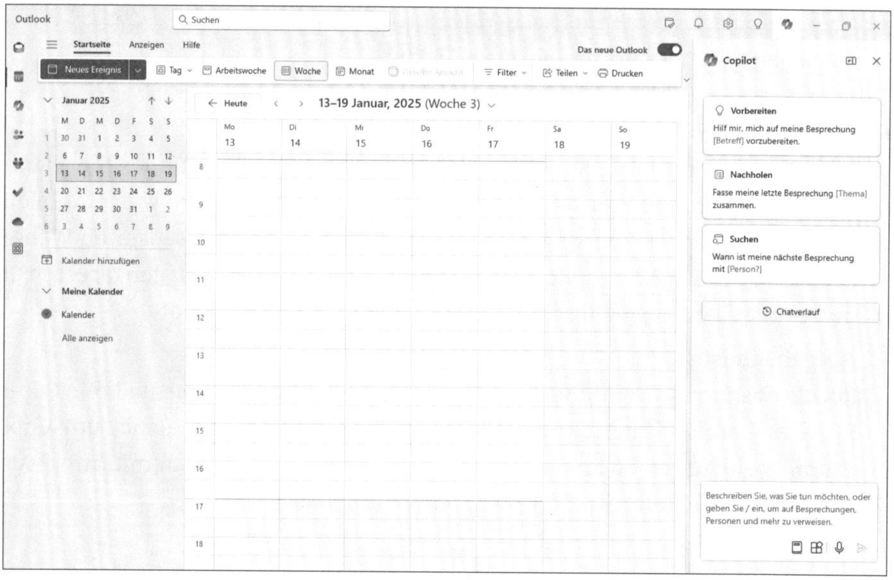

Abbildung 1.48 Copilot-Aufgabenleiste am rechten Fensterrand in Outlook

1.3 Welche Anwendungen und Dienste integrieren Copilot?

Anhand der Beispiele aus den vorangegangenen Abschnitten haben Sie schon einen konkreten Eindruck erhalten, wo Copilot helfen kann, und Sie wissen inzwischen, dass Copilot an verschiedenen Stellen verfügbar ist.

In diesem Buch werden Sie eine Vielzahl der Anwendungsmöglichkeiten von Copilot kennenlernen. Er ist tief in das Microsoft 365-Ökosystem eingebunden und findet sich in vielen Anwendungen und Diensten wieder. Allen voran natürlichen in den Office-Anwendungen, im Teams-Client und durch den direkten Zugriff über eine Webseite. Damit können Sie einen großen Teil der üblichen Anwendungsfälle bei der Arbeit mit Microsoft 365 abdecken.

Die folgende Liste enthält eine Übersicht, welche der Anwendungen und Dienste aus Microsoft 365 über eine Integration von Copilot verfügen.

- Microsoft 365 Apps (lokal installierte Office-Anwendungen sowie deren Pendants im Browser):
  - Word
  - Excel
  - PowerPoint
  - Outlook
  - OneNote
- Microsoft Forms
- Microsoft Loop
- Microsoft OneDrive
- Microsoft Planner
- Microsoft Stream
- Microsoft Teams
- Microsoft Viva
- Microsoft Whiteboard

In den nächsten Kapiteln werden Sie viele der vorhandenen Integrationen und die Interaktion mit diesen genauer kennenlernen.

1.3.1 Erweiterungsmöglichkeiten

In der Praxis sind die zahlreichen Integrationen in die unterschiedlichen Dienste und Anwendungen aus Microsoft 365 sehr hilfreich. Doch ist das nicht immer ausreichend. Denken Sie dabei etwa schon allein an den Umstand, dass Ihr Unternehmen vermutlich nicht nur in Microsoft 365 »lebt«, sondern auch Microsoft-fremde Anwendungen und Dienste verwendet. Und dort sind dann höchstwahrscheinlich auch Daten gespeichert, beispielsweise in externen Datenbanken, CRM-Systemen, SAP und anderen. Auf diese Daten hat Copilot zunächst keinen Zugriff, und somit können diese Datenbestände auch nicht zur Generierung von Texten genutzt werden.

Ebenso gibt es in Ihrem Unternehmen sicher bestimmte Prozesse, nach denen Sie arbeiten. Einfache Beispiele hierfür wären etwa die Prozesse für die Urlaubsbeantragung und die Reisekostenabrechnung. Vielleicht möchten Sie, dass Copilot hierbei direkt unterstützt, indem er derartige Prozesse anstößt und etwa nicht nur eine Beschreibung liefert, wie der Prozess abläuft.

In diesen Fällen ist der Standardfunktionsumfang von Copilot zunächst nicht ausreichend. Jedoch ist eine Erweiterung der Funktionalität bereits von Microsoft vorgesehen. Solche Erweiterungen können Sie von Drittanbietern kaufen oder aber sogar selbst erstellen – und dafür ist in manchen Fällen noch nicht einmal eine Person mit Programmierfähigkeiten erforderlich.

Microsoft stellt Ihnen die Werkzeuge bereit, um eine Erweiterung von Microsoft 365 Copilot zu erstellen, beispielsweise das *Copilot Studio* für Nicht-Entwickler und *Azure AI Studio* für Entwickler. In Kapitel 10, »Copilot erweitern«, zeige ich Ihnen einige Beispiele, wie Sie Copilot erweitern könnten – und dazu sind nicht unbedingt Entwicklerkenntnisse vonnöten.

1.3.2 Halluzinationen

Bei der Arbeit mit Copilot sollten Sie einen wichtigen Punkt immer im Hinterkopf behalten: Die Ergebnisse können teilweise oder auch komplett falsch sein. Verlassen Sie sich also nicht darauf, dass die zurückgelieferten Details stimmen, und verwenden Sie diese nie einfach weiter, ohne sie angemessen zu hinterfragen. Erinnern Sie sich an den eingangs erwähnten Vergleich, Copilot wäre ähnlich wie ein neuer Mitarbeiter? Auch bei einem neuen Kollegen würden Sie seine Ergebnisse zunächst genauer unter die Lupe nehmen.

Copilot setzt auf einem KI-Sprachmodell auf (dazu lesen Sie mehr in Abschnitt 1.4.1, »Architektur«), was nicht gleichzusetzen ist mit einem Wissensmodell. Dadurch sind die zurückgelieferte Sprache, der Ausdruck, die Grammatik und die Zeichensetzung im Regelfall einwandfrei. Für die inhaltlichen Details muss das nicht stimmen. Auch muss wieder betont werden, dass Copilot kein Autopilot ist und Ihnen nicht die Verantwortung für die weitere Verwendung der zurückgelieferten Informationen abnimmt.

Darauf, dass Copilot mitunter auch falsche Antworten liefern kann, weist Microsoft an verschiedenen Stellen hin. Abbildung 1.49 zeigt ein Beispiel.

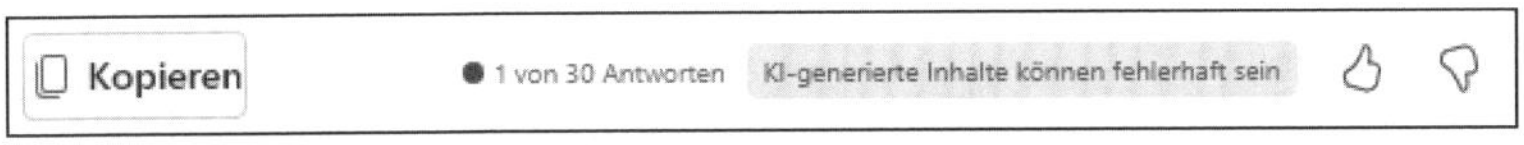

Abbildung 1.49 Warnmeldung zu KI-generierten Inhalten

Haben Sie einen Fehler gefunden oder sind Sie mit der Antwort von Copilot aus anderen Gründen nicht zufrieden, haben Sie an vielen Stellen die Möglichkeit, Feedback an Microsoft zu senden. Dazu klicken Sie beispielsweise DAUMEN NACH UNTEN (MIR GEFÄLLT ETWAS NICHT, siehe Abbildung 1.49). Das Feedback-Fenster, das dann erscheint, sehen Sie in Abbildung 1.50.

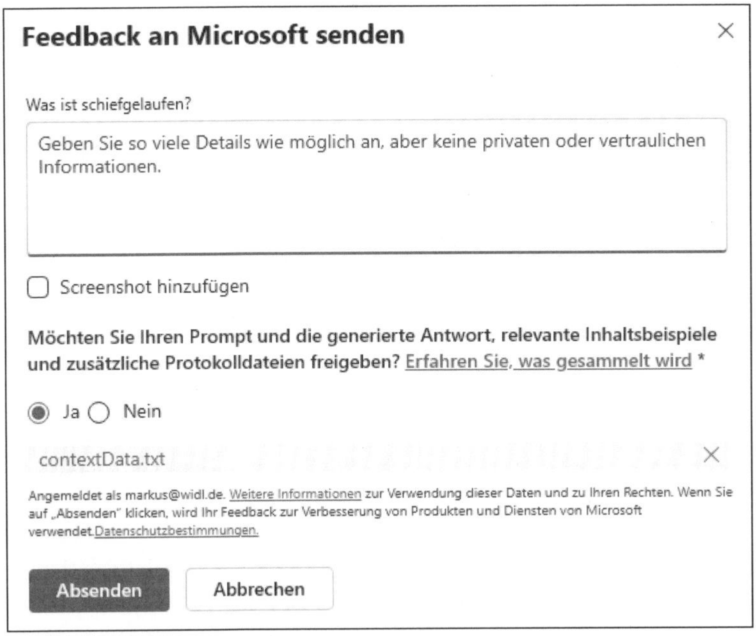

Abbildung 1.50 Feedback an Microsoft senden

1.4 Wie arbeitet Copilot?

Damit Sie verstehen, wie Copilot arbeitet, sehen wir uns in diesem Abschnitt die Architektur hinter der Software an und schauen, wie unsere Prompts verarbeitet werden.

1.4.1 Architektur

Copilot setzt auf vier verschiedene Komponenten auf, die erforderlich sind, damit er seine Aufgaben ausführen kann. Diese Komponenten sind in Abbildung 1.51 aufgeführt.

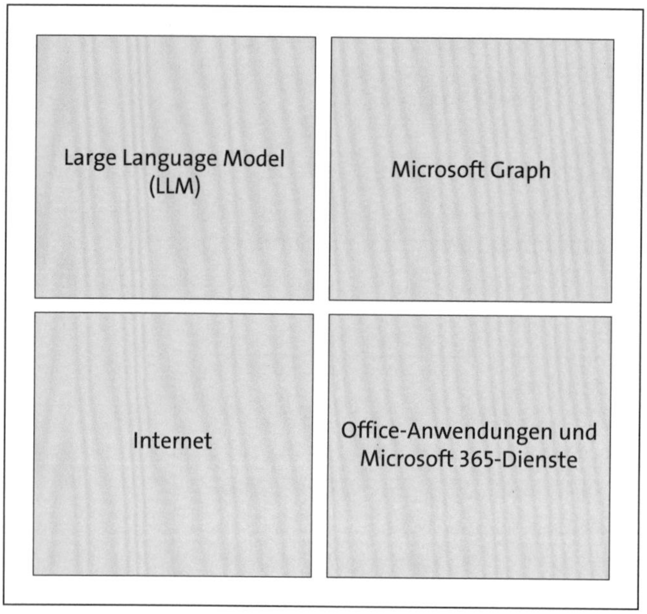

Abbildung 1.51 Die Komponenten von Copilot

- **Large Language Model (LLM)**
  Das *Large Language Model (LLM)* ist erforderlich, damit wir in natürlicher Sprache Copilot Anweisungen geben können und er ebenfalls in natürlicher Sprache (in Textform) antworten kann. Im LLM steckt ein Großteil der künstlichen Intelligenz, mit der Copilot aufwartet.

[»] Das von Copilot verwendete LLM hat Microsoft nicht speziell für diesen Einsatzzweck erstellt, sondern Microsoft verwendet derzeit (Stand: Winter 2024) das Modell *GPT-4o* von *OpenAI*. Das bedeutet aber nicht, dass die Prompts zur Ausführung einfach an OpenAI weitergegeben werden. Microsoft betreibt in verschiedenen Rechenzentrumsregionen, unter anderem in der Region Europäische Union, eigene Instanzen der LLMs – verpackt in einem Dienst namens *Azure OpenAI*. Die Verarbeitung der Prompts verbleibt damit im Einflussbereich von Microsoft unter denselben Bedingungen, unter denen auch die anderen Microsoft 365-Dienste betrieben werden.

Und an dieser Stelle gleich noch eine Anmerkung: Zum Training eines solchen LLMs sind große Datenmengen erforderlich. Manchmal stößt man auf die Behauptung, dass Microsoft das LLM mit den Daten der Kunden trainiere und damit leistungsfähiger machen würde. Das stimmt aber so nicht. Weder die Kundendaten noch die Prompts werden für das Training verwendet. Lesen Sie hierzu auch Abschnitt 1.6, »Wie sicher ist Copilot?«.

- **Microsoft Graph**
  Diese Komponente ist eines der Hauptmerkmale, durch die Copilot sich von anderen Diensten unterscheidet, beispielsweise von *ChatGPT*. Um im Unternehmenskontext für den Arbeitsalltag hilfreiche Ergebnisse zu erzeugen, ist es in den meisten Fällen auch erforderlich, unternehmensspezifische Daten in die Prompts und in die Ausgabe mit einzubeziehen. Copilot nutzt dazu nicht nur das LLM, sondern auch die Daten des sogenannten *Microsoft Graph*. Vereinfacht können Sie sich diesen Graphen als Repräsentation sämtlicher Daten vorstellen, die Ihr Unternehmen in Microsoft 365 (genauer gesagt im *Mandanten* bzw. auf Englisch *Tenant*) gespeichert hat. Dort sind also die Daten der Benutzerkonten enthalten, die Dateien, die in SharePoint und OneDrive gespeichert sind, E-Mails und Teams-Nachrichten, Kalendereinträge und die Organisationsstruktur. In Microsoft Graph ist aber auch abgebildet, welche Personen miteinander an bestimmten Dateien arbeiten, wer mit wem kommuniziert, die Berechtigungsstruktur auf Daten und dergleichen.

  Bei der Informationsverarbeitung mit Copilot werden diese Daten nun genutzt, um eine möglichst spezifische Antwort für die anfragende Person in ihrer jeweiligen Rolle im Unternehmen zu generieren. Daher stammt vermutlich die bereits erwähnte Annahme, Microsoft verwende Kundendaten zum Training des LLM, was aber wie gesagt nicht zutrifft.
- **Internet**
  Das Internet ist eine weitere Komponente, auf die Copilot aufsetzt: genauer gesagt, auf die im Web befindlichen Informationen. So können wir allgemeine Anfragen an Copilot stellen, die der Dienst im Web recherchiert (im Sinne einer Suchmaschine), verarbeitet und uns in einer generierten Antwort präsentiert, die im Kontext mit der Anfrage steht.
- **Office-Anwendungen und Microsoft 365-Dienste**
  Die Arbeit mit und der Zugriff auf Copilot soll uns Information Workern möglichst ohne Hürden gelingen. Genau deswegen hat Microsoft Copilot an unterschiedlichen Stellen integriert, damit wir ihn möglichst direkt einsetzen können, also ohne große Umwege etwa über eine separate Anwendung. Dass Copilot im Browser, in den Office-Anwendungen und in anderen Microsoft 365-Diensten integriert ist, haben Sie bereits in Abschnitt 1.2, »Wo finden Sie Copilot?«, gesehen.

Um diese Liste noch mal einfacher zusammenzufassen: Wir haben ein Sprachmodell, die beiden Datenquellen Unternehmensdaten und Internet sowie eine Anwenderoberfläche.

Allerdings muss es bei diesen vier Komponenten nicht bleiben: Über Erweiterungen kann die Leistungsfähigkeit von Copilot ausgebaut werden, um beispielsweise Bilder oder Musik zu generieren und zusätzliche Datenquellen mit einzubeziehen oder Aktionen in Anwendungen auszulösen.

1.4.2 Semantic Index

Sicher haben Sie in Microsoft 365 schon eine der zahlreichen Suchfunktionalitäten genutzt. Dabei kommt eine heute übliche Stichwortsuche zum Einsatz, bei der beispielsweise in E-Mails und Dokumenten nach dem gesuchten Begriff Ausschau gehalten wird. Das Suchergebnis wird dann noch optimiert, und zwar auf Basis der Informationen, die über die suchende Person vorhanden sind, beispielsweise welche Dateien die Person in der Vergangenheit bearbeitet hat und mit wem sie zusammenarbeitet.

Diese Vorgehensweise liefert durchaus brauchbare Ergebnisse. Doch gibt es mit dem *Semantic Index* eine Ergänzung, mit der Copilot noch relevantere Ergebnisse liefern kann. Doch was steckt dahinter?

Hintergrund

Um zu verstehen, wie der Semantic Index funktioniert, betrachten wir ein kleines Beispiel: Wenn Sie nach einem Begriff wie »Geschenk« suchen, berücksichtigt der Semantic Index auch nahe verwandte Wörter, wie »Mitbringsel«, »Spende« oder »Gabe«, um die Suchergebnisse zu erweitern und das beste Ergebnis zu liefern. All diese Arbeit findet im Hintergrund statt, um die Relevanz der Ergebnisse zu erhöhen.

Der Semantic Index basiert dabei nicht auf Schlüsselwörtern, sondern auf *Vektoren*. Jeder Datenpunkt im Index erhält einen Vektor und über diesen werden dann ähnliche Datenpunkte in Clustern zusammengefasst. Ein veranschaulichendes Beispiel sehen Sie in Abbildung 1.52.

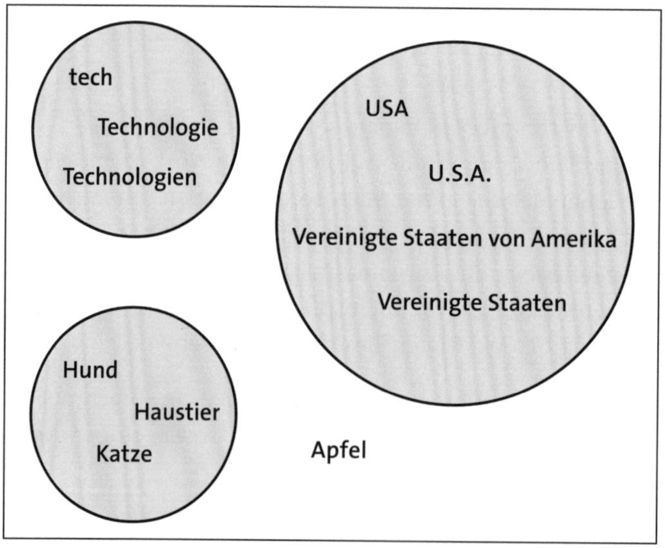

Abbildung 1.52 Ähnliche Datenpunkte in Clustern

Über die Vektoren lassen sich Beziehungen zwischen Begriffen auf Basis des Abstandes zwischen eben diesen Begriffen verstehen. Beispielsweise liegt »tech« eng bei »Technologie« und »Technologien«. Der Begriff »USA« ist sehr nahe an »U.S.A.«, ist aber auch nicht weit von der Bedeutung der Begriffe »Vereinigte Staaten« oder »Vereinigte Staaten von Amerika« entfernt. Auch gibt es eine gewisse Beziehung zwischen »Hund«, »Katze« und »Haustier«, aber weniger zu »Apfel«.

Unterstützte Inhalte und Dateitypen

Der Semantic Index umfasst verschiedene Datenquellen auf zwei Ebenen: auf der Microsoft 365-*Mandantenebene* (also einen Index, der die komplette Kundenumgebung umfasst) sowie auf der *Benutzerebene* (einen Index, der speziell für den Benutzer verwaltet wird).

Auf der Mandantenebene werden textbasierte Dateien in SharePoint indexiert, die mit zwei oder mehr Personen geteilt wurden. Auf der Benutzerebene werden alle E-Mails und alle OneDrive-Dateien indexiert, die geteilt wurden, mit denen interagiert wurde oder in denen kommentiert wurde. Dabei unterstützt der Semantic Index in beiden Ebenen verschiedene Inhalts- und Dateitypen, die in Tabelle 1.2 dargestellt sind.

Inhalts- und Dateitypen	Benutzerebene	Mandantenebene
Benutzerpostfach	Ja	Nicht zutreffend
Delegiertes Postfach	Nein	Nicht zutreffend
Freigegebenes Postfach	Nein	Nicht zutreffend
Archivierte Postfachdaten	Nein	Nicht zutreffend
Archivierte SharePoint-Daten	Nein	Nein
Word-Dokumente (.doc/.docx)	Ja	Ja
PowerPoint-Präsentationen (.pptx)	Ja	Ja
PDF-Dateien	Ja	Ja
Webseiten (.html/.aspx)	Ja	Ja
OneNote-Notizbücher (.one)	Ja	Ja

Tabelle 1.2 Unterstützte Inhalts- und Dateitypen

Der Semantic Index wird automatisch erstellt und aktualisiert, ohne dass Sie als Anwender oder als Administrator tätig werden müssen.

Lizenzvoraussetzungen

Der Semantic Index ist Bestandteil der folgenden Lizenzen:

- Microsoft 365 E3 und E5
- Office 365 E3 und E5
- Microsoft 365 Business Standard und Premium

Erhält ein Benutzer mit einer solchen Lizenz eine Copilot-Lizenz zugewiesen, wird der Semantic Index für dieses Benutzerkonto aufgebaut.

1.4.3 Promptverarbeitung

Die Frage ist nun: Wie geht Copilot intern vor, wenn er einen Prompt von uns erhält? Die dabei durchgeführten Schritte lassen sich wie folgt grundsätzlich zusammenfassen (siehe auch die Abbildung 1.53):

❶ Der Prompt wird an Copilot gesendet (beispielsweise nach Eingabe auf der Webseite *https://www.microsoft365.com/chat*).

❷ **Vorverarbeitung**: Copilot liest die für diesen Prompt erforderlichen Daten aus unterschiedlichen Datenquellen aus. Wie Sie in Abschnitt 1.4.1, »Architektur«, gesehen haben, sind das insbesondere der Microsoft Graph für unternehmensspezifische Daten und gegebenenfalls die im Web verfügbaren Daten. Die gefundenen Daten werden zum ursprünglichen Prompt aus Schritt 1 hinzugefügt. Man spricht hier vom sogenannten *Grounding*.

❸ Copilot schickt nun diesen angepassten Prompt an das LLM. Copilot empfängt dann die Antwort vom LLM.

❹ **Nachbearbeitung**: Die Antwort des LLM wird nicht einfach angezeigt, sondern wird zuvor nochmals bearbeitet. Dies hat insbesondere Compliance-Gründe, um sicherzugehen, dass in der Antwort keine unerwünschten Elemente enthalten sind.

❺ Die nachbearbeitete Antwort wird dem Anwender angezeigt.

[»] Diese Schritte beschreiben die Verarbeitung bei einer reinen Textein- und -ausgabe, beispielsweise auf der Copilot-Webseite. Doch nicht in jedem Anwendungsszenario mit Copilot ist das genau die Vorgehensweise. Beispielsweise können Sie in PowerPoint neue Folien erstellen lassen, auf Basis einer PowerPoint-Datei ein Word-Dokument erzeugen, in Excel ein Schaubild dafür erstellen usw. In diesen Fällen bleibt es nicht bei der reinen Textverarbeitung, sondern Copilot führt in der jeweiligen Anwendung unterschiedliche Schritte durch. Außerdem wird nicht in jeder Anwendung das Grounding mit dem Microsoft Graph durchgeführt, sondern nur die Daten der jeweiligen geöffneten Datei, E-Mail usw. werden berücksichtigt.

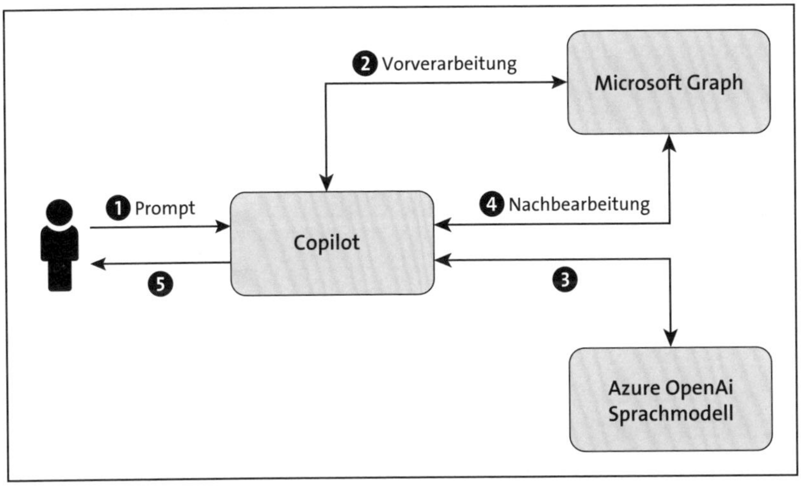

Abbildung 1.53 Prompt-Verarbeitung

1.5 Welche Voraussetzungen müssen erfüllt sein?

Um Copilot mit dem gewünschten Funktionsumfang nutzen zu können, müssen Sie darauf achten, gewisse Voraussetzungen zu erfüllen. Manche Funktionalitäten setzen eine bestimmte kostenpflichtige Lizenz voraus, die Ihrem Benutzerkonto zugewiesen sein muss. Andere Voraussetzungen sind technischer Natur, beispielsweise bezüglich des installierten Office-Pakets oder des Browsers.

1.5.1 Lizenzen und Copilot-Varianten

Microsoft bietet Copilot in unterschiedlichen Ausbaustufen an, und das betrifft nicht nur die diversen anderen Copilot-Varianten neben dem Microsoft 365 Copilot, auf die ich bereits zu Beginn dieses Kapitels kurz eingegangen bin.

Zunächst unterscheidet Microsoft zwischen zwei Varianten für jeweils Privatpersonen und für Organisationen:

- Für Privatpersonen:
  - *Copilot*
  - *Copilot Pro*
  - Copilot integriert in *Microsoft 365 Single* und *Microsoft 365 Family*
- Für Organisationen:
  - *Microsoft 365 Copilot Chat*
  - *Microsoft 365 Copilot*

Die Copilot-Varianten für Privatpersonen sehen wir uns in diesem Buch nicht weiter an. Spannend sind für uns jedoch die Unterschiede zwischen *Microsoft 365 Copilot Chat* und *Microsoft 365 Copilot*. In Tabelle 1.3 sehen Sie einen Vergleich der in den unterschiedlichen Varianten enthaltenen Funktionen.

Feature	Microsoft 365 Copilot Chat	Microsoft 365 Copilot
Chat mit Copilot unter Einbeziehen von Webinhalten	Ja	Ja
Chat mit Copilot unter Einbeziehen der im Microsoft 365-Mandanten gespeicherten Daten (z. B. OneDrive, SharePoint, Exchange, Teams)	Nein	Ja
Copilot Pages (siehe Abschnitt 7.1.1, »Chats mit Copilot weiterverarbeiten«)	Ja	Ja
Dateiupload zur Verarbeitung durch Copilot	Ja	Ja
Bildgenerierung	Ja	Ja
Agents erstellen (siehe Kapitel 10, »Copilot erweitern«)	Ja	Ja
Agents nutzen mit Webinhalten	Ja	Ja
Agents nutzen mit Zugriff auf im Microsoft 365-Mandanten und anderweitig gespeicherten Daten	kostenpflichtig (nutzungsabhängig)	Ja
Copilot in Teams	Einbindung der Copilot-App in Teams, jedoch kein Zugriff auf Teams-Inhalte	Ja
Copilot in Outlook	Einbindung der Copilot-App in Outlook, jedoch kein Zugriff auf Postfachinhalte	Ja
Copilot in Word, Excel, PowerPoint	Nein	Ja

Tabelle 1.3 Vergleich der Copilot-Varianten

Feature	Microsoft 365 Copilot Chat	Microsoft 365 Copilot
Berichte zur Auswertung der Copilot-Nutzung	Nein	Ja
Datenschutz für Organisationen (siehe Abschnitt 1.6, »Wie sicher ist Copilot?«)	Ja	Ja
Zusätzliche Lizenzen erforderlich	In vielen Microsoft 365-Lizenztypen bereits enthalten	Ja

Tabelle 1.3 Vergleich der Copilot-Varianten (Forts.)

Zu dieser Tabelle möchte ich noch Folgendes anmerken:

- Unternehmen und Organisationen müssen *Microsoft 365 Copilot Chat* nicht über eine zusätzliche Lizenz einkaufen, sofern das jeweilige Benutzerkonto bereits über eine der folgenden Lizenztypen verfügt:
  - Microsoft 365 E5, E3, F1 oder F3
  - Office 365 E1, E3, E5 oder F3
  - Microsoft 365 Business Basic, Standard oder Premium
  - Microsoft Teams Essentials
  - Microsoft Teams Enterprise
  - Microsoft Teams EEA
  - Microsoft Teams Rooms
- *Copilot für Microsoft 365* setzt voraus, dass dem jeweiligen Benutzerkonto eine der folgenden Lizenzen zugewiesen ist:
  - Microsoft 365 E5, E3, F1 oder F3
  - Office 365 E1, E3, E5 oder F3
  - Microsoft 365 Business Basic, Standard oder Premium
  - Microsoft 365 Apps for Business
  - Microsoft 365 Apps for Enterprise
  - Microsoft Teams Essentials
  - Microsoft Teams Enterprise
  - Microsoft Teams EEA
  - Exchange Kiosk
  - Exchange Plan 1
  - Exchange Plan 2

- SharePoint Plan 1
- SharePoint Plan 2
- OneDrive for Business Plan 1
- OneDrive for Business Plan 2
- Microsoft Planner Plan 1
- Microsoft Project Plan 3
- Microsoft Project Plan 5
- Project Online Essentials
- Visio Plan 1
- Visio Plan 2
- Microsoft ClipChamp

[»] Beachten Sie bitte, dass Änderungen an den Lizenzvoraussetzungen möglich sind. Weitere Informationen finden Sie in der *Dienstbeschreibung* zu Copilot:

https://learn.microsoft.com/de-de/office365/servicedescriptions/office-365-platform-service-description/microsoft-365-copilot

1.5.2 Microsoft 365 Copilot oder Microsoft Teams Premium?

In meinen Gesprächen werde ich immer wieder von Kunden gefragt, welche Funktionalitäten in den beiden Lizenztypen *Microsoft 365 Copilot* und *Microsoft Teams Premium* enthalten sind, ob die eine Lizenz möglicherweise die andere beinhaltet etc. Diese Fragen haben Ihre Ursache oftmals darin, dass beide Lizenztypen mit *Intelligent Recap* eine Funktionalität gemeinsam beinhalten (siehe den Kasten »Was ist Intelligent Recap?« in Abschnitt 7.1.4, »Copilot mit Besprechungen«). Es macht also keinen Unterschied, ob einem Benutzerkonto Microsoft 365 Copilot oder Microsoft Teams Premium oder sogar beide Lizenzen zugewiesen sind. In allen drei Fällen kann der Benutzer auf Intelligent Recap zugreifen. Ansonsten sind die beiden Lizenztypen aber mit unterschiedlicher Funktionalität für verschiedene andere Arbeitsszenarien ausgestattet.

In so manchem Unternehmen wird Copilot nicht für jede Person bereitgestellt, schon allein aus Kostengründen. In der Anfangszeit, in der zunächst ausprobiert wird, wie gut oder weniger gut die Mitarbeitenden mit Copilot zurechtkommen und welchen Wert der Dienst für das Unternehmen hat, sollten Sie überlegen, ob *Teams Premium* eine geeignete Lösung für die Benutzer wäre, die kein Copilot bekommen. Damit kann zumindest bei der KI-gestützten Besprechungszusammenfassung mit Intelligent Recap allen Personen die gleiche Funktionalität angeboten werden, und niemand muss sich benachteiligt oder abgehängt fühlen.

Denken Sie bei der Überlegung, ob Sie Microsoft 365 Copilot und/oder Microsoft Teams Premium anschaffen wollen, auch immer daran, dass Teams Premium eben nicht nur aus Intelligent Recap besteht, sondern dass in ihm noch weitere Funktionen enthalten sind. Hier ein Auszug:

- **Produktivitätsfunktionen für Besprechungen, Webinare und virtuelle Termine**
  - Dazu gehört die schon besprochene Funktion Intelligent Recap mit der automatisch generierten Zusammenfassung von Besprechungsaufzeichnungen.
  - Es gibt aber auch weitere Funktionalitäten, mit deren Hilfe Sie Ihre Besprechungen und Webinare durch personalisierte Details anpassen, beispielsweise indem Sie Ihre Unternehmensfarben einfügen oder Bilder von der Lobby, über die interne und externe Personen ein von Ihrem Unternehmen organisiertes Meeting betreten.
  - Sie können auch die virtuellen Hintergründe für Besprechungen an zentraler Stelle verwalten.
  - Es gibt zusätzliche Funktionen für virtuelle (Kunden-)Termine zur Verbesserung der Terminverwaltung und Auswertung.
- **Sicherheitsfunktionen für Besprechungen**
  - In Besprechungen präsentierte Inhalte, wie PowerPoint-Präsentationen oder der Desktop, können mit Wasserzeichen geschützt werden.
  - Mit Vertraulichkeitsbezeichnungen geben Sie schon bei der Planung eines Meetings vor, welche sicherheitsrelevanten Funktionen genutzt werden dürfen, oder schränken diese ein.
  - Besprechungen mit besonders sensiblen Inhalten schützen Sie über eine Ende-zu-Ende-Verschlüsselung.
  - Sie können konfigurieren, ob und wer die Aufzeichnung einer Besprechung starten kann.
- **Virtuelle Räume**
  Sie können virtuelle Umgebungen erstellen und dort Besprechungen und Veranstaltungen durchführen. Dazu nutzen Sie das in Teams Premium integrierte *Microsoft Mesh* für immersive 3D-Räume.
- **Telefonieerweiterung**
  Die nur über Teams Premium erhältliche QUEUES-APP hilft, Kundenanrufe effizient zu verwalten und die Zusammenarbeit im Team zu verbessern. Sie bietet Echtzeit-Statistiken und Integration mit CRM-Tools.
- **Microsoft Places**
  Microsoft Places ist eine KI-gestützte Plattform zur Optimierung hybrider Arbeitsumgebungen mit einer starken Integration in das Microsoft 365-Ökosystem.

Sie koordinieren damit Arbeitszeiten und -orte und erhalten Einblicke, mit deren Hilfe Sie Arbeitsplätze effizienter nutzen können.

Im Idealfall statten Sie Ihre Anwenderinnen und Anwender also mit beiden Diensten aus, um eine möglichst umfangreiche funktionale Unterstützung bereitzustellen. Mehr zu Teams Premium finden Sie auf folgender Webseite:

https://www.microsoft.com/de-de/microsoft-teams/premium

1.5.3 Unterstützte Dateitypen

In Copilot werden Sie in unterschiedlichen Situationen mit Dateien – genauer gesagt mit derem Inhalt – arbeiten. Da stellt sich die Frage, welche Dateitypen von Copilot überhaupt unterstützt werden. Hier gibt es aber Unterschiede zwischen Copilot aus der Ansicht WEB (siehe Abschnitt 1.2.1, »Copilot auf separater Webseite«) und den anderen Copilot-Integrationen (Ansicht GESCHÄFTLICH, Office und Teams). Tabelle 1.4 und Tabelle 1.5 listen die jeweils unterstützten Typen auf.

Kategorie	Typen
Dokumente	PDF, DOCX, XLSX, PPTX
Textdateien	RTF, TXT, CSV, LOG, INI, CONFIG
Bilder	GIF, JFIF, PJPEG, JPEG, JPG, PJP, PNG, WEBP
Audio	WAV
Programmiersprachen	PY, JS, JSX, JAVA, PHP, CS, C, CPP, CXX, H, HPP, M, COFFEE, DART, LUA, PL, PM, RB, RS, SWIFT, GO, KT, KTS, R, SCALA, T, TS, TSX
Kommandozeilen-Skripte	BASH, SH, ZSH
Markup	HTML, CSS, MD, RMD, TEX, LATEX
Datenbanken	SQL
Datenserialisierung	IPYNB, JSON, TOML, YAML, YML

Tabelle 1.4 Unterstützte Dateitypen in der Ansicht »Web«

Auch bei den Dateitypen kann es im Laufe der Zeit Änderungen geben. Eine aktuelle Liste finden Sie hier:

https://support.microsoft.com/de-de/topic/von-copilot-unterst%C3%BCtzte-dateiformate-1afb9a70-2232-4753-85c2-602c422af3a8

Kategorie	Typen
Dokumente	DOC, DOCX, FLUID, LOOP, PPT, PPTX, XLSX, PDF, ODT, ODP
Textdateien	RTF, TXT
Bilder	GIF, JFIF, PJPEG, JPEG, JPG, PJP, PNG, WEBP
Markup	ASPX, HTM, HTML

Tabelle 1.5 Unterstützte Dateitypen in der Ansicht »Geschäftlich«

1.5.4 Technische Anforderungen

Um Copilot vollständig nutzen zu können, muss eine Reihe von Voraussetzungen erfüllt sein, die wir uns in den folgenden Abschnitten ansehen.

Installierte Office-Anwendungen

Wie Sie bereits wissen, gibt es eine starke Integration von Copilot in die Office-Anwendungen Word, Excel, PowerPoint, Outlook und OneNote. Allerdings steht Ihnen diese nicht bei jeder Variante des Office-Pakets zur Verfügung. Damit Copilot zur Verfügung steht, benötigen Sie das Office-Paket aus dem Microsoft 365-Universum. Dort nennt es sich *Microsoft 365 Apps* und ist beispielsweise in diesen Lizenztypen enthalten:

- Microsoft 365 E3, E5
- Office 365 E3, E5
- Microsoft 365 Business Standard, Premium

Copilot steht nicht in dem Office-Paket zur Verfügung, das Sie außerhalb von Microsoft 365 beziehen können und das unter dem Namen *Microsoft Office 2024* oder *Microsoft Office 2021* erhältlich ist. Ebenso können Sie Copilot nicht in der Variante *Office LTSC 2024* nutzen, die für Geräte ohne Internet-Zugang gedacht ist.

In Abschnitt 1.2.4, »Copilot in verschiedenen Apps«, habe ich bereits erwähnt, dass von Outlook aktuell zwei unterschiedliche Versionen verfügbar sind: die klassische und die »neue«. Im Idealfall sollten Sie auf das neue Outlook zurückgreifen. Abbildung 1.54 zeigt die alte Version und Abbildung 1.55 die neue.

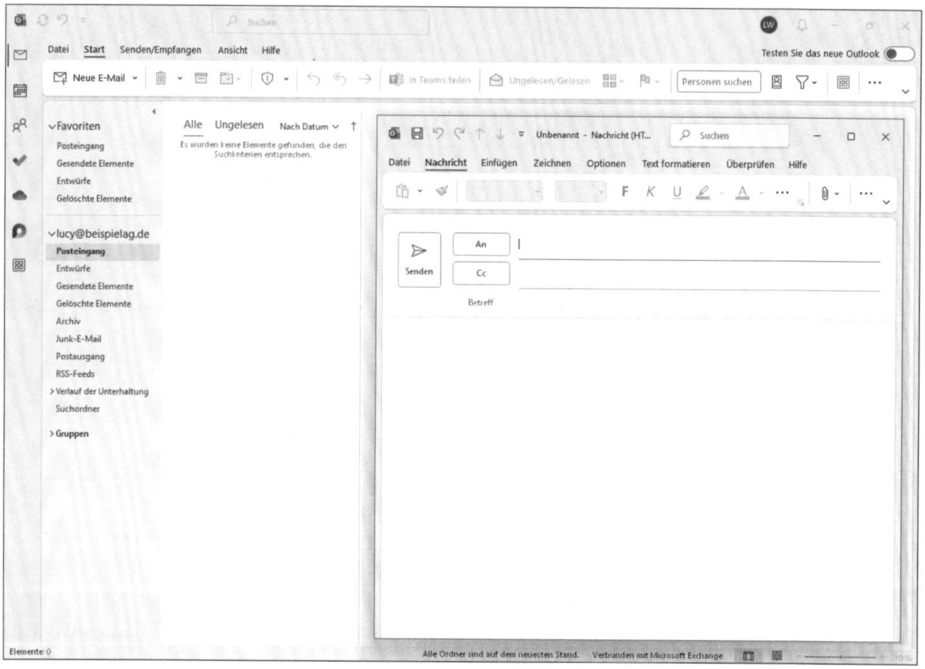

Abbildung 1.54 Klassisches Outlook

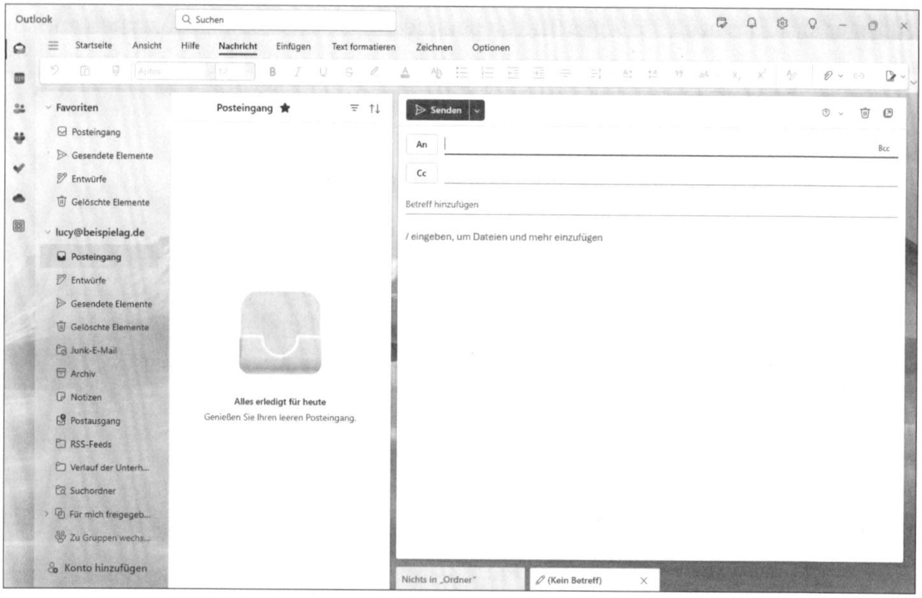

Abbildung 1.55 Neues Outlook

Finden Sie die neue Version nicht auf Ihrem Rechner, können Sie möglicherweise (sofern Ihre IT dies zulässt) über den Schalter TESTEN SIE DAS NEUE OUTLOOK rechts oben zur neuen Variante wechseln (siehe Abbildung 1.54). Das alte Outlook bleibt dabei bestehen. Sollte Ihnen die ältere Version mehr zusagen, können Sie so jederzeit wieder zurück oder eine Zeit lang einfach mit beiden Versionen arbeiten, bis Sie den Umstieg voll geschafft haben.

Achten Sie – beziehungsweise die IT Ihres Unternehmens – auch darauf, dass das Office-Paket in möglichst kurzen Intervallen auf Ihrem Rechner aktualisiert wird, damit Sie auf die jeweils neuesten Copilot-Funktionen zugreifen können. Administratoren finden dazu unter dieser URL weitere Informationen (als Admin müssen Sie einen der Update-Kanäle *Current Channel* oder *Monthly Enterprise Channel* konfigurieren):

https://admin.microsoft.com/Adminportal/Home?Q=learndocs#/modernonboarding/microsoft365copilotsetupguide

Office-Anwendungen im Browser

Für die Nutzung von Copilot in den Browser-Varianten müssen Sie keine besonderen Dinge berücksichtigen, außer dass ein Microsoft 365-kompatibler Browser erforderlich ist:

- **Windows 11**: Microsoft Edge, Mozilla Firefox oder Google Chrome
- **Windows 10**: Microsoft Edge, Mozilla Firefox oder Google Chrome
- **macOS**: Microsoft Edge, Apple Safari (Version 16 oder höher) oder Chrome
- **Linux** (mit Einschränkungen): Microsoft Edge, Firefox und Chrome

Dabei sollte jeweils die aktuelle Version zum Einsatz kommen.

Mehr zu den technischen Voraussetzungen finden Sie auf dieser Webseite:

https://learn.microsoft.com/de-de/copilot/microsoft-365/microsoft-365-copilot-requirements

Dateiablage

Damit Copilot mit den Inhalten Ihrer Dateien arbeiten kann, müssen Sie diese in einem von Microsoft 365 bereitgestellten Speicher ablegen. Dazu gehören insbesondere:

- OneDrive (for Business)
- SharePoint Online
- Teams in Microsoft Teams

Damit sind Ihre Dateien auch in Microsoft Graph abgebildet und Copilot kann diese nutzen. Lesen Sie hierzu auch Abschnitt 1.4.1, »Architektur«. Speichern Sie dagegen Ihre Dateien direkt auf dem Rechner oder einem Dateiserver (»Abteilungslaufwerk« o. Ä.), stehen Ihnen die Copilot-Funktionen nur sehr eingeschränkt zur Verfügung.

Sicherheit und Datenschutz

Der Einsatz von Copilot stellt Unternehmen bezüglich der Sicherheit und dem Datenschutz vor Herausforderungen, die besonders betrachtet werden sollten. Dabei gibt es verschiedene Aspekte, die Sie beziehungsweise Ihr Unternehmen berücksichtigen sollten. Der positive Aspekt dabei ist: Bei Copilot müssen Sie diese Überlegungen nicht von Grund auf neu beginnen, sondern können auf die Basis Ihrer Microsoft 365-Umgebung aufsetzen. Copilot hält sich beispielsweise an das Berechtigungsmodell, das Sie bereits in der Vergangenheit etabliert haben. Der Dienst berücksichtigt aber auch andere weiterführende Techniken, wie die Datenklassifizierung oder die Verhinderung von Datenverlust. Allerdings empfiehlt es sich, diese Microsoft 365-Komponenten am besten vor der Einführung von Copilot im Unternehmen erneut zu betrachten und für den KI-Einsatz zu bewerten. Vermutlich wollen Sie an der einen oder anderen Stelle eine Konfiguration anpassen oder einen bisher nicht verwendeten Dienst aktivieren.

Da diese beiden Themen in der Praxis eine so hohe Relevanz haben, habe ich ihnen in Kapitel 9, »Sicherheit und Datenschutz«, einen eigenen Platz eingeräumt.

1.6 Wie sicher ist Copilot?

Beim Einsatz eines Dienstes mit künstlicher Intelligenz stellen sich viele Unternehmen die Frage, wie »sicher« denn der Betrieb ist. Dabei sind typischerweise Fragen rund um die (Daten-)Sicherheit, die (Daten-)Compliance, den Datenschutz, die Privatsphäre, aber auch zu Urheberrechtsproblematiken gemeint.

In diesem Abschnitt gebe ich Ihnen einen allgemeinen Überblick zu den Komponenten, auf die Sie hier achten müssen. Von technischer Seite sehen wir uns diese Problematik in Kapitel 9, »Sicherheit und Datenschutz«, noch genauer an.

1.6.1 Komponenten

Copilot als Dienst unter dem Dach Microsoft 365 setzt auf die in Microsoft 365 enthaltenen Prozesse, Dienste und Konfigurationen auf. Dies hat den großen Vorteil, dass ein Unternehmen, das schon längere Zeit Microsoft 365 einsetzt, die etablierten Komponenten eben auch für Copilot nutzt und nicht alle Überlegungen für Copilot neu anstellen und sich in neue Dienste und Verwaltungsoberflächen einarbeiten muss.

Sicherheit

Bei der Einführung von Microsoft 365 hat man sich in Ihrem Unternehmen vermutlich viele Gedanken zur Berechtigungsstruktur für die dort gespeicherten Dateien gemacht. Dazu gehören insbesondere die Berechtigungen für *SharePoint Online* und die darauf aufsetzenden Dienste (beispielsweise *Microsoft Teams*) sowie für den persönlichen Datenspeicher *OneDrive for Business*. Dort wird jeweils hinterlegt, welche Benutzerkonten auf welche Bereiche zugreifen dürfen. Und das bezieht sich nicht nur auf die dort gespeicherten Dateien, sondern ebenso, mit welchen Rechten der Zugriff geschieht, also beispielsweise mit dem Recht »nur Lesen« oder auch mit »Bearbeiten«.

Wie Sie aus Abschnitt 1.4.1, »Architektur«, bereits wissen, hat Copilot die Möglichkeit, auf *Microsoft Graph* zuzugreifen – und damit eben auch auf die in Microsoft 365 gespeicherten Daten. Bei der Ausführung eines Prompts berücksichtigt Copilot das eingerichtete Berechtigungsmodell. Fragt ein Benutzer beispielsweise nach Informationen, die in einer Datei gespeichert sind, auf die er selbst keinen Zugriff hat, wird ihm Copilot diese Informationen im Ergebnis des Prompts nicht verraten.

Auf den ersten Blick ist das eine pfiffige Lösung, durch die auch bei der Verwendung von Copilot Dateien und die darin gespeicherten Informationen eben nur dem Kreis derjenigen zur Verfügung stehen, die berechtigt sind, auf diese Dateien zuzugreifen. Die Praxis zeigt jedoch, dass in kaum einem Unternehmen das Berechtigungsmodell perfekt umgesetzt ist. So kommt es durchaus vor, dass Anwenderinnen und Anwender schon mal Dateien mit sensiblen Inhalten an Orten speichern, auf die mehr Personen Zugriffsberechtigungen haben, als sie eigentlich haben sollten. Auch werden Duplikate von Dateien per E-Mail-Anhang versendet und verschwinden damit aus dem Einflussbereich des Berechtigungsmodells. Oder einmal eingerichtete Berechtigungen werden nie überprüft und gegebenenfalls wieder zurückgenommen. Letzteres findet man gerne in Teams, in denen die Mitgliederliste (und damit die Anzahl der berechtigten Benutzer) stetig zunimmt, aber sich niemand darum kümmert, dass Mitglieder, die eigentlich nicht mehr zu dem Team gehören, auch wieder aus der Liste entfernt werden. Und in diesen Fällen sind Berechtigungen vorhanden, die eben auch Copilot nutzt, um die Ergebnisse der Prompts zu generieren – mitunter »verrät« der Dienst damit Informationen. Das ist natürlich nicht die »Schuld« von Copilot, denn dieser orientiert sich eben an dem etablierten Berechtigungsmodell. Als Lösung für diese Problematik eignen sich Compliance-Dienste, die ebenfalls in Microsoft 365 enthalten sind, jedoch aktiviert und konfiguriert werden müssen.

Compliance, Datenschutz und Privatsphäre

Weitere spannende Diskussionen rund um den Betrieb von Copilot betreffen die Bereiche Compliance, Datenschutz und Privatsphäre. Dabei sind insbesondere die folgenden Punkte wichtig:

- Die Prompts, generierte Antworten und die dazu verwendeten Daten – insbesondere aus *Microsoft Graph* – werden nicht dazu verwendet, das *LLM* zu trainieren (siehe Abschnitt 1.4.1, »Architektur«).
- Die Prompts, aus ihnen generierte Antworten und die dazu verwendeten Daten verbleiben innerhalb der Dienstgrenzen von Microsoft 365 und werden nicht darüber hinaus verwendet.

Microsoft verwendet nicht die Dienste von *OpenAI* (des Herstellers des LLMs, das von Copilot verwendet wird), sondern betreibt eigene LLM-Instanzen in seinen Rechenzentren in unterschiedlichen Rechenzentrumsregionen (darunter in der Region Europäische Union). Diese Instanzen laufen im Rahmen eines Dienstes namens *Azure OpenAI*. Ist die Instanz in einer Region aufgrund einer hohen Anzahl von Anfragen überlastet, kann die Anfrage prinzipiell auch an eine andere Region weitergeleitet werden. Eine Ausnahme bildet hier jedoch die Region *Europäische Union*: Hier verbleibt die Anfrage innerhalb der Region.

Azure OpenAI speichert keinerlei Kundendaten, Inhalte und Prompts über die temporäre Ausführung hinaus.

[»] Auch wenn Azure OpenAI selbst keine Speicherung der Prompts usw. vornimmt – die Microsoft 365-Dienste, in denen Copilot integriert ist, speichern diese an manchen Stellen durchaus. Beispielsweise haben Sie die Möglichkeit, bereits ausgeführte Promptverläufe mit Copilot im Teams-Client nachträglich einzusehen – oder sogar an diese anzuknüpfen und sie fortzusetzen. Hier ein Beispiel: Wechseln Sie im Teams-Client zum CHAT-Bereich und dort zu COPILOT, können Sie rechts oben über die Schaltfläche mit Pfeil (COPILOT-CHATS UND MEHR; gegebenenfalls ist diese hinter den drei Punkten versteckt) auf die bisherigen Copilot-Chats zugreifen. Abbildung 1.56 zeigt ein Beispiel.

Abbildung 1.56 Chat-Verlauf

Möchten Sie diesen Verlauf löschen, können Sie das tun, und zwar wie folgt:

1. Rufen Sie die Seite *https://myaccount.microsoft.com* auf. (Alternativ klicken Sie auf einer Webseite aus dem Microsoft 365-Universum rechts oben auf Ihr Benutzersymbol und wählen im erscheinenden Menü den Punkt KONTO ANZEIGEN.)
2. Wechseln Sie zu EINSTELLUNGEN & DATENSCHUTZ • DATENSCHUTZ.
3. Dort angekommen, können Sie unter COPILOT-AKTIVITÄTSVERLAUF den bisherigen Verlauf löschen (siehe Abbildung 1.57).

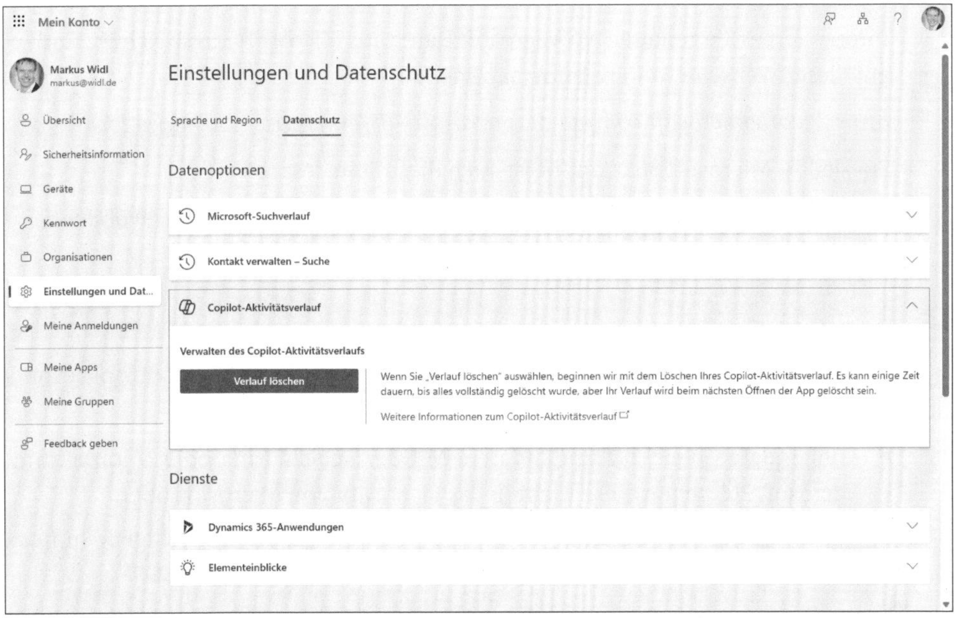

Abbildung 1.57 Den Copilot-Aktivitätsverlauf löschen

Weitere Informationen zu diesen Themengebieten liefert Microsoft auf folgender Seite:

https://learn.microsoft.com/de-de/copilot/microsoft-365/microsoft-365-copilot-privacy

Regionale Datenverarbeitung

Vielleicht haben Sie sich mit der Datenverarbeitung von Microsoft 365 schon einmal auseinandergesetzt. Dabei geht es darum, wo Kundendaten in Microsoft 365 gespeichert und verarbeitet werden. Vereinfacht beschrieben, ist der Ablauf wie folgt: Microsoft betreibt Microsoft 365 in unterschiedlichen Rechenzentrumsregionen, beispielsweise *Deutschland, Europäische Union, Frankreich, USA, Vereinigtes Königreich* etc. In welcher dieser Regionen ein Microsoft 365-Mandant, also die Kundenumgebung, gespeichert wird, entscheidet der Kunde beim Anlegen des Mandanten. (Macht er das nicht aktiv, wird die Rechenzentrumsregion auf Basis der Rechnungsadresse festgelegt.)

Die Microsoft 365-Dienste zur Verarbeitung der Daten wiederum laufen in den verschiedenen Regionen. Allerdings wird nicht jeder Dienst in jeder Region vorgehalten. Copilot beispielsweise wird nicht in der Rechenzentrumsregion *Deutschland* vorgehalten, aber in der Region *Europäische Union*. Mandanten, die in Deutschland angelegt sind, greifen bei der Ausführung damit ebenso auf Copilot in der Europäischen Union zu.

Interessiert es Sie genauer, wo Microsoft Daten aus Microsoft 365 speichert, finden Sie auf dieser Webseite weitere Informationen:

https://learn.microsoft.com/de-de/microsoft-365/enterprise/o365-data-locations

Speziell zu Microsoft 365 Copilot ist auch diese Seite lesenswert:

https://learn.microsoft.com/de-de/microsoft-365/enterprise/m365-dr-workload-copilot

Vertrauen

Für die Verarbeitung der Kundendaten durch Copilot gibt Microsoft insbesondere drei wichtige Punkte an:

- Kundendaten bleiben Kundendaten. Mit der Speicherung oder Verarbeitung in Microsoft 365 gehen diese nicht in das Eigentum von Microsoft über.
- Kundendaten werden nicht verwendet, um die künstliche Intelligenz hinter Copilot zu trainieren.
- Kundendaten werden durch die umfassendsten Compliance- und Sicherheitskontrollen für Unternehmens geschützt.

Mehr dazu lesen Sie hier:

https://learn.microsoft.com/de-de/copilot/microsoft-365/microsoft-365-copilot-privacy

1.6.2 Microsofts KI-Grundsätze

Microsoft hat sich einige Grundsätze auferlegt, nach denen Dienste mit künstlicher Intelligenz, wie auch Copilot, entwickelt und bereitgestellt werden. Microsoft verwendet hierfür den Begriff *Responsible AI*. Dazu gehören eine Reihe von Prinzipien, Richtlinien und Praktiken, die darauf abzielen, die Entwicklung und den Einsatz von künstlicher Intelligenz (KI) ethisch und sozial verantwortungsvoll zu gestalten. Dabei berücksichtigt Microsoft verschiedene Aspekte, um sicherzustellen, dass KI-Systeme sicher, fair und transparent sind und den menschlichen Werten entsprechen. Zu den zentralen Prinzipien gehören diese Punkte:

- **Fairness**
  KI-Systeme müssen fair und unvoreingenommen sein und dürfen keine Diskriminierung aufgrund von Geschlecht, Rasse, Alter oder anderen Merkmalen durchführen.
- **Zuverlässigkeit und Sicherheit**
  KI-Anwendungen müssen zuverlässig funktionieren und robust gegenüber Fehlern und Angriffen sein. Sie müssen so entwickelt werden, dass sie in verschiedenen Szenarien sicher und vorhersehbar agieren.
- **Datenschutz und Sicherheit**
  Der Schutz der Privatsphäre und die Sicherheit der Kundendaten haben höchste Priorität. KI-Systeme müssen so gestaltet sein, dass sie personenbezogene Daten respektieren und schützen.
- **Transparenz**
  Die Funktionsweise von KI-Systemen muss verständlich und nachvollziehbar sein. Nutzer sollen wissen, wie und warum eine KI eine bestimmte Entscheidung trifft.
- **Inklusion**
  KI-Technologien müssen so entwickelt werden, dass sie für alle Menschen zugänglich und nutzbar sind, unabhängig von ihren Fähigkeiten oder ihrem Hintergrund.
- **Verantwortlichkeit**
  Entwickler und Unternehmen, die KI-Systeme erstellen und einsetzen, müssen für deren Auswirkungen verantwortlich gemacht werden können. Es muss klare Verantwortlichkeiten geben, um sicherzustellen, dass ethische Standards eingehalten werden.

Durch diese umfassende Strategie strebt Microsoft danach, die positiven Potenziale der künstlichen Intelligenz zu maximieren und gleichzeitig mögliche negative Auswirkungen zu minimieren.

1.6.3 Copilot Copyright Commitment

Kommen wir noch zu einer Problematik aus dem Urheberrecht: Was würde passieren, wenn Sie ein Ergebnis von Copilot einsetzen und dabei möglicherweise eine Urheberrechtsverletzung begehen? Für einen solchen Fall hat Microsoft das *Copilot Copyright Commitment* aufgestellt. Dabei handelt es sich um ein Versprechen von Microsoft, das sich auf die kommerziellen Versionen der Copilot-Dienste bezieht. Es bietet Kunden, die diesen Dienst nutzen, Schutz vor Ansprüchen wegen Urheberrechtsverletzungen, die aus der Verwendung und Verbreitung der generierten Inhalte entstehen könnten. Dazu gehören insbesondere diese Punkte:

- Microsoft wird Kunden verteidigen, die wegen Urheberrechtsverletzungen verklagt werden, die aus der Nutzung von Copilot oder der generierten Ergebnisse hervorgehen. Dabei wird vorausgesetzt, dass der Kunde die in den Produkten eingebauten Schutzmaßnahmen und Inhaltsfilter verwendet hat.

- Das Engagement deckt Ansprüche Dritter ab, die auf Urheberrecht, Patent, Marke, Geschäftsgeheimnissen und dergleichen basieren, jedoch nicht Ansprüche, die auf Markennutzung im Handel oder Handelsverkehr, auf Verleumdung oder anderen Klagegründen basieren, die nicht mit Rechten des geistigen Eigentums zusammenhängen.
- Das erfordert, dass der Kunde die Inhaltsfilter und andere Sicherheitssysteme verwendet, die in das Produkt eingebaut sind; und der Kunde darf nicht versuchen, urheberrechtlich geschützte Materialien zu generieren. Dazu gehört auch, dass der Kunde keine Inhalte in einen Copilot-Dienst eingeben darf, für die er keine entsprechenden Rechte besitzt.

Microsoft möchte mit diesem Versprechen seinen Kunden ermöglichen, Copilot zu nutzen, ohne dass diese sich Sorgen über potenzielle rechtliche Risiken machen müssen.

[»] Diese Regelung gilt nicht für kostenlose Dienste oder Dienste, die sich an Privatpersonen richten, selbst wenn sie auch »Copilot« im Namen tragen.

Mehr zum Copilot Copyright Commitment finden Sie auf folgender Seite:

https://blogs.microsoft.com/on-the-issues/2023/09/07/copilot-copyright-commitment-ai-legal-concerns/

1.7 Welche Tipps zur Nutzung gibt es?

In diesem Abschnitt gebe ich Ihnen noch einige allgemeine Tipps an die Hand, wie Sie die Arbeit mit Copilot – gerade am Anfang – beginnen könnten und wo Sie zusätzliche Ressourcen finden.

1.7.1 Wo fange ich an?

Gerade wenn Sie erst begonnen haben, mit Copilot zu arbeiten, stellt sich die Frage, wie Sie möglichst schnell Routine in der Anwendung erreichen. Hier finden Sie einige Vorschläge.

Praktische Anwendung

Zur Nutzung von Copilot können Sie zwar dieses Buch lesen, ebenso zusätzlich Webseiten zu dem Thema und unzählige Videos ansehen, doch eine wichtige Komponente beim Erlernen des richtigen und zielgerichteten Umgangs mit Copilot ist die praktische Anwendung selbst. Erst dadurch entwickeln Sie ein eigenes Gefühl dafür, wie

Copilot Sie bei Ihrer täglichen Arbeit unterstützen kann, und Routine im Umgang mit dem Dienst. Dazu zählt insbesondere auch das Schreiben von Prompts, die für Ihre Aufgabenstellungen geeignet sind.

Besonders dann, wenn Sie noch neu in der Anwendung von Copilot sind, werden viele Schritte länger dauern als vielleicht gedacht. Bei so mancher Aufgabe wären Sie vermutlich zunächst schneller, wenn Sie sie auf die Ihnen in Fleisch und Blut übergegangene Weise ohne künstliche Intelligenz erledigen würden. Doch lassen Sie sich davon nicht entmutigen! Mit der Zeit geht Ihnen die Arbeit mit Copilot rasch von der Hand und Sie werden wirklich Zeit sparen. Dazu ist aber eben die Praxiserfahrung erforderlich.

Tägliche Erinnerungen

Idealerweise achten Sie in der Anfangsphase bewusst darauf, Copilot regelmäßig zu nutzen, um ihn schnell in der Praxis anzuwenden. Es wäre fatal, wenn Sie am Anfang in einer Ausprobierphase Copilot intensiv nutzen, den Dienst aber dann zur Seite legen und nur noch sporadisch auf ihn zurückkommen. Setzen Sie sich daher beispielsweise eine tägliche Erinnerung in Ihren Kalender, zumindest eine kurze Session mit Copilot einzulegen, während der Sie sich bei einer konkreten Aufgabenstellung unterstützen lassen – und sei es nur bei einem Teilschritt der Aufgabe. Beispiele finden Sie in den nächsten Kapiteln.

Nutzen Sie Promptsammlungen

Hilfreich ist es auch, wenn Sie eine Promptsammlung hinzuziehen, um vielleicht passende Prompts für die jeweilige Aufgabenstellung zu erhalten – oder auch nur einen Impuls, mit dem Sie einen Prompt selbst formulieren, oder eine Idee für eine Funktionalität, die Sie bisher noch nicht ausprobiert haben.

Eine solche Promptsammlung zeige ich Ihnen in Abschnitt 2.5.1 mit dem *Copilot-Promptkatalog*, der allgemein zur Verfügung steht.

Vielleicht hat Ihr Unternehmen aber auch eine eigene interne Promptsammlung eingerichtet, gegebenenfalls auf Basis des *Prompt Buddy*, den ich in Abschnitt 2.5.2 beschreibe. Dort finden Sie vielleicht sogar Prompts, die sehr gut auf Ihr Unternehmen oder Ihre Rolle im Unternehmen zugeschnitten sind, und nicht nur solche, die eher allgemeingültigen Charakter haben.

Austausch mit Kolleginnen und Kollegen

Eine weitere hilfreiche Aktivität beim Erlernen von Copilot ist der Austausch mit Kolleginnen und Kollegen in Ihrem Unternehmen. Dort finden Sie meist gleichgesinnte Personen, die oftmals auch vor identischen Herausforderungen stehen. Außerdem nutzen Sie typischerweise dieselbe Konfiguration von Copilot und können sich somit gegenseitig zur Seite stehen, Ideen austauschen und Prompts gemeinsam formulieren.

Auf dem Laufenden bleiben

Copilot ist ein noch recht junger Dienst im Microsoft 365-Universum. Wie die anderen Dienste dort auch ist Copilot nie »fertig«, sondern wird laufend weiterentwickelt. Von den Apps auf Ihrem Smartphone sind Sie es ja gewohnt, dass laufend Updates installiert werden und damit immer wieder neue Funktionen auftauchen – und so verhält es sich auch mit Copilot. Microsoft spricht hier von einer Aktualisierung nach dem *Evergreen*-Prinzip. Das bedeutet jedoch auch, dass Sie in der täglichen Arbeit immer wieder an der einen oder anderen Stelle über eine neue Funktionalität stolpern werden. Manchmal sind hilfreiche Funktionen aber im Gegenteil gut versteckt und nicht gleich ersichtlich.

Wenn Sie Glück haben, gibt es jemanden in Ihrem Unternehmen, der die Mitarbeitenden auf neue Funktionalitäten hinweist und Tipps zu ihrer Nutzung gibt. Sollte es bei Ihnen diese Unterstützung nicht geben oder sollten Sie gern mehrere Informationsquellen bevorzugen, kann es für Sie sinnvoll sein, sich mit der Entwicklung von Copilot regelmäßig zu beschäftigen.

Eine gute Quelle, um über die Entwicklung von Copilot auf dem Laufenden zu bleiben, ist die *Microsoft Tech Community* (siehe Abbildung 1.58).

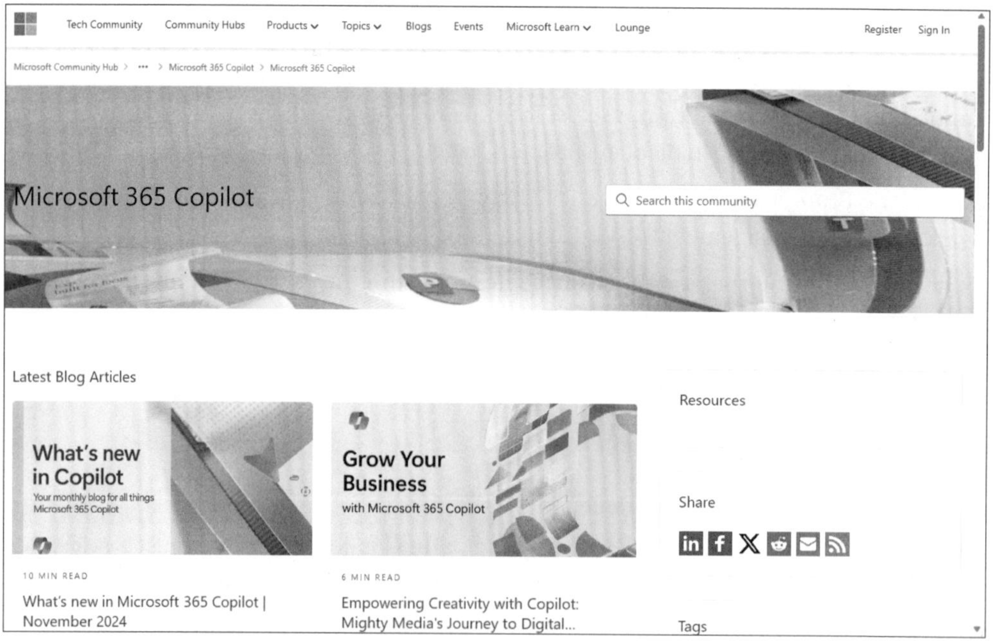

Abbildung 1.58 Die Microsoft Tech Community

Diese finden Sie unter folgender Adresse:

https://techcommunity.microsoft.com/t5/copilot-for-microsoft-365/bg-p/Microsoft365CopilotBlog

Hier finden Sie regelmäßig Artikel rund um Copilot und auch eine monatliche Zusammenfassung der Neuerungen.

Bevorzugen Sie Informationen zur Entwicklung eher aus einem technischeren Blickwinkel und weiter in die Zukunft reichend, hilft es, regelmäßig einen Blick in die *Microsoft 365-Roadmap* zu werfen (siehe Abbildung 1.59):

https://www.microsoft.com/en-us/microsoft-365/roadmap

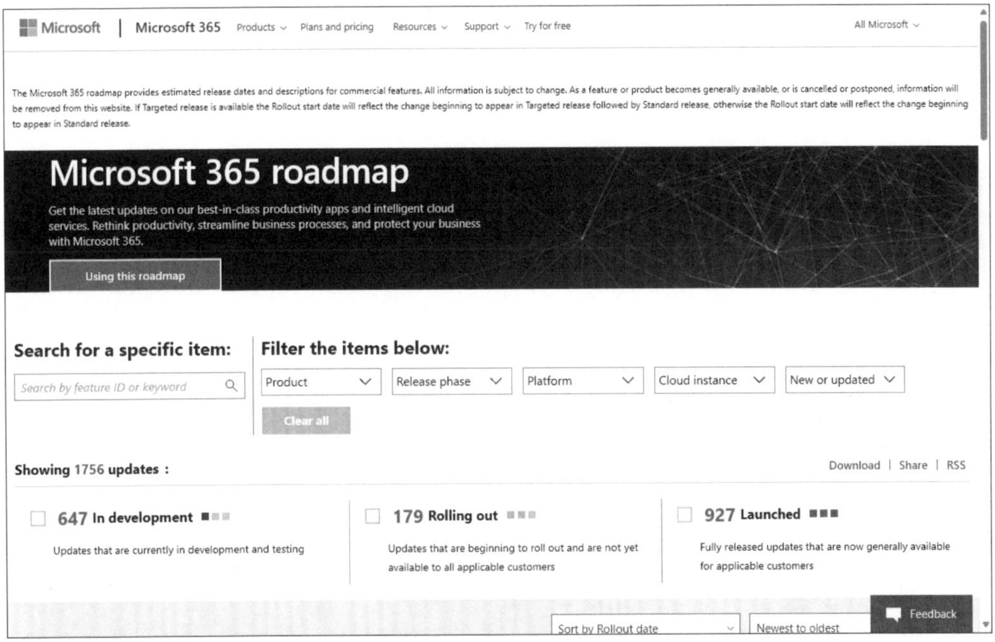

Abbildung 1.59 Die Microsoft 365-Roadmap (in englischer Sprache)

Dort können Sie unter PRODUCT nach MICROSOFT COPILOT (MICROSOFT 365) filtern und erhalten Informationen zu Funktionalitäten, die sich derzeit in Entwicklung befinden, zu Funktionalitäten, die sich gerade im Rollout befinden (das bedeutet, sie werden aktuell über einen gewissen Zeitraum in den Kundenumgebungen verfügbar gemacht), und zu Funktionalitäten, die in letzter Zeit fertiggestellt wurden und allgemein verfügbar sind. Bei den zukünftigen Funktionen ist auch jeweils eine Einschätzung angegeben, wann diese fertiggestellt sein sollen. Ein Beispiel sehen Sie in Abbildung 1.60.

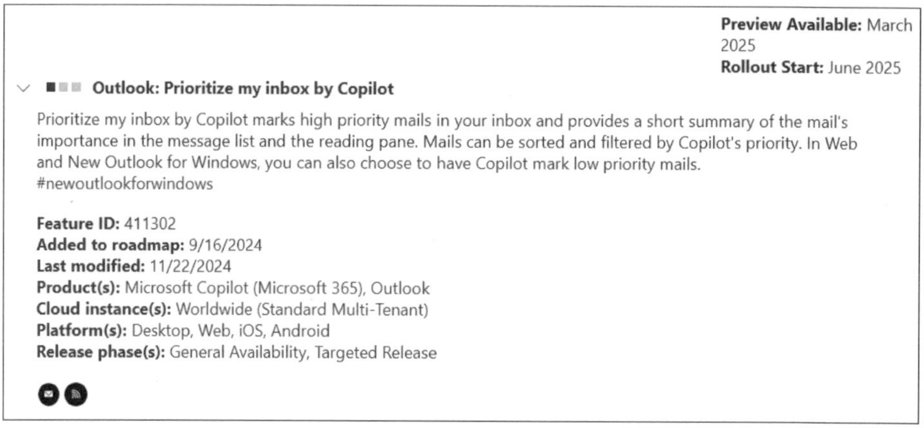

Abbildung 1.60 Zukünftige Copilot-Funktionalität

1.7.2 Communitys und Foren

Im Arbeitsalltag mit Copilot treten sicher an der einen oder anderen Stelle Fragen auf. Können Sie diese nach einer eigenen Recherche oder unternehmensintern nicht beantworten, hilft vielleicht eine öffentliche Community oder ein Forum zum Thema. Ein Beispiel ist der *Microsoft Community Hub*, den Sie unter folgender Adresse finden (siehe Abbildung 1.61):

https://techcommunity.microsoft.com/t5/copilot-for-microsoft-365/ct-p/Microsoft365Copilot

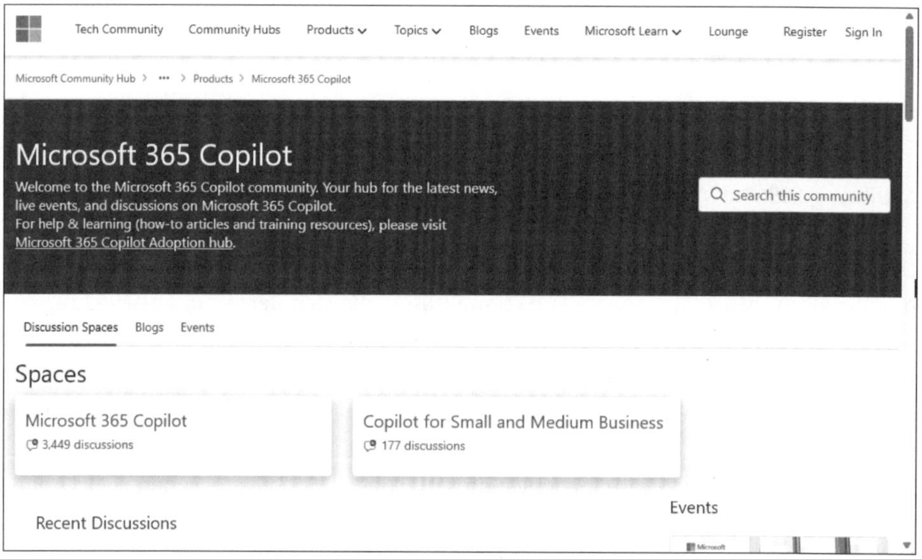

Abbildung 1.61 Der Microsoft Community Hub

Dort können Sie Fragen stellen und erhalten im Idealfall schnell eine passende Antwort. Möglicherweise können Sie dort auch selbst die eine oder andere Frage beantworten.

[«]

Manchmal organisiert Microsoft auch virtuelle Veranstaltungen im Format *Ask Microsoft Anything (AMA)*. Hier können Sie direkt Microsoft-Mitarbeitern Fragen stellen. Wann diese Veranstaltungen stattfinden, wird auch auf der Webseite des Microsoft Community Hubs veröffentlicht.

1.7.3 Zertifizierungen und Kurse

Vielleicht kennen Sie das offizielle Zertifizierungsprogramm von Microsoft. Dort können Sie Ihr Wissen im Umgang mit diversen Microsoft-Produkten unter Beweis stellen und Prüfungen ablegen. Wenn Sie diese bestehen, erhalten Sie Zertifizierungen, wie beispielsweise *Microsoft 365 Certified: Fundamentals* oder *Microsoft 365 Certified: Teams Administrator Associate*. Aktuell gibt es in diesem Programm noch keine separate Zertifizierung für Copilot. Ich gehe aber davon aus, dass es nur eine Frage der Zeit ist, bis Sie sich auch für Copilot zertifizieren lassen können.

Allerdings bietet Microsoft auch heute schon eine ganze Reihe von Kursen an, die kostenfrei im Web zur Verfügung stehen und für unterschiedliche Zielgruppen gedacht sind. Diese Kurse sind sogar in deutscher Sprache verfügbar.

Welche Kurse aktuell angeboten werden, habe ich hier zusammengefasst:

- **Fördern Ihrer Beschäftigten mit Anwendungsfällen für Copilot für Microsoft 365**

  Kursnummer: MS-4004

  Zielgruppe: Anfänger

  Rollen: Geschäftskunden, fachtechnische Berater

  Inhalte (laut Webseite): »Dieser eintägige Kurs besteht aus zwei Teilen – Erste Schritte mit Copilot für Microsoft 365 und Befähigen Ihrer Mitarbeiter mit Copilot für Microsoft 365-Anwendungsfällen. Der erste Teil des Kurses bietet eine Einführung in Copilot für Microsoft 365. Außerdem wird untersucht, wie Sie Copilot in den verschiedenen Microsoft 365-Apps verwenden können, welche Methoden sich für die Verwendung von Copilot und das Erstellen effektiver Prompts bewährt haben, und wie Sie Copilot mit erweitern können. Der zweite Teil dieser Schulungsinhalte ist das eigentliche Herzstück dieses Kurses. Die Kursteilnehmenden führen eine Reihe praktischer Übungen in sieben Anwendungsfällen aus: Führungskräfte, Vertrieb, Marketing, Finanzen, IT, Personalwesen und Operations.«

  URL: *https://learn.microsoft.com/de-de/training/courses/ms-4004*

- **Effektive Eingabeaufforderungen für Microsoft 365 Copilot erstellen**

  Kursnummer: MS-4005

  Zielgruppe: Anfänger

  Rollen: Geschäftskunden

  Inhalte (laut Webseite): »Entdecken Sie Möglichkeiten, effektive und kontextbezogene Prompts für Microsoft 365 Copilot zu erstellen, die Inhalte in Microsoft 365-Anwendungen erstellen, vereinfachen, transformieren und kompilieren. Erfahren Sie, wie wichtig es ist, in Ihrer Eingabeaufforderung ein klares Ziel, einen Kontext, eine Quelle und eine Erwartung anzugeben, um die besten Ergebnisse zu erzielen. Dieser Kurs behandelt reale Szenarien und Beispiele mit Copilot in Microsoft 365-Apps wie Word, Excel, PowerPoint, Teams, Outlook, OneNote und Chat.«

  URL: *https://learn.microsoft.com/de-de/training/courses/ms-4005*

- **Spezialistin/Spezialist für Benutzeraktivierung in Copilot für Microsoft 365**

  Kursnummer: MS-4007

  Zielgruppe: Anfänger

  Rollen: Unternehmensinhaber, fachtechnische Berater, Service Adoption Specialists, Technologiemanager

  Inhalte (laut Webseite): »Lernen Sie das Wissen und die Fähigkeiten kennen, um die Aktivierung von Microsoft 365 Copilot in Ihrer Organisation zu fördern. Erkunden Sie effektive Strategien, einschließlich des Benutzeraktivierungsframeworks von Microsoft 365 Copilot, die Sie bei der Erstellung und Implementierung eines robusten Einführungsplans unterstützen.«

  URL: *https://learn.microsoft.com/de-de/training/courses/ms-4007*

- **Erstellen von Plugins und Connectors für Microsoft 365 Copilot**

  Kursnummer: MS-4010

  Zielgruppe: Fortgeschrittene Anfänger

  Rollen: Entwickler

  Inhalte (laut Webseite): »Dieser Schulungskurs soll Ihnen helfen, die für Microsoft 365 Copilot verfügbaren Erweiterungsoptionen zu verstehen. Sie lernen die verschiedenen Möglichkeiten kennen, Copilot zu erweitern, einschließlich der Erstellung von Plugins und Connectors, und wie Sie die richtige Option für Ihren Anwendungsfall wählen. Der Kurs behandelt auch bewährte Verfahren für die Erstellung hochwertiger Plugins und Connectors sowie Überlegungen zu Daten, Datenschutz und Sicherheit. Unabhängig davon, ob Ihr Entwicklungsansatz Pro-Code oder Low-/No-Code ist, wird Ihnen dieser Kurs helfen, Ihren Weg zur Erweiterung und Anpassung von Copilot für Microsoft 365 zu finden.«

  URL: *https://learn.microsoft.com/de-de/training/courses/ms-4010*

- **Verwalten und Erweitern von Microsoft 365 Copilot**

  Kursnummer: MS-4017

  Zielgruppe: Fortgeschrittene Anfänger

  Rollen: AdministratorWirtschaftsanalytikerFachtechnischer Berater

  Inhalte (laut Webseite): In diesem Kurs wird untersucht, wie Administratoren Microsoft 365 Copilot verwalten und erweitern können, um ihre geschäftlichen Anforderungen zu erfüllen. Der Kurs gibt eine Einführung zu Copilot, untersucht, wie er implementiert und verwaltet wird, und erkundet dann die Grundlagen der Copilot-Erweiterbarkeit.

  URL: *https://learn.microsoft.com/de-de/training/courses/ms-4017*

1.8 So geht es weiter

Nachdem Sie mit den Inhalten dieses Kapitels das erste Grundlagenwissen aufgebaut haben, beschäftigen wir uns im nächsten Kapitel mit einer weiteren wichtigen Technik, die Sie vermutlich zukünftig jeden Tag bei der Arbeit mit Copilot benötigen: mit dem Formulieren von Prompts.

Kapitel 2
Prompts effektiv gestalten

In diesem Kapitel dreht sich alles um Prompts, die Eingabeaufforderungen in natürlicher Sprache für Copilot. Sie erfahren, wie ein guter Prompt aufgebaut werden sollte, damit er die gewünschten Ergebnisse liefert.

Ein guter Prompt kann den Unterschied zwischen einer nützlichen und einer nutzlosen Antwort ausmachen oder den zwischen einer allgemeingültigen oder spezifischen Antwort. Doch wie schreibt man einen guten Prompt? Welche Bestandteile sollten – je nach Anwendungsfall – enthalten sein? Und wie interagiert man mit Copilot? Das sind einige der Fragen, denen wir in diesem Kapitel nachgehen. Ich zeige Ihnen, wie Sie Prompts formulieren können, die klar, präzise und informativ sind und deren Antworten möglichst Ihren Vorstellungen entsprechen – oder zumindest nahe dran sind.

Außerdem verrate ich Ihnen einige Tipps und Tricks, wie Sie Ihre Prompts verbessern und anpassen können. Und ich zeige Ihnen Quellen für gute Prompts: Mit dem *Copilot-Promptkatalog* gibt es bereits eine öffentliche Prompt-Bibliothek; und wenn Sie unternehmensintern eine solche Sammlung aufbauen wollen, die Ihre spezifischen Rollen und Anforderungen abdeckt, ist *Prompt Buddy* eine mögliche Lösung.

Am Ende dieses Kapitels werden Sie in der Lage sein, Prompts zu erstellen, die Copilot effektiv nutzen und Ihnen bei Ihren Projekten helfen.

2.1 Was ist ein Prompt?

Allgemein gesprochen handelt es sich bei einem *Prompt* um eine Eingabeaufforderung für KI-Modelle. Dazu gehört natürlich das *LLM* von Copilot (siehe Abschnitt 1.4.1, »Architektur«). Doch nutzen Sie nicht nur dort Prompts. Auch bei anderen KI-Modellen kommen Prompts zum Einsatz. Beispiele wären hier der Dienst *Midjourney*, der Bilder erstellt, die Sie mit Ihrem Prompt beschreiben (siehe Abbildung 2.1). Auch *Dall-E*, das KI-Modell, das im Hintergrund beim *Microsoft Designer* die generative Arbeit verrichtet, erstellt aus Ihren Prompts Bilder (siehe Abbildung 2.2).

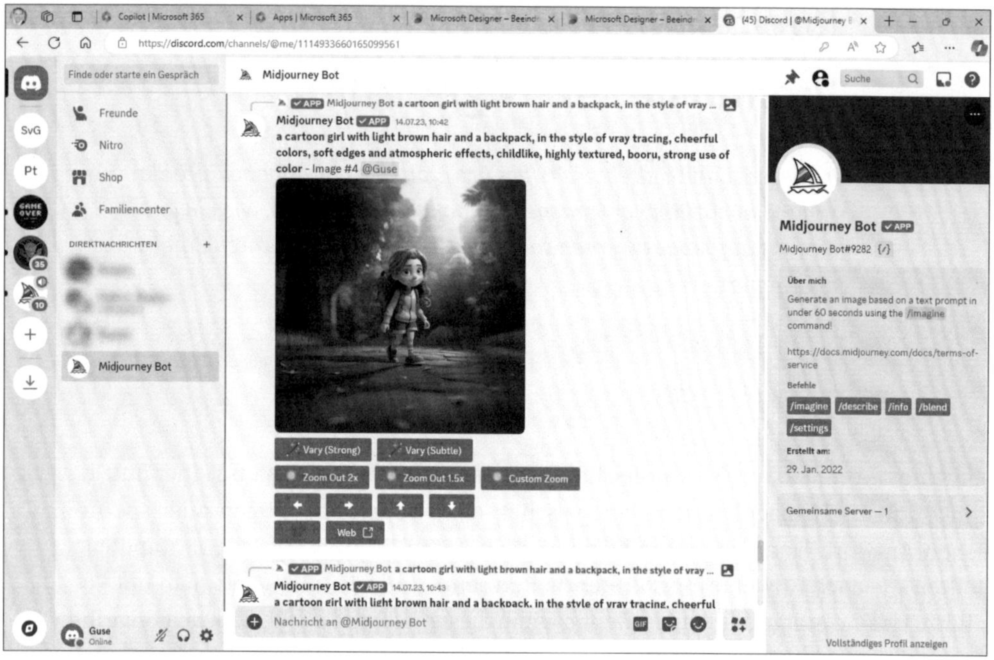

Abbildung 2.1 Beispiel mit Midjourney

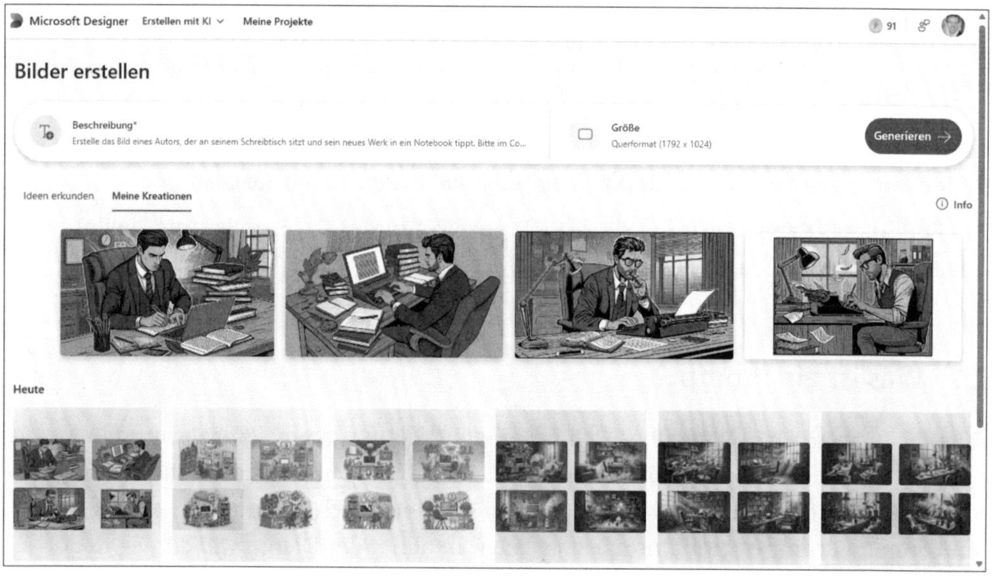

Abbildung 2.2 Beispiel mit Microsoft Designer

Der Prompt ist also der Text, mit dem Sie das Modell anweisen, eine Antwort zu generieren oder eine Aktion auszulösen.

In den meisten Fällen reagiert Copilot mit einem Text. Abhängig vom Szenario kann dabei das Ziel sein, diesen Text zu behalten (beispielsweise in einem Word-Dokument oder einer E-Mail) oder ihn als Grundlage für die Weiterverarbeitung zu verwenden. Doch das muss nicht immer so sein: Sie können Copilot auch im Dialog nutzen, um von dem Dienst die Antwort auf eine Frage zu erhalten oder mit den generierten Ausgaben beispielsweise ein Brainstorming durchzuführen oder einen Dialog zu führen.

Als Anwender haben wir hier einen gewaltigen Vorteil: Den Prompt formulieren wir in natürlicher Sprache. Wir müssen also nicht zuerst eine Programmiersprache lernen oder über besonderes Expertenwissen verfügen, sondern sind in der Lage, die KI-Modelle meist ohne größere Hürde anzusprechen. Allerdings ist für die Formulierung eines Prompts in der Praxis dann noch eine gewisse Übung erforderlich. Wichtig ist nämlich, dass Sie möglichst genau beschreiben, was das Ergebnis sein soll. Geben Sie nur ein recht allgemeingültiges Kommando und lassen konkrete Details weg, erhalten Sie meist eine zwar nicht falsche Antwort, doch eine so allgemeine, dass Sie diese vermutlich nicht für das eigentliche Ziel verwenden können.

Hier ein Beispiel: Sehen wir uns die beiden folgenden Prompts mit den Ergebnissen aus Abbildung 2.3 und Abbildung 2.4 an.

> **Prompt, der aus einem Wort besteht:**
> Elektroautos
>
> **Beschreibender Prompt:**
> Ich möchte einen Vortrag über die Vor- und Nachteile von Elektroautos halten. Die Zielgruppe sind Schulabsolventinnen und -absolventen. Für den Vortrag stehen mir 45 Minuten zu Verfügung. Mache einen Vorschlag zum Inhalt und zur Gliederung des Vortrags.

Hier sehen Sie sehr schön, dass der einfache Prompt ein Ergebnis liefert, das zur Anfrage passt. Doch wenn Ihr Ziel die Anfrage aus dem zweiten Prompt war, hilft die Antwort des ersten nur bedingt weiter. Grundsätzlich gilt also: Formulieren Sie einen allgemeinen Prompt, erhalten Sie auch eine allgemeine Antwort – und diese ist oft zu unkonkret, um sie zu verwenden.

Ist das Copilot-Ergebnis eines Prompts nicht genau das, was Sie sich vorgestellt haben, müssen Sie übrigens nicht noch mal von vorne beginnen und den Prompt umschreiben oder mit mehr Details formulieren. Sie können mit dem Ergebnis auch weiterarbeiten und Copilot zusätzliche Anweisungen geben. Copilot nimmt dann die bisherigen Antworten und passt sie gegebenenfalls an. Abbildung 2.5 zeigt ein Beispiel.

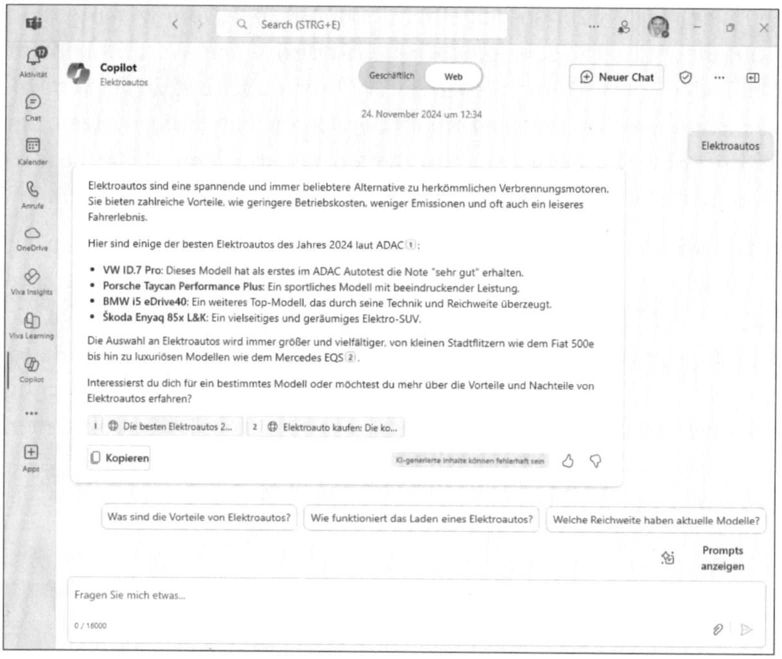

Abbildung 2.3 Ein Ein-Wort-Prompt führt zu einem allgemeinen Text.

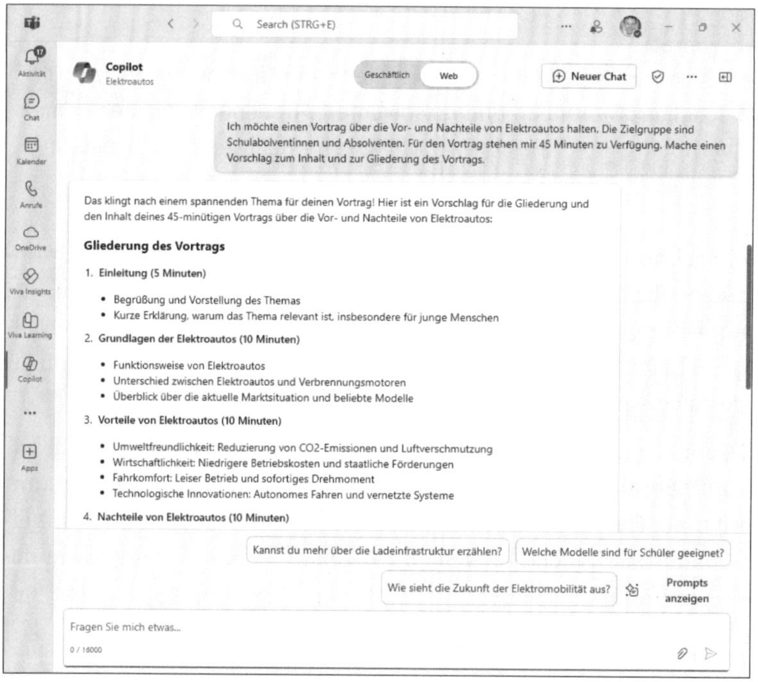

Abbildung 2.4 Ein detaillierter Prompt führt zu einem Ergebnis, das eher Ihrer Absicht entsprechen wird.

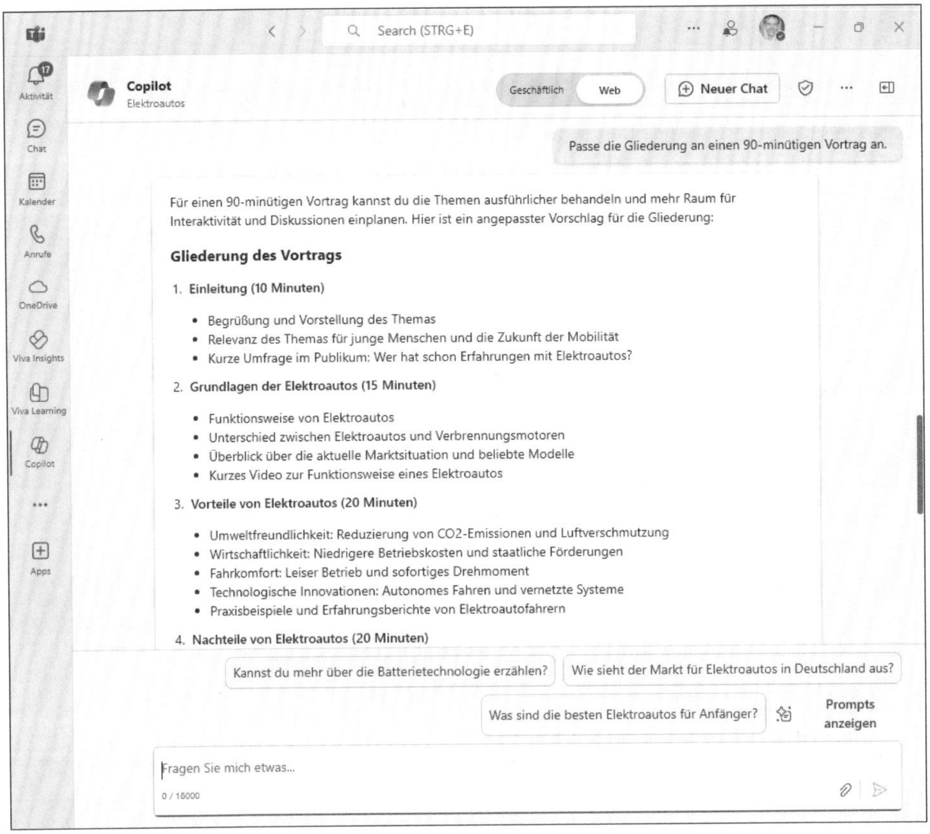

Abbildung 2.5 Ergebnisse lassen sich durch Folgeprompts anpassen.

Erfahrungsgemäß tun sich diejenigen Anwender beim Formulieren von Prompts am leichtesten, die über die Fähigkeit verfügen, konkret und präzise zu beschreiben, was sie eigentlich wollen.

Somit ist ein Prompt in vielen Fällen nicht nur ein kurzer Satz mit einer Frage oder Anweisung. In der Praxis sind Prompts durchaus auch mehrere Sätze lang und würden ausgedruckt schon mal eine halbe DIN-A4-Seite füllen.

Was einen guten Prompt ausmacht, sehen wir uns insbesondere in Abschnitt 2.2, »Wie ist ein Prompt aufgebaut?«, genauer an.

Nicht immer müssen Sie für jede Interaktion mit Copilot einen eignen Prompt schreiben und diesen dann ausführen. In Outlook finden Sie beispielsweise Schaltflächen für die Zusammenfassung eines E-Mail-Threads (siehe Abbildung 2.6) oder für den Aufruf einer Coaching-Funktion, die Ihnen Tipps zum E-Mail-Text gibt, noch bevor Sie ihn abgesandt haben. Im Hintergrund wird dabei automatisch ein Prompt erstellt und ausgeführt. Das Ergebnis sehen Sie dann in der Anwendungsoberfläche.

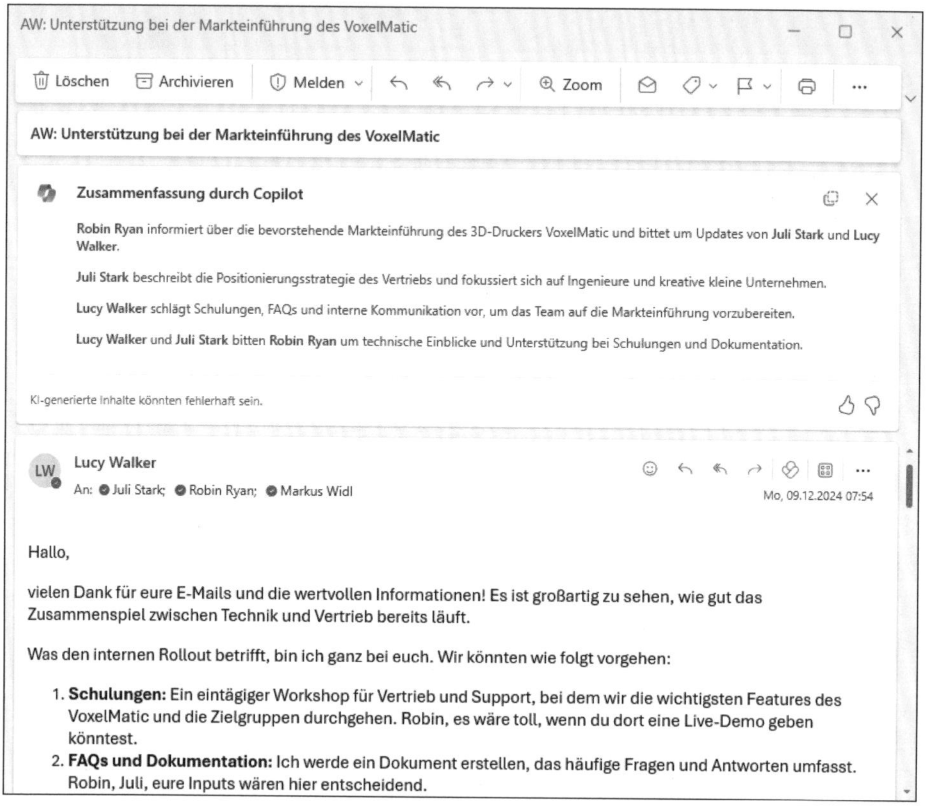

Abbildung 2.6 Copilot fasst in Outlook ganze E-Mail-Threads zusammen.

2.2 Wie ist ein Prompt aufgebaut?

In der Praxis werden Sie auf die unterschiedlichsten Prompts treffen. Mal sind sie sehr kurz, mal überraschend lang und mit vielen Details gespickt. Natürlich hängt es von der konkreten Aufgabenstellung ab, wie viel Zeit Sie in die Formulierung eines Prompts stecken sollten oder wollen. Gegebenenfalls sind Sie sogar schneller, wenn Sie eine bestimmte Tätigkeit gleich selbst erledigen, beispielsweise eine simple Recherche durchführen, als erst zu überlegen, wie der Prompt lauten könnte, der das Ergebnis liefert.

[»] Gerade am Anfang, wenn Sie neu in der Anwendung von Copilot sind, ist die Formulierung eines Prompts mitunter eine aufwendige Angelegenheit, bis Sie damit das gewünschte Ergebnis erzielen. Geben Sie aber nicht auf. Prompts zu schreiben, benötigt eine gewisse Erfahrung und Routine bei der Anwendung. Mit der Zeit wird Ihnen das Schreiben eines Prompts immer leichter fallen und Sie gelangen schneller zum gewünschten Ziel. Oft hilft es auch, wenn Sie für eine konkrete Aufgabenstellung nicht komplett ohne Vorlage anfangen, sondern beispielsweise im *Copilot-Promptkatalog* (siehe Abschnitt 2.5.1) nach Prompts suchen, die in etwa in die gewünschte Richtung gehen. Das gibt Ihnen vielleicht einen Impuls, einen geeigneten Prompt auf Basis von bestehendem Material schneller zu formulieren.

Prompt-Bausteine

In diesem Abschnitt zeige ich Ihnen eine bewährte Vorgehensweise bei der Formulierung eines Prompts, die Sie allgemein einsetzen können – unabhängig vom konkreten Ziel.

Sie werden schnell feststellen, dass diese Vorgehensweise oft zu aufwendig für einfache Aufgaben ist. Doch je komplexer sich die Aufgabe gestaltet, desto mehr Vorteile erhalten Sie mit ihr.

Haben Sie als Kind mit Klemmbausteinen gespielt? (Es mag ja durchaus auch Erwachsene geben – und zu denen zähle ich mich – die immer noch gerne mit Klemmbausteinen »arbeiten«.) Den Modellen liegt in den meisten Fällen ein Heftchen mit den konkreten Schritten bei, wie das Modell aufzubauen ist. Ähnlich können Sie sich auch die Vorgehensweise vorstellen, die Microsoft im *Prompting Toolkit* vorschlägt. Dabei besteht ein Prompt aus den vier Bausteinen, die Sie in Abbildung 2.7 sehen:

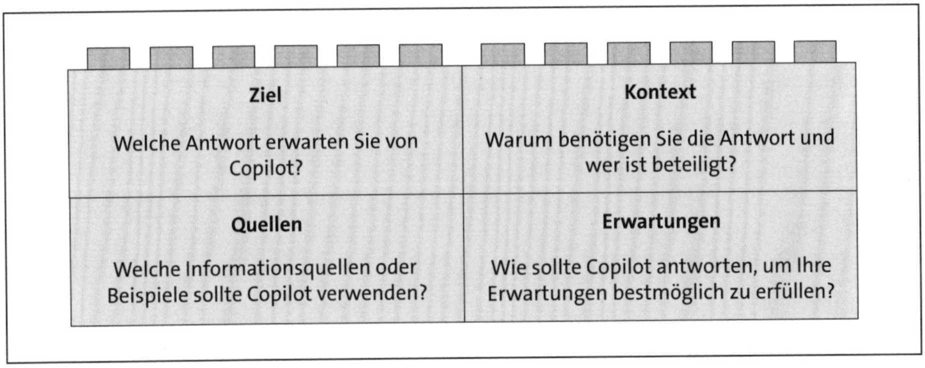

Abbildung 2.7 Die vier Bausteine eines Prompts

- **Ziel**
  Welche Antwort erwarten Sie von Copilot? Denken Sie dabei bereits an die Art des gewünschten Ergebnisses, beispielsweise an einen ausformulierten Text, eine Liste, eine Agenda oder Ähnliches. Hier sind einige Anregungen, wie Sie das Ziel formulieren könnten:
  – Erstelle einen E-Mail-Entwurf / einen Blog-Artikel / einen LinkedIn-Post / eine Agenda / eine Checkliste ...
  – Erkläre in fünf Sätzen ...

- Schlage fünf Beispiele vor ...
- Nenne die Vor- und Nachteile ...
- Nenne Vorschläge ...
- Hilf mir bei der Planung ...
- Nenne eine empfehlenswerte Vorgehensweise ...
- Analysiere die Daten ...
- Schreibe eine Zusammenfassung / ein Protokoll / eine Produktbeschreibung ...

Bei der Formulierung des Ziels sollten Sie schon konkret angeben, welchen Typ die Ausgabe haben soll. Auch hierzu einige Beispiele:

- Anleitung
- Aufzählung
- Benutzerhandbuch
- Bericht
- Blog-Artikel
- Checkliste
- E-Book
- Erfahrungsbericht
- Erläuterung
- Fallstudie
- FAQ-Liste
- Highlights
- Infografik
- Infomaterial
- Interview
- LinkedIn-Artikel
- Marktanalyse
- Newsletter
- Podcast-Episode
- Präsentation
- Pressemitteilung
- Produktbeschreibung
- Quiz
- Roadmap

  - Social-Media-Post
  - Trends
  - Umfrage
  - Whitepaper
  - Zeitplan
  - Zusammenfassung
- **Kontext**
  Um von Copilot eine Antwort zu erhalten, die möglichst gut zu Ihrer konkreten Aufgabenstellung passt, sollten Sie im Prompt den Kontext angeben, also den Grund, warum Sie diese Anfrage stellen. Hier sind einige Beispiele:
  - Ich bereite mich auf eine Besprechung mit Kunde ABC zum Thema DEF vor.
  - Ich soll einen Vortrag zum Thema ABC mit der Zielgruppe DEF halten.
  - Ich habe die Rolle ABC und soll DEF machen.
  - Ich brauche Inspiration zum Thema ABC.
  - Ich plane eine Geschäftsreise nach ABC.
  - Ich möchte sicherstellen, alle Aspekte bei ABC zu berücksichtigen.
  - Ich habe das Problem ABC beim Thema DEF.
  - Ich lerne ABC und benötige DEF.
  - Ich benötige die Information ABC, weil ich DEF.
  - Ich möchte ABC erreichen.

  Dabei können Sie Copilot auch eine bestimmte Rolle zuweisen, etwa so:
  - »Du bist dabei Marketingexperte.«
  - »Du bist dabei IT-Trainer.«
  - »Du verhältst dich wie ein positiv gestimmter Kunde.«
- **Quelle(n)**
  Welche Datenquellen soll Copilot zur Generierung der Antwort heranziehen? Im Kontext von Microsoft 365 sind das insbesondere diese:
  - E-Mails
  - Kalender
  - Chat-Nachrichten
  - Kanal-Nachrichten
  - Besprechungen
  - Dateien
  - SharePoint-Seiten

Denken Sie dabei auch an den Zeitraum, aus dem die Datenquellen herangezogen werden sollen, beispielsweise so:

- »die E-Mails von heute«
- »die ungelesenen Chat-Nachrichten von letzter Woche«
- »alle Besprechungen von morgen«

Ebenso können Sie sich auf beispielsweise einzelne Datenquellen beziehen:

- »die Nachricht von ...«
- »die E-Mails meines Managers«
- »die Datei ...«
- »die SharePoint-Seite ...«
- »Besprechungen mit ...«

Gegebenenfalls können Sie hier auch Beispiele angeben, an denen sich Copilot orientieren soll.

- **Erwartungen**
  In welcher Form soll Copilot antworten? Dazu gehören insbesondere der Stil, der Tonfall und die Länge. Beispiele dafür sind:
  - **Stil**: »in einfachen Worten«, »als Reim«, »so, dass es von Grundschulkindern verstanden wird«, »als Rezept«, »als Dialog«
  - **Tonfall**: »professionell«, »informativ«, »formal«, »werblich«, »empathisch«, »ironisch«, »verspielt«, »dankbar«, »inspirierend«, »sarkastisch«, »enthusiastisch«
  - **Länge**: »kurz«, »lang«, »für eine Lesedauer von 3 Minuten«, »5 Normseiten«

Abbildung 2.8 und Abbildung 2.9 zeigen beispielhaft, wie diese vier Bausteine in einem Prompt aufgeführt sein könnten.

Ziel	Erstelle eine Liste mit etwa 5 Aufzählungspunkten,
Kontext	um mich für ein Meeting mit den Vertretern des Unternehmens Beispiel AG vorzubereiten.
Quellen	Beziehe in der Antwort interne und externe E-Mails und Chats der vergangenen 4 Wochen mit ein.
Erwartungen	Verwende Stichpunkte und keine ausformulierten Sätze, damit ich die Inhalte schnell aufnehmen kann.

Abbildung 2.8 Vier Bausteine anhand eines Beispielprompts – Beispiel 1

Ziel	Schreibe den Entwurf für einen LinkedIn-Post über die Vorteile des 3D-Druckers VoxelMatic.
Kontext	Du bist dabei Mitarbeiter in der Marketing-Abteilung und für die Posts in Social-Media-Diensten zuständig. Mit dem Post möchtest du potenzielle Käuferinnen und Käufer mit einem technischen Hintergrund über den neuen Drucker informieren.
Quellen	Verwende einen positiven und enthusiastischen Tonfall und duze die Lerserinnen und Leser. Passe die Länge des Entwurfs für eine Lesedauer von 3 Minuten an.
Erwartungen	Verwende als Quelle die Informationen aus Datei Specs »VoxelMatic.docx«.

Abbildung 2.9 Vier Bausteine anhand eines Beispielprompts – Beispiel 2

Im Idealfall liefert Copilot anhand des Prompts gleich ein Ergebnis, wie Sie es sich vorgestellt hatten. Wenn nicht, beginnen Sie mit der Verfeinerung des Ergebnisses, indem Sie weitere Prompts ausführen, mit denen Sie Copilot anweisen, das Ergebnis anzupassen.

Das *Prompting Toolkit* von Microsoft finden Sie unter der folgenden Adresse (als Bestandteil des Copilot-Promptkatalogs):

https://aka.ms/copilot/prompt_toolkit?ocid=CopilotLab_SMC_Article_GetTips

2.3 Welche Tipps gibt es zur Formulierung von Prompts?

In diesem Abschnitt gebe ich Ihnen einige Tipps, die Sie bei der Formulierung Ihrer Prompts berücksichtigen sollten, um ein möglichst gutes Ergebnis zu erzielen:

- Starten Sie für ein neues Thema einen neuen Chat (Schaltfläche NEUER CHAT), damit sich Copilot nicht am vorangegangenen Dialog orientiert.
- Schreiben Sie deutlich und konkret.
- Schreiben Sie ohne Abkürzungen, schreiben Sie ganze Sätze und achten Sie auf richtige Schreibweise, Zeichensetzung und Grammatik.
- Verwenden Sie keinen Slang oder Dialekt.
- Geben Sie gegebenenfalls Beispiele für ein Ergebnis an.
- Geben Sie Details an.
- Fragen Sie nicht nach fragwürdigen oder unethischen Inhalten.
- Geben Sie keine widersprüchlichen Anweisungen.

- Experimentieren Sie gegebenenfalls mit einer alternative Reihenfolge der Angaben in Ihrem Prompt. Die Angaben zu Beginn setzen den Rahmen des Ergebnisses.
- Geben Sie im Prompt neben der Anweisung auch einen Text an, den Copilot verwenden, umschreiben oder zusammenfassen soll. Dann setzen Sie ihn in Anführungszeichen, damit klar ist, dass er nicht zur Anweisung selbst gehört.
- Nicht immer wird das perfekte Ergebnis gleich mit dem ersten Prompt erreicht sein. Sie können das Ergebnis eines Prompts auch durch die Ausführung eines weiteren Prompts verfeinern.

[»] Und zum Schluss noch ein ganz wichtiger Tipp: Überprüfen Sie das Ergebnis! Die von Copilot generierten Ergebnisse können durchaus falsche, missverständliche oder irreführende Inhalte aufweisen.

2.4 Wie hilft mir Copilot beim Formulieren der Prompts?

Sie können Copilot anweisen, einen bestehenden Prompt zu analysieren und Verbesserungsvorschläge auszugeben. Manchmal erhalten Sie dadurch die richtigen Impulse, um einem Prompt den letzten Schliff zu geben.

Nehmen wir zum Beispiel diesen Prompt als gegeben an:

> **Verbesserungswürdiger Prompt:**
> Schreibe eine Geschichte.

Dann bitten wir Copilot um die Analyse, beispielsweise im direkten Chat im Teams-Client. Das könnte etwa wie folgt aussehen:

> **Anfrage nach Verbesserungsvorschlägen:**
> Analysiere den folgenden Prompt und gib Verbesserungsvorschläge: "Schreibe eine Geschichte."

Das Ergebnis sehen Sie in Abbildung 2.10.

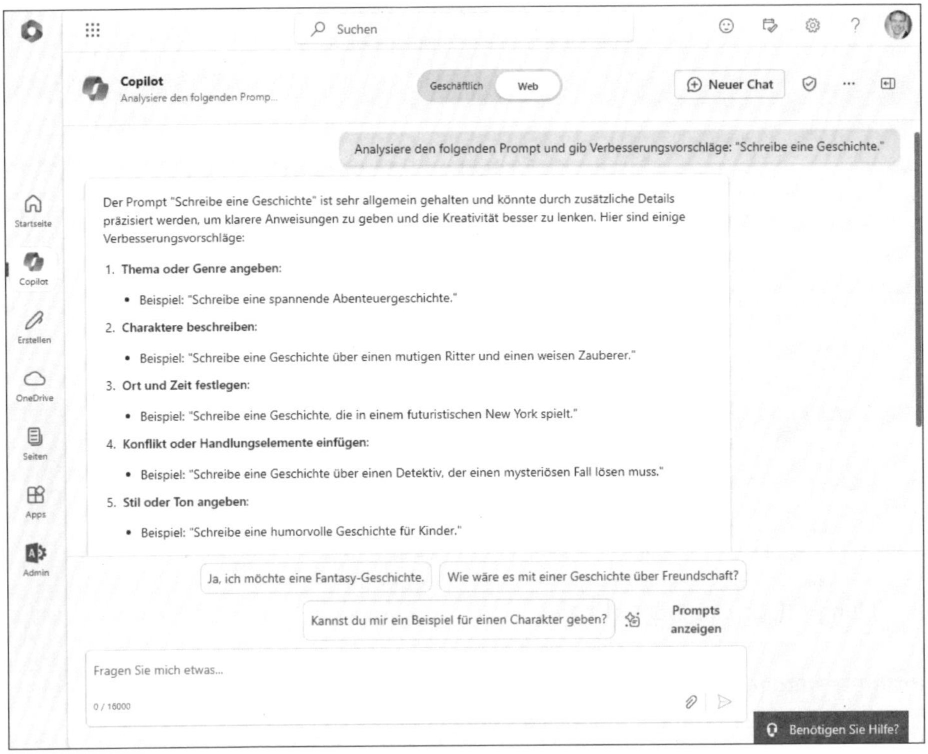

Abbildung 2.10 Copilot macht Verbesserungsvorschläge.

2.5 Wo finde ich gute Prompts?

Nicht immer müssen Sie sich einen Prompt für eine Aufgabenstellung selbst überlegen. Mit ein wenig Glück finden Sie in einer Prompt-Sammlung bereits einen Prompt, der im Idealfall Ihre Anforderung genau abdeckt – oder Ihnen zumindest den richtigen Impuls für einen eigenen Prompt liefert.

In diesem Abschnitt sehen wir uns an, welche Prompt-Sammlungen Sie einsetzen könnten.

2.5.1 Copilot-Promptkatalog

Microsoft selbst betreibt mit dem *Copilot-Promptkatalog* (früher trug dieser den Namen *Copilot Lab*) eine Art eigene Prompt-Sammlung (siehe Abbildung 2.11). Den Katalog finden Sie unter folgender Adresse:

https://copilot.cloud.microsoft/prompts

Abbildung 2.11 Copilot-Promptkatalog

[»] Prompts werden in der deutschsprachigen Ansicht des Katalogs an manchen Stellen mit *Eingabeaufforderungen* übersetzt.

Den Copilot-Promptkatalog finden Sie aber nicht nur durch Aufruf der genannten Adresse im Browser, sondern es begegnet Ihnen an ganz unterschiedlichen Stellen bei der Arbeit mit Copilot. Im Teams-Client können Sie im Chat-Bereich direkt mit dem Copilot-Promptkatalog interagieren.

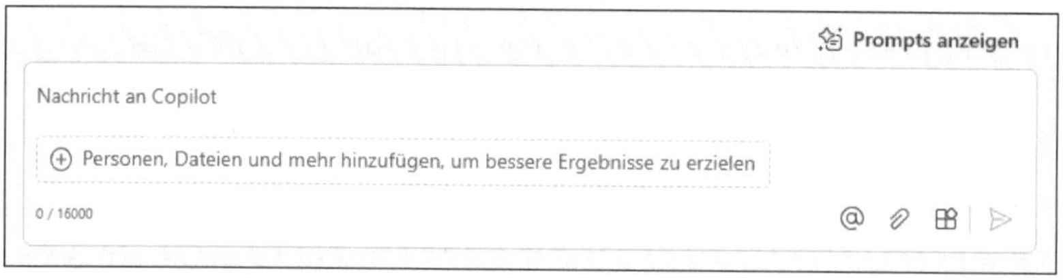

Abbildung 2.12 Prompt-Eingabefeld

Direkt über dem Eingabefeld aus Abbildung 2.12 sehen Sie die Schaltfläche PROMPTS ANZEIGEN. Diese führt Sie zu den Prompts aus dem Copilot-Promptkatalog (siehe Abbildung 2.13).

In den Office-Applikationen können Sie in der Copilot-Aufgabenleiste am rechten Fensterrand ebenfalls auf die Prompts des Labs zugreifen, wenn Sie auf die Schaltfläche mit dem Stern-Symbol klicken (PROMPTS ANZEIGEN) und dann WEITERE PROMPTS ANZEIGEN wählen. Abbildung 2.14 zeigt ein Beispiel, wie das etwa in Word aussieht.

Abbildung 2.13 Zugriff auf den Copilot-Promptkatalog im Teams-Client

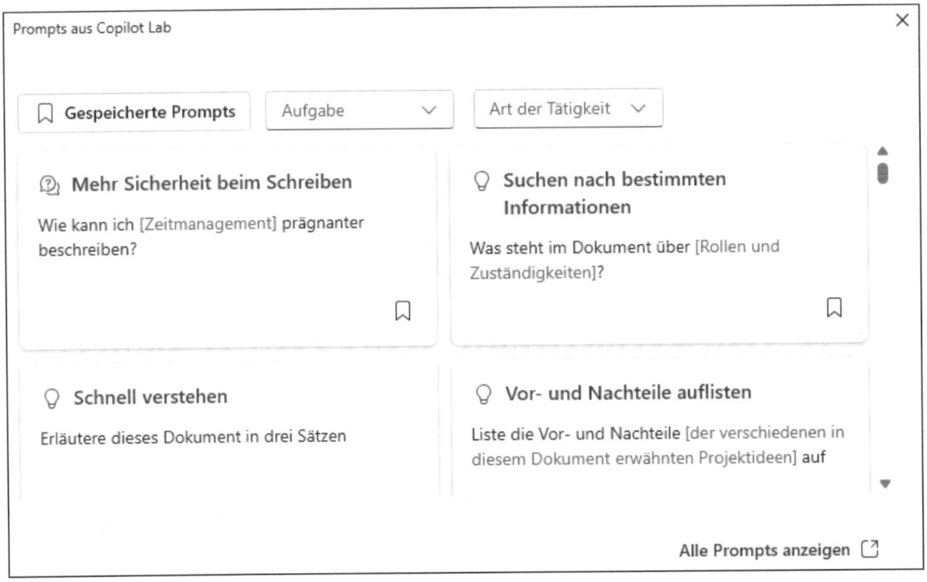

Abbildung 2.14 Zugriff auf den Copilot-Promptkatalog in Word

Über die Webseite des Labs finden Sie eine ganze Reihe unterschiedlicher Komponenten:

- **Allgemeines zu Copilot**
  Dazu gehören Videos und Beschreibungen, wie Sie Copilot einsetzen können.
- **Tipps und Tricks zum Prompting**
  Besonders hervorzuheben ist hier das *Prompting Toolkit* (siehe Abbildung 2.15), das Ihnen eine Hilfestellung zum Aufbau und zur Formulierung von Prompts gibt. Dem Prompting Toolkit habe ich die Vorgehensweise zur Formulierung von Prompts in Abschnitt 2.2, »Wie ist ein Prompt aufgebaut?«, entnommen.

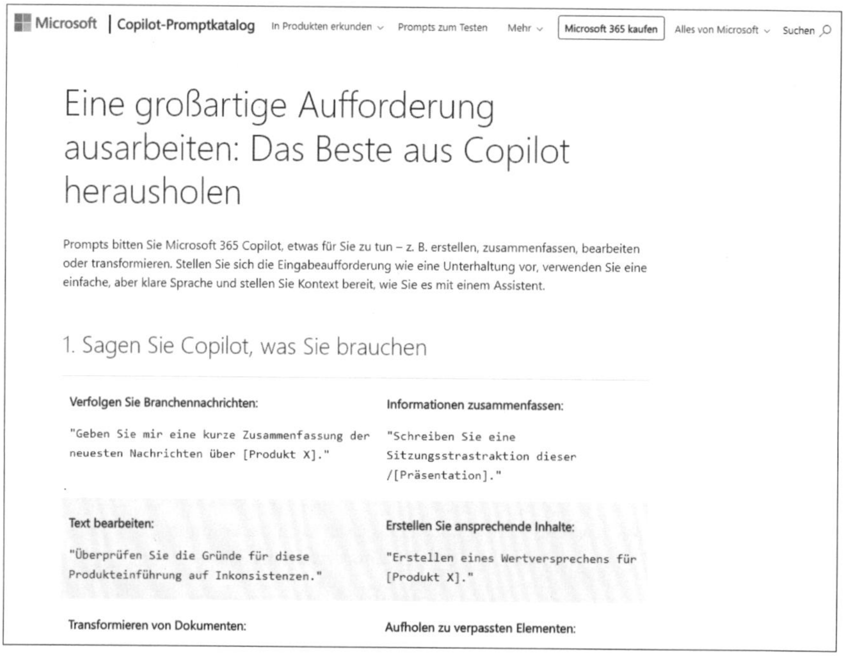

Abbildung 2.15 Das Prompting Toolkit

- **Prompt-Sammlung**
  Der wichtigste Bestandteil des Labs ist jedoch die eigentliche Prompt-Sammlung. Diese erreichen Sie, wenn Sie in der Navigationsleiste am oberen Seitenrand dem Link PROMPTS ZUM AUSPROBIEREN folgen (siehe Abbildung 2.11). Die direkte Adresse lautet:

  https://copilot.cloud.microsoft/de-de/prompts/all

  An dieser Stelle wählen Sie die APP, mit der Sie arbeiten wollen (beispielsweise WORD oder OUTLOOK), dann die AUFGABE (beispielsweise ERSTELLEN oder BEARBEITEN) und zu guter Letzt die ART DER TÄTIGKEIT (dazu gehören etwa ABTEILUNG und BRANCHE). Mit jeder Auswahl verkürzt sich die Liste der Kacheln mit den angezeigten Prompts.

Wählen Sie dann einen der Prompts in der Liste, erscheint eine Darstellung wie in Abbildung 2.16. Dort sehen Sie einen Prompt (gegebenenfalls mit einem oder mehreren Platzhalten, die mit eckigen Klammern gekennzeichnet sind) sowie Links zu weiteren Prompts, die zum selben Kontext gehören.

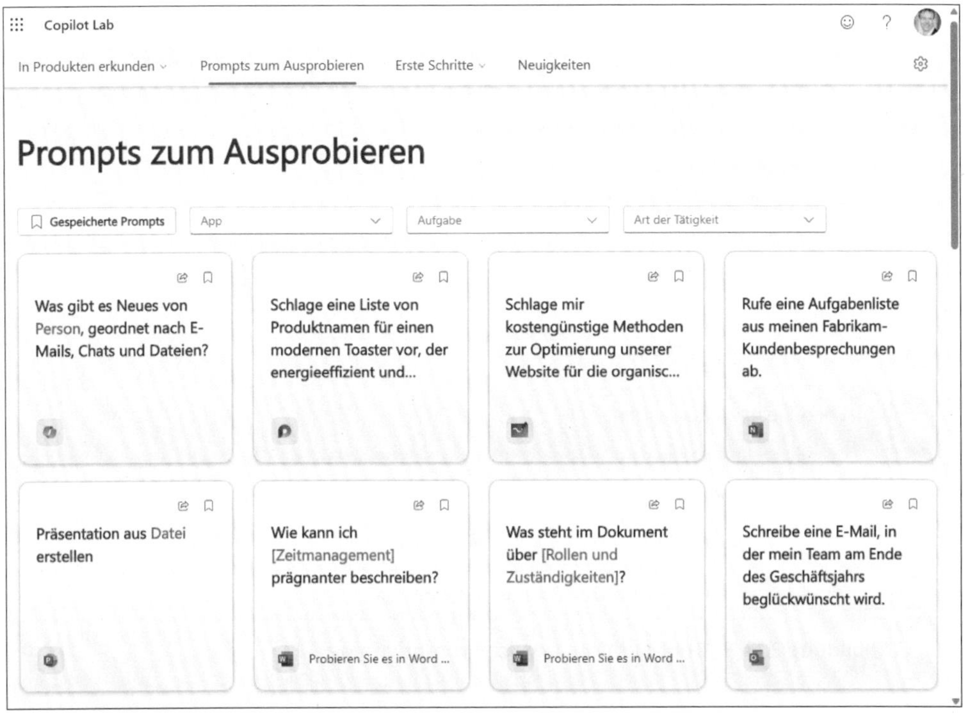

Abbildung 2.16 Prompts zum Ausprobieren

Besonders wichtig sind die Symbole aus Abbildung 2.17, die direkt unter dem eigentlichen Prompt dargestellt werden. Mit dem ersten kopieren Sie den Prompt in die Windows-Zwischenablage. Dann wechseln Sie zu einem Prompt-Eingabefeld, beispielsweise in Word, und fügen dort den Prompt ein (wahlweise über die Tastenkombination [Strg] + [V] oder mit dem Befehl EINFÜGEN aus dem Kontextmenü, das nach einem Klick auf die rechte Maustaste erscheint).

Mit dem zweiten Symbol unter dem Prompt kopieren Sie den direkten Link zur dargestellten Information in die Zwischenablage. Das könnten Sie beispielsweise nutzen, um Ihre Kolleginnen und Kollegen in einer E-Mail oder einem Teams-Chat auf einen besonders hilfreichen Prompt aufmerksam zu machen.

Klicken Sie auf das dritte Symbol, kopieren Sie den Link zu dem aktuell dargestellten Prompt in die Zwischenablage, um ihn beispielsweise Ihren Kolleginnen und Kollegen zur Verfügung zu stellen.

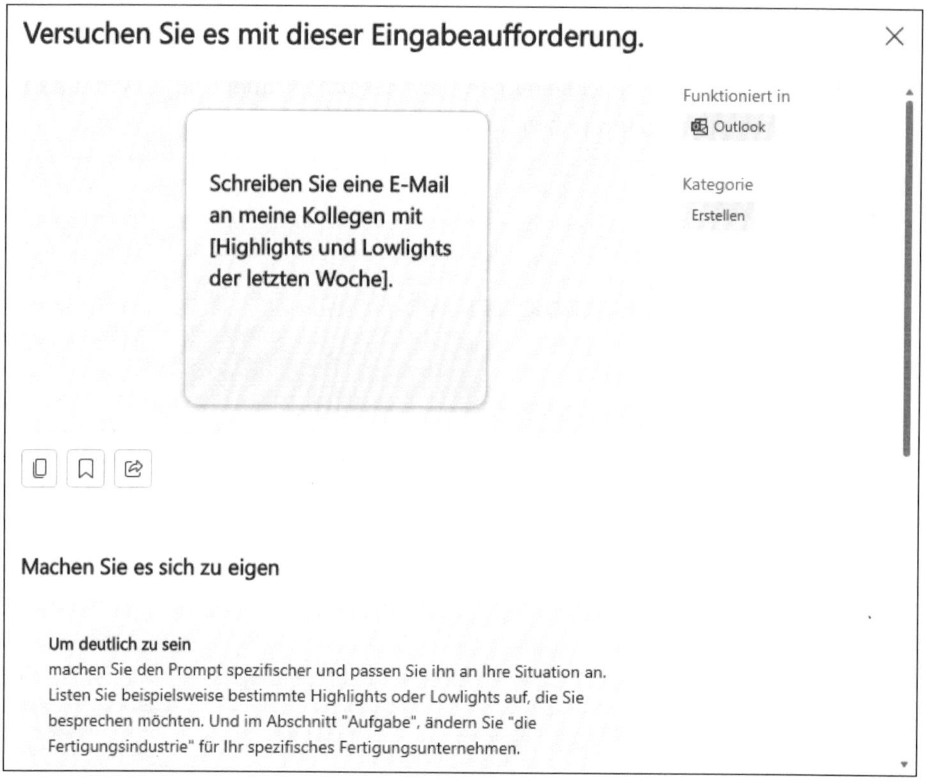

Abbildung 2.17 Prompt aus dem Copilot-Promptkatalog

Nützliche Prompts markieren

Haben Sie einen Prompt gefunden, den Sie auch in Hinblick auf eine spätere Nutzung nicht vergessen wollen, können Sie ihn speichern. Allerdings ist es dazu erforderlich, dass Sie mit Ihrem Microsoft 365-Benutzerkonto im Copilot-Promptkatalog angemeldet sind. Sehen Sie dazu in die obere rechte Ecke der Lab-Seite. Ist dort die Schaltfläche ANMELDEN zu sehen, sind Sie noch nicht angemeldet.

Sind Sie hingegen angemeldet, erscheint ein Fahnensymbol bei den Kacheln der Prompts (siehe Abbildung 2.18) und auch bei der Detailansicht eines Prompts. Die Fahne soll dabei ein *Lesezeichen* darstellen.

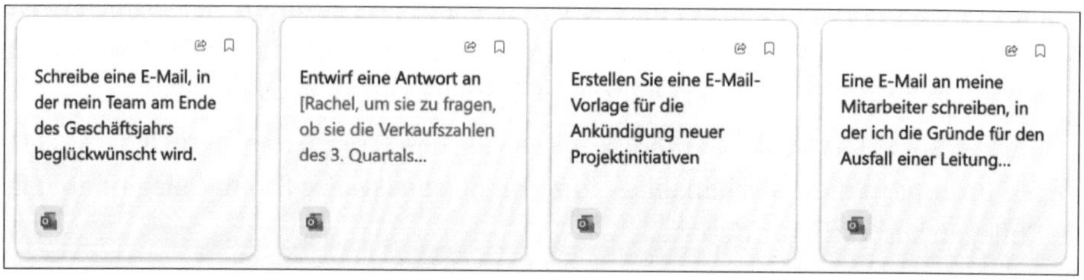

Abbildung 2.18 Hilfreiche Prompts markieren

Wenn Sie auf das Fahnensymbol klicken, speichern Sie den Prompt für das spätere einfache Auffinden. Alle Ihre gespeicherten Prompts finden Sie über die Schaltfläche GESPEICHERTE PROMPTS.

Die gespeicherten Prompts finden Sie allerdings nicht nur auf der Webseite. Angenommen, Sie haben einen Prompt für Word gespeichert. In Word wiederum finden Sie die gespeicherten Prompts wie folgt (siehe Abbildung 2.19):

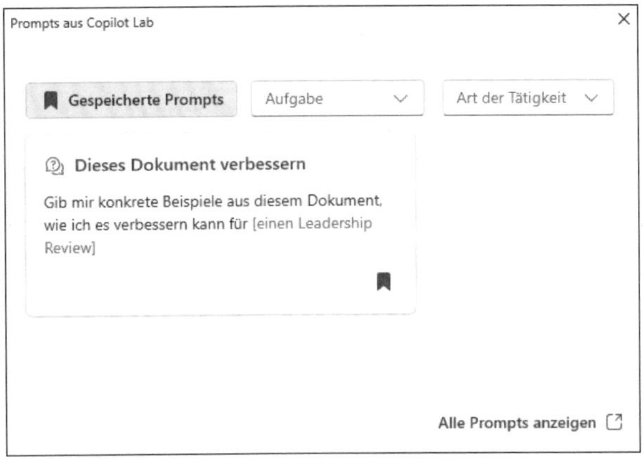

Abbildung 2.19 Gespeicherte Prompts in Word

1. Öffnen Sie die Copilot-Aufgabenleiste über die Schaltfläche COPILOT in der Symbolleiste.
2. Klicken Sie unter dem Prompt-Eingabefeld auf die Schaltfläche PROMPTS ANZEIGEN (das erste Symbol). Dann erscheint das Fenster aus Abbildung 2.20.

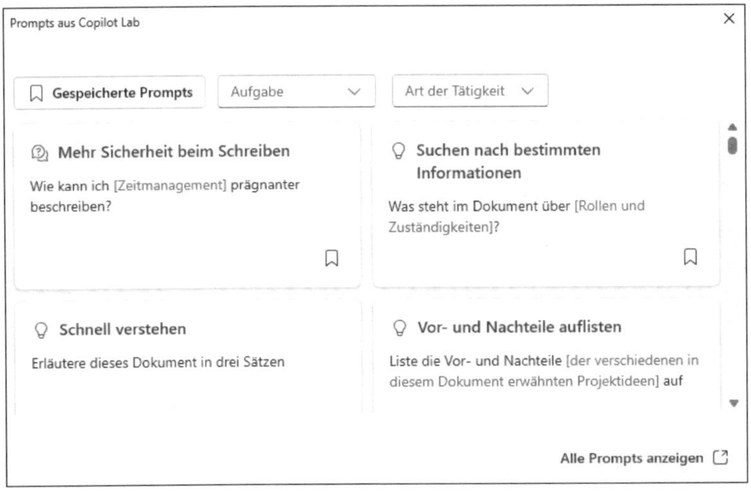

Abbildung 2.20 Prompt-Zugriff in Word

3. Über die Schaltfläche GESPEICHERTE PROMPTS rufen Sie nun die Prompts auf.

Und auch in Word können Sie einen Prompt speichern, der dann in der gleichen Liste landet, indem Sie bei der jeweiligen Kachel aus der obigen Abbildung 2.20 wiederum auf die Fahne klicken.

Eigene Prompts speichern

Mit der Zeit werden Sie auch eigene mehr oder weniger aufwendige oder komplexe Prompts erstellen. In vielen Fällen ist es nicht effizient, diese immer erneut einzutippen bzw. in einem Word-Dokument, OneNote-Notizbuch oder Ähnlichem zu speichern. Es gibt auch eine eigene Copilot-Funktionalität dafür.

Öffnen Sie den Copilot-Chat im Browser (*www.microsoft365.com/chat*) oder im Teams-Client (im Bereich CHAT oder in der separaten App) und führen Sie dort zunächst den Prompt aus.

Anschließend fahren Sie mit der Maus auf Ihren Prompt. Dann erscheint ebenfalls das bekannte Fahnensymbol (siehe Abbildung 2.21).

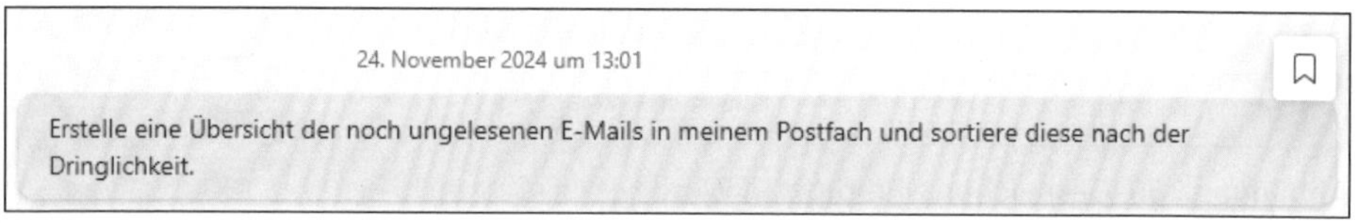

Abbildung 2.21 Das Fahnensymbol bei ausgeführtem Prompt

Klicken Sie darauf, erscheint das Fenster aus Abbildung 2.22, in dem Sie noch einen Titel für Ihren Prompt eingeben, um ihn später einfacher wiederzufinden.

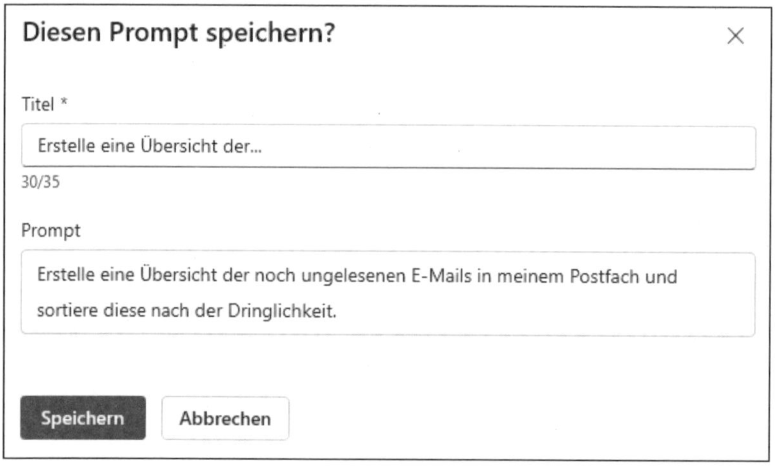

Abbildung 2.22 Prompt speichern

Die gespeicherten Prompts finden Sie anschließend in der eben schon angesprochenen Darstellung der Prompts aus dem Copilot-Promptkatalog. Klicken Sie auf die

Schaltfläche PROMPTS ANZEIGEN und wechseln Sie dann zum Abschnitt GESPEICHERT (siehe Abbildung 2.23).

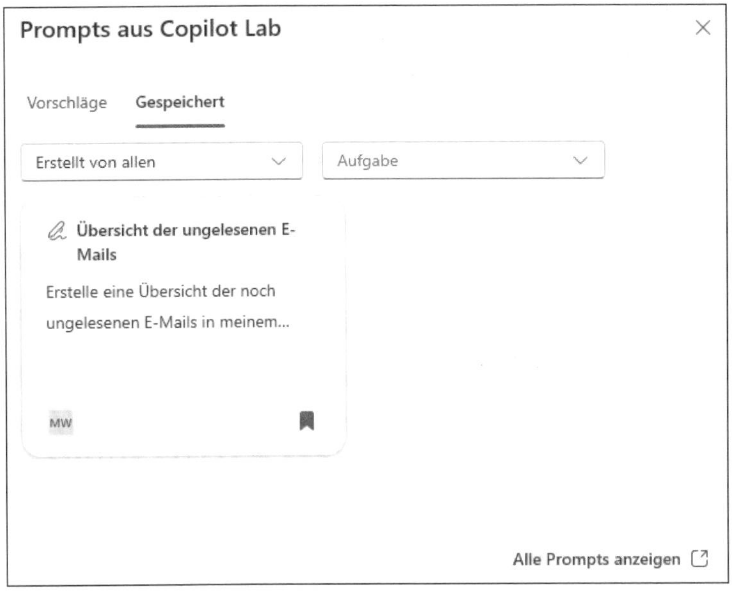

Abbildung 2.23 Gespeicherte Prompts

2.5.2 Prompt Buddy

Der Copilot-Promptkatalog aus Abschnitt 2.5.1 versorgt Sie mit einer großen Zahl unterschiedlichster Prompts für verschiedene Anwendungsfälle. Auf der einen Seite ist das in der Praxis als Nachschlagewerk durchaus hilfreich. Auf der anderen Seite finden Sie dort eher allgemeingültige Prompts für Standardszenarien, die auf die meisten Unternehmen zutreffen. Nun haben Sie in Ihrer Rolle, in Ihrer Abteilung und in Ihrem Unternehmen natürlich sehr spezielle Anwendungsfälle, die in einer allgemeingültigen Prompt-Sammlung kaum Berücksichtigung finden. Außerdem wäre es doch hilfreich, wenn Sie unternehmensintern besonders hilfreiche und für Ihre internen Prozesse und Anwendungsfälle speziell angepasste Prompts miteinander teilen könnten. Sie bräuchten also eine Art unternehmensinterne Prompt-Sammlung.

In den Bordmitteln von Copilot gibt es eine solche Sammlung leider nicht. *Prompt Buddy* ist jedoch eine Lösung, die heute bereits in einigen Unternehmen im Einsatz ist.

Prompt Buddy ist kein offizielles Microsoft-Produkt, wird aber vom Microsoft-Mitarbeiter Stuart Ridout auf GitHub kostenfrei zur Verfügung gestellt. Dort finden Sie die Lösung zur Installation in Ihrer eigenen Umgebung (durch die unternehmensinterne IT) unter folgender Adresse:

https://github.com/stuartridout/promptbuddy

Prompt Buddy wurde mithilfe der *Power Platform* realisiert. Stellt Ihre Unternehmens-IT die Lösung in Ihrer Microsoft 365-Umgebung bereit, so können Sie Prompt Buddy als zusätzliche App in Teams-Kanälen einbinden. Wie das aussehen kann, zeigt Abbildung 2.24. Darüber hinaus wäre aber auch die Arbeit mit Prompt Buddy direkt im Browser möglich.

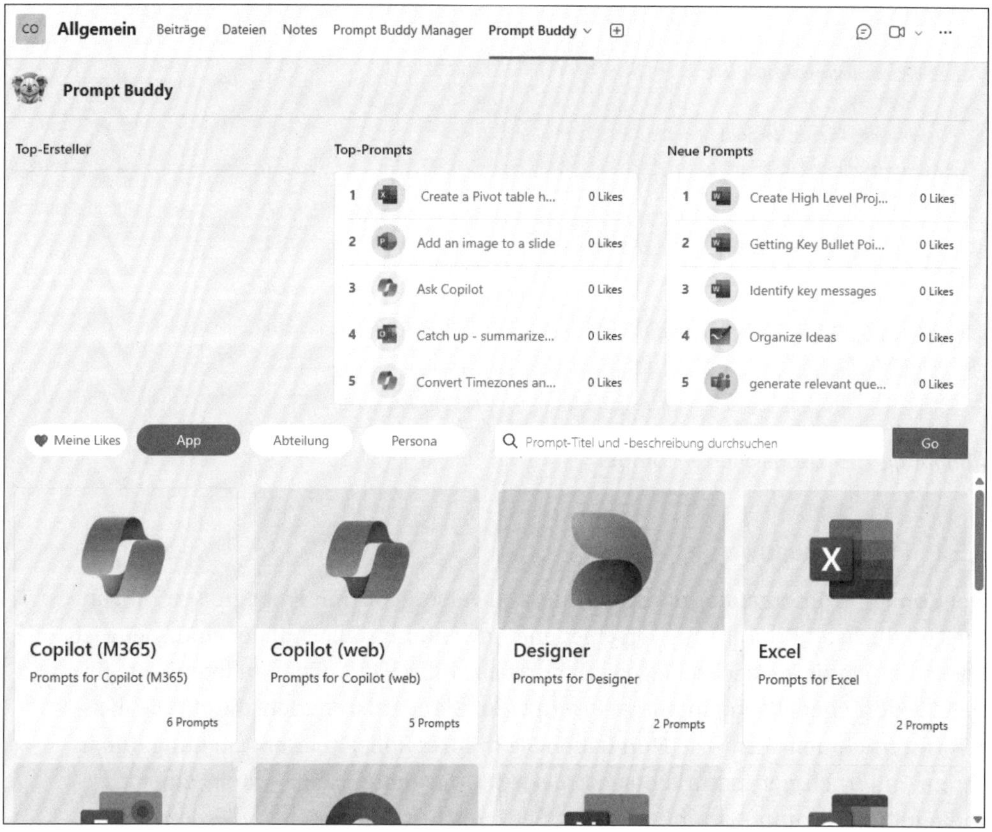

Abbildung 2.24 Prompt Buddy (hier mit den mitgelieferten englischsprachigen Beispielprompts)

Wie Sie in Abbildung 2.24 sehen, zeigt Prompt Buddy unterschiedliche Kategorien, in die dann wiederum die Prompts einsortiert sind. Die Kategorien sollen die Verwaltung und das Auffinden von Prompts vereinfachen:

- App
  In der Standardkonfiguration sind in Prompt Buddy bereits die typischen Anwendungen und Dienste aus Microsoft 365 vorgesehen. Diese Liste können Sie jedoch auch anpassen, und gegebenenfalls können Sie auch weitere Prompts hinzufügen,

beispielsweise für andere Dienste als Copilot, um für diese ebenfalls Prompts in Prompt Buddy vorzuhalten. Sie sind hier also nicht auf Microsoft 365 beschränkt.

- ABTEILUNG
  Unterschiedliche Abteilungen haben oft auch eigene Anwendungsfälle für Prompts.
- PERSONA
  Jede Rolle im Unternehmen hat auch wieder eigene spezielle Szenarien. Ein Prompt, der beispielsweise von einem Marketingmanager jeden Tag mehrfach ausgeführt wird, wird nicht zwangsläufig für eine IT-Administratorin nützlich sein.

Die verschiedenen Kategorien füllen Sie mit den Kolleginnen und Kollegen aus Ihrem Unternehmen gemeinsam mit neuen Prompts. Natürlich könnten die Prompts auch an zentraler Stelle von der Administration eingerichtet werden. Die Idee hinter Prompt Buddy ist jedoch, dass jede Person, die einen Prompt anderen zur Verfügung stellen möchte, dies auch selbst tun kann.

Die Prompts selbst können auch gelikt werden, was manchmal bei der Suche nach dem passenden Prompt hilfreich ist, um zu sehen, ob dieser anderen Personen auch schon geholfen hat.

Außerdem gibt es eine Art Champions-Liste, bei der zu sehen ist, welche Personen die meisten Prompts in Prompt Buddy hinterlegt haben.

Öffnen Sie einen der Prompts, erhalten Sie eine Ansicht wie in Abbildung 2.25.

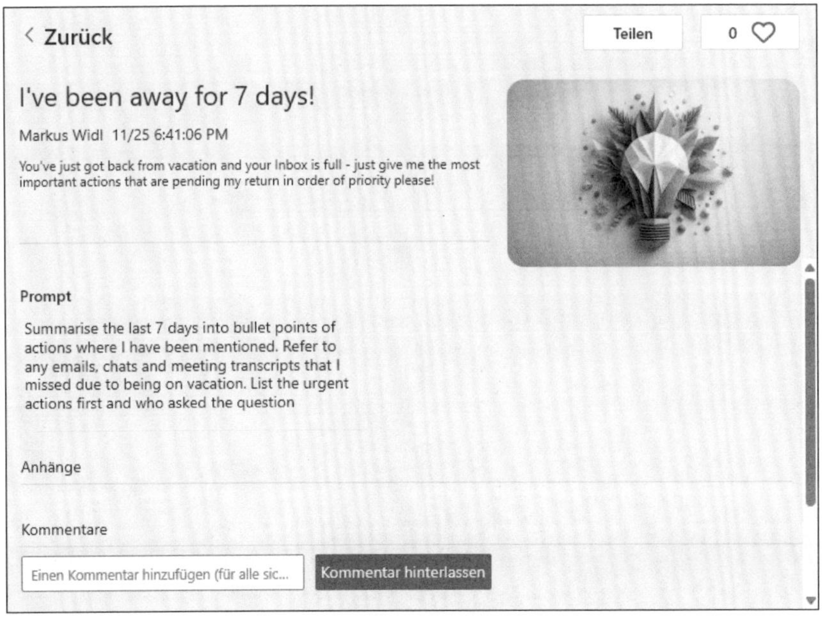

Abbildung 2.25 Ein Prompt in Prompt Buddy (einer der mitgelieferten englischsprachigen Beispielprompts)

Dort sehen Sie auch alle Informationen, die zu einem Prompt gehören, um die Arbeit mit ihm zu vereinfachen. Zu diesen Informationen gehört neben einem – hoffentlich aussagekräftigen Titel – auch eine Beschreibung, die erläutert, was der Prompt erreichen soll.

[»] Tipp: Falls Sie Prompt Buddy in Ihrem Unternehmen noch nicht einsetzen, sollten Sie bei der Gruppe, die bei Ihnen für die Einführung und die Nutzung von Copilot zuständig sind, anregen, den Einsatz dieses oder eines ähnlichen Werkzeugs zu überlegen. Die Verfügbarkeit einer unternehmensinternen Prompt-Sammlung ist erfahrungsgemäß sehr hilfreich. Denn nicht immer hat man Zeit und Lust, sich mit der Formulierung eines neuen Prompts für eine komplexe Aufgabenstellung zu beschäftigen.

2.6 So geht es weiter

Damit sind wir am Ende des ersten Teils dieses Buches angekommen. In Teil II sehen wir uns an, wie Copilot in wichtigen Anwendungen und Diensten integriert ist. Dazu beginnen wir im nächsten Kapitel mit Microsoft Word.

TEIL II

Anwendungen und Dienste

Kapitel 3
Microsoft Word

3

In diesem Kapitel generieren wir in Microsoft Word-Dokumenten neuen Text, schreiben ihn um, beantworten Fragen zum Inhalt und fassen auch umfangreiche Dokumente zusammen.

Copilot hat mit seiner Kernkompetenz, Texte unterschiedlichster Art zu erstellen, insbesondere in Microsoft Word eine ganze Reihe von Anwendungsfällen. In der Praxis ist es auch kaum möglich, die Copilot-Integration in der Anwendungsoberfläche zu übersehen – egal, ob Sie dabei Word im Browser oder klassisch auf Ihrem lokalen Rechner installiert verwenden. Das Copilot-Symbol begegnet Ihnen an vielen Stellen, während Sie in Word arbeiten.

In diesem Kapitel sehen wir uns die Copilot-Integration in Microsoft Word an sowie anhand einiger konkreter Beispiele verschiedene Einsatzmöglichkeiten, die Ihnen helfen sollen, für Ihre eigenen Tätigkeiten und Aufgabenstellungen gute Impulse zu erhalten.

3.1 Copilot-Integration

Sehen wir uns zunächst an, wie Microsoft Copilot in Word integriert hat und an welchen Stellen Sie den Dienst finden.

3.1.1 Die Anwendungsoberfläche

In Word, wie auch in PowerPoint, haben Sie grundlegend zwei Ansätze, wie Sie mit Copilot arbeiten können:

- **Innerhalb eines Dokuments**
  Hierbei geht es insbesondere darum, im aktuellen Dokument entweder bestehenden Text umzuformulieren oder neuen Text zu generieren.
- **Für das gesamte Dokument**
  Möchten Sie dagegen mit dem gesamten Dokument arbeiten, beispielsweise um Fragen zum Inhalt zu stellen, Zusammenfassungen generieren zu lassen oder Ähnliches, arbeiten Sie mit der Copilot-Aufgabenleiste am rechten Fensterrand.

Abbildung 3.1 zeigt beide Varianten.

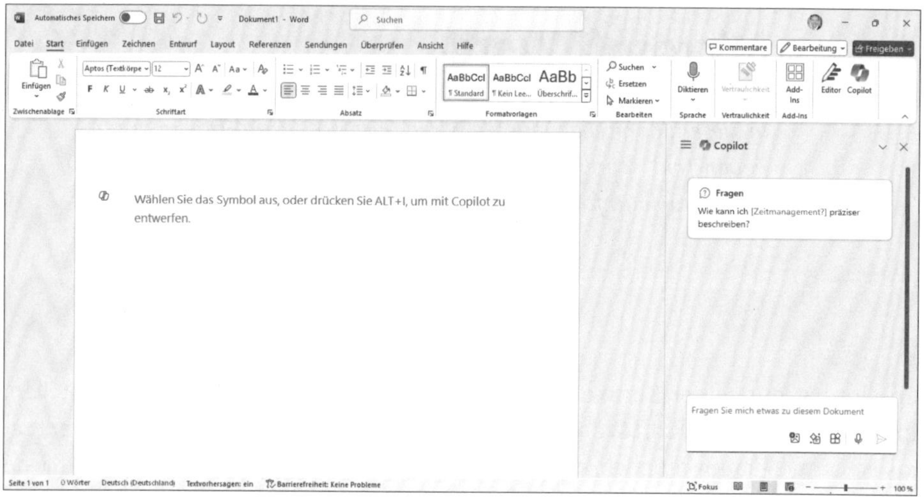

Abbildung 3.1 Word mit Copilot-Integrationen

Copilot innerhalb eines Dokuments

Wenn Sie ein neues Word-Dokument anlegen oder ein vorhandenes öffnen und mit dem Mauszeiger in eine leere Zeile fahren, erscheint am linken Rand des Dokuments automatisch das Copilot-Symbol (siehe Abbildung 3.2).

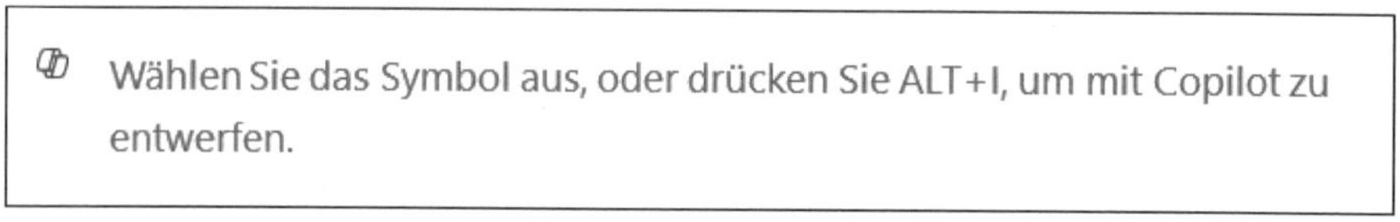

Abbildung 3.2 Das Copilot-Symbol links neben einem (noch leeren) Absatz

Klicken Sie auf dieses, öffnet sich ein Eingabefenster, in das Sie einen Prompt eingeben können, dessen Ergebnis Sie an der jeweiligen Stelle in Ihr Dokument übernehmen können (siehe Abbildung 3.3).

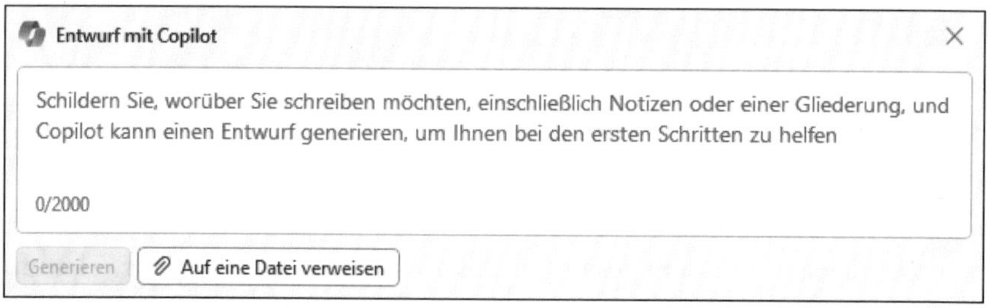

Abbildung 3.3 Text entwerfen mit Copilot

Das Copilot-Symbol erscheint darüber hinaus, wenn Sie einen Absatz oder auch nur einige Wörter im Dokument markieren. Klicken Sie in diesem Fall auf das Symbol, erscheint ein Menü mit mehreren Befehlen (siehe Abbildung 3.4):

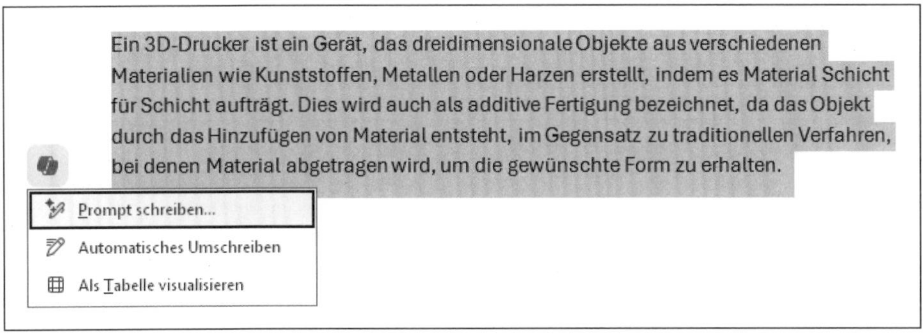

Abbildung 3.4 Copilot auf einem Absatz anwenden

- PROMPT SCHREIBEN
  In diesem Fall können Sie einen Prompt formulieren. Das Ergebnis wird in einem weiteren Fenster dargestellt und Sie können es dort überprüfen, gegebenenfalls nochmals modifizieren und dann an der jeweiligen Stelle in Ihr Dokument übernehmen (siehe Abbildung 3.5).

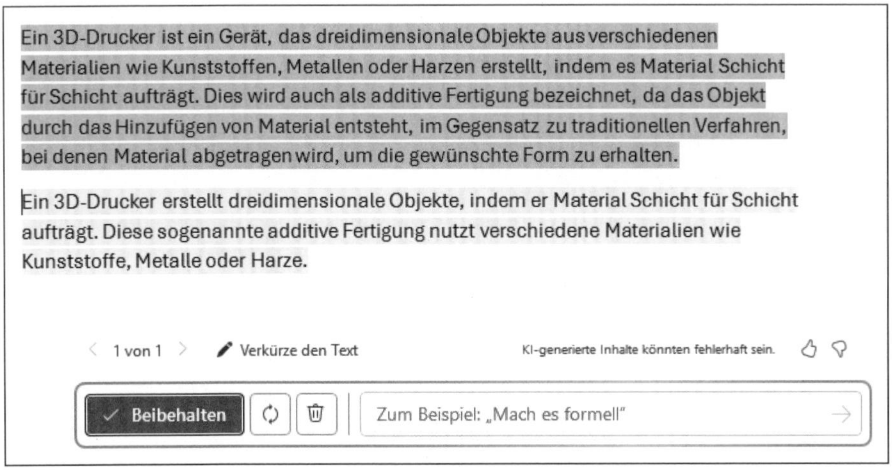

Abbildung 3.5 Text über einen Prompt modifizieren

BEIBEHALTEN übernimmt dabei das Ergebnis. Mit dem DOPPELPFEIL-Button weisen Sie Copilot an, den Text alternativ zu formulieren. Mit der MÜLLTONNE verwerfen Sie den Entwurf. In das daneben stehende Eingabefeld können Sie Copilot zu dem Entwurf eine weitere Anweisung geben, um diesen zu modifizieren.

Die Angabe 1 VON 1 am oberen Rand des kleinen Fensters ermöglicht es Ihnen, gegebenenfalls zwischen den verschiedenen bisherigen Entwürfen von Copilot hin- und herzuwechseln.

- AUTOMATISCHES UMSCHREIBEN
  Wählen Sie diesen Befehl, erhalten Sie von Copilot eine Reihe von alternativen Formulierungen für den ausgewählten Text (siehe Abbildung 3.6).

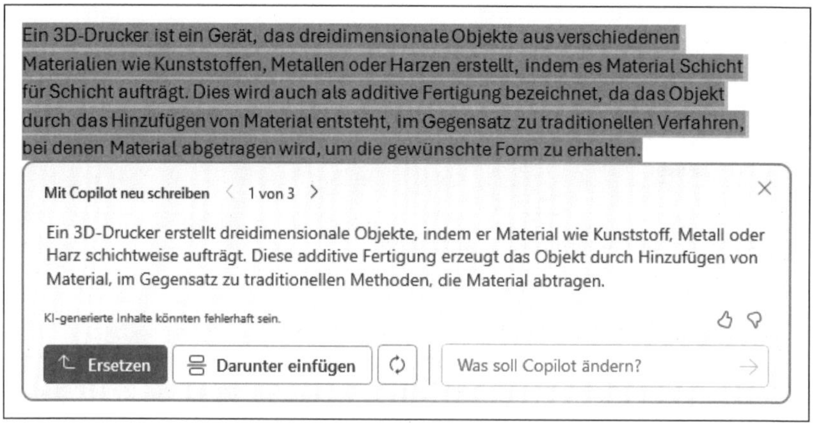

Abbildung 3.6 Text automatisch umschreiben

Zwischen den Vorschlägen können Sie blättern. Ist keiner geeignet, erhalten Sie mit einem Klick auf den DOPPELPFEIL weitere Vorschläge. Mit dem Textfeld WAS SOLL COPILOT ÄNDERN? können Sie darüber hinaus mit einem Prompt den Text anpassen lassen.

- ALS TABELLE VISUALISIEREN
  Mit diesem Befehl versucht Copilot, die Markierung in eine sinnvolle Tabelle umzusetzen (siehe Abbildung 3.7).

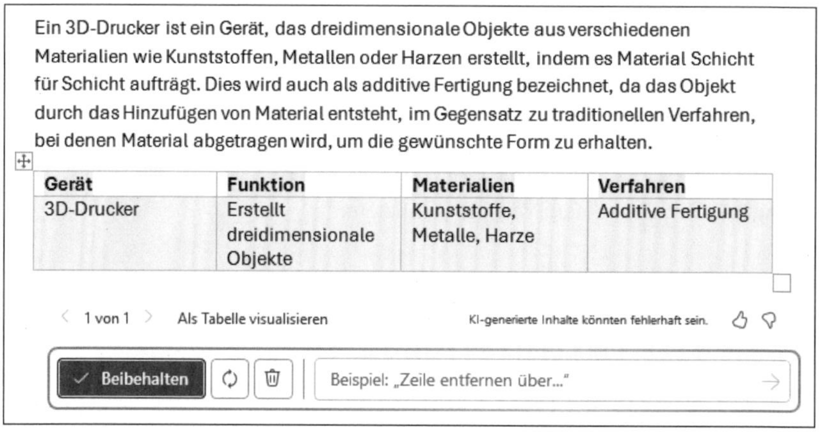

Abbildung 3.7 Text als Tabelle visualisieren

Auch hier können Sie eine alternative Darstellung anfordern oder geben im Eingabefeld die gewünschte Anpassung an.

Copilot für das gesamte Dokument

Innerhalb von Microsoft Word ist Copilot nicht nur direkt im jeweiligen Dokument verfügbar. Über die Registerkarte START und die Schaltfläche COPILOT öffnen Sie eine separate Arbeitsleiste am rechten Rand des Fensters (siehe Abbildung 3.8).

Im oberen Teil erhalten Sie Vorschläge für Prompts und am unteren Rand finden Sie das Eingabefeld für Ihren Prompt. Dort können Sie allgemeine Fragen stellen oder Anweisungen zum gesamten Dokument geben, beispielsweise eine Zusammenfassung anfordern oder Fragen zum Dokumentinhalt eintragen. Abbildung 3.9 zeigt ein Beispiel.

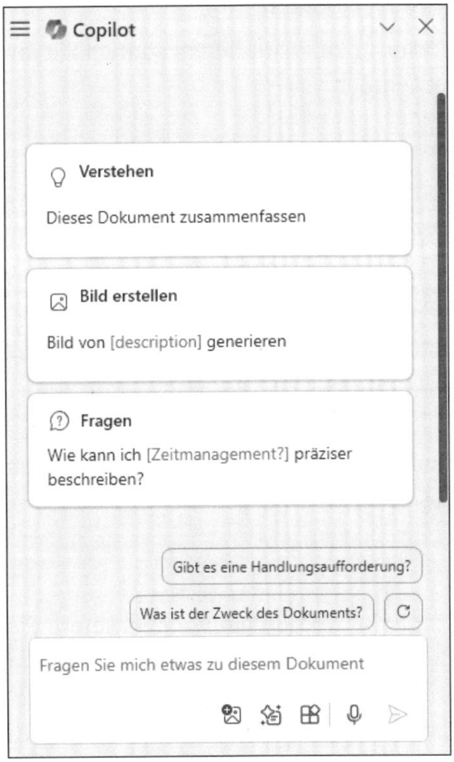

Abbildung 3.8 Copilot-Arbeitsleiste

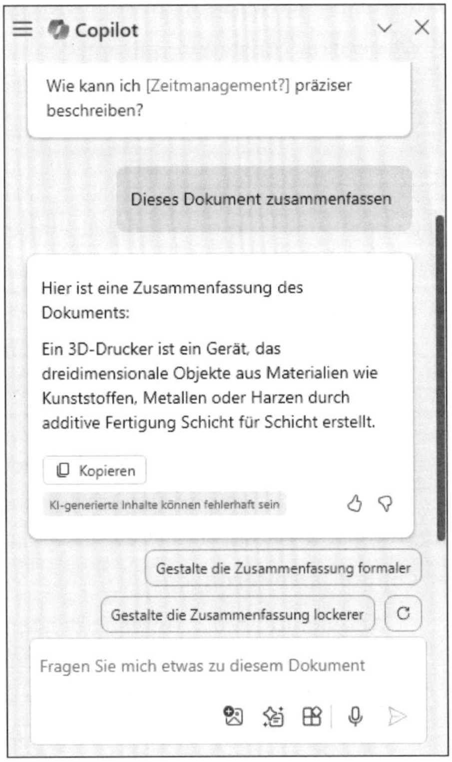

Abbildung 3.9 Den Dokumentinhalt zusammenfassen

Dort sind auch Verweise auf die jeweiligen Stellen im Dokument verlinkt, sodass Sie direkt an die Stellen springen können, denen Copilot die Information entnommen hat.

Unter dem Eingabefeld gibt es noch weitere Symbole:

- BILD HINZUFÜGEN: Mit diesem Symbol geben Sie ein Bild an, auf das Sie im Prompt Bezug nehmen können.
- PROMPTS ANZEIGEN: Klicken Sie hier, erhalten Sie eine weitere Auswahl von Prompts, die speziell für Microsoft Word gedacht sind. Diese Prompts stammen aus dem *Copilot-Promptkatalog*. Haben Sie dort Prompts für sich gespeichert, können Sie auf diese auch direkt innerhalb von Word zugreifen, ohne erst im Browser die Webseite öffnen zu müssen. Mehr zum Copilot-Promptkatalog lesen Sie in Abschnitt 2.5.1.
- VERWALTEN VON INHALTSEINSTELLUNGEN: Über diese Schaltfläche aktivieren und deaktivieren Sie Erweiterungen für Copilot. Dazu gehört insbesondere auch die Websuche. Ist sie aktiviert, nutzt Copilot für das Ergebnis Ihres Prompts gegebenenfalls auch aktuelle im Web verfügbare Informationen.
- MIKROFON: Anstatt den Prompt mit der Tastatur zu formulieren, können Sie ihn auch über das Mikrofon Ihres Rechners aufnehmen.

3.1.2 Datenquellen

Die Copilot-Integration ermöglicht Ihnen derzeit die Einbindung der folgenden Datenquellen:

- **Microsoft Graph**
  Damit können Sie in Ihrem Prompt die Daten aus Ihrer Microsoft 365-Umgebung mit einbeziehen. Lesen Sie hierzu auch Abschnitt 1.4.1, »Architektur«.
- **Dateitypen**
  In den Prompts können Sie insbesondere auf die Inhalte der folgenden Dateitypen zurückgreifen (um beispielsweise aus diesen einen Text generieren zu lassen): Word, PowerPoint und PDF.
- **Copilot-Erweiterungen**
  - Webinhalte in der Aufgabenleiste: Webinhalte werden einbezogen, sofern Sie dies aktiviert haben. (Dazu müssen Sie den Punkt WEBINHALTE nach einem Klick auf die Schaltfläche VERWALTEN VON INHALTSEINSTELLUNGEN aktivieren.) Webinhalte einzubinden ist bei der Ausführung eines Prompts direkt im Dokument derzeit nicht möglich.
  - Gegebenenfalls finden Sie hier noch andere Erweiterungen, beispielsweise Agenten, sofern diese von Ihrer Unternehmens-IT freigegeben wurden.

3.2 Szenarien

Anhand verschiedener Szenarien sehen wir uns nun konkrete Anwendungsfälle mit Copilot an. Die Idee dahinter ist, dass Sie Anregungen für Ihre eigene Arbeit bekommen, wie Sie sich selbst von Copilot unterstützen lassen können.

3.2.1 HR: Stellenausschreibung

Die Beispiel AG benötigt für die Fertigstellung der Software für ihren neuen 3D-Drucker VoxelMatic einen Entwickler oder eine Entwicklerin. Lucy Walker aus der HR-Abteilung lässt sich von Copilot dabei unterstützen, eine geeignete Stellenausschreibung zu formulieren, die sie dann auf LinkedIn veröffentlichen möchte.

Als dann die ersten Bewerbungen eintreffen, bereitet sich Lucy auf das Bewerber-Interview vor, indem sie mithilfe von Copilot einen Fragenkatalog erstellt, der neben typischen Fragestellungen auch mögliche Antworten beinhaltet. Dabei soll es um die Stelle selbst sowie um die Kandidatin beziehungsweise den Kandidaten gehen.

Stellenausschreibung erstellen

Lucy beginnt mit der Stellenausschreibung. Aus der Entwicklungsabteilung hat sie ein Word-Dokument mit einer Reihe von Kenntnissen erhalten, die für die Besetzung der offenen Stelle besonders relevant sind (siehe Abbildung 3.10).

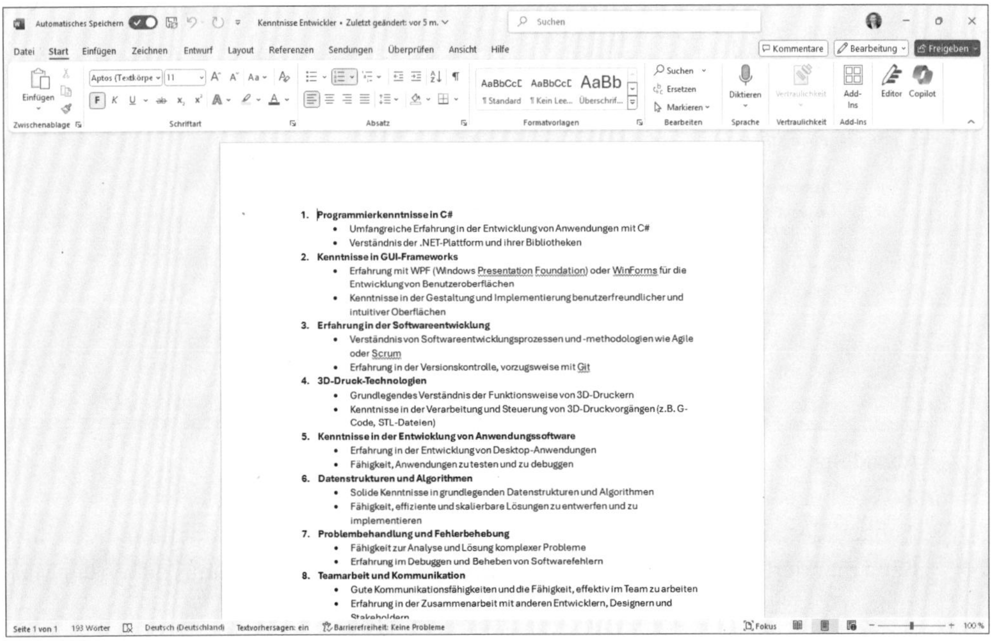

Abbildung 3.10 Anforderungsdokument

Check der Kriterien

Lucy nutzt Copilot, um Ideen zu erhalten, die Kriterien zu bewerten und um gegebenenfalls der Liste weitere Kriterien hinzuzufügen. Lucy öffnet die Copilot-Aufgabenleiste mit einem Klick auf das entsprechende Symbol in der Symbolleiste. Dann formuliert Sie den folgenden Prompt (siehe Abbildung 3.11):

> **Analyse der Anforderungskriterien:**
> Ich benötige Hilfe bei der Analyse und Bewertung der Liste von Anforderungskriterien in diesem Dokument für eine neu zu besetzende Stelle als Entwickler. Bitte bewerte die vorhandenen Kriterien nach Relevanz und Vollständigkeit.

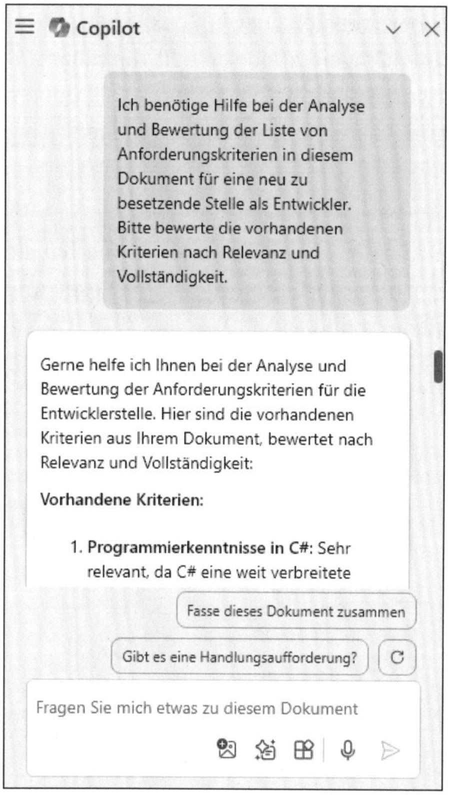

Abbildung 3.11 Analyse durch Copilot

Anhand der Analyseergebnisse passt Lucy die Kriterien im Dokument an. Anschließend markiert sie die Liste, ruft Copilot über das Symbol auf, das links neben der Markierung erscheint, und führt diesen Prompt aus:

Anforderungskriterien ergänzen:
Ich möchte diese Liste der Anforderungskriterien um weitere Punkte ergänzen. Bitte füge weitere relevante Anforderungskriterien hinzu, die für diese Stelle wichtig sein könnten.

Copilot liefert eine Ausgabe, deren Auszüge Sie in Abbildung 3.12 sehen. Lucy übernimmt diese zunächst mit einem Klick auf die Schaltfläche BEIBEHALTEN und passt sie anschließend noch nach ihren Vorstellungen an.

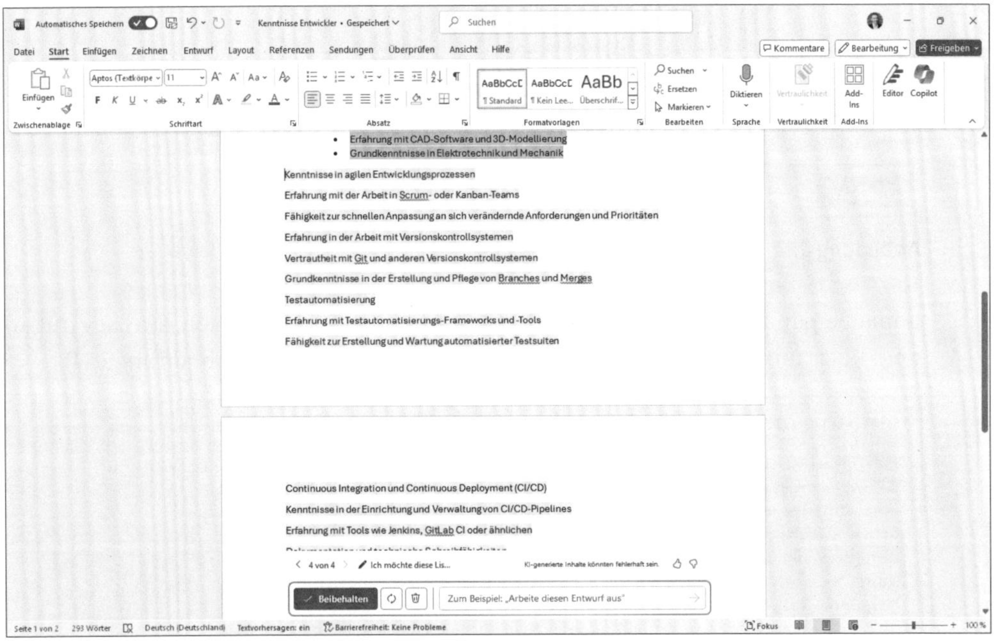

Abbildung 3.12 Vorschläge für weitere Anforderungen

Informationen aus separater Datei ergänzen

Die Kriterienliste mit den Kenntnissen und Fähigkeiten, der idealerweise eine Bewerberin oder ein Bewerber zur Besetzung der offenen Position entsprechen sollte, möchte Lucy nun um eine Beschreibung des Unternehmens ergänzen. Den Text dafür möchte sie allerdings nicht neu formulieren. Sie verfügt über eine separate Word-Datei, die ein ausführliches Profil des Unternehmens enthält. Das allerdings wäre viel zu umfangreich für die Stellenausschreibung. Lucy nutzt Copilot für eine geeignete Zusammenfassung.

Lucy setzt die Einfügemarke im Word-Dokument an der passenden Stelle in eine neue Zeile. Wieder klickt sie auf das Copilot-Symbol, das links daneben erscheint. Sie führt den folgenden Prompt aus (siehe Abbildung 3.13):

> **Informationen aus einer anderen Datei ergänzen:**
> Füge an dieser Stelle eine Zusammenfassung des Unternehmensprofils aus Datei Unternehmensprofil.docx ein.

Mit dem Schrägstrich kann Lucy bei der Eingabe einfach auf eine andere Datei verweisen. Copilot findet sie dann in der Liste, sobald Lucy einige Buchstaben aus dem Titel eingibt. Alternativ dazu klickt sie auf die Schaltfläche AUF EINE DATEI VERWEISEN.

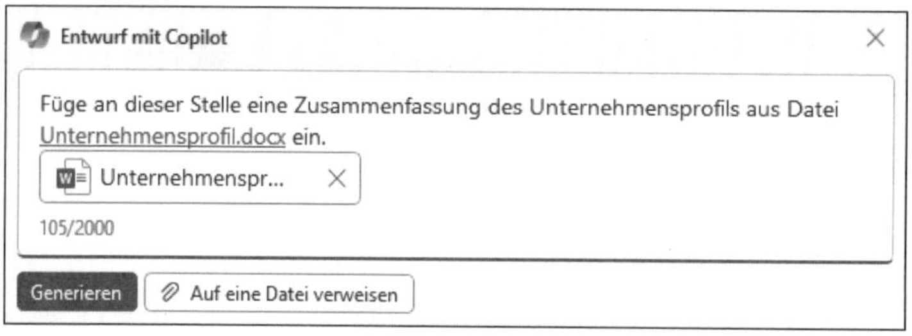

Abbildung 3.13 Prompt mit Dateiverweis

Copilot ergänzt das Dokument mit den gewünschten Informationen, die Lucy mit einem Klick auf die Schaltfläche BEIBEHALTEN übernimmt (siehe Abbildung 3.14).

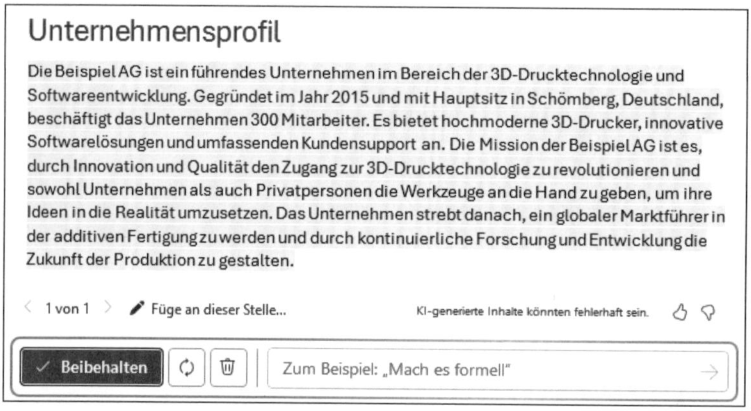

Abbildung 3.14 Zusammenfassung durch Copilot

Damit hat sie schon eine Grundlage für den Text, den sie nun selbst noch an der einen oder anderen Stelle umschreibt und um Punkte ergänzt, die ihr besonders wichtig sind.

Gender-Check

Nachdem Lucy den Text um alle nötigen Informationen ergänzt hat, möchte sie nun einen letzten Check durchführen, ob sie an allen Stellen eine gendergerechte Sprache verwendet hat. Auch hierbei lässt sie sich von Copilot unterstützen.

Sie öffnet die Aufgabenleiste von Copilot über einen Klick auf die Schaltfläche in der Symbolleiste. Dort führt sie dann den folgenden Prompt aus:

> **Check auf genderneutrale Sprache:**
> Überprüfe dieses Dokument auf genderneutrale Sprache und schlage gegebenenfalls Änderungen vor, um eine inklusive und geschlechtergerechte Sprache zu gewährleisten. Achte insbesondere auf die Verwendung geschlechtsneutraler Begriffe und Formulierungen.

Copilot antwortet mit einer Liste von Empfehlungen für Stellen, an denen Lucy noch eine Anpassung vornehmen könnte (siehe Abbildung 3.15).

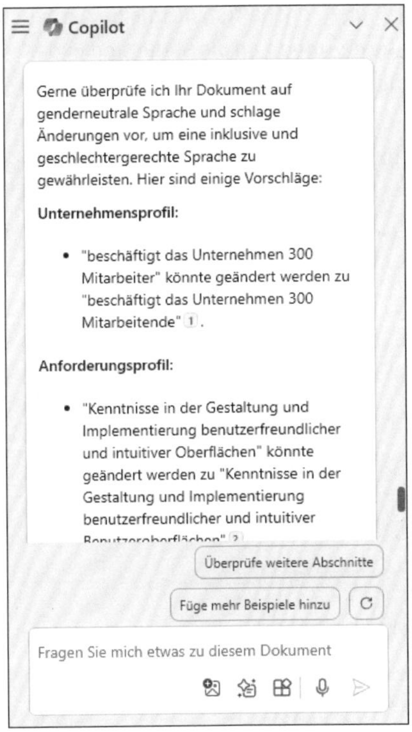

Abbildung 3.15 Copilot gibt Empfehlungen.

Lucy bespricht die fertige Stellenanzeige nochmals mit ihren Ansprechpartnern aus der Entwicklungsabteilung und veröffentlicht sie anschließend auf LinkedIn.

Bewerber-Interview vorbereiten

Solange Lucy auf die ersten Bewerbungen wartet, erstellt sie einen Fragenkatalog. Um sich darauf vorzubereiten, möchte sie beide Fälle berücksichtigen: sowohl Fragen, die sie selbst stellen könnte, als auch Fragen, die sie selbst gestellt bekommen könnte.

Lucy hat bereits einige Fragen im Kopf, möchte aber dennoch von Copilot zunächst einen Fragenkatalog vorgeschlagen bekommen, den sie dann an ihre Vorstellungen anpasst.

Lucy erstellt in Word eine neue Datei. Sie klickt dann auf das Copilot-Symbol links neben der Einfügen-Marke. Bei der Formulierung des Prompts verweist sie auf das Dokument mit der Stellenausschreibung, sodass die Fragen nicht nur allgemein, sondern möglichst zielgerichtet ausfallen. Sie führt den folgenden Prompt aus:

> **Prompt zur Generierung zweier Fragenlisten:**
> Ich benötige Hilfe bei der Erstellung von zwei Listen mit Interviewfragen für eine neu zu besetzende Stelle. Die erste Liste soll Fragen enthalten, die ich den Bewerberinnen und Bewerbern stellen kann. Die zweite Liste soll Fragen enthalten, die die Bewerberinnen und Bewerber mir stellen könnten. Die Anforderungen an die Stelle sind in der Word-Datei Stellenausschreibung.docx beschrieben.

Das fertige Ergebnis (siehe Abbildung 3.16) übernimmt sie zunächst und passt die Listen etwas an.

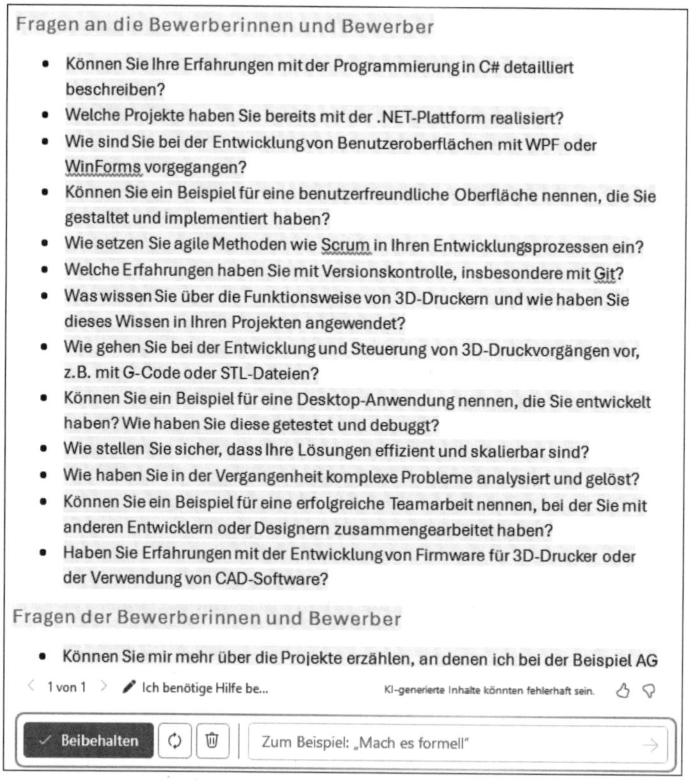

Fragen an die Bewerberinnen und Bewerber

- Können Sie Ihre Erfahrungen mit der Programmierung in C# detailliert beschreiben?
- Welche Projekte haben Sie bereits mit der .NET-Plattform realisiert?
- Wie sind Sie bei der Entwicklung von Benutzeroberflächen mit WPF oder WinForms vorgegangen?
- Können Sie ein Beispiel für eine benutzerfreundliche Oberfläche nennen, die Sie gestaltet und implementiert haben?
- Wie setzen Sie agile Methoden wie Scrum in Ihren Entwicklungsprozessen ein?
- Welche Erfahrungen haben Sie mit Versionskontrolle, insbesondere mit Git?
- Was wissen Sie über die Funktionsweise von 3D-Druckern und wie haben Sie dieses Wissen in Ihren Projekten angewendet?
- Wie gehen Sie bei der Entwicklung und Steuerung von 3D-Druckvorgängen vor, z.B. mit G-Code oder STL-Dateien?
- Können Sie ein Beispiel für eine Desktop-Anwendung nennen, die Sie entwickelt haben? Wie haben Sie diese getestet und debuggt?
- Wie stellen Sie sicher, dass Ihre Lösungen effizient und skalierbar sind?
- Wie haben Sie in der Vergangenheit komplexe Probleme analysiert und gelöst?
- Können Sie ein Beispiel für eine erfolgreiche Teamarbeit nennen, bei der Sie mit anderen Entwicklern oder Designern zusammengearbeitet haben?
- Haben Sie Erfahrungen mit der Entwicklung von Firmware für 3D-Drucker oder der Verwendung von CAD-Software?

Fragen der Bewerberinnen und Bewerber

- Können Sie mir mehr über die Projekte erzählen, an denen ich bei der Beispiel AG

1 von 1 Ich benötige Hilfe be... KI-generierte Inhalte könnten fehlerhaft sein.

Beibehalten Zum Beispiel: „Mach es formell"

Abbildung 3.16 Generierte Fragenlisten

Bewerber-Zusammenfassung erstellen

In der Zwischenzeit ist die erste Bewerbung von einer Bewerberin eingetroffen. Lucy lädt sie zu einem Gespräch ein. Sie hat von der Bewerberin ein Dokument mit dem Anschreiben und dem Lebenslauf erhalten. Den recht umfangreichen Inhalt lässt sich Lucy vor dem Gespräch mit Copilot zusammenfassen. Dazu öffnet sie das Dokument in Word.

Tipp: Auch PDF-Dateien lassen sich in Word öffnen.

Lucy öffnet die Copilot-Aufgabenleiste durch einen Klick auf die Copilot-Schaltfläche in der Symbolleiste und führt den folgenden Prompt aus:

> **Zusammenfassung einer Bewerbung:**
> Fasse diese Bewerbung zu einem Stellenangebot zusammen. Achte darauf, die wichtigsten Informationen und Qualifikationen hervorzuheben und den Text kurz und übersichtlich zu halten.

Copilot fasst dann das Dokument für sie zusammen. Ein Beispiel sehen Sie in Abbildung 3.17.

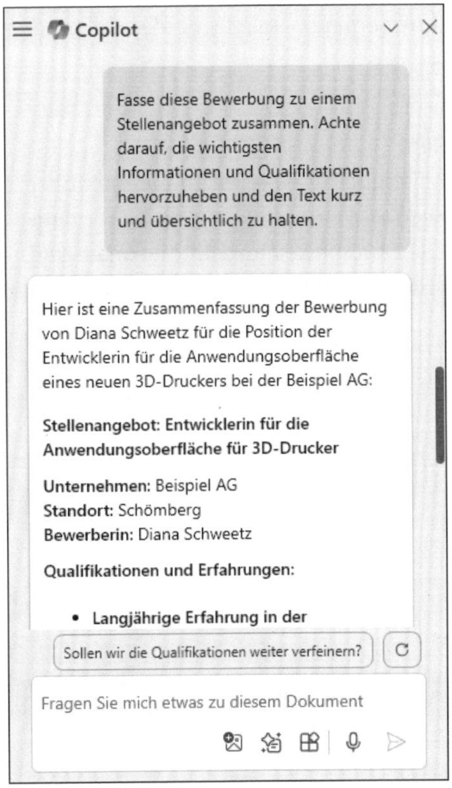

Abbildung 3.17 Zusammenfassung einer Bewerbung

3.2.2 Entwicklung: Dokumentation für neues Produkt

Die Entwicklung des 3D-Druckers VoxelMatic ist inzwischen weit vorangeschritten. Allerdings muss noch die Dokumentation für die Nutzung des Geräts erstellt werden. Robin Ryan aus der Entwicklungsabteilung hat die Aufgabe übernommen, einen ersten Entwurf für die Dokumentation zu erstellen.

Dokumentation erstellen

Robin legt für die Dokumentation ein neues Word-Dokument an. Als Erstes möchte er eine kurze Einleitung mit einer Übersicht der Funktionalität des Druckers erstellen. Den Text dafür formuliert er aber zunächst nicht selbst, sondern er lässt sich von Copilot unterstützen.

Text aus PowerPoint-Foliensatz generieren

Robin verfügt über einen PowerPoint-Foliensatz, der vom Vertrieb verwendet wird und die nötigen Inhalte enthält – allerdings eben nicht als Text, wie Robin ihn für die Dokumentation benötigt, sondern aufgeteilt auf verschiedene Folien.

Robin bittet Copilot, den Foliensatz als Grundlage für eine Einleitung der Dokumentation zu verwenden und dafür einen Entwurf in das Word-Dokument einzufügen. Er klickt auf das Copilot-Symbol neben der Einfügemarke und führt den folgenden Prompt aus:

> **Text auf Basis einer PowerPoint-Datei erstellen:**
> Ich benötige Hilfe bei der Erstellung einer Einleitung für eine Dokumentation über unseren neuen 3D-Drucker VoxelMatic. Bitte verfasse eine prägnante und informative Einleitung, die einen Überblick über den 3D-Drucker, seine Hauptmerkmale und die Zielgruppe gibt. Verwende als Grundlage die Informationen aus dem Foliensatz VoxelMatic.pptx.

Copilot generiert dann einen entsprechenden Text. Einen Auszug der PowerPoint-Datei sehen Sie in Abbildung 3.18 und das Ergebnis in Word in Abbildung 3.19.

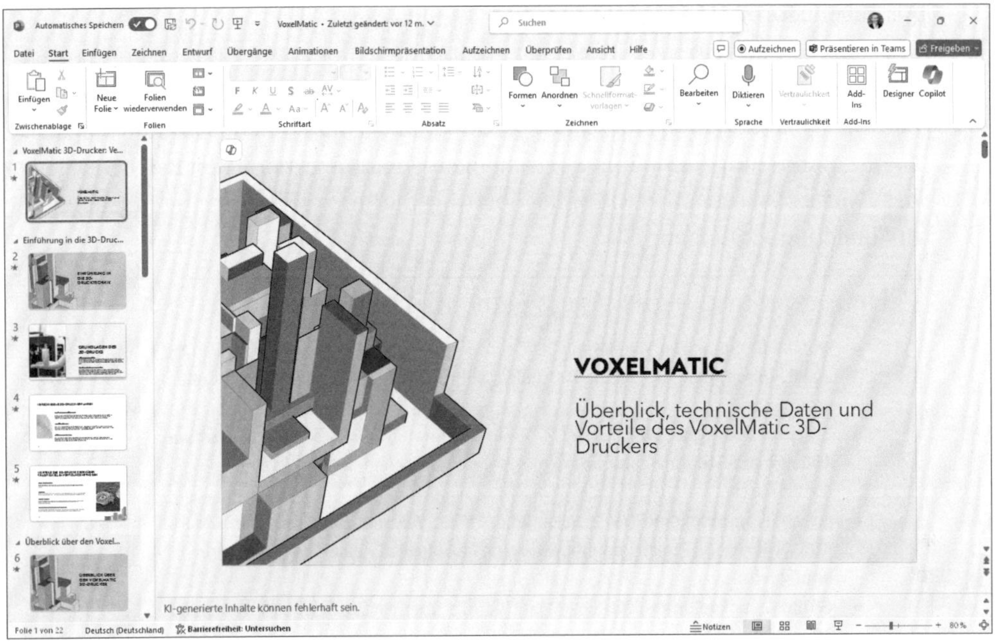

Abbildung 3.18 Basis-Foliendeck

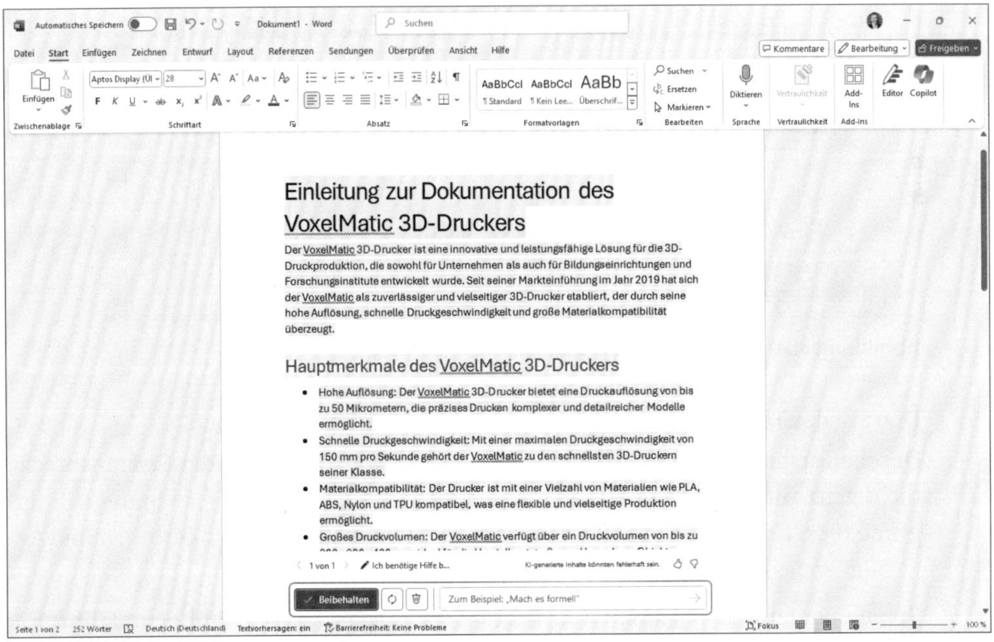

Abbildung 3.19 Generierter Text in Word

Als Tabelle formatieren

Wie in Abbildung 3.19 zu sehen ist, hat Copilot die Hauptmerkmale des Druckers in einer Aufzählung zusammengefasst. Robin möchte hier jedoch lieber eine Tabelle haben. Dazu markiert er die Aufzählungspunkte, klickt dann mit der rechten Maustaste auf die Markierung und wählt im erscheinenden Kontextmenü den Befehl COPILOT • ALS TABELLE VISUALISIEREN. Copilot überträgt die Punkte dann in eine Tabelle, die Sie in Abbildung 3.20 sehen.

Abbildung 3.20 Visualisierung als Tabelle

Den Stil des Textes verändern

Der eben erstellte Text passt Robin inhaltlich gut, jedoch ist er mit der Leseransprache nicht ganz zufrieden. Gerne würde er die technischen Aspekte eher in den Hintergrund rücken und den Text lieber für weniger technikaffine Anwenderinnen und Anwender anpassen. Auch hier hilft Copilot.

Robin markiert die betroffenen Absätze, klickt auf das Copilot-Symbol und führt folgenden Prompt aus:

> **Umschreiben eines vorhandenen Textes:**
> Die markierte Liste der technischen Merkmale sollte so umgeschrieben werden, dass sie auch für technisch weniger versierte Benutzerinnen und Benutzer verständlich ist. Statt technische Zahlen aufzulisten, sollte der Text erklären, welchen Nutzen diese Merkmale für die Anwenderinnen und Anwender haben.

Die Überarbeitung, die Sie in Abbildung 3.21 sehen, findet Robin so gut, dass er sie übernimmt.

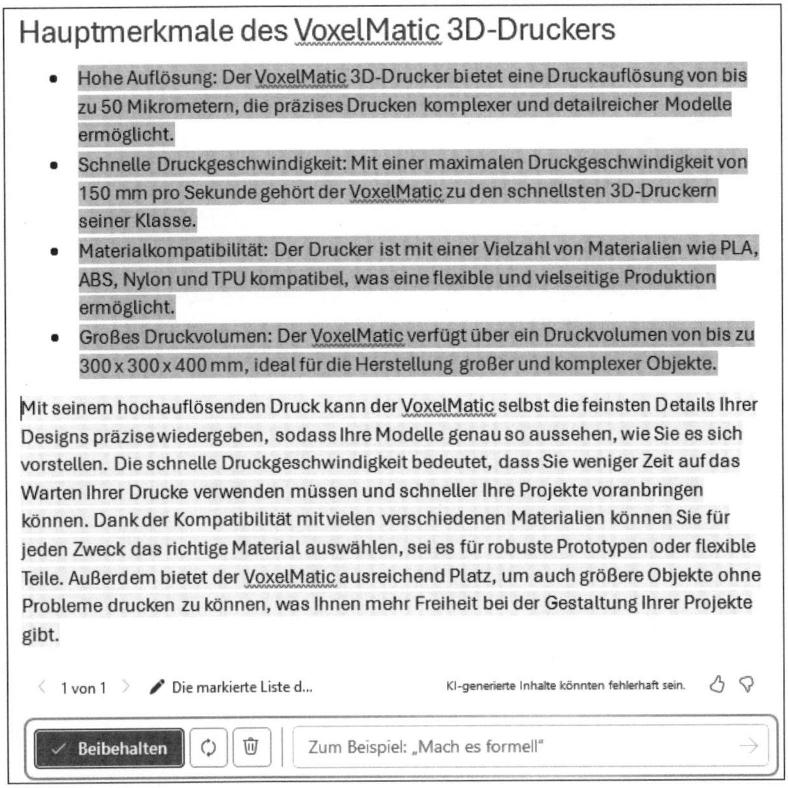

Abbildung 3.21 Stilanpassung

Strukturvorschlag

Die Einleitung der Dokumentation hat inzwischen eine Form, die Robin gut gefällt. Nun macht er sich daran, die anderen Bestandteile der Dokumentation zu erstellen. Dazu bittet er Copilot, einen Vorschlag für die Struktur der Kapitel und Abschnitte zu generieren, die er dann mit den jeweiligen Inhalten füllen kann.

Robin setzt die Einfügemarke an die passende Stelle und führt diesmal den folgenden Prompt aus:

> **Prompt zur Generierung eines Strukturvorschlags:**
> Ich möchte eine Struktur für die Dokumentation des 3D-Druckers erstellen. Die Dokumentation soll in Kapitel und Abschnitte unterteilt werden, die ich dann mit den entsprechenden Inhalten füllen kann. Die Einleitung ist bereits in diesem Dokument enthalten. Bitte schlage eine detaillierte Struktur vor, die alle wichtigen Aspekte des 3D-Druckers abdeckt, einschließlich technischer Spezifikationen, Bedienungsanleitung, Wartung und Support.

Copilot generiert daraufhin einen entsprechenden Vorschlag (siehe Abbildung 3.22).

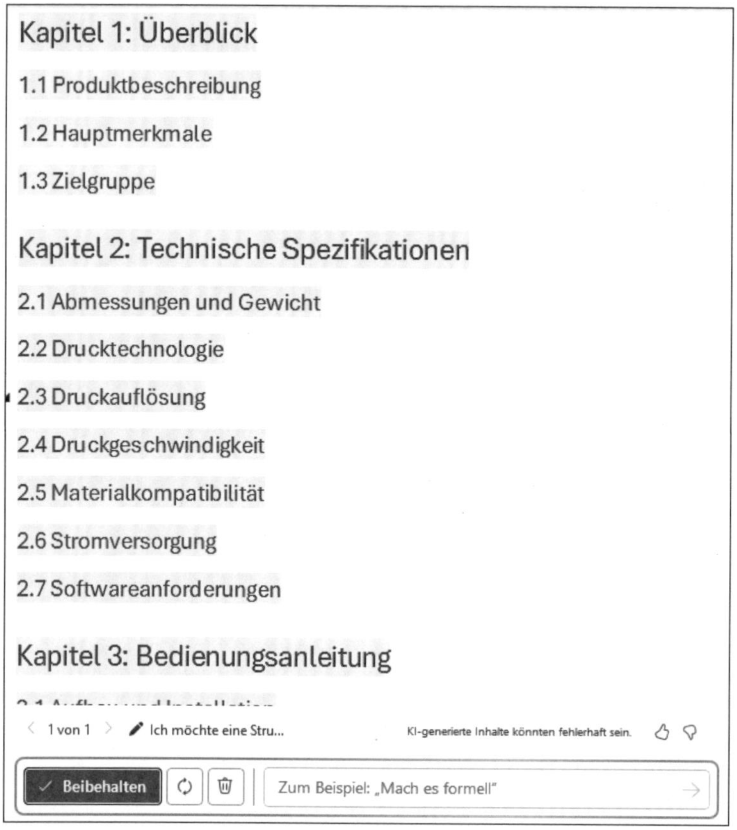

Abbildung 3.22 Generierter Strukturvorschlag

F&A-Liste generieren

Inzwischen ist Robin mit der Dokumentation des 3D-Druckers VoxelMatic fertig geworden. Normalerweise würde er jetzt das Team, das sich um die Produktwebsite des Druckers kümmert, um eine Liste mit typischen Fragen und Antworten bitten, die dann auf der Website für potenzielle Interessenten bereitgestellt werden soll. Robin überlegt, ob dies nicht auch eine Aufgabe ist, bei der Copilot ihn unterstützen könnte.

Er legt ein neues Word-Dokument an und versucht es mit dem folgenden Prompt:

> **Fragen generieren**:
> Ich benötige eine Liste mit Fragen und Antworten zum VoxelMatic 3D-Drucker. Die Liste soll auf unserer Website für potenzielle Interessenten zur Verfügung gestellt werden. Die Informationen stammen aus der vorhandenen Dokumentation zu diesem 3D-Drucker in dieser Datei: Dokumentation.docx
>
> Bitte erstelle eine Liste mit häufig gestellten Fragen und den entsprechenden Antworten, die für potenzielle Interessenten nützlich sein könnten. Achte darauf, dass die Antworten klar und verständlich formuliert sind und sowohl für Personen mit als auch ohne technische Vorkenntnisse geeignet sind. Verwende eine einfache Sprache und erkläre gegebenenfalls Fachbegriffe.

Und tatsächlich: Copilot übernimmt die Informationen aus der Datei, auf die Robin im Prompt verwiesen hat, um Fragen und die darauf passenden Antworten zu generieren (siehe Abbildung 3.23). Diese passen nicht in jedem Fall zu hundert Prozent, doch Robin hat nun eine gute Grundlage, die er noch an seine Vorstellungen anpasst.

Abbildung 3.23 Erstellter Fragenkatalog

3.2.3 Marketing: Neues Produkt bewerben

Betti Castillo aus der Marketing-Abteilung bereitet die Werbematerialien rund um die Produktveröffentlichung des 3D-Druckers vor. Dazu gehören Posts in den sozialen Medien, Blog-Beiträge und Werbetexte, die zu verschiedenen Gelegenheiten genutzt werden sollen.

Social-Media-Posts erstellen

Betti möchte die Texte für eine Reihe von Posts auf Instagram vorbereiten. Diese Texte stellt sie zunächst in einem Word-Dokument zusammen. Die passenden Grafiken und Fotos werden dann von den Kolleginnen und Kollegen erstellt.

Zunächst sucht Betti nach einigen Inspirationen für die Posts, die sie als Grundlage verwenden kann. In einem neuen Word-Dokument beginnt sie mit dem folgenden Prompt, den sie über einen Klick auf das Copilot-Symbol neben der Einfügemarke ausführt:

> **Texte für Social-Media-Posts erstellen:**
> Ich brauche Hilfe beim Verfassen von Texten für eine Reihe von Instagram-Posts. Die Inhalte sollen die Markteinführung unseres neuen 3D-Druckers VoxelMatic sowie Grundlagenwissen rund um den 3D-Druck abdecken. Ich benötige jeweils drei Vorschläge für die folgenden Themen – jeweils mit Headline und kurzem Text:
>
> Ankündigung der Markteinführung des VoxelMatic
>
> Haupteigenschaften und Vorteile des VoxelMatic
>
> Grundlagenwissen zum 3D-Druck
>
> Bitte achte darauf, dass die Texte für Instagram geeignet sind und die Zielgruppe ansprechen. Verwende aussagekräftige Hashtags, Emojis etc.

Die Abbildungen 3.24 und 3.25 zeigen das Ergebnis.

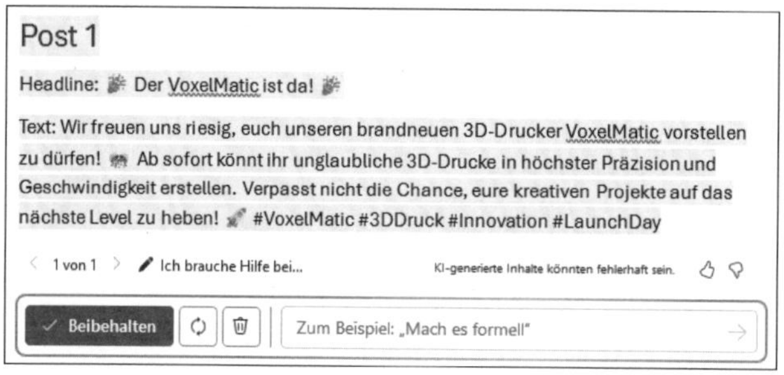

Abbildung 3.24 Vorschläge für Instagram-Post 1

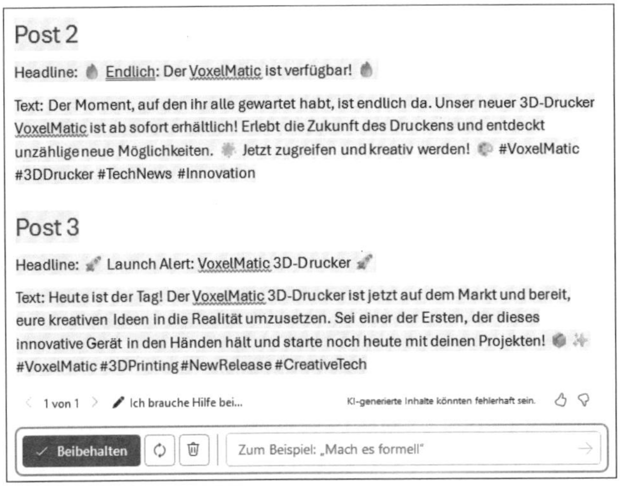

Abbildung 3.25 Vorschläge für Instagram-Post 2 und 3

Einen Blog-Beitrag generieren

Weiter geht es mit einem Blog-Beitrag, der den 3D-Drucker VoxelMatic näher vorstellt. Der Blog-Beitrag soll sich an technisch versierte Leserinnen und Leser wenden. Als Grundlage verwendet Betti ein PowerPoint-Foliendeck mit den technischen Angaben.

In einem neuen Word-Dokument beginnt sie mit dem folgenden Prompt, den sie wiederum über einen Klick auf das Copilot-Symbol neben der Einfügemarke ausführt:

> **Entwurf für einen Blog-Beitrag erstellen:**
> Ich benötige Hilfe bei der Erstellung eines Blogbeitrags, der den neuen 3D-Drucker VoxelMatic näher vorstellt. Der Beitrag soll sich an technisch versierte Leserinnen und Leser richten und auf den technischen Daten der PowerPoint-Datei VoxelMatic.pptx basieren.
>
> Erstelle einen detaillierten und informativen Entwurf für den Blog-Beitrag, der die folgenden Punkte abdeckt:
>
> Einführung: Kurze Vorstellung der VoxelMatic und ihrer Bedeutung für den Markt.
>
> Technische Spezifikationen: Detaillierte Beschreibung der technischen Eigenschaften und Innovationen.
>
> Anwendungsbereiche: Beispiele für Anwendungen und Vorteile in verschiedenen Branchen.
>
> Vergleich mit anderen Modellen: Hervorhebung der Alleinstellungsmerkmale im Vergleich zu Konkurrenzprodukten.
>
> Fazit: Zusammenfassung der wichtigsten Punkte und Ausblick auf zukünftige Entwicklungen.

Die im Prompt angegebene PowerPoint-Datei kennen Sie schon aus Abschnitt 3.2.2, »Entwicklung: Dokumentation für neues Produkt«. Das Ergebnis sehen Sie in Abbildung 3.26.

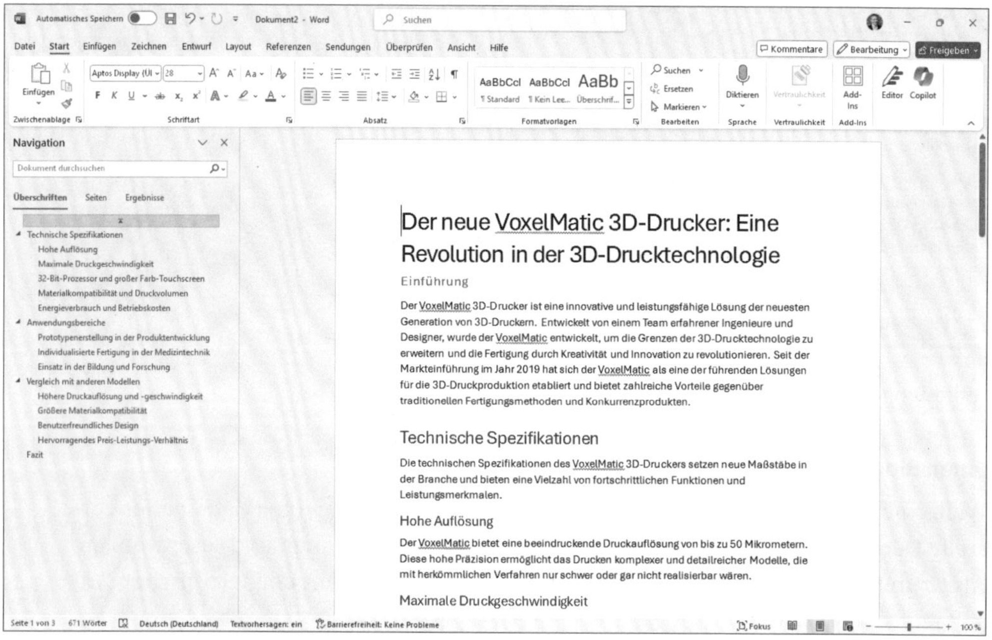

Abbildung 3.26 Entwurf eines Blog-Beitrags

Werbetexte schreiben

Für die E-Mail-Anschreiben an potenzielle Käufer des 3D-Druckers VoxelMatic hat Betti bereits ein Word-Dokument mit dem Text erstellt, den sie dann den Mitarbeiterinnen und Mitarbeitern der Vertriebsabteilung zur Verfügung stellen möchte. Vorher will sie aber noch eine Einschätzung und Empfehlungen für mögliche Änderungen bezüglich des Tonfalls und des Stils ihres Textes einholen. Dies fragt sie bei Copilot an.

Betti öffnet dazu das Word-Dokument und klickt in der Symbolleiste auf die Schaltfläche mit dem Copilot-Symbol. In der Aufgabenleiste am rechten Fensterrand führt sie dann einen Prompt aus:

> **Analyse und Optimierung eines vorhandenen Textes:**
> Analysiere das E-Mail-Anschreiben an potenzielle Käufer unseres neuen 3D-Druckers VoxelMatic und erstelle eine verbesserte Version. Achte dabei auf Klarheit, Überzeugungskraft und eine ansprechende Formulierung.

Wie das Ergebnis aussehen kann, zeigt Abbildung 3.27.

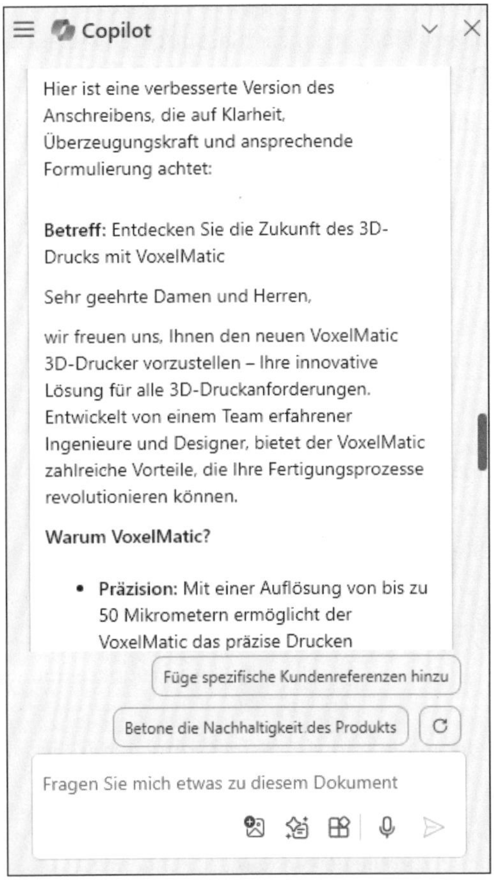

Abbildung 3.27 Verbesserte Textvariante

3.2.4 Vertrieb: Vertriebsmaterial erstellen und Kundenkommunikation

Da der 3D-Drucker VoxelMatic bald auf den Markt kommt, läuft der Vertrieb bereits auf Hochtouren. Juli Stark aus der Vertriebsabteilung hat Kontakt mit der Firma Humble Bumble aufgenommen, die großes Interesse daran hat, mehrere Drucker zu beziehen. Allerdings hat diese Firma ihren Hauptsitz in London und die vorhandenen Vertriebsmaterialien sind alle in deutscher Sprache.

Juli nutzt Copilot, um sich auch für andere Sprachen Unterstützung zu holen.

Infos über den Kunden einholen

Juli hat mit dem Kunden Humble Bumble bisher noch keinen Kontakt gehabt und würde gern mehr über das Unternehmen erfahren, um seine Kommunikation möglichst zielgerichtet zu gestalten.

Der Kunde hat eine umfangreiche Webseite und auch auf LinkedIn findet er das Unternehmen mit einem eigenen Profil. Anstatt die umfangreichen Informationen komplett durchzulesen, bittet Juli Copilot um eine Zusammenfassung der wesentlichen Punkte.

Diese Zusammenfassung möchte er in einem Word-Dokument hinterlegen, um sie später bei bestimmten Gelegenheiten zu verwenden.

Juli geht wie folgt vor:

Zunächst legt er ein neues Work-Dokument and. Dort klickt er auf die Copilot-Schaltfläche in der Symbolleiste, um die Aufgabenleiste einzublenden. Dort formuliert er den folgenden Prompt:

> **Unternehmensprofil abfragen:**
> Hilf mir, eine Vorbereitung für ein Gespräch mit einem potenziellen Käufer unseres neuen 3D-Druckers VoxelMatic zu erstellen. Nutze dazu die Informationen von der Webseite des Unternehmens (https://LINK) sowie vom LinkedIn-Profil des Unternehmens (https://LINK). Die Vorbereitung sollte die folgenden Punkte abdecken:
>
> Überblick über das Unternehmen: Kurze Beschreibung des Unternehmens, seiner Geschichte und seiner Hauptgeschäftsfelder.
>
> Relevante Informationen: Wichtige Details über die aktuellen Projekte, Produkte und Dienstleistungen des Unternehmens.
>
> Potenzielle Bedürfnisse: Mögliche Anforderungen und Herausforderungen des Unternehmens, die durch den VoxelMatic gelöst werden könnten.
>
> Gesprächsstrategie: Vorschläge für Gesprächspunkte und Fragen, die das Interesse des potenziellen Käufers wecken und auf die Vorteile des VoxelMatic eingehen.

Copilot erstellt dann aus den angegebenen Quellen eine Zusammenfassung. Juli kopiert den Text und fügt ihn in das Dokument ein. Abbildung 3.28 zeigt, wie das aussehen kann.

[»] Der Zugriff auf Webinhalte ist derzeit nicht möglich, wenn Sie einen Prompt nicht in der Aufgabenleiste, sondern direkt im Dokument ausführen. Außerdem sollten Sie sicherstellen, dass nach einem Klick auf die Schaltfläche VERWALTEN VON INHALTSEINSTELLUNGEN die Option WEBINHALTE aktiviert ist (siehe Abbildung 3.29).

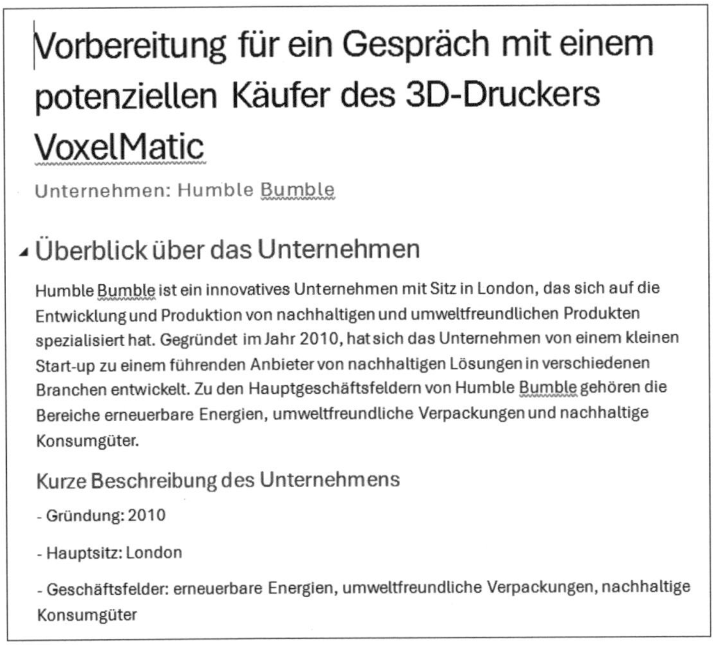
Vorbereitung für ein Gespräch mit einem potenziellen Käufer des 3D-Druckers VoxelMatic

Unternehmen: Humble Bumble

Überblick über das Unternehmen

Humble Bumble ist ein innovatives Unternehmen mit Sitz in London, das sich auf die Entwicklung und Produktion von nachhaltigen und umweltfreundlichen Produkten spezialisiert hat. Gegründet im Jahr 2010, hat sich das Unternehmen von einem kleinen Start-up zu einem führenden Anbieter von nachhaltigen Lösungen in verschiedenen Branchen entwickelt. Zu den Hauptgeschäftsfeldern von Humble Bumble gehören die Bereiche erneuerbare Energien, umweltfreundliche Verpackungen und nachhaltige Konsumgüter.

Kurze Beschreibung des Unternehmens

- Gründung: 2010
- Hauptsitz: London
- Geschäftsfelder: erneuerbare Energien, umweltfreundliche Verpackungen, nachhaltige Konsumgüter

Abbildung 3.28 Erstelltes Unternehmensprofil

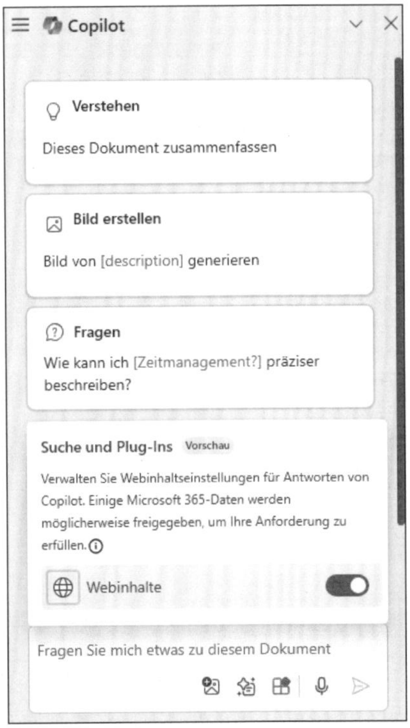

Abbildung 3.29 Die Einbindung von Webinhalten aktivieren

Übersetzung erstellen

Juli möchte dem Kunden gerne ein in deutscher Sprache vorhandenes Dokument zukommen lassen. Nur muss dieses zunächst übersetzt werden.

Juli geht wie folgt vor: Zunächst öffnet er das Word-Dokument und markiert den Text. Er klickt dann auf das Copilot-Symbol, das links neben der Markierung erscheint (am Ende des Textes). Im Kontextmenü, das nun angezeigt wird, wählt er den Befehl PROMPT SCHREIBEN und führt den folgenden Prompt aus:

> **Dokumentinhalt übersetzen:**
> Übersetze den Inhalt dieses Dokuments ins Englische.

Copilot übersetzt den markierten Text und fügt ihn unter dem Ursprungstext ein (siehe Abbildung 3.30). Juli übernimmt den Text und muss nun nur noch an der einen oder anderen Stelle eine Formulierung und manche Begriffe anpassen. Dennoch spart er viel Zeit, weil er selbst nicht die komplette Übersetzung vornehmen muss.

Das fertige Dokument speichert er anschließend als PDF-Datei und schickt diese an den Kunden.

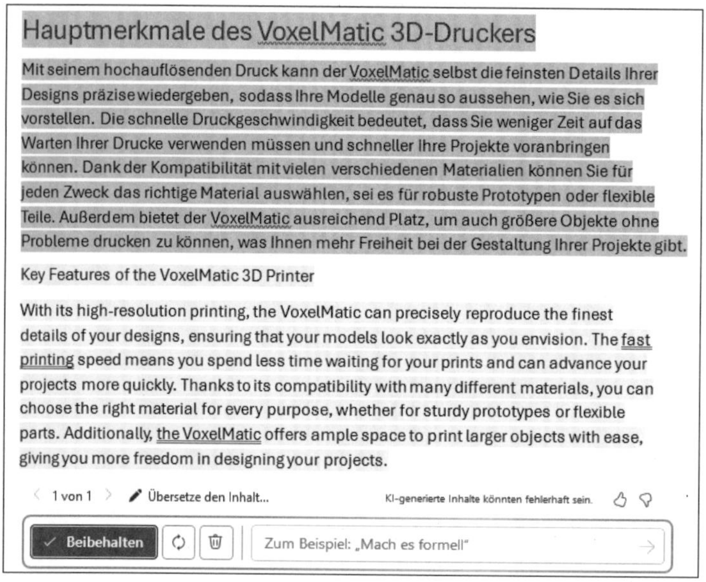

Abbildung 3.30 Copilot übersetzt Text in andere Sprachen.

3.3 So geht es weiter

Nicht nur Microsoft Word hat eine Copilot-Integration, sondern auch Microsoft Excel. Wie genau diese aussieht, erfahren Sie im nächsten Kapitel.

Kapitel 4
Microsoft Excel

In diesem Kapitel bearbeiten und erweitern wir bestehende Excel-Arbeitsmappen mit Copilot, erstellen Diagramme und nehmen Auswertungen vor.

Microsoft Excel spielt in vielen Unternehmen eine zentrale Rolle, und viele geschäftskritische Prozesse binden Excel-Dateien auf die eine oder andere Weise ein. Da kommt es in der Praxis durchaus vor, dass eine Excel-Datei zur Datenbank mutiert, gewaltige Datenmengen analysiert und komplizierteste Berechnungen vorgenommen werden. Copilot kann uns Information Worker dabei unterstützen. Insbesondere auch dann, wenn wir Excel nur sporadisch verwenden und nicht jede Formel auswendig aufsagen oder Pivot-Tabellen korrekt anwenden können. So hilft uns Excel bei der Analyse bestehender Daten, beim Ergänzen weiterer Spalten, bei der Formatierung, beim Erstellen von Schaubildern und bei vielen weiteren Aufgaben.

In diesem Kapitel nähern wir uns der Arbeitsweise von Copilot innerhalb von Microsoft Excel. Wie in den anderen Kapiteln dieses Teils finden Sie zunächst eine allgemeine Beschreibung und dann einige konkrete Beispiele für verschiedene Anwendungsfälle.

4.1 Copilot-Integration

Beginnen wir auch bei Excel zunächst mit einem Überblick, um zu klären, wo in der Anwendungsoberfläche Sie Copilot finden, sowie mit einigen Eckdaten.

4.1.1 Die Anwendungsoberfläche

Auf der Registerkarte START wählen Sie, wie Sie es von anderen Office-Anwendungen bereits kennen, die Schaltfläche COPILOT. Auf der rechten Seite erscheint anschließend, ähnlich wie bei anderen Office-Anwendungen, der separate Copilot-Arbeitsbereich (siehe Abbildung 4.1).

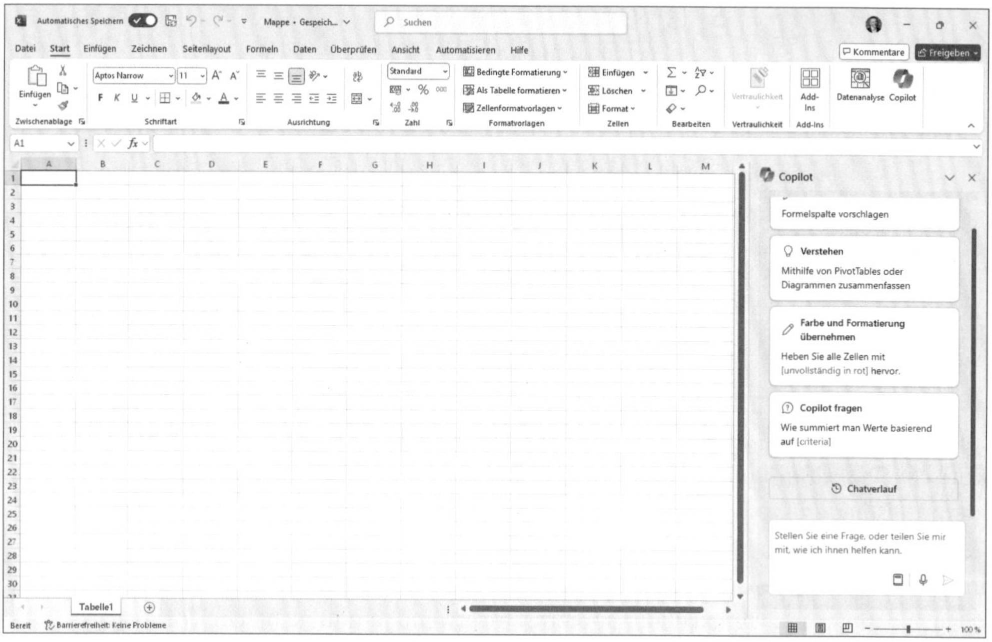

Abbildung 4.1 Copilot-Integration in Microsoft Excel

Alternativ dazu können Sie auch das Kontextmenü über die rechte Maustaste für eine einzelne Zelle oder einen ganzen Zellenbereich aufrufen. Dort finden Sie ebenfalls COPILOT, was auch die Aufgabenleiste am rechten Fensterrand öffnet. Ich gehe allerdings davon aus, dass zukünftig über das Kontextmenü nicht nur die Arbeitsleiste aufgerufen wird, sondern dass direkt aus dem Menü bestimmte Aktionen aufgerufen werden können, die Copilot dann auf die ausgewählten Daten übernimmt.

[»] Copilot in Excel setzt voraus, dass die Datei, die Sie damit bearbeiten möchten, wahlweise auf OneDrive oder SharePoint Online gespeichert wird und dass die automatische Speicherung aktiviert ist. Eine Excel-Datei, die auf dem lokalen Computer oder einer lokalen Dateifreigabe liegt, können Sie nicht mit Copilot verarbeiten. Gegebenenfalls weist Copilot Sie darauf hin (siehe Abbildung 4.2).

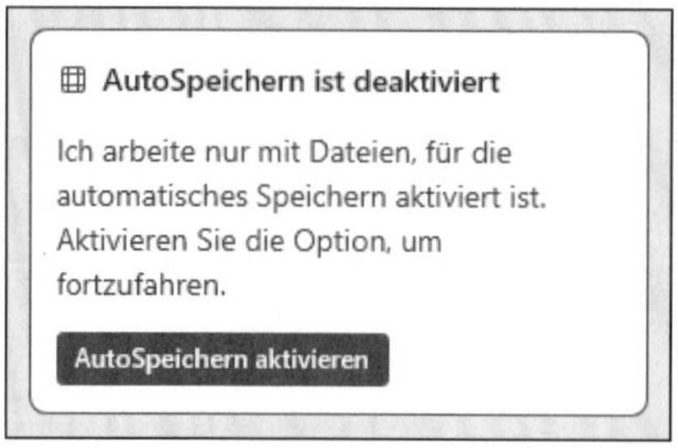

Abbildung 4.2 Copilot arbeitet nur mit Excel-Dateien, die automatisch gespeichert werden.

Im oberen Teil erhalten Sie Vorschläge für Prompts und am unteren Rand finden Sie das Eingabefeld für Ihren Prompt. Dort können Sie Fragen stellen oder Anweisungen geben.

Unter dem Eingabefeld gibt es noch weitere Symbole:

- PROMPTS ANZEIGEN: Klicken Sie hier, erhalten Sie eine weitere Auswahl von Prompts, die speziell für Microsoft Excel gedacht sind. Diese Prompts stammen aus dem *Copilot-Promptkatalog*. Haben Sie dort Prompts für sich gespeichert, können Sie auf diese auch direkt innerhalb von Excel zugreifen, ohne erst im Browser die Webseite öffnen zu müssen. Mehr zum Copilot-Promptkatalog lesen Sie in Abschnitt 2.5.1.
- MIKROFON: Anstatt den Prompt mit der Tastatur zu formulieren, können Sie ihn auch über das Mikrofon Ihres Rechners aufnehmen.

Über dem eigentlichen Eingabefeld finden Sie auch in Excel wieder einige Vorschläge für Prompts.

4.1.2 Anwendungsmöglichkeiten

Die Copilot-Integration in Excel hat insbesondere drei Punkte im Fokus:

- das **Analysieren** bestehender Arbeitsmappen: So könnten Sie Copilot nutzen, um die Daten einer Tabelle zu interpretieren. Ebenso können Sie Besonderheiten ausfindig machen oder auch umfangreiche Datenbestände zusammenfassen lassen. Ein Beispiel sehen Sie in Abbildung 4.3.

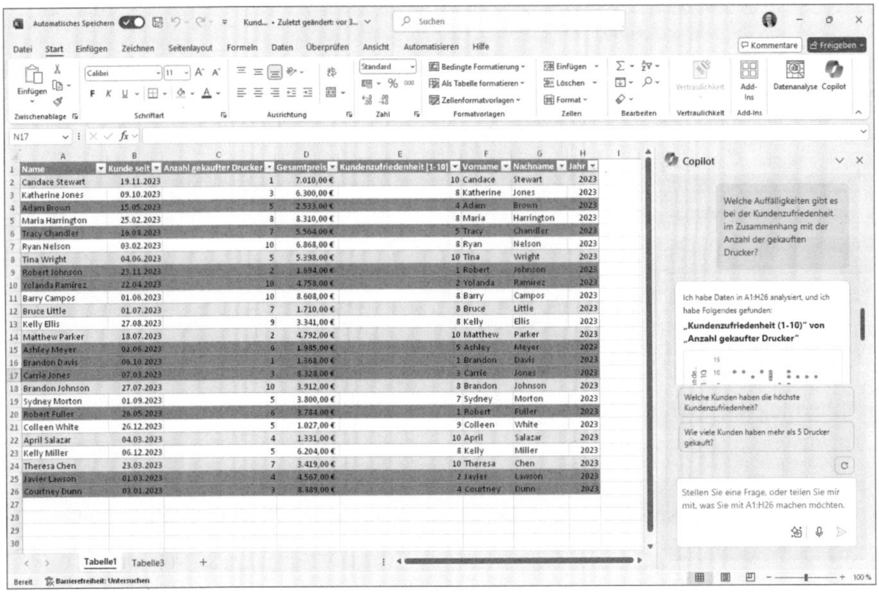

Abbildung 4.3 Analyse einer Tabelle

- das **Bearbeiten** und Erstellen der vorhandenen Tabellen und anderer Inhalte, wie Diagramme, Formeln und Spalten: Möglich wäre es so, dass Sie Copilot bitten, eine Formel zu erstellen. Dies ist dann besonders hilfreich, wenn Excel nicht zu Ihrem Alltagswerkzeug gehört und Sie mit den Formeln eher auf Kriegsfuß stehen. Abbildung 4.4 zeigt ein Beispiel. Dort sehen Sie auch, wie Copilot eine Formel vorschlägt, direkt aber auch eine Erklärung anbietet, was diese Formel macht. Bevor die Formel (oder auch eine ganze Spalte) übernommen wird, können Sie diese so vorab überprüfen und dann gegebenenfalls übernehmen.

  Eine andere Möglichkeit wäre es, ein Diagramm nicht über die Standardwerkzeuge von Excel zu erzeugen, sondern das gewünschte Aussehen über einen Prompt zu beschreiben (siehe Abbildung 4.5). Doch nicht nur Diagramme können Sie so erzeugen, sondern beispielsweise auch Pivot-Tabellen.

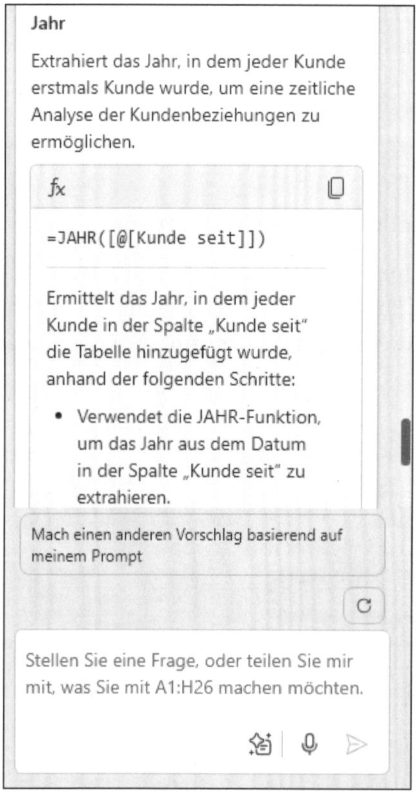

Abbildung 4.4 Erklärung eines Formelvorschlags

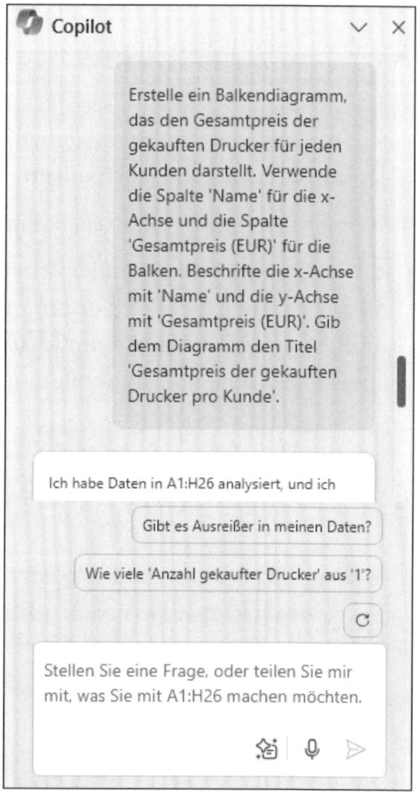

Abbildung 4.5 Diagramm erstellen

Für komplexere Anwendungsfälle kann Copilot auch *Python*-Code erstellen.

- **Unterstützung** zu Excel selbst: Beispielsweise können Sie Copilot Fragen zu Excel selbst stellen, etwa wie eine Spalte beim Scrollen fixiert wird, welcher Fehler in einer bestimmten Formel steckt, wie eine Summe erstellt wird oder wie eine Formel funktioniert. Wie das aussehen kann, zeigt Abbildung 4.6.

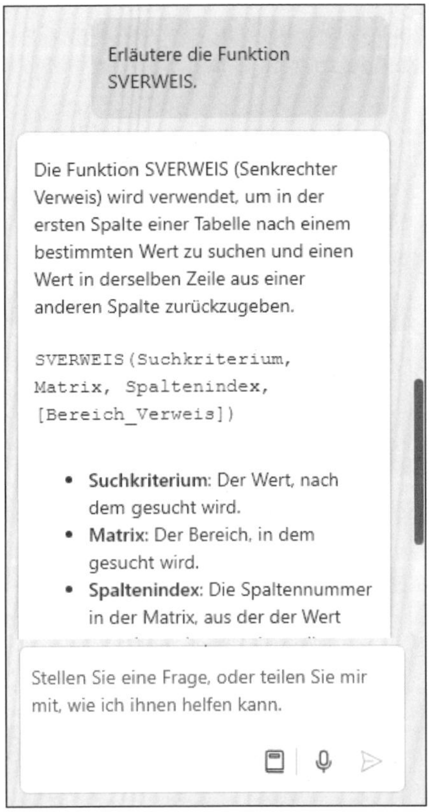

Abbildung 4.6 Copilot erläutert die Funktion SVERWEIS.

Damit Sie ein besseres Verständnis davon bekommen, welche Art von Anweisungen Sie Copilot über das Eingabefeld geben können, sehen wir uns nun einige Beispiele an.

4.2 Szenarien

Anhand verschiedener Szenarien betrachten wir nun praktische Beispiele für die Nutzung von Copilot in Excel, damit Sie sich inspirieren lassen und erfahren, wie Sie Copilot bei Ihrer eigenen Arbeit einsetzen können.

4.2.1 Finanzabteilung: Arbeiten mit Tabellen

Megan Cubs aus der Finanzabteilung ist es gewohnt, tagtäglich mit riesigen Excel-Tabellen zu arbeiten. Diese legt sie entweder selbst an oder sie nutzt Datenexporte aus verschiedenen Datenquellen in Excel.

Obwohl Megan sehr versiert im Umgang mit Excel ist, nutzt sie dennoch an der einen oder anderen Stelle Copilot, um ein wenig Zeit zu sparen. Sehen wir uns einige beispielhafte Szenarien an.

Text in Spalten extrahieren und verketten

Megan hat gerade von einem Kollegen eine Excel-Datei erhalten, die Daten von verschiedenen Ansprechpartnern der Kunden der Beispiel AG enthält. Einen Auszug dieser Datei sehen Sie in Abbildung 4.7.

	A	B	C	D	E
1	Name	Kunde seit	Anzahl gekaufter Drucker	Gesamtpreis	Kundenzufriedenheit (1-10)
2	Candace Stewart	19.11.2023	1	7.010,00 €	10
3	Katherine Jones	09.10.2023	3	6.300,00 €	8
4	Adam Brown	15.05.2023	5	2.533,00 €	4
5	Maria Harrington	25.02.2023	8	8.310,00 €	8
6	Tracy Chandler	16.08.2023	7	5.564,00 €	5
7	Ryan Nelson	03.02.2023	10	6.868,00 €	8
8	Tina Wright	04.06.2023	5	5.398,00 €	10
9	Robert Johnson	23.11.2023	2	1.694,00 €	1
10	Yolanda Ramirez	22.04.2023	10	4.758,00 €	2
11	Barry Campos	01.06.2023	10	8.608,00 €	8
12	Bruce Little	01.07.2023	7	1.710,00 €	8
13	Kelly Ellis	27.08.2023	9	3.341,00 €	8
14	Matthew Parker	18.07.2023	2	4.792,00 €	10
15	Ashley Meyer	02.06.2023	6	1.985,00 €	5
16	Brandon Davis	06.10.2023	1	1.368,00 €	1
17	Carrie Jones	07.03.2023	3	8.328,00 €	3
18	Brandon Johnson	27.07.2023	10	3.912,00 €	8
19	Sydney Morton	01.09.2023	5	3.800,00 €	7
20	Robert Fuller	26.05.2023	6	3.784,00 €	1
21	Colleen White	26.12.2023	5	1.027,00 €	9
22	April Salazar	04.03.2023	4	1.331,00 €	10
23	Kelly Miller	06.12.2023	5	6.204,00 €	8
24	Theresa Chen	23.03.2023	7	3.419,00 €	10
25	Javier Lawson	01.03.2023	4	4.567,00 €	2
26	Courtney Dunn	03.01.2023	3	8.889,00 €	4

Abbildung 4.7 Die Ausgangstabelle

Diese Tabelle ist jedoch für die weitere Verarbeitung nicht besonders gut geeignet. In Abbildung 4.7 sehen Sie, dass etwa der Vorname und der Nachname zusammen in einem Feld stehen. Außerdem benötigt Megan die Jahreszahl des Datums in einer separaten Spalte, ohne den Monat und den Tag.

Megan muss die Spalten also zunächst in einer Form bereitstellen, mit der sie weiterarbeiten kann. Hierbei lässt sie sich von Copilot unterstützen.

Zunächst markiert Megan mit der Maus die Zeilen und Spalten, an denen sie Änderungen vornehmen möchte.

[«]

Das Markieren ist meist erforderlich, damit Copilot die gewünschte Tabelle auf dem Arbeitsblatt erkennt. Um die Markierung später nicht immer wieder vornehmen zu müssen, bietet es sich an, die entsprechenden Zellen als Tabelle zu formatieren. Dazu markieren Sie die Zellen und wählen dann in der Symbolleiste auf der Registerkarte START die Schaltfläche ALS TABELLE FORMATIEREN. Suchen Sie sich dann wie in Abbildung 4.8 eine Formatierungsvorlage aus. Das Ergebnis sehen Sie in Abbildung 4.9.

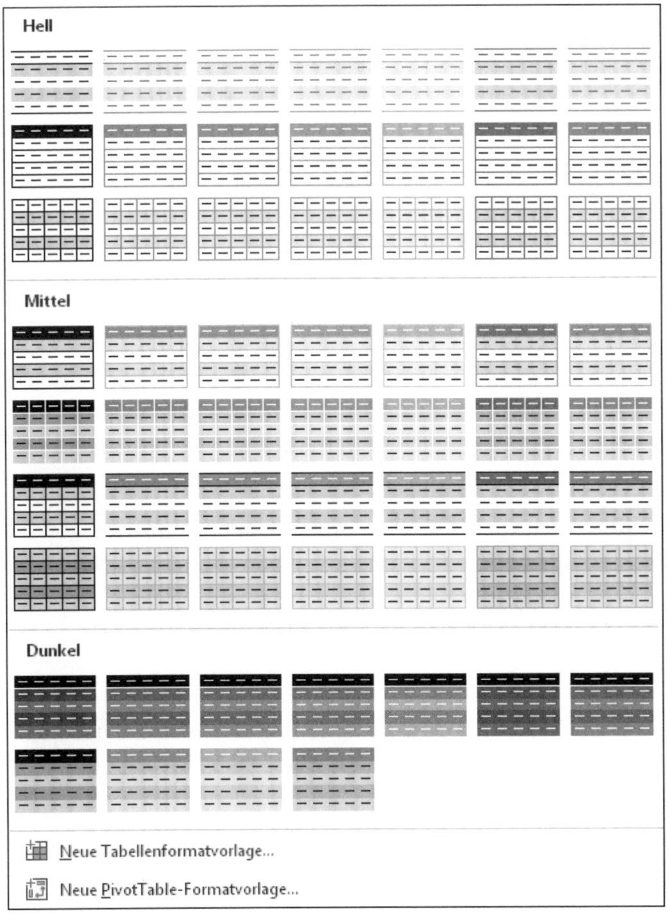

Abbildung 4.8 Tabelle formatieren

Name	Kunde seit	Anzahl gekaufter Drucker	Gesamtpreis	Kundenzufriedenheit (1-10)
Candace Stewart	19.11.2023	1	7.010,00 €	10
Katherine Jones	09.10.2023	3	6.300,00 €	8
Adam Brown	15.05.2023	5	2.533,00 €	4
Maria Harrington	25.02.2023	8	8.310,00 €	8
Tracy Chandler	16.08.2023	7	5.564,00 €	5
Ryan Nelson	03.02.2023	10	6.868,00 €	8
Tina Wright	04.06.2023	5	5.398,00 €	10
Robert Johnson	23.11.2023	2	1.694,00 €	1
Yolanda Ramirez	22.04.2023	10	4.758,00 €	2
Barry Campos	01.06.2023	10	8.608,00 €	8
Bruce Little	01.07.2023	7	1.710,00 €	8
Kelly Ellis	27.08.2023	9	3.341,00 €	8
Matthew Parker	18.07.2023	2	4.792,00 €	10
Ashley Meyer	02.06.2023	6	1.985,00 €	5
Brandon Davis	06.10.2023	1	1.368,00 €	1
Carrie Jones	07.03.2023	3	8.328,00 €	3
Brandon Johnson	27.07.2023	10	3.912,00 €	8
Sydney Morton	01.09.2023	5	3.800,00 €	7
Robert Fuller	26.05.2023	6	3.784,00 €	1
Colleen White	26.12.2023	5	1.027,00 €	9
April Salazar	04.03.2023	4	1.331,00 €	10
Kelly Miller	06.12.2023	5	6.204,00 €	8
Theresa Chen	23.03.2023	7	3.419,00 €	10
Javier Lawson	01.03.2023	4	4.567,00 €	2
Courtney Dunn	03.01.2023	3	8.889,00 €	4

Abbildung 4.9 Formatierte Tabelle

Wie Sie es inzwischen schon von anderen Office-Anwendungen kennen, öffnet Megan auch in Excel die Copilot-Aufgabenleiste über einen Klick auf die entsprechende Schaltfläche in der Symbolleiste.

Sollte die Excel-Arbeitsmappe nicht auf SharePoint Online oder OneDrive gespeichert sein, bekommen Sie jetzt einen Hinweis, dass dies erforderlich ist.

Megan führt dann zunächst diesen Prompt aus:

> **Werte aus Spalten trennen:**
> Die Spalte Name enthält eine Verkettung aus Vorname und Nachname. Füge die Spalten Vorname sowie Nachname mit den getrennten Werten ein.

Copilot schlägt dann etwa wie in Abbildung 4.10 das Ergebnis vor und beschreibt dabei auch, was gemacht werden würde. Megan übernimmt den Vorschlag mit einem Klick auf SPALTEN EINFÜGEN (siehe Abbildung 4.11).

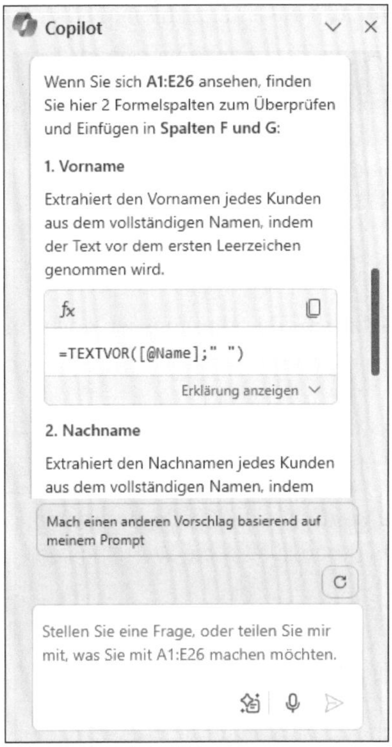

Abbildung 4.10 Spalte mit Copilot erstellen

	A	B	C	D	E	F	G
1	Name	Kunde seit	Anzahl gekaufter Drucker	Gesamtpreis	Kundenzufriedenheit (1-10)	Vorname	Nachname
2	Candace Stewart	19.11.2023	1	7.010,00 €	10	Candace	Stewart
3	Katherine Jones	09.10.2023	3	6.300,00 €	8	Katherine	Jones
4	Adam Brown	15.05.2023	5	2.533,00 €	4	Adam	Brown
5	Maria Harrington	25.02.2023	8	8.310,00 €	8	Maria	Harrington
6	Tracy Chandler	16.08.2023	7	5.564,00 €	5	Tracy	Chandler
7	Ryan Nelson	03.02.2023	10	6.868,00 €	8	Ryan	Nelson
8	Tina Wright	04.06.2023	5	5.398,00 €	10	Tina	Wright
9	Robert Johnson	23.11.2023	2	1.694,00 €	1	Robert	Johnson
10	Yolanda Ramirez	22.04.2023	10	4.758,00 €	2	Yolanda	Ramirez
11	Barry Campos	01.06.2023	10	8.608,00 €	8	Barry	Campos
12	Bruce Little	01.07.2023	7	1.710,00 €	8	Bruce	Little
13	Kelly Ellis	27.08.2023	9	3.341,00 €	8	Kelly	Ellis
14	Matthew Parker	18.07.2023	2	4.792,00 €	10	Matthew	Parker
15	Ashley Meyer	02.06.2023	6	1.985,00 €	5	Ashley	Meyer
16	Brandon Davis	06.10.2023	1	1.368,00 €	1	Brandon	Davis
17	Carrie Jones	07.03.2023	3	8.328,00 €	3	Carrie	Jones
18	Brandon Johnson	27.07.2023	10	3.912,00 €	8	Brandon	Johnson
19	Sydney Morton	01.09.2023	5	3.800,00 €	7	Sydney	Morton
20	Robert Fuller	26.05.2023	6	3.784,00 €	1	Robert	Fuller
21	Colleen White	26.12.2023	5	1.027,00 €	9	Colleen	White
22	April Salazar	04.03.2023	4	1.331,00 €	10	April	Salazar
23	Kelly Miller	06.12.2023	5	6.204,00 €	8	Kelly	Miller
24	Theresa Chen	23.03.2023	7	3.419,00 €	10	Theresa	Chen
25	Javier Lawson	01.03.2023	4	4.567,00 €	2	Javier	Lawson
26	Courtney Dunn	03.01.2023	3	8.889,00 €	4	Courtney	Dunn

Abbildung 4.11 Eingefügte Spalten

Gleich danach formuliert sie einen weiteren Prompt, um die Jahreszahlen in einer separaten Spalte abzulegen:

> **Jahreszahl extrahieren:**
> Die Spalte »Kunde seit« enthält ein Datum. Erstelle die zusätzliche Spalte »Jahr«, die nur die Jahreszahl aus dem Datum enthalten soll.

Und Abbildung 4.12 zeigt, was Copilot vorschlägt.

Für Megans Anwendungsfall ist es zwar nicht erforderlich, aber hier füge ich noch ein kleines Beispiel dafür ein, wie Sie etwa die Werte aus mehreren Spalten in einer neuen Spalte verketten können:

> **Zeichenketten miteinander verbinden:**
> Erstelle die Spalte »Alternativer Name«, in der die Werte aus der Spalte Nachname, gefolgt von einem Komma sowie einem Leerzeichen und zuletzt die Werte aus der Spalte Vorname enthalten sind.

Das Ergebnis sehen Sie in Abbildung 4.13.

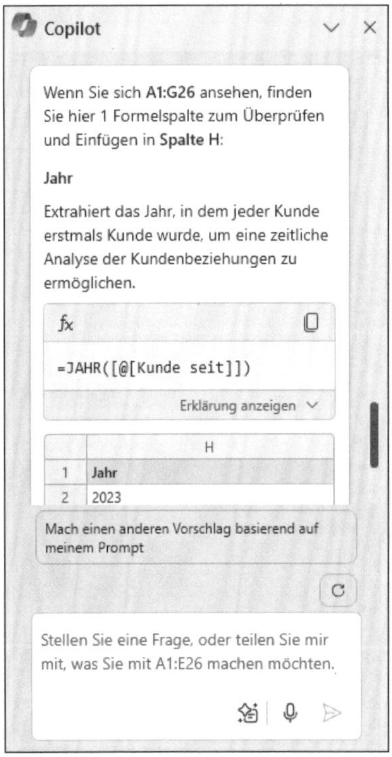

Abbildung 4.12 Copilot erstellt auch Spalten mit Datumsfunktionen.

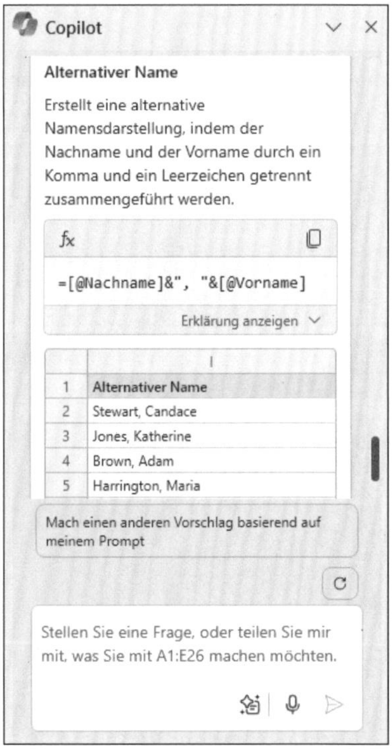

Abbildung 4.13 Neue Spalte mit einer Verkettung

Werte hervorheben

Megan arbeitet mit einer Excel-Arbeitsmappe, die die Spalte KUNDENZUFRIEDENHEIT (1-10) beinhaltet. Dabei möchte sie alle Werte hervorheben, bei denen der Wert kleiner oder gleich 5 ist. Auch das kann Megan mit einem Prompt erledigen. Den Vorschlag sehen Sie in Abbildung 4.14.

> **Zeilen hervorheben:**
> Hebe alle Zeilen mit einer roten Hintergrundfarbe hervor, bei denen die Kundenzufriedenheit kleiner oder gleich 5 ist.

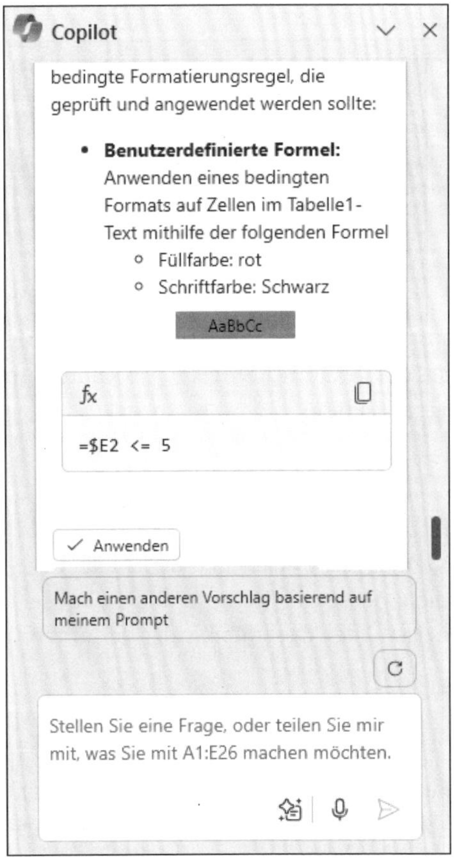

Abbildung 4.14 Copilot schlägt eine Formel zum Hervorheben von Zeilen vor.

Megan übernimmt den Vorschlag mit einem Klick auf die Schaltfläche ANWENDEN. Abbildung 4.15 zeigt das Ergebnis.

	A	B	C	D	E	F	G	H
1	Name	Kunde seit	Anzahl gekaufter Drucker	Gesamtpreis	Kundenzufriedenheit (1-10)	Vorname	Nachname	Jahr
2	Candace Stewart	19.11.2023	1	7.010,00 €	10	Candace	Stewart	2023
3	Katherine Jones	09.10.2023	3	6.300,00 €	8	Katherine	Jones	2023
4	Adam Brown	15.05.2023	5	2.533,00 €	4	Adam	Brown	2023
5	Maria Harrington	25.02.2023	8	8.310,00 €	8	Maria	Harrington	2023
6	Tracy Chandler	16.08.2023	7	5.564,00 €	5	Tracy	Chandler	2023
7	Ryan Nelson	03.02.2023	10	6.868,00 €	8	Ryan	Nelson	2023
8	Tina Wright	04.06.2023	5	5.398,00 €	10	Tina	Wright	2023
9	Robert Johnson	23.11.2023	2	1.694,00 €	1	Robert	Johnson	2023
10	Yolanda Ramirez	22.04.2023	10	4.758,00 €	2	Yolanda	Ramirez	2023
11	Barry Campos	01.06.2023	10	8.608,00 €	8	Barry	Campos	2023
12	Bruce Little	01.07.2023	7	1.710,00 €	8	Bruce	Little	2023
13	Kelly Ellis	27.08.2023	9	3.341,00 €	8	Kelly	Ellis	2023
14	Matthew Parker	18.07.2023	2	4.792,00 €	10	Matthew	Parker	2023
15	Ashley Meyer	02.06.2023	6	1.985,00 €	5	Ashley	Meyer	2023
16	Brandon Davis	06.10.2023	1	1.368,00 €	1	Brandon	Davis	2023
17	Carrie Jones	07.03.2023	3	8.328,00 €	3	Carrie	Jones	2023
18	Brandon Johnson	27.07.2023	10	3.912,00 €	8	Brandon	Johnson	2023
19	Sydney Morton	01.09.2023	5	3.800,00 €	7	Sydney	Morton	2023
20	Robert Fuller	26.05.2023	6	3.784,00 €	1	Robert	Fuller	2023
21	Colleen White	26.12.2023	5	1.027,00 €	9	Colleen	White	2023
22	April Salazar	04.03.2023	4	1.331,00 €	10	April	Salazar	2023
23	Kelly Miller	06.12.2023	5	6.204,00 €	8	Kelly	Miller	2023
24	Theresa Chen	23.03.2023	7	3.419,00 €	10	Theresa	Chen	2023
25	Javier Lawson	01.03.2023	4	4.567,00 €	2	Javier	Lawson	2023
26	Courtney Dunn	03.01.2023	3	8.889,00 €	4	Courtney	Dunn	2023

Abbildung 4.15 Angewandte Formatierung

Schaubilder erstellen

Selbst beim Anfertigen von Schaubildern kann Megan auf Copilot zurückgreifen. Sie möchte eine Visualisierung des Gesamtpreises der gekauften Drucker pro Kunde. Ein Prompt, um das zu erledigen, könnte wie folgt aussehen:

> **Diagramm anfragen:**
> Erstelle ein Balkendiagramm, das den Gesamtpreis der gekauften Drucker für jeden Kunden darstellt. Verwende die Spalte 'Name' für die x-Achse und die Spalte 'Gesamtpreis (EUR)' für die Balken. Beschrifte die x-Achse mit 'Name' und die y-Achse mit 'Gesamtpreis (EUR)'. Gib dem Diagramm den Titel 'Gesamtpreis der gekauften Drucker pro Kunde'.

Copilot antwortet wiederum mit einem Vorschlag wie in Abbildung 4.16.

Diesen Vorschlag übernimmt Megan mit einem Klick auf die Schaltfläche Zu neuem Blatt hinzufügen. Daraufhin erhält sie in weiteres Blatt, das die verwendeten Daten sowie das Diagramm enthält (siehe Abbildung 4.17).

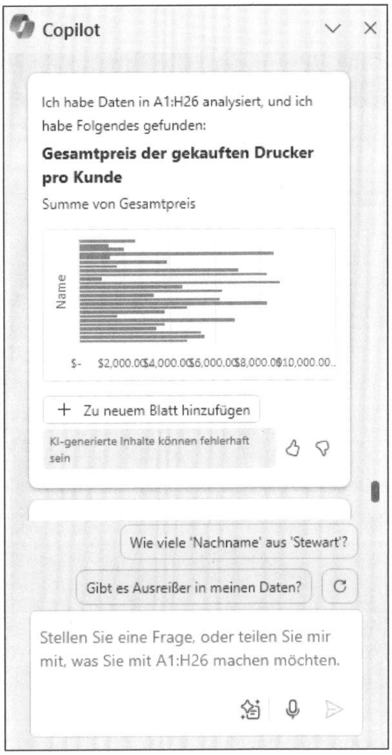

Abbildung 4.16 Diagrammvorschlag

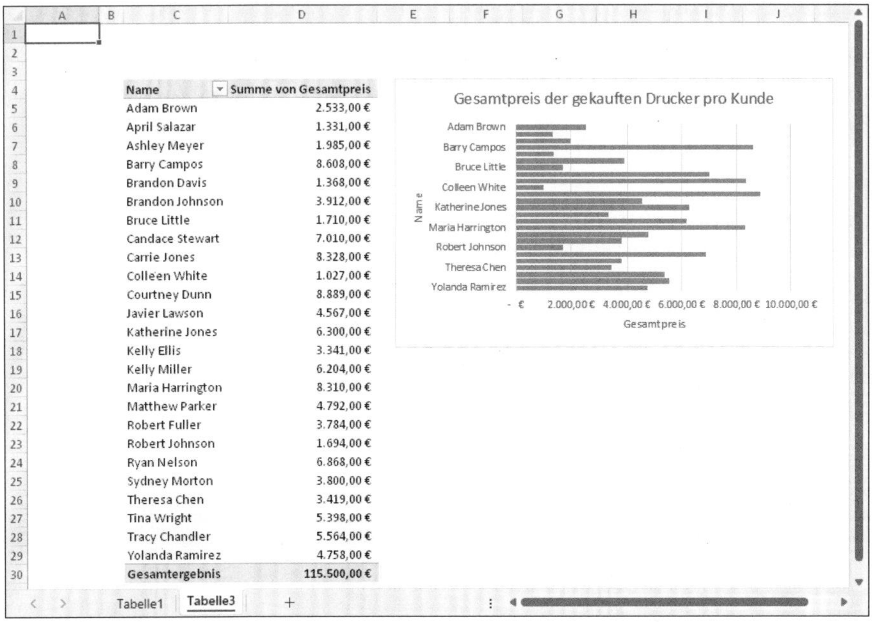

Abbildung 4.17 Neues Blatt mit Quelldaten und Diagramm

4.2.2 Vertrieb: Auswertung einer Tabelle

Juli Stark aus dem Vertrieb hat auch hin wieder das Vergnügen, die Inhalte einer Excel-Datei zu verarbeiten. Diese sehen Sie in Abbildung 4.18.

	A	B	C	D	E
1	Monat	Werbeverkäufe	Verkaufszahlen	Wachstum Social	Wachstum Verkaufszahlen
2	Januar	10.000	500	0%	0%
3	Februar	12.000	550	20%	10%
4	März	14.000	600	16,67%	9,09%
5	April	13.000	580	-7,14%	-3,33%
6	Mai	15.000	620	15,38%	6,90%
7	Juni	16.500	650	10%	4,84%
8	Juli	18.000	700	9,90%	7,69%
9	August	17.000	680	-5,56%	-2,86%
10	September	19.000	720	11,76%	5,88%
11	Oktober	20.000	750	5,26%	4,17%
12	November	22.000	800	10%	6,67%
13	Dezember	25.000	850	13,64%	6,25%

Abbildung 4.18 Ursprungstabelle

Allerdings gestaltet sich das manchmal nicht so einfach, da Juli eher rudimentäre Kenntnisse im Umgang mit Excel hat. Insbesondere die Arbeit mit Formeln bereitet ihm immer wieder einmal Schwierigkeiten.

Da ist es für Juli hilfreich, seine Anforderungen Copilot per Prompt mitzuteilen. Oft kommt er dann schneller zum Ergebnis, als wenn er zunächst die Umsetzung selbst versucht oder aufwendig im Internet nach einer Lösung suchen muss.

Auch von Juli sehen wir uns ein paar Anwendungsbeispiele an.

Juli möchte auf Basis der Daten einige Informationen gewinnen. Diese fragt er direkt über die Copilot-Aufgabenleiste an:

> **Durchschnittliches Wachstum:**
> Berechne das durchschnittliche monatliche Wachstum der Werbeverkäufe.

Copilot antwortet wie in Abbildung 4.19 mit einer neuen Zeile.

Weiter geht es mit dem folgenden Prompt:

> **Gesamtverkäufe und -wachstum:**
> Berechne die Gesamtverkäufe und das Gesamtwachstum für das Jahr.

Hier erhält Juli die Antwort aus Abbildung 4.20.

Abbildung 4.19 Durchschnittliches Wachstum

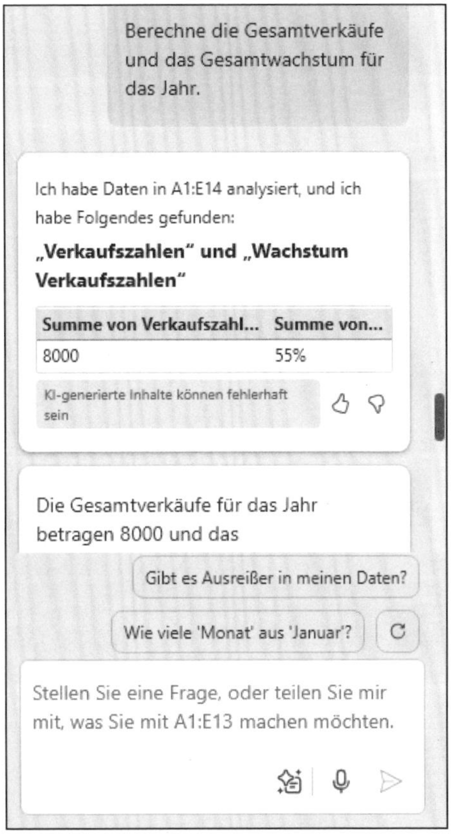

Abbildung 4.20 Gesamtverkäufe und -wachstum

4.3 So geht es weiter

Inzwischen haben Sie die Besonderheiten der Copilot-Integration von Word und Excel kennengelernt. Im nächsten Kapitel sehen wir uns Copilot in Microsoft PowerPoint an.

Kapitel 5
Microsoft PowerPoint

In diesem Kapitel erstellen wir neue PowerPoint-Foliendecks auf Basis vorhandener Dateien, beispielsweise eines Word-Dokuments. Wir ergänzen und optimieren bestehende Präsentationen und erstellen Zusammenfassungen.

Als Information Worker arbeiten wir typischerweise auch häufig mit PowerPoint-Präsentationen. Natürlich müssen diese erstellt und erweitert werden. Oft gibt es auch schon vorhandene Dokumente, deren Inhalt in eine Präsentation gegossen werden soll. Manchmal sind dabei auch zeitraubende Tätigkeiten erforderlich, wie die Anpassung des Formats. Und nicht jede Person findet sich auf der Anwendungsoberfläche zurecht oder verfügt über ein ausreichend künstlerisches Gespür, um den Inhalt und seine Gestaltung im Foliensatz gleichermaßen zu optimieren. In all diesen Fällen kann Copilot assistieren.

Sehen wir uns in diesem Kapitel die Copilot-Integration in Microsoft PowerPoint an. Wieder verwenden wir einige konkrete Beispiele, um verschiedene Einsatzmöglichkeiten für unsere eigene Arbeit kennenzulernen.

5.1 Copilot-Integration

Schauen wir uns zunächst an, wie Microsoft Copilot in PowerPoint integriert hat und an welchen Stellen Sie den Dienst finden.

5.1.1 Die Anwendungsoberfläche

Ähnlich wie in Word finden Sie in PowerPoint Copilot an unterschiedlichen Stellen in der Anwendungsoberfläche wieder:

- Ist eine Präsentation geöffnet und eine Folie zu sehen, erscheint links über der Folie eine Copilot-Schaltfläche, wenn Sie mit der Maus auf die Folie fahren.
- In der Symbolleiste befindet sich eine Copilot-Schaltfläche, mit der Sie die spezielle Aufgabenleiste am rechten Fensterrand öffnen.

In Abbildung 5.1 sehen Sie beides als Übersicht.

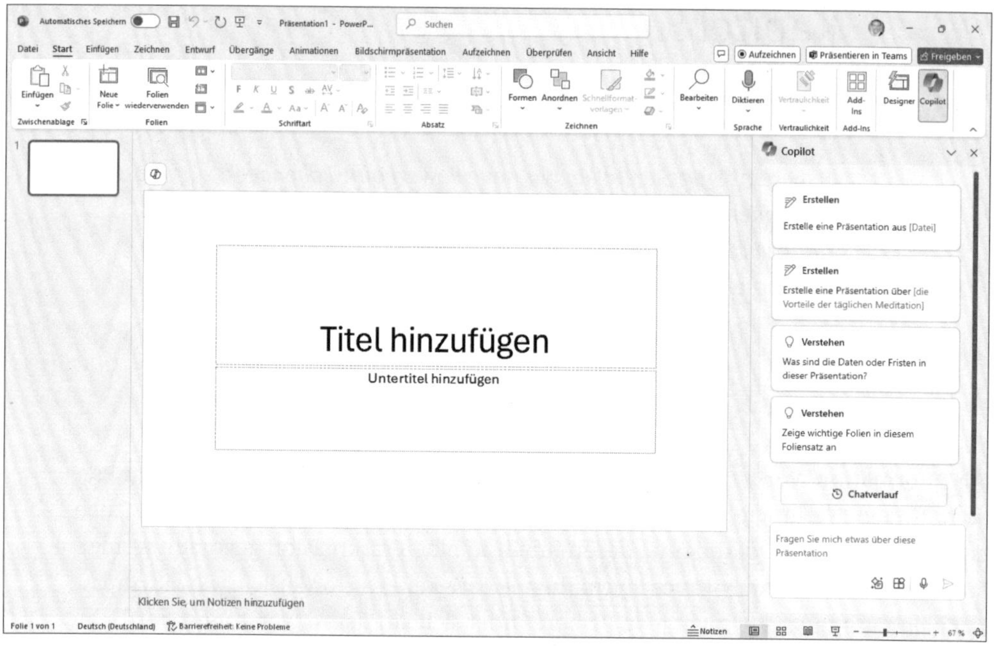

Abbildung 5.1 Copilot-Integrationen in PowerPoint

Wie Sie sich sicher schon denken können, ist hier das Prinzip identisch mit dem in Word: Möchten Sie die aktuell angezeigte Folie bearbeiten, greifen Sie eher zu der über der Folie angezeigten Copilot-Schaltfläche, um mit Copilot zu arbeiten. Betrifft Ihr Anliegen eher den gesamten Foliensatz oder noch nicht existierende Folien, arbeiten Sie mit der Aufgabenleiste.

Copilot-Schaltfläche über einer Folie

Die Copilot-Schaltfläche über der Folie führt Sie zu einem Menü mit drei Befehlen:

- COPILOT FRAGEN: Damit öffnen Sie die Copilot-Aufgabenleiste am rechten Fensterrand (siehe nächster Abschnitt).
- PRÄSENTATION AUS EINER DATEI ERSTELLEN: Auch hier öffnet sich die Copilot-Aufgabenleiste mit einem vorgegebenen Prompt und einem Dialog zur Auswahl einer Datei. Hier könnten Sie etwa ein Word-Dokument angeben, aus dem Copilot anschließend einen Foliensatz erstellt. Wie das geht, sehen wir uns in Abschnitt 5.2.1, »Marketing: Kundenpräsentationen erstellen«, noch in der Praxis an.
- ERSTELLEN EINER PRÄSENTATION MIT INFORMATIONEN ZU ...: Dahinter verbirgt sich ein besonderes Werkzeug, mit dem Sie, von Copilot unterstützt, die Struktur für einen Foliensatz bestimmen. Sind Sie damit fertig, erzeugt Copilot auf Basis der Struktur die dazu passenden Folien. Das Werkzeug nennt sich *Narrative Builder*, und ich beschreibe es in Abschnitt 5.1.2, »Narrative Builder«, genauer.

Copilot-Aufgabenleiste

Ist die Copilot-Aufgabenleiste nicht zu sehen, klicken Sie in der Symbolleiste auf die Registerkarte START und wählen die Schaltfläche COPILOT. Auf der rechten Seite erscheint dann der separate Copilot-Arbeitsbereich (siehe Abbildung 5.2).

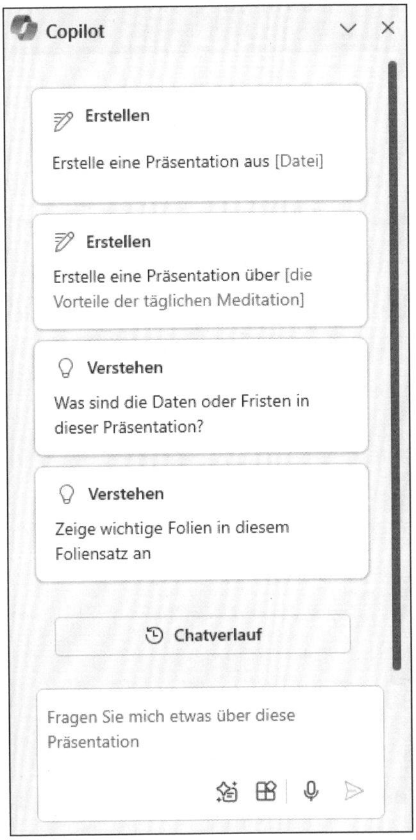

Abbildung 5.2 Die Copilot-Aufgabenleiste

Im oberen Teil erhalten Sie Vorschläge für Prompts und am unteren Rand finden Sie das Eingabefeld für Ihren Prompt. Dort können Sie Fragen stellen oder Anweisungen geben.

Unter dem Eingabefeld gibt es noch weitere Symbole:

- PROMPTS ANZEIGEN: Klicken Sie hier, erhalten Sie eine weitere Auswahl von Prompts, die speziell für Microsoft PowerPoint gedacht sind. Diese Prompts stammen aus dem *Copilot-Promptkatalog*. Haben Sie dort Prompts für sich gespeichert, können Sie auf diese auch direkt innerhalb von PowerPoint zugreifen, ohne erst im Browser die Webseite öffnen zu müssen. Mehr zum Copilot-Promptkatalog lesen Sie in Abschnitt 2.5.1.

- VERWALTEN VON INHALTSEINSTELLUNGEN: Über diese Schaltfläche aktivieren und deaktivieren Sie Erweiterungen für Copilot. Dazu gehört insbesondere auch die Websuche. Ist sie aktiviert, nutzt Copilot für das Ergebnis Ihres Prompts gegebenenfalls auch aktuelle im Web verfügbare Informationen.
- MIKROFON: Anstatt den Prompt mit der Tastatur zu formulieren, können Sie ihn auch über das Mikrofon Ihres Rechners aufnehmen.

5.1.2 Narrative Builder

Copilot in PowerPoint erlaubt es Ihnen, ohne großen Aufwand einen Satz an Folien zu erstellen, den Sie ergänzen und anpassen können. Dabei sind mehrere Wege denkbar:

- Über die Copilot-Aufgabenleiste führen Sie einen Prompt aus, der als Grundlage den Inhalt einer bestehenden Datei verwendet. Beispielsweise über einen Prompt wie diesen:

> **Prompt:**
> Erstelle eine Präsentation aus Datei Beispiel.docx.

- Ebenso könnten Sie in der Aufgabenleiste nach einem Foliensatz zu einem bestimmten Thema fragen:

> **Prompt:**
> Erstelle eine Präsentation zum Thema 3D-Drucker.

- Natürlich können Sie den Prompt hier auch mit zusätzlichen Details versehen.
- Und dann gibt es mit dem Narrative Builder eine weitere Variante, die wir uns in diesem Abschnitt genauer ansehen.

Den Narrative Builder finden Sie nach dem Anlegen einer neuen PowerPoint-Datei über das Copilot-Symbol, das direkt über der Folie angezeigt wird. Klicken Sie darauf und wählen Sie dann im Menü, das nun zu sehen ist, den Befehl ERSTELLE EINE PRÄSENTATION MIT INFORMATIONEN ZU .... Damit erscheint ein Fenster wie in Abbildung 5.3.

Im Eingabefeld auf der oberen Seite bestimmen Sie das Thema der gewünschten Präsentation. Auf Basis dessen erstellt Copilot einen Strukturvorschlag. Wie das aussehen kann, zeigt Abbildung 5.4.

Abbildung 5.3 Narrative Builder

Abbildung 5.4 Strukturvorschlag

Diesen Vorschlag müssen Sie nicht direkt übernehmen. Stattdessen können Sie die Blöcke in der Reihenfolge ändern, indem Sie diese einfach an die gewünschte Stelle ziehen. Überflüssige Blöcke können Sie löschen oder auch neue einfügen. Fahren Sie dazu mit der Maus zwischen zwei Blöcke und klicken Sie auf die Plus-Schaltfläche, die nun erscheint. Danach können Sie wie in Abbildung 5.5 einen weiteren Prompt zur Beschreibung der gewünschten Inhalte hinzufügen.

Abbildung 5.5 Strukturvorschlag anpassen

Sind Sie mit der Struktur einverstanden, weisen Sie Copilot mit einem Klick auf FOLIEN GENERIEREN an, die Umsetzung vorzunehmen. Dies dauert einige Sekunden. Danach sehen Sie ein Ergebnis, das dem in Abbildung 5.6 ähneln wird.

[»] Tipp: PowerPoint hat in diesem Beispiel eine Standardfolienvorlage verwendet. Möglicherweise wollen Sie aber eine andere Vorlage verwenden, die etwa Ihrem Unternehmensfarbschema entspricht. Das ist auch mit Narrative Builder möglich, wenn Sie beim Anlegen der Präsentation gleich die gewünschte Vorlage auswählen (siehe Abbildung 5.7).

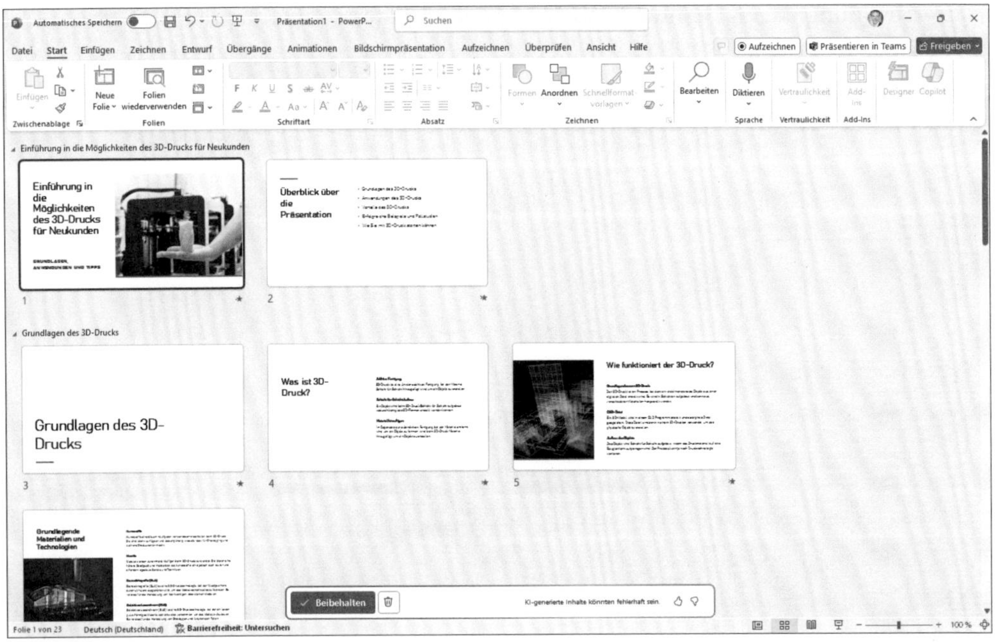

Abbildung 5.6 Erstellte Folien

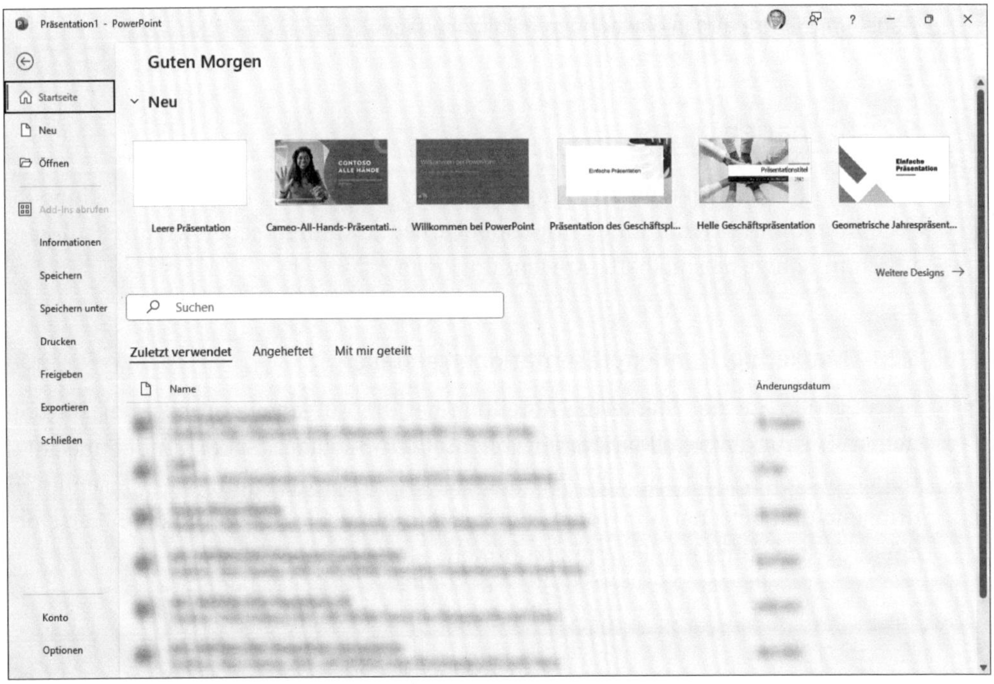

Abbildung 5.7 Auswahl einer Folienvorlage

Abbildung 5.8 zeigt ähnliche Inhalte, nur mit der Standardvorlage HELLE GESCHÄFTS-PRÄSENTATION.

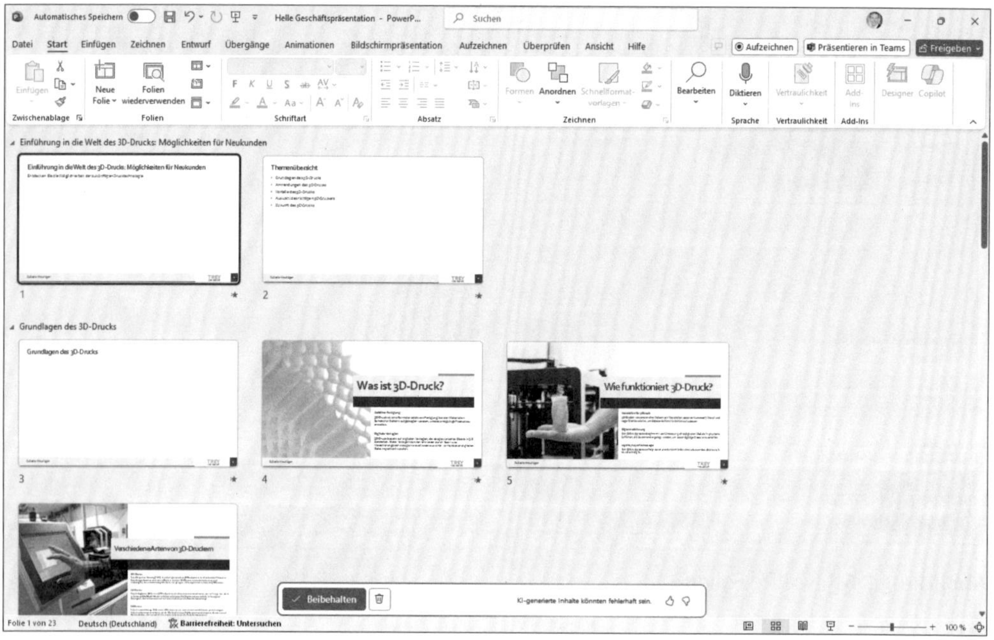

Abbildung 5.8 Inhalte in einer anderen Folienvorlage

5.2 Szenarien

Damit Sie eine genauere Vorstellung davon bekommen, wie Sie bei der Erstellung Ihrer PowerPoint-Präsentationen mit Copilot arbeiten können, sehen wir uns in diesem Abschnitt einige beispielhafte Anwendungen an.

5.2.1 Marketing: Kundenpräsentationen erstellen

Betti Castillo aus der Marketing-Abteilung hat die Aufgabe übernommen, für den neuen 3D-Drucker VoxelMatic einen Foliensatz zu erstellen, der bei Kundenpräsentationen eingesetzt werden soll. Wie meistens ist die Fertigstellung der Präsentation dringend und Betti hat nur wenig Zeit zur Verfügung. Sie nutzt Copilot an verschiedenen Stellen, um schnell voranzukommen.

Neue Präsentation auf Basis vorhandenen Inhalts erstellen

Zunächst möchte Betti eine Basis für den Foliensatz erstellen, den sie dann immer weiter ausbauen und verfeinern kann. Von der Entwicklungsabteilung hat sie verschiedene Materialien erhalten, die sie als Grundlage für den Foliensatz verwenden möchte. Dazu gehören zwei Word-Dokumente mit einer Beschreibung des Druckers sowie den technischen Daten. Abbildung 5.9 und Abbildung 5.10 zeigen Auszüge daraus.

VoxelMatic 3D-Drucker

Innovation trifft Präzision

Beschreibung des VoxelMatic

Der VoxelMatic ist ein revolutionärer 3D-Drucker, der entwickelt wurde, um sowohl im professionellen als auch im privaten Bereich maßgeschneiderte Lösungen anzubieten. Er kombiniert fortschrittliche Drucktechnologie mit benutzerfreundlichen Funktionen und stellt somit sicher, dass sowohl Einsteiger als auch erfahrene Anwender von seiner Leistung profitieren können.

Anwendungsszenarien

Der VoxelMatic 3D-Drucker eröffnet eine Vielzahl von Anwendungsmöglichkeiten, die sowohl in beruflichen als auch in privaten Kontexten genutzt werden können:

Prototyping

Für Ingenieure und Designer bietet der VoxelMatic die Möglichkeit, Prototypen schnell und präzise zu erstellen. Mit seiner hohen Druckauflösung und den vielseitigen Materialoptionen können komplexe Modelle und funktionale Teile produziert werden.

Bildung und Forschung

In Schulen und Universitäten kann der VoxelMatic für Unterrichtszwecke eingesetzt werden. Er ist ideal für Projekte in den Bereichen Wissenschaft, Technologie, Ingenieurwesen und Mathematik (STEM) und ermöglicht es Schülern und Studenten, ihre kreativen Ideen in greifbare Objekte zu verwandeln.

Kunst und Hobby

Künstler und Hobbyisten schätzen die Vielseitigkeit des VoxelMatic, der es ihnen erlaubt,

Abbildung 5.9 Beschreibung des 3D-Druckers

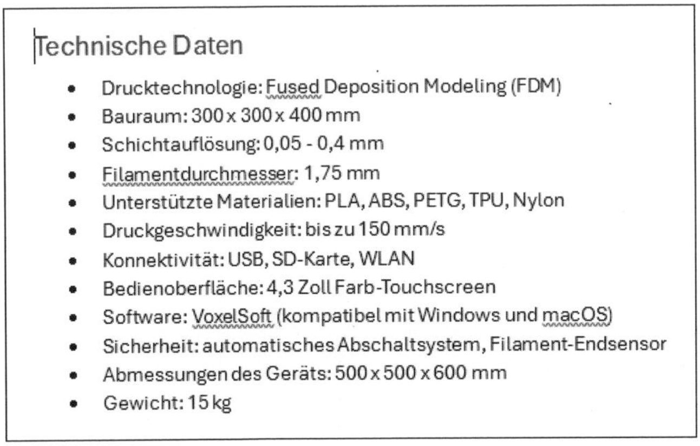

Technische Daten

- Drucktechnologie: Fused Deposition Modeling (FDM)
- Bauraum: 300 x 300 x 400 mm
- Schichtauflösung: 0,05 - 0,4 mm
- Filamentdurchmesser: 1,75 mm
- Unterstützte Materialien: PLA, ABS, PETG, TPU, Nylon
- Druckgeschwindigkeit: bis zu 150 mm/s
- Konnektivität: USB, SD-Karte, WLAN
- Bedienoberfläche: 4,3 Zoll Farb-Touchscreen
- Software: VoxelSoft (kompatibel mit Windows und macOS)
- Sicherheit: automatisches Abschaltsystem, Filament-Endsensor
- Abmessungen des Geräts: 500 x 500 x 600 mm
- Gewicht: 15 kg

Abbildung 5.10 Technische Daten des 3D-Druckers

Betti startet PowerPoint und legt eine neue leere Präsentation an. Dann öffnet sie die Copilot-Aufgabenleiste über die entsprechende Schaltfläche in der Symbolleiste.

Dort führt sie den folgenden Prompt aus:

> **Foliensatz auf Basis einer Word-Datei erstellen:**
> Erstelle aus der Datei Beschreibung VoxelMatic.docx einen Foliensatz.

Das Ergebnis sehen Sie in Abbildung 5.11.

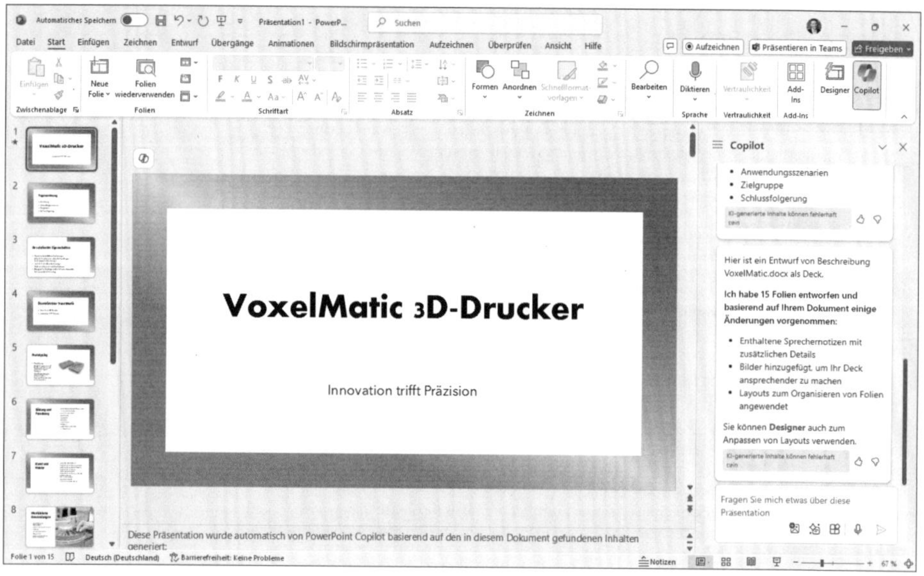

Abbildung 5.11 Ergebnis der Folienerstellung

Das Ergebnis gefällt Betti noch nicht wirklich, weshalb sie Alternativen ausprobieren möchte. Sie beginnt deshalb erneut, diesmal jedoch mit einer Präsentationsvorlage, die dem üblichen Aussehen ihres Unternehmens entspricht. Im Prompt fügt sie auch mehr Kontext hinzu:

> **Genauere Angaben zur Folienerstellung:**
> Erstelle eine PowerPoint-Präsentation basierend auf der Datei Beschreibung VoxelMatic.docx. Die Präsentation soll folgende Anforderungen erfüllen:
>
> Zielgruppe: Nicht technikaffines Publikum
>
> Dauer: Maximal 30 Minuten
>
> Stil: Verwende einfache und verständliche Sprache.
>
> Sprechertext: Erstelle für jede Folie einen kurzen Sprechertext, der den Inhalt der Folie erklärt.

Mit dem Ergebnis aus Abbildung 5.12 ist Betti schon deutlich zufriedener.

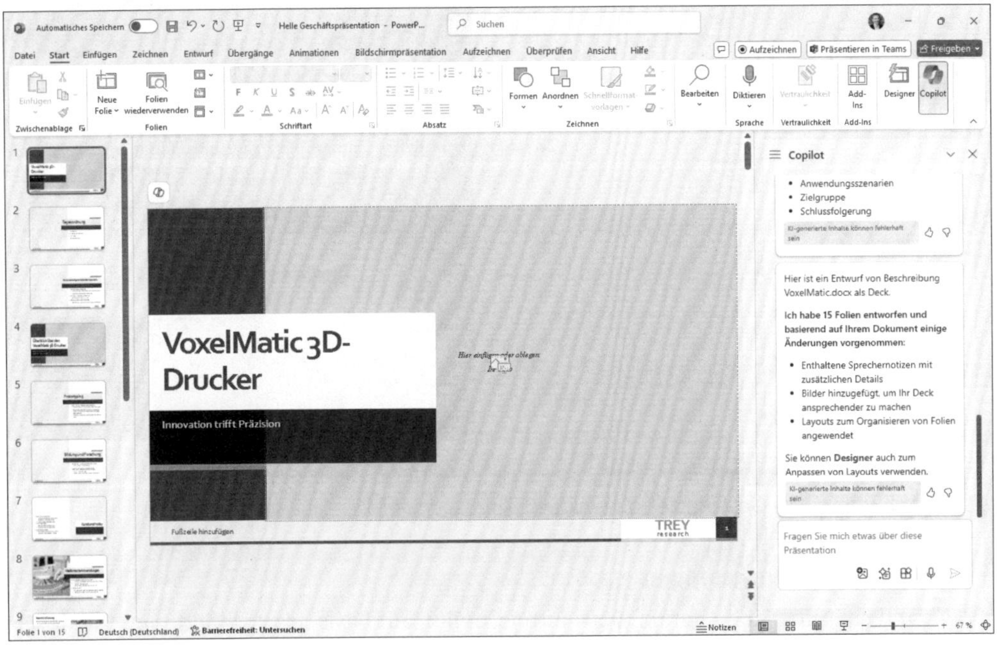

Abbildung 5.12 Alternativer Foliensatz

Präsentation ergänzen

Betti möchte als erste Folie einen Überblick zur geschichtlichen Entwicklung von 3D-Druckern hinzufügen, um aufzuzeigen, wie schnell sich die Technik in den vergangenen Jahren weiterentwickelt hat. Außerdem fehlt noch eine Folie mit der Agenda.

Weitere Inhalte hinzufügen

Zunächst markiert sie wiederum die Folie, nach der die neue Folie eingefügt werden soll, und gibt Copilot in der Aufgabenleiste den folgenden Prompt:

> **Weitere Folie mit Inhalt hinzufügen:**
> Füge nach dieser Folie eine neue Folie ein, auf der die geschichtliche Entwicklung von 3D-Druckern kurz skizziert wird.

Das Ergebnis aus Abbildung 5.13 verwendet sie, und sie ergänzt die Folie mit ihren eigenen Gedanken zu diesem Thema.

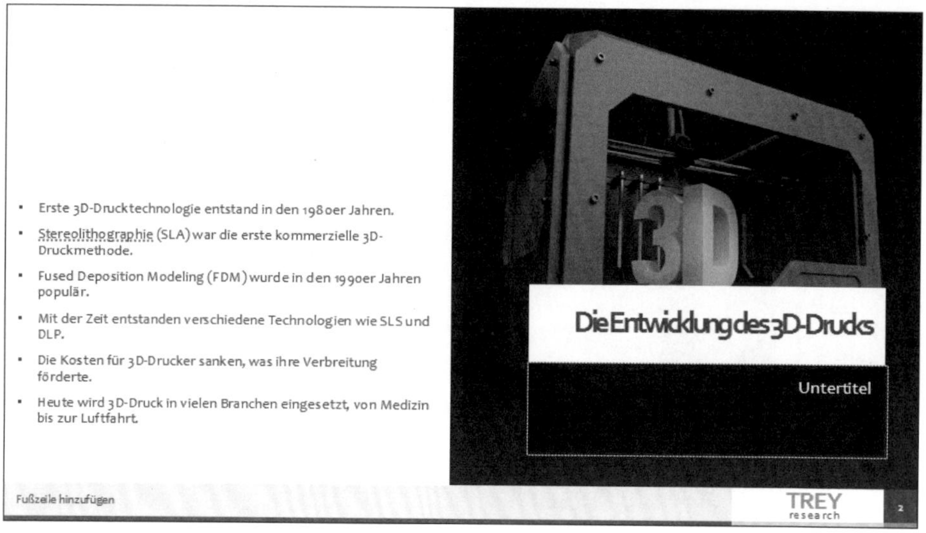

Abbildung 5.13 Generierte Folie inklusive Bild

Agenda-Folie hinzufügen

Und jetzt noch die Agenda: Betti bittet Copilot, auf Basis des vorhandenen Inhalts eine Folie mit einem Agenda-Vorschlag aufzubereiten. Dazu nutzt sie diesen Prompt:

> **Agenda hinzufügen:**
> Füge eine Agendafolie hinzu.

Den Vorschlag aus Abbildung 5.14 übernimmt Betti.

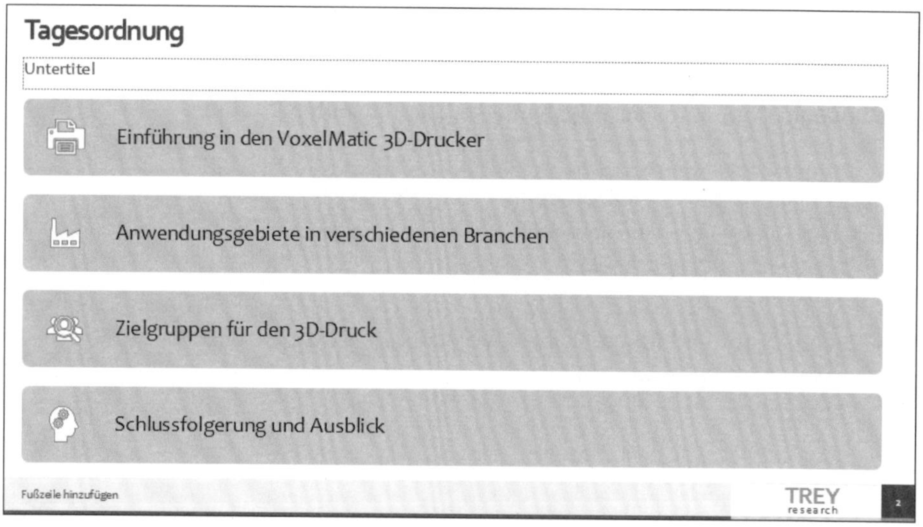

Abbildung 5.14 Generierte Agendafolie

Präsentation optimieren

Der Foliensatz ist in der Zwischenzeit durch zusätzliche Folien etwas umfangreicher geworden. An einigen Folien möchte Betti jedoch noch verschiedene Optimierungen vornehmen.

Bild generieren und einfügen

Weiter geht es mit der Folie aus Abbildung 5.15. Der Text ist gut, jedoch fehlt ein Bild zur Veranschaulichung. Betti hat leider kein passendes Bild zur Hand, und in den üblichen Bildbibliotheken wurde sie nicht fündig.

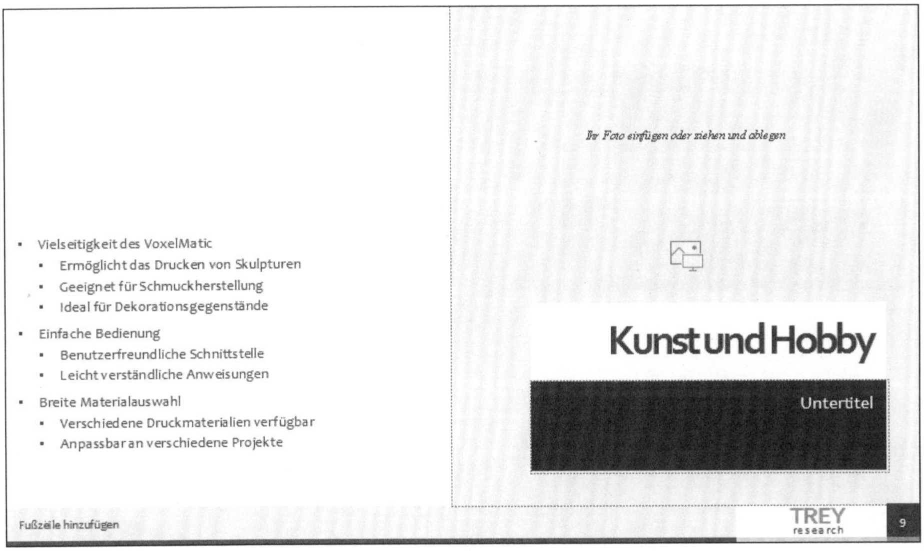

Abbildung 5.15 Eine Folie ohne Bild

Deshalb bittet sie Copilot, ein passendes Bild zu generieren. Sie führt den folgenden Prompt aus:

> **Ein Bild soll hinzugefügt werden:**
> Füge zu dieser Folie ein passendes Bild eines 3D-gedruckten Gegenstandes hinzu.

Copilot fügt das Bild zwar nicht selbst hinzu, jedoch hat der Dienst einige Vorschläge parat (siehe Abbildung 5.16).

Das Generieren eines Bilds in PowerPoint wird technisch über die Einbindung des Dienstes *Microsoft Designer* realisiert. Diesen Dienst können Sie auch direkt verwenden (siehe Abbildung 5.17):

https://designer.microsoft.com/

Abbildung 5.16 Copilot schlägt Bilder vor.

Abbildung 5.17 Microsoft Designer

Folie animieren

Betti möchte gern, dass während der Präsentation eine Folie animiert abläuft, um die Darstellung interessanter zu gestalten. Gut, dass Copilot nicht nur Inhalte generieren kann, sondern sogar bei der Animation unterstützt. Betti verwendet dazu diesen kurzen Prompt, um eine Idee des Ablaufs zu erhalten:

> **Prompt:**
> Animiere diese Folie.

In Abbildung 5.18 sehen Sie den Animationsbereich mit dem von Copilot erstellten Ablauf. Betti kann diesen nun noch anpassen, falls er nicht ideal sein sollte.

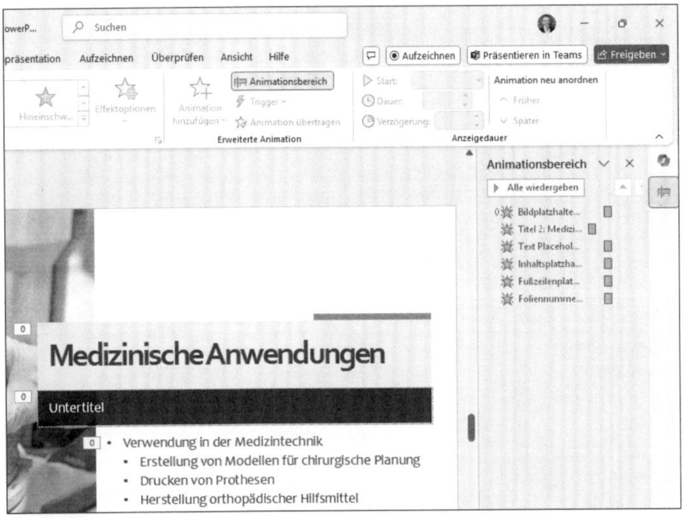

Abbildung 5.18 Von Copilot animierte Folie

5.2.2 Vertrieb: Kundenpräsentation anpassen

Juli Stark aus der Vertriebsabteilung bereitet den nächsten Termin mit einem wichtigen Kunden vor, den er von den Vorzügen des neuen 3D-Druckers überzeugen möchte. Von Betti aus dem Marketing hat er vor Kurzem die neue Kundenpräsentation erhalten. Über den Inhalt und den Aufbau möchte er sich nun zunächst einen ersten Eindruck verschaffen, um anschließend einige kundenspezifische Modifikationen vorzunehmen.

Juli öffnet die neue Präsentation in PowerPoint. Anstatt diese im Detail und Folie für Folie durchzugehen, bittet er Copilot zunächst um eine Zusammenfassung. Die Details kann er sich später immer noch genauer ansehen.

Er öffnet die Copilot-Aufgabenleiste und formuliert den folgenden Prompt:

Prompt:
Fasse diese Präsentation zusammen.

Copilot generiert eine Zusammenfassung wie in Abbildung 5.19.

Damit erhält Juli einen ersten Eindruck vom Inhalt. Gleich danach stellt er auch noch einige Fragen dazu:

Spezifische Frage zum Folieninhalt:
Welche revolutionären Eigenschaften bietet der VoxelMatic 3D-Drucker und wie unterscheiden sie sich von anderen 3D-Druckern auf dem Markt?

Das Ergebnis sehen Sie in Abbildung 5.20.

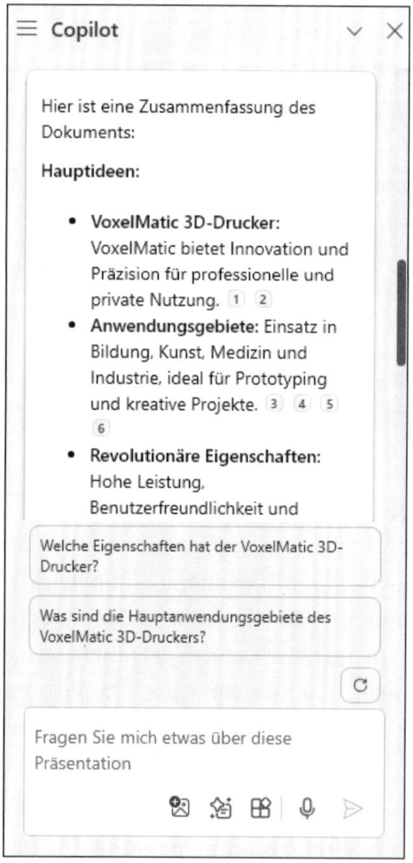

Abbildung 5.19 Copilot erstellt eine Zusammenfassung.

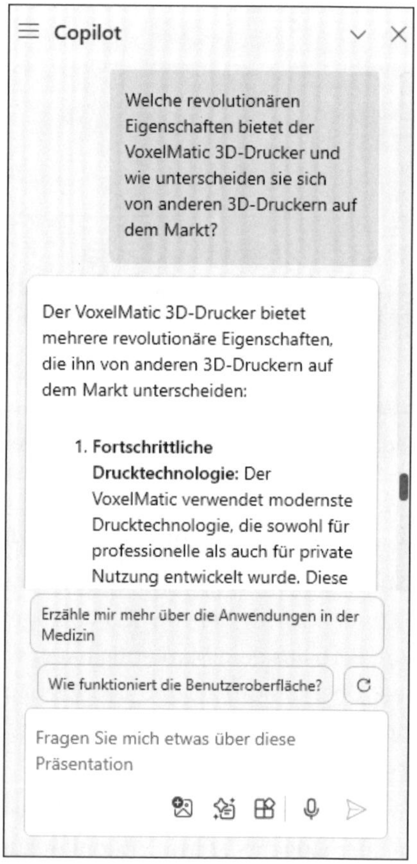

Abbildung 5.20 Copilot beantwortet auch spezifische Fragen.

5.3 So geht es weiter

Jetzt fehlt uns noch mit Microsoft Outlook die vierte große Anwendung aus dem Office-Paket. Im nächsten Kapitel werden Sie lernen, wie Sie Copilot mit Ihrem Posteingang, Ihren E-Mails, Ihrem Kalender und weiteren Funktionen einsetzen.

Kapitel 6
Microsoft Outlook

In diesem Kapitel verschaffen wir uns einen Überblick im Posteingang. Wir erstellen mit Copilot Entwürfe für neue E-Mails und lassen uns zu bestehenden E-Mails coachen, um möglichst den richtigen Ton zu treffen. Und wir koordinieren unsere Termine.

Die Wahrscheinlichkeit ist recht hoch, dass für Sie als Information Worker die Arbeit mit Ihren E-Mails über Outlook zu den regelmäßigsten Aufgaben gehört. Da trifft es sich gut, dass Copilot auch dort eine tiefe Integration bereitstellt und Ihnen Alltagsaufgaben erleichtert. Dazu gehört beispielsweise die Zusammenfassung des Posteingangs (was für mich besonders hilfreich am Montagmorgen oder nach ein paar Urlaubstagen ist) oder von längeren E-Mail-Threads. Copilot erstellt für Sie aber auch Vorschläge zur Formulierung Ihrer eigenen E-Mails – selbst in verschiedenen Sprachen – und gibt Ihnen auf Wunsch ein Coaching, was Sie bei einer bereits formulierten E-Mail möglicherweise noch verbessern könnten. Spannend ist bei Outlook auch die Integration in die Anwendungsoberfläche. Manche Tätigkeiten, beispielsweise das Zusammenfassen eines E-Mail-Threads, rufen Sie einfach über eine separate Schaltfläche auf, ohne dass Sie dafür einen Prompt formulieren müssten.

Sehen wir uns also in diesem Kapitel die Copilot-Integration in Microsoft Outlook an sowie einige konkrete Beispiele für verschiedene Einsatzmöglichkeiten, die Ihnen gute Impulse für Ihre eigenen Tätigkeiten und Aufgabenstellungen liefern sollen.

6.1 Copilot-Integration

Starten wir wieder mit einem Überblick, wie Microsoft Copilot in Outlook eingebunden wurde und an welchen Stellen dieser Dienst verfügbar ist. Wie Sie sehen werden, finden Sie in der Anwendungsoberfläche spezielle Schaltflächen, mit denen Sie Copilot-Funktionen aufrufen können, ohne erst einen Prompt formulieren zu müssen.

6.1.1 Die Anwendungsoberfläche

Wie ich in Abschnitt 1.2.4, »Copilot in verschiedenen Apps«, schon erwähnt habe, sind derzeit von Outlook die klassische und eine modernere Variante (das »neue Outlook«) im Umlauf. Da neue Copilot-Funktionen von Microsoft zuerst im neuen Outlook entwickelt werden, bevor sie dann nach einiger Zeit auch in der klassischen Variante verfügbar sind, habe ich die Bildschirmabbildungen im neuen Outlook erstellt. Die Darstellung im alten Outlook ist aber nicht sehr unterschiedlich; Sie sollten sich also zurechtfinden. Im Zweifelsfall ist die eine oder andere Funktion aber tatsächlich noch nicht im alten Outlook verfügbar. Sollten Sie das neue Outlook noch nicht verwenden können, beispielsweise weil die Unternehmens-IT es noch nicht freigegeben hat, dann weichen Sie einfach auf die Browser-Variante von Outlook aus, die Sie unter der folgenden Adresse erreichen (siehe Abbildung 6.1):

https://outlook.office.com

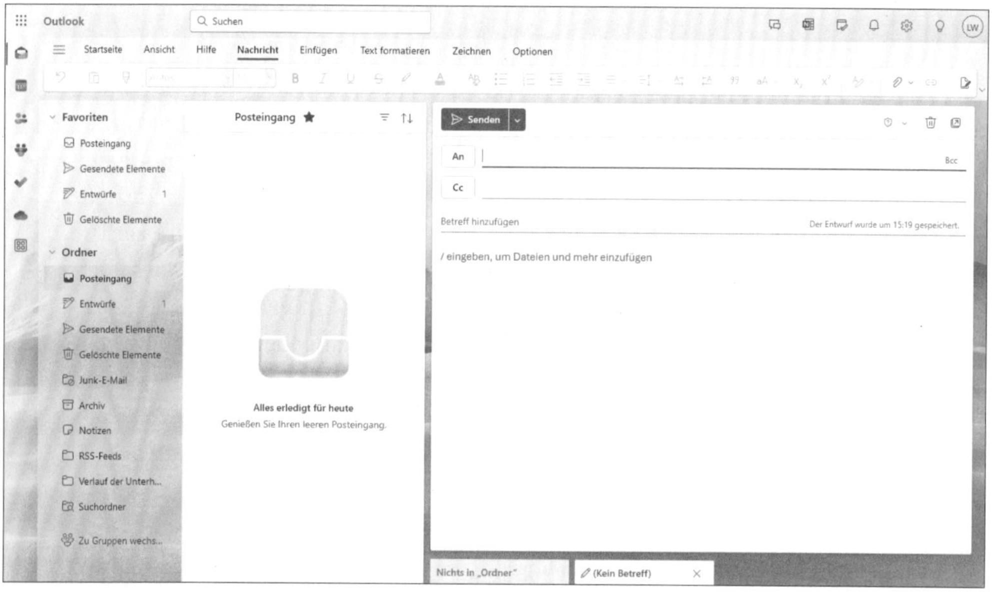

Abbildung 6.1 Outlook im Browser

Copilot als App

Zunächst einmal gibt es eine recht allgemeine Integration von Copilot in Outlook, und zwar als App, die in der Navigationsleiste am linken Rand des Outlook-Fensters dargestellt wird. Abbildung 6.2 zeigt die Ansicht.

Über das Symbol erreichen Sie keinen speziell an Outlook angepassten Copilot, sondern einen eher allgemeinen Zugang, in dem Sie Prompts formulieren können, die nicht nur Outlook, sondern den kompletten Funktionsumfang von Copilot betreffen.

Diese Art der Einbindung lässt sich mit der Integration von Copilot über den Chat im Teams-Client vergleichen oder auch mit der direkten Nutzung von Copilot im Browser.

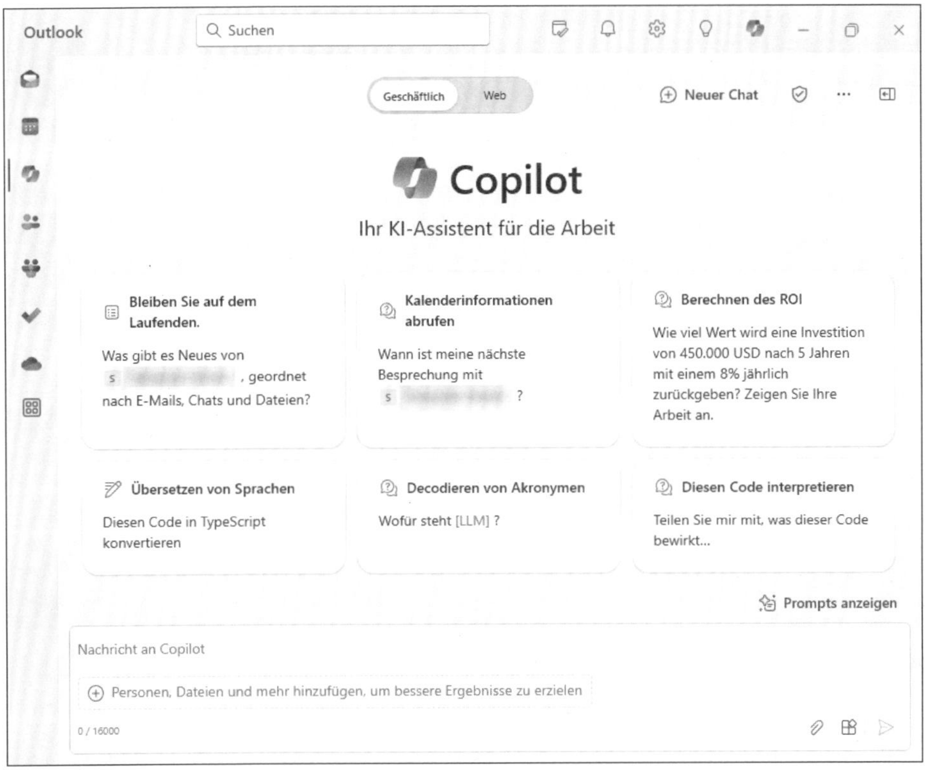

Abbildung 6.2 Outlook mit Copilot-Integration

Copilot in der Aufgabenleiste

In der Leiste am oberen rechten Rand des Outlook-Fensters ist ebenfalls eine Copilot-Schaltfläche zu sehen. Über diese öffnen Sie, ähnlich wie in anderen Office-Anwendungen, am rechten Rand die Copilot-Aufgabenleiste (siehe Abbildung 6.3).

Hier stellen Sie Anfragen an Copilot – insbesondere zum Postfach-Bereich, also beispielsweise, um Mails zusammenzufassen, Informationen zu finden, Besprechungen zu organisieren oder mit den Inhalten abgeschlossener Meetings zu arbeiten.

Klicken Sie unter dem Eingabefeld auf die Schaltfläche PROMPTS ANZEIGEN, erhalten Sie eine weitere Auswahl von Prompts, die speziell für Microsoft Outlook gedacht sind. Diese Prompts stammen aus dem *Copilot-Promptkatalog*. Haben Sie dort Prompts für sich gespeichert, können Sie auf diese auch direkt innerhalb von Outlook zugreifen, ohne erst im Browser die Webseite öffnen zu müssen. (Mehr zum Copilot-Promptkatalog lesen Sie in Abschnitt 2.5.1.)

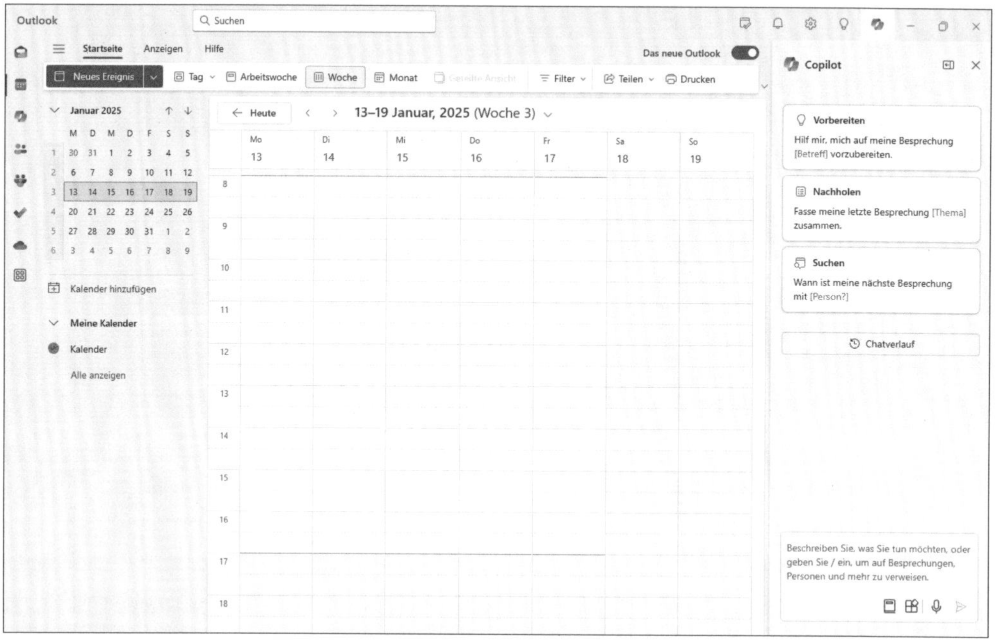

Abbildung 6.3 Die Copilot-Aufgabenleiste in Outlook

Copilot bei E-Mails und E-Mail-Threads im Posteingang

In Outlook ist Ihnen bestimmt schon die Schaltfläche ZUSAMMENFASSUNG DURCH COPILOT aufgefallen, die über dem Inhalt der E-Mail angezeigt wird, sobald Sie eine E-Mail oder einen E-Mail-Thread ausgewählt haben (siehe Abbildung 6.4).

Abbildung 6.4 Anzeige einer E-Mail mit Schaltfläche zur Copilot-Zusammenfassung

Hierüber rufen Sie eine Zusammenfassung auf und müssen sich im besten Fall nicht durch längere E-Mails kämpfen. Wie eine solche Zusammenfassung aussehen kann, zeigt Abbildung 6.5.

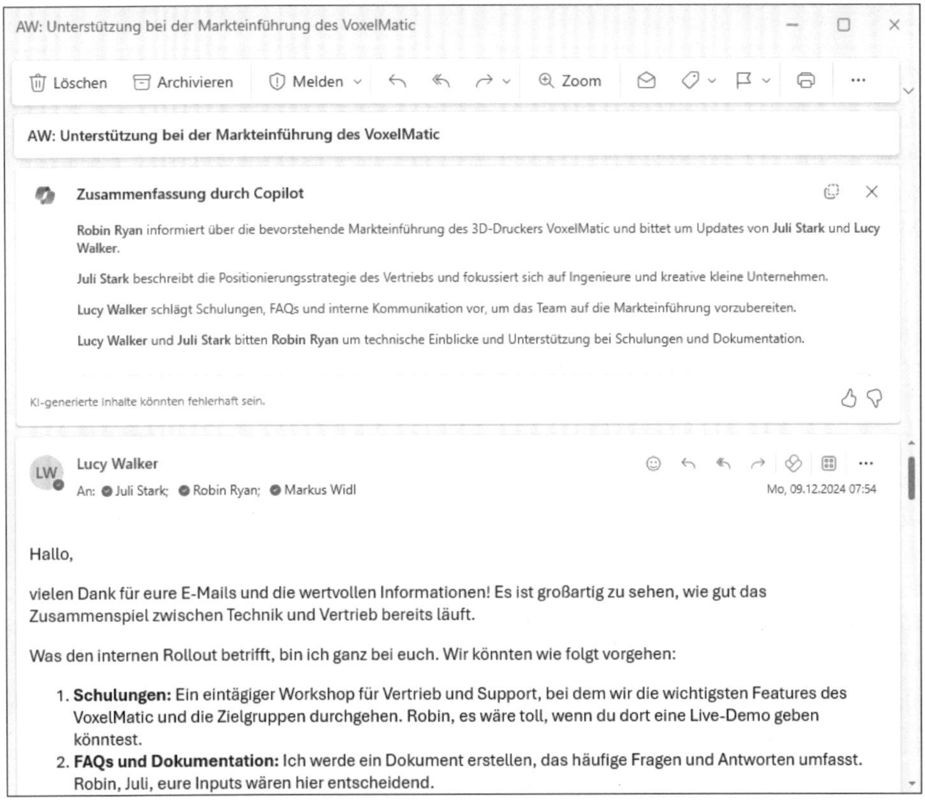

Abbildung 6.5 Zusammenfassung eines E-Mail-Threads durch Copilot

Möchten Sie von Copilot nicht nur die Zusammenfassung einer einzelnen E-Mail oder eines E-Mail-Threads erhalten, sondern etwa eine Zusammenfassung sämtlicher ungelesener Nachrichten Ihres Posteingangs, gibt es dafür keine separate Schaltfläche. Über einen Prompt, den Sie über den Chat mit Copilot im Teams-Client (siehe Abschnitt 7.1.3, »Copilot in Chats und Beiträgen«) oder im Browser ausführen (siehe Abschnitt 1.2.1, »Copilot auf separater Webseite«), erhalten Sie dennoch das gewünschte Ergebnis. Ein solches Szenario sehen wir uns in Abschnitt 7.2.1, »HR: Tagesunterstützung«, genauer an.

Ab Frühling 2025 ist Copilot im neuen Outlook auch in der Lage, die Nachrichten im Posteingang nach einer Priorität anzuzeigen. Diese Priorität wird speziell für Sie auf Basis Ihrer bisherigen Arbeitsweise und der Personen berechnet, mit denen Sie häufig in Kontakt sind. Klicken Sie dann auf eine dieser priorisierten Mails, zeigt Copilot Ihnen auch gleich eine Zusammenfassung des Inhalts samt wichtiger Punkte an, beispielsweise Tätigkeiten, die durchgeführt werden sollen. Außerdem können Sie Copilot mitteilen, warum eine bestimmte E-Mail für Sie von hoher oder niedriger Priotität ist. Auf Basis Ihrer Angaben lernt dann Copilot immer besser, welche Nachrichten für Sie eine besonders hohe Relevanz haben.

Copilot beim Formulieren neuer E-Mails

Außer mit automatisch generierten E-Mails kann Ihnen Copilot auch bei der Formulierung einer E-Mail assistieren. Dazu öffnen Sie das Fenster für eine neue E-Mail und wählen dann in der Symbolleiste die Schaltfläche COPILOT und anschließend den Menübefehl ENTWURF MIT COPILOT. Damit erscheint ein Fenster wie in Abbildung 6.6.

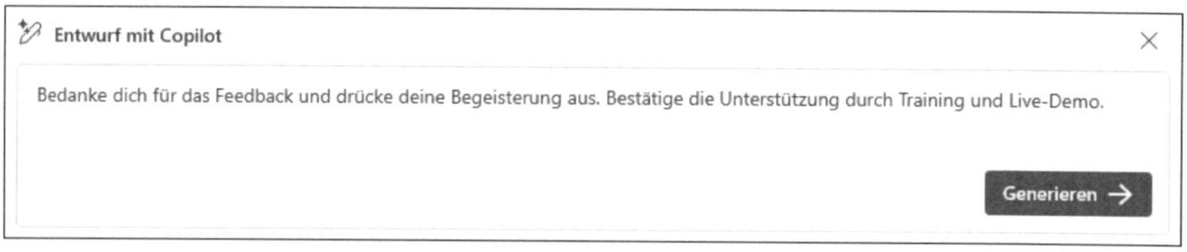

Abbildung 6.6 E-Mail mit Copilot entwerfen

Formulieren Sie hier zunächst Ihren Prompt, mit dem Sie beschreiben, was Copilot für einen Text generieren soll. Dabei können Sie auch bei einer Antwort auf eine E-Mail auf den bisherigen Inhalt verweisen oder darauf Bezug nehmen.

Über Sie Schaltfläche PROMPT BEARBEITEN (links neben dem Prompt-Eingabefeld) können Sie darüber hinaus noch den Tonfall und die Länge beeinflussen (siehe Abbildung 6.7).

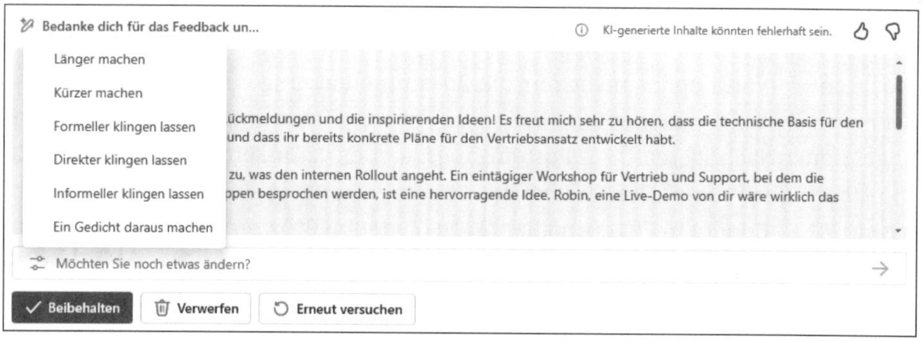

Abbildung 6.7 Entwurf anpassen

Copilot schlägt Ihnen dann wie in Abbildung 6.8 einen Entwurf vor.

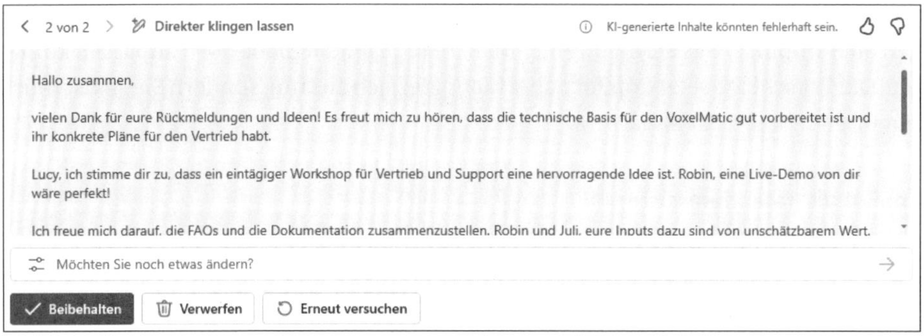

Abbildung 6.8 Fertiger Entwurf

Diesen Entwurf können Sie nun BEIBEHALTEN oder VERWERFEN oder Sie lassen mit ERNEUT VERSUCHEN Copilot eine Alternative formulieren.

Beachten Sie aber Folgendes: Wenn Sie einen Entwurf von Copilot an dieser Stelle übernehmen, wird immer der möglicherweise schon vorhandene E-Mail-Text komplett ersetzt.

Copilot als E-Mail-Coach

Copilot kann Ihnen jedoch nicht nur beim Entwerfen eines E-Mail-Textes helfen, sondern gibt auch Feedback und gegebenenfalls Ratschläge, wie Sie einen bereits bestehenden E-Mail-Text vor dem Versenden noch verbessern könnten.

Dazu öffnen Sie den jeweiligen E-Mail-Entwurf und klicken auf das COPILOT-Symbol in der Symbolleiste. Dann erscheint ein Menü, in dem Sie den Befehl COACHING VON COPILOT auswählen.

Wie in Abbildung 6.9 zu sehen ist, erhalten Sie nun von Copilot ein Feedback zu Tonfall, Leserstimmung und Klarheit.

Abbildung 6.9 E-Mail-Coaching durch Copilot

Wählen Sie eine der Kategorien, gibt Copilot in rechten Bereich konkrete Empfehlungen oder Impulse, was Sie an Ihrem E-Mail-Text gegebenenfalls noch anpassen könnten. Die Vorschläge setzt Copilot dabei nicht von sich aus um, sondern Sie selbst müssen Ihren E-Mail-Text anpassen.

Copilot als Kalenderassistent

Copilot kann Ihnen so manche Aufgabe bei Ihrer täglichen Arbeit mit E-Mails abnehmen. Doch beschränkt sich seine Outlook-Integration nicht nur auf E-Mails, sondern umfasst auch Kalendereinträge. Sicher kennen Sie die Situation, mit einer bestimmten Person oder Personengruppe einen passenden Zeitslot für ein Meeting ausfindig zu machen. Über die Aufgabenleiste können Sie über einen Prompt Copilot bitten, einen geeigneten Zeitslot zu suchen. Copilot kann dann nicht nur einen geeigneten Zeitpunkt aufspüren, sondern auch gleich den entsprechenden Kalendereintrag dazu anlegen. Dafür könnten Sie beispielsweise einen Prompt wie diesen ausführen (siehe Abbildung 6.10):

> **Meeting planen:**
> Suche nach einem freien Zeitslot für ein 30-minütiges Gespräch mit Lucy Walker in der Woche vom 20. Januar zum Thema »Markteinführung VoxelMatic«.

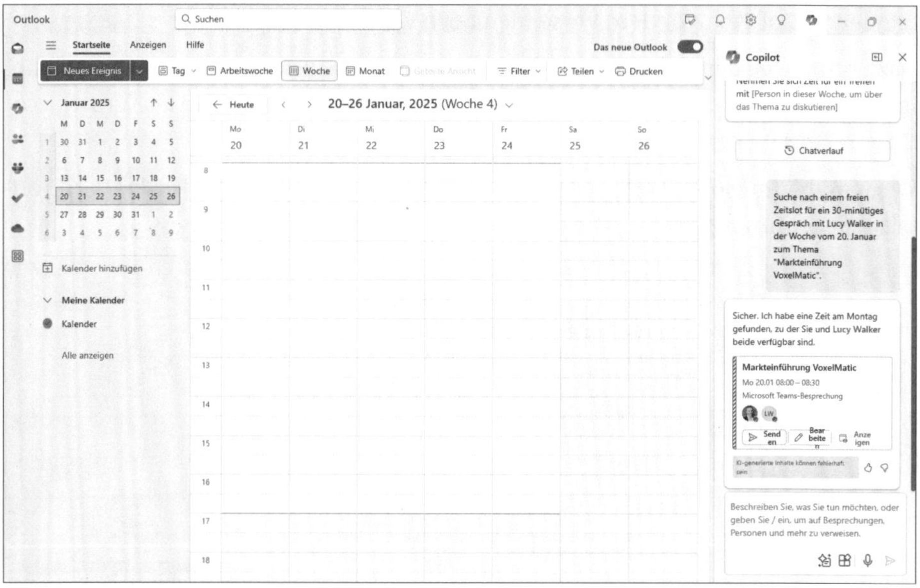

Abbildung 6.10 Copilot sucht Zeitslots und legt Kalendereinträge an.

Würden Sie jetzt auf SENDEN klicken, wären Sie schon fertig. Mit BEARBEITEN öffnet sich der Kalendereintrag, den Sie dann noch anpassen können. Dort wiederum kann Copilot Ihnen beim Entwerfen der Agenda einen Vorschlag erstellen (siehe Abbildung 6.11).

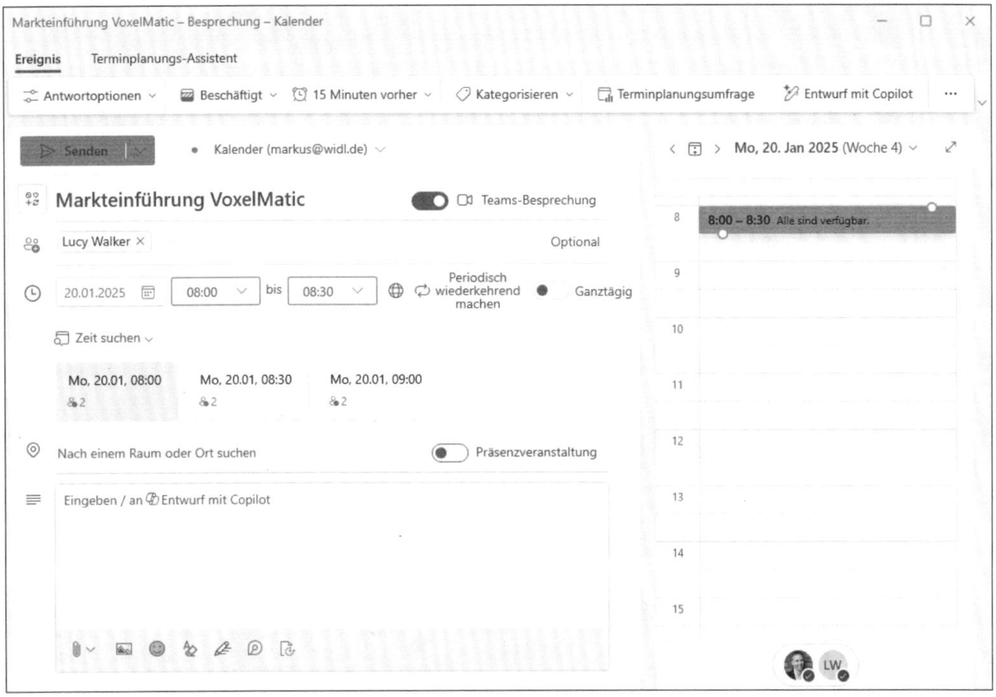

Abbildung 6.11 Copilot hilft auch beim Entwerfen einer Agenda.

Copilot in Outlook Mobile

Verwenden Sie die Outlook-App auch auf Ihrem Smartphone mit dem Betriebssystem *Apple iOS* oder *Google Android*, können Sie auch dort Copilot beim Entwerfen einer neuen E-Mail zurate ziehen. Gerade unterwegs kann es eine große Arbeitserleichterung sein, wenn Sie einen längeren Text nicht über die Bildschirmtastatur verfassen müssen.

Sollten Sie bisher zur E-Mail-Verwaltung die Apps verwenden, die Apple und Google gleich mitliefern, wäre hier zu überlegen, ob Sie zukünftig nicht lieber auf Outlook setzen wollen. Die Copilot-Integration finden Sie nur dort. Besprechen Sie das gegebenenfalls mit den Entscheidern in Ihrem Unternehmen.

Erstellen Sie in Outlook Mobile eine neue E-Mail, bietet Copilot gleich seine Hilfe an, wie Sie in Abbildung 6.12 sehen. Ebenso wie in der Desktop-Variante können Sie dort auch Stil und Tonfall anpassen (siehe Abbildung 6.13).

Abbildung 6.12 Copilot bietet seine Hilfe beim Verfassen einer E-Mail an.

Abbildung 6.13 Anpassung von Stil und Tonfall

Doch nicht nur beim Verfassen einer neuen E-Mail hilft Copilot. Öffnen Sie eine E-Mail aus Ihrem Posteingangsfach, wird am oberen Rand ebenfalls das Copilot-Symbol dargestellt. Tippen Sie darauf, erhalten Sie eine Zusammenfassung der E-Mail beziehungsweise des E-Mail-Verlaufs (siehe Abbildung 6.14).

In der Navigationsleiste von Outlook Mobile finden Sie ebenfalls das Copilot-Symbol. Darüber erreichen Sie wie in Abbildung 6.15 den direkten Chat.

Abbildung 6.14 E-Mail-Thread-Zusammenfassung

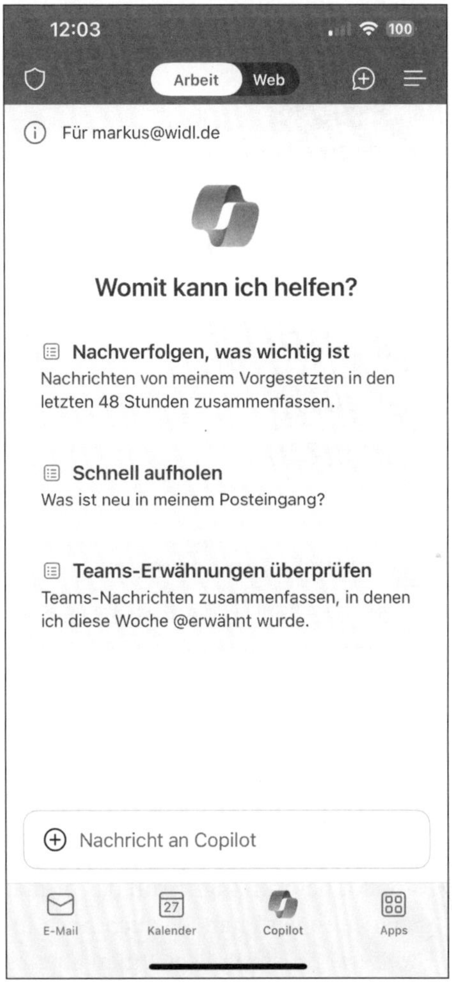

Abbildung 6.15 Copilot-Integration in Outlook auf dem Smartphone

Falls Sie Outlook Mobile noch nicht verwenden, sondern die zum Betriebssystem Ihres Smartphones gehörende E-Mail-App, lohnt es sich, die Microsoft-Variante einmal auszuprobieren, sofern Ihr Arbeitgeber dies erlaubt. Die Outlook-App finden Sie im jeweiligen App-Store:

- Apple App Store: *https://apps.apple.com/de/app/microsoft-outlook/id951937596*

- Google Play Store: *https://play.google.com/store/apps/details?id=com.microsoft.office.outlook*

6.1.2 Aktuelle Limitierungen

Copilot unterliegt in Outlook einigen Einschränkungen. Diese sollten Sie im Hinterkopf behalten, damit Sie sich nicht wundern, wenn ein Prompt-Ergebnis nicht zum gewünschten Ziel führt:

- In Outlook können Sie unterschiedliche Postfächer einbinden, beispielsweise auch ein privates Postfach, das von Diensten wie *GMX* oder *Web.de* bereitgestellt wird. Copilot arbeitet aber ausschließlich mit den Inhalten von Postfächern, die in *Exchange Online* aus Microsoft 365 gespeichert sind.
- Copilot hat nur Zugriff auf das primäre Postfach des jeweiligen Benutzers. Möglicherweise verfügen Sie auch noch über Zugriff auf weitere Postfächer, beispielsweise wenn ein Kollege Ihnen eine Zugriffsberechtigung auf sein Postfach eingeräumt hat (*Delegation*) oder wenn Sie über ein *Archiv-Postfach* verfügen. Auf diese zusätzlichen Postfächer greift Copilot bei der Ausführung Ihrer Prompts nicht zu.
- In einer sogenannten *Exchange-Hybridbereitstellung*, bei der Ihr Postfach nicht in Exchange Online (in der Cloud), sondern im lokalen Rechenzentrum gespeichert ist (On-Premises), kann Copilot ebenfalls nicht auf die Inhalte zugreifen. Halten Sie hier gegebenenfalls Rücksprache mit Ihrer IT, ob die Möglichkeit besteht, das Postfach zu Exchange Online zu verschieben.
- Copilot kann aktuell keine verschlüsselten E-Mails im Postfach auswerten. Bei Anwendung der *Nachrichtenverschlüsselung* aus Exchange Online wird das wohl in naher Zukunft anders werden. Sind E-Mails jedoch mit *S/MIME* oder anderen Verschlüsselungsmethoden geschützt, kann Copilot diese auch in Zukunft nicht auslesen.

Beachten Sie hier auch die Angaben aus Abschnitt 1.3, »Welche Anwendungen und Dienste integrieren Copilot?«.

6.2 Szenarien

Auch für Outlook schauen wir uns einige Szenarien an, die Situationen aus der Praxis nachstellen, damit Sie die Funktionsweise von Copilot und die Möglichkeiten zu Ihrer Unterstützung näher kennenlernen.

6.2.1 Entwicklung: Zeitersparnisse im Posteingang

Der Entwickler Robin Ryan kehrt aus einem mehrwöchigen Urlaub zurück an seinen Arbeitsplatz. Er startet das neue Outlook, lässt den Posteingang synchronisieren und wird von einer hohen Anzahl an ungelesenen E-Mails begrüßt (siehe Abbildung 6.16).

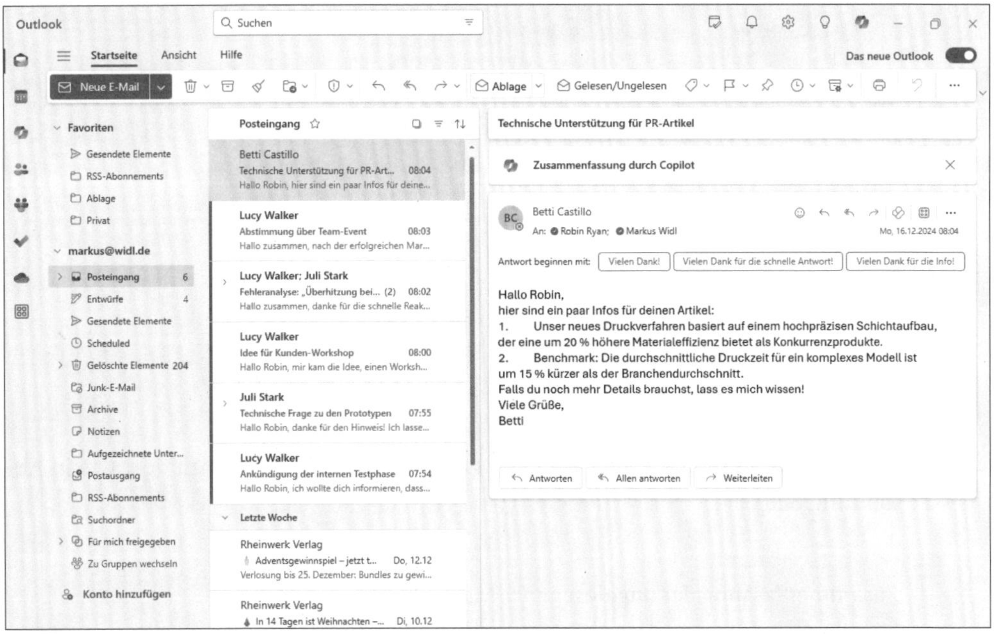

Abbildung 6.16 Ein Posteingang voller ungelesener E-Mails

Ungelesene E-Mails zusammenfassen

In der Vergangenheit wäre Robin nun von oben nach unten durch die E-Mail-Liste gegangen und hätte die Mails nach und nach bearbeitet. Besonders dringende E-Mails hat er so zunächst übersehen, bis er Stunden – oder sogar Tage – später auf sie gestoßen ist.

Doch inzwischen hat er gelernt, wie er mit einem Copilot-Prompt auch große E-Mail-Volumina zu einer überschaubaren und priorisierten Liste zusammenfassen lassen kann. Somit ist der Start in den Arbeitsalltag, um einen ersten Überblick zu erhalten, deutlich einfacher.

Robin geht wie folgt vor:

1. In Outlook öffnet er zunächst die Copilot-Aufgabenleiste durch einen Klick auf die COPILOT-Schaltfläche in der Symbolleiste oben rechts (siehe Abbildung 6.17).

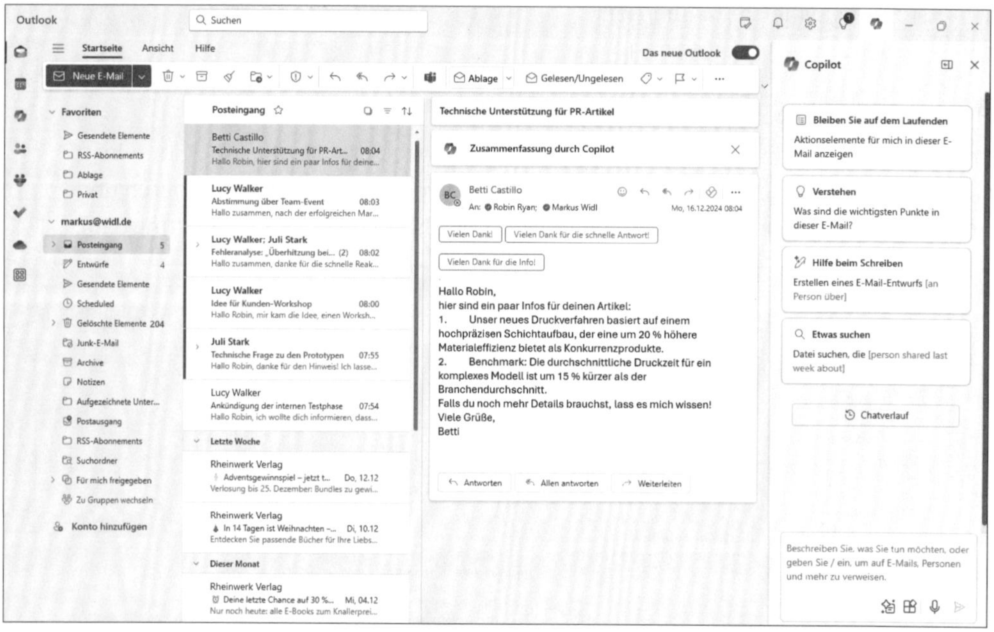

Abbildung 6.17 Der Copilot-Aufgabenbereich in Outlook

2. Dort führt er dann den folgenden Prompt aus und erhält eine Antwort wie in Abbildung 6.18.

> **Zusammenfassung der ungelesenen E-Mails:**
> Erstelle eine Zusammenfassung der ungelesenen E-Mails in meinem Posteingang aus den letzten 7 Tagen. Die Zusammenfassung soll folgende Anforderungen erfüllen:
>
> Sortierung: Nach Priorität (z. B. Dringlichkeit, Absender, Betreff)
>
> Darstellung: In einer tabellarischen Form

> Spalten der Tabelle:
> – Priorität: Hoch, Mittel, Niedrig
> – Absender
> – Betreff
> – Empfangsdatum
> – Zusammenfassung: Kurz und prägnant

Hier ist die Zusammenfassung der ungelesenen E-Mails in deinem Posteingang, sortiert nach Priorität:

Priorität	Absender	Betreff	Empfangsdatum	Zusammenfassung
Hoch	Juli Stark	AW: Technische Frage zu den Prototypen	Heute Morgen	Prototypen werden zur Abteilung gebracht, Updates bis Ende der Woche erforderlich [1].
Hoch	Lucy Walker	AW: Fehleranalyse: „Überhitzung beim Materialwechsel"	Heute Morgen	Meeting zur Fehlerbesprechung, Bericht über Ursachen und Lösungen erforderlich [2].
Mittel	Lucy Walker	Abstimmung über Team-Event	Heute Morgen	Vorschläge für ein Team-Event nach Markteinführung des VoxelMatic gesucht [3].
Niedrig	Lucy Walker	Idee für Kunden-Workshop	Heute Morgen	Vorschlag für einen Workshop, um VoxelMatic potenziellen Kunden vorzustellen [4].

Falls du weitere Details benötigst, lass es mich wissen!

Abbildung 6.18 Generierte E-Mail-Zusammenfassung

Diese Liste verwendet Robin nun, um sich zunächst den wichtigsten E-Mails zu widmen. Anschließend nimmt er sich die weniger wichtigen vor.

Für Anfang 2025 hat Microsoft angekündigt, eine Funktion in Outlook einzuführen, bei der Copilot die E-Mails aus dem Posteingang automatisch nach Priorität anzeigt. Die Ausführung eines solchen Prompts ist dann vermutlich nicht immer erforderlich.

Entwürfe für schwierige E-Mails erstellen

Bei den besonders wichtigen E-Mails findet Robin den E-Mail-Thread aus Abbildung 6.19.

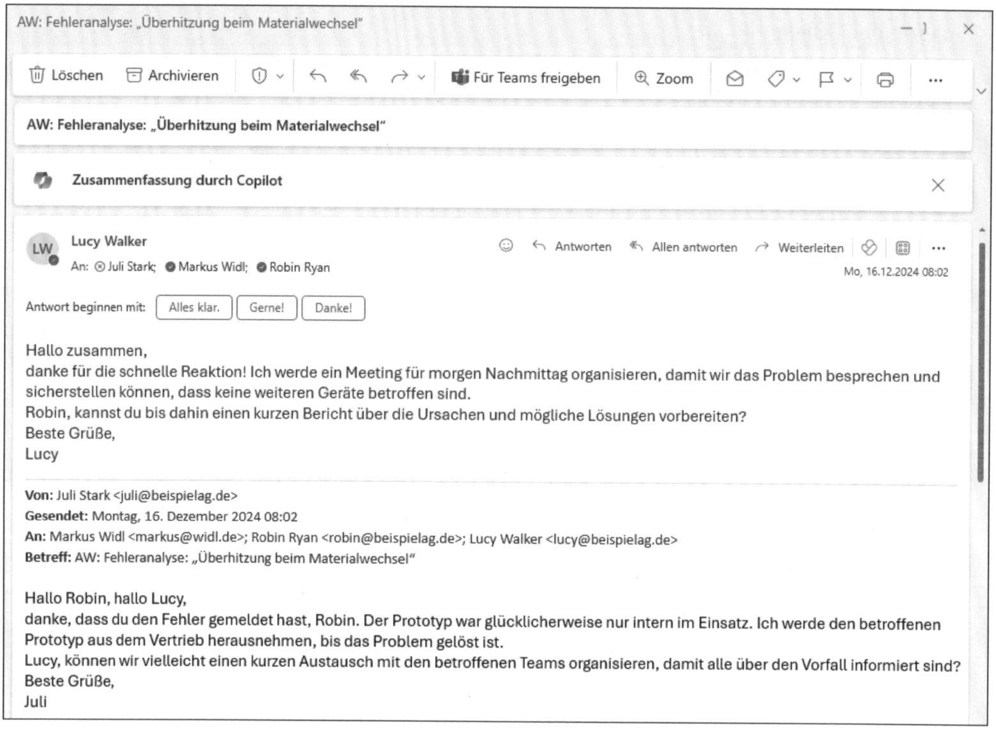

Abbildung 6.19 Wichtiger E-Mail-Thread

Offenbar gibt es ein technisches Problem bei den Prototypen des 3D-Druckers. Robin möchte gern eine Antwort mit einem Statusbericht und einen Ausblick formulieren und dabei einen möglichst konstruktiven Tonfall treffen. Einen Vorschlag dafür lässt er sich wie folgt von Copilot generieren:

Zunächst öffnet er in Outlook das Antwortfenster. In der Symbolleiste klickt er dann auf die Schaltfläche COPILOT und in dem Menü, das dann erscheint, klickt er auf ENTWURF MIT COPILOT. Damit wird das Eingabefeld aus Abbildung 6.20 angezeigt.

Hier wiederum gibt er den folgenden Prompt ein und führt diesen aus:

> **Prompt zur Antwortgenerierung:**
> Bedanke dich bei allen Personen dieses Threads für die schnelle Bearbeitung des Problems. Kündige an, dass ich in Kürze einen Statusbericht vorbereiten und versenden werde. Bitte um etwas Geduld. Verwende einen höflichen und konstruktiven Ton.

Abbildung 6.20 E-Mail-Entwurf mit Copilot

Abbildung 6.21 zeigt das Ergebnis.

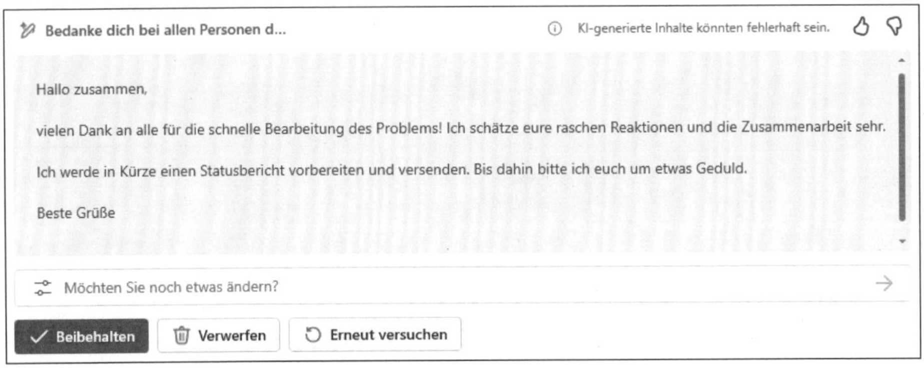

Abbildung 6.21 Generierte Antwort

Robin ist mit der Länge und dem Tonfall allerdings noch nicht zufrieden. Deshalb klickt er zunächst auf die Schaltfläche PROMPT BEARBEITEN (links neben dem Eingabefeld) und im nächsten Menü auf LÄNGER MACHEN. Das wiederholt er dann mit dem Menübefehl INFORMELLER KLINGEN LASSEN.

Den neuen Vorschlag übernimmt Robin (siehe Abbildung 6.22), passt noch einige Kleinigkeiten an und versendet die E-Mail.

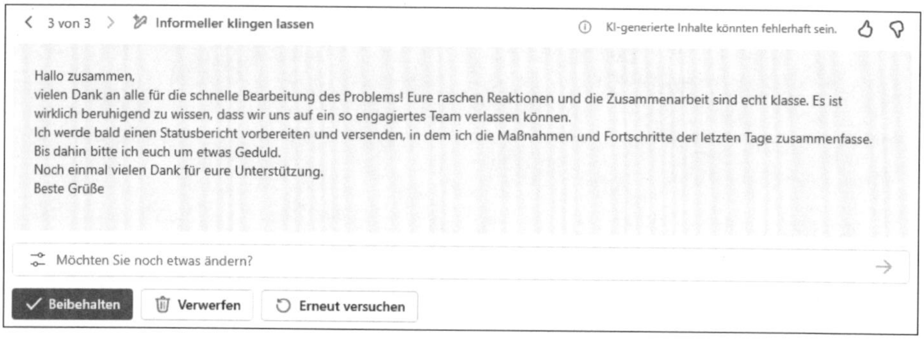

Abbildung 6.22 Angepasste Antwort

Terminfindung

Robin möchte Lucy Walker, Betti Castillo und Juli Stark zu einem Meeting einladen, um die Markteinführung des VoxelMatics zu besprechen. Er öffnet die Copilot-Aufgabenleiste und führt den folgenden Prompt aus, um einen passenden Zeitslot zu finden, ohne dass er selbst alle Kalender durchforsten muss (siehe Abbildung 6.23).

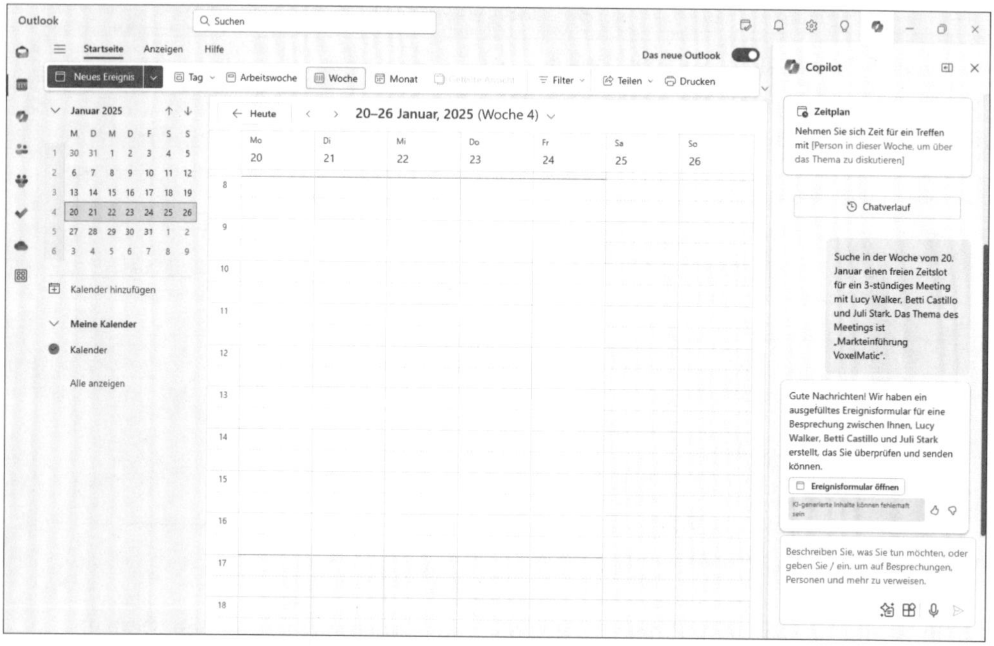

Abbildung 6.23 Zeitslot suchen

> **Zeitslot suchen:**
> Suche in der Woche vom 20. Januar einen freien Zeitslot für ein 3-stündiges Meeting mit Lucy Walker, Betti Castillo und Juli Stark. Das Thema des Meetings ist »Markteinführung VoxelMatic«.

Robin klickt auf die Schaltfläche EREIGNISFORMULAR ÖFFNEN, um den Kalendereintrag anzuzeigen. Dort wiederum klickt er im Textfeld auf ENTWURF MIT COPILOT und lässt sich einen Agendavorschlag mit dem folgenden Prompt generieren:

> **Agenda erstellen:**
> Bitte schlage auch eine Agenda vor, die die Punkte aktueller Stand, mögliche Verzögerungen, nächste Schritte sowie eine 15-minütige Kaffeepause beinhaltet. Das Meeting soll mit einer Zusammenfassung enden.

Den Vorschlag (siehe Abbildung 6.24) übernimmt er, und anschließend verschickt er die Einladung zum Meeting.

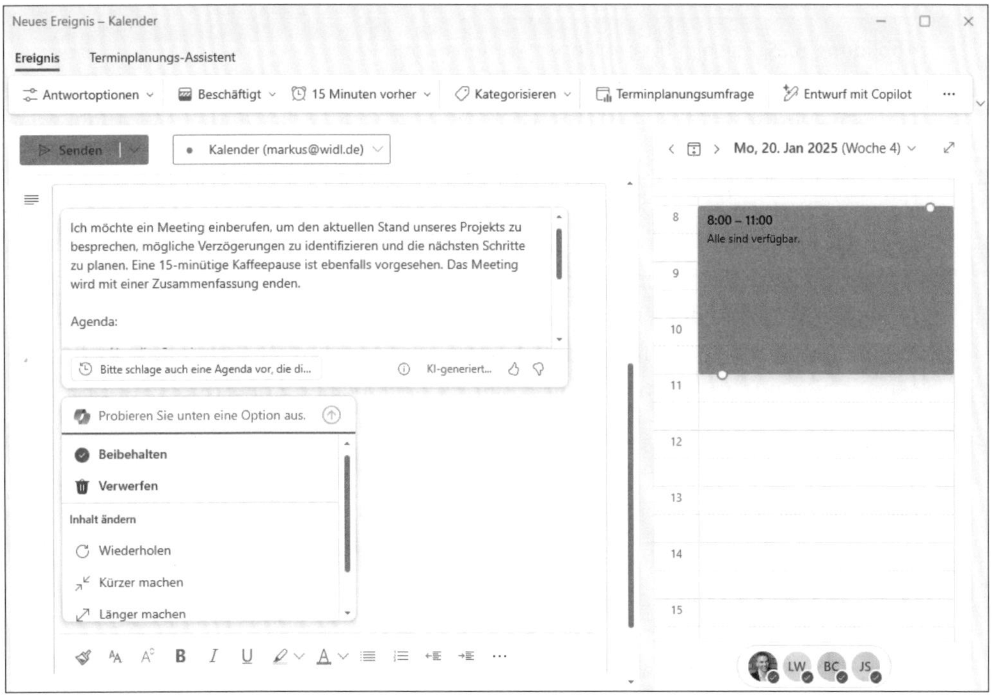

Abbildung 6.24 Agenda erstellen

6.2.2 HR: Onboarding-Material erstellen

Lucy Walker aus der HR-Abteilung hat ein Word-Dokument mit einigen Stichpunkten über die Beispiel AG erstellt, die für neu eingestellte Personen interessant sind. Einen Auszug daraus sehen Sie in Abbildung 6.25.

Unternehmensprofil der Beispiel AG

- Unternehmensname: Beispiel AG
- Sitz: Schömberg
- Branche: 3D-Druck-Technologie
- Produkte: Innovative 3D-Drucker
- Gründung: 2011
- Mission: Entwicklung und Verkauf von innovativen 3D-Drucklösungen
- Kernkompetenzen:
    - Forschung und Entwicklung im Bereich 3D-Druck
    - Produktion hochwertiger 3D-Drucker
    - Kundenspezifische Lösungen
    - Technischer Support und Wartung
- Zielmärkte: Industrie, Gesundheitswesen, Bildung, Design

Abbildung 6.25 Beispiel für ein Unternehmensprofil

Einige der Informationen möchte sie in einer E-Mail an die neuen Mitarbeitenden verschicken – allerdings nicht in Stichpunkten, sondern umgewandelt in einen netten Text. Lucy bittet Copilot um Unterstützung.

[»] In Abschnitt 6.1.1, »Die Anwendungsoberfläche«, habe ich Ihnen gezeigt, wie Sie direkt im Fenster beim Verfassen einer neuen E-Mail auf Copilot zurückgreifen können. Allerdings gibt es dort derzeit noch eine Funktionseinschränkung: Sie können nicht auf andere Daten zurückgreifen, beispielsweise auf das Word-Dokument. Deshalb müssen wir hier einen kleinen Umweg gehen. Es ist jedoch durchaus möglich, dass diese Funktionseinschränkung nicht mehr existiert, wenn Sie diese Zeilen lesen – versuchen Sie es auf jeden Fall auch direkt im E-Mail-Eingabefenster.

Im neuen Outlook öffnet Lucy zunächst den Copilot-Aufgabenbereich mit einem Klick auf die entsprechende Schaltfläche rechts oben im Anwendungsfenster. Lucy formuliert nun den folgenden Prompt:

> **Anfrage nach einer E-Mail:**
> Erstelle eine Willkommens-E-Mail an neu eingestellte Personen. Die E-Mail soll die Adressaten duzen und die wichtigsten Informationen aus der Datei Beispiel AG Profil.docx als Fließtext enthalten. Die E-Mail sollte herzlich und einladend sein.

Daraus baut Copilot dann einen Vorschlag wie in Abbildung 6.26, gibt diesen jedoch im Copilot-Arbeitsbereich aus, anstatt direkt eine neue E-Mail anzulegen.

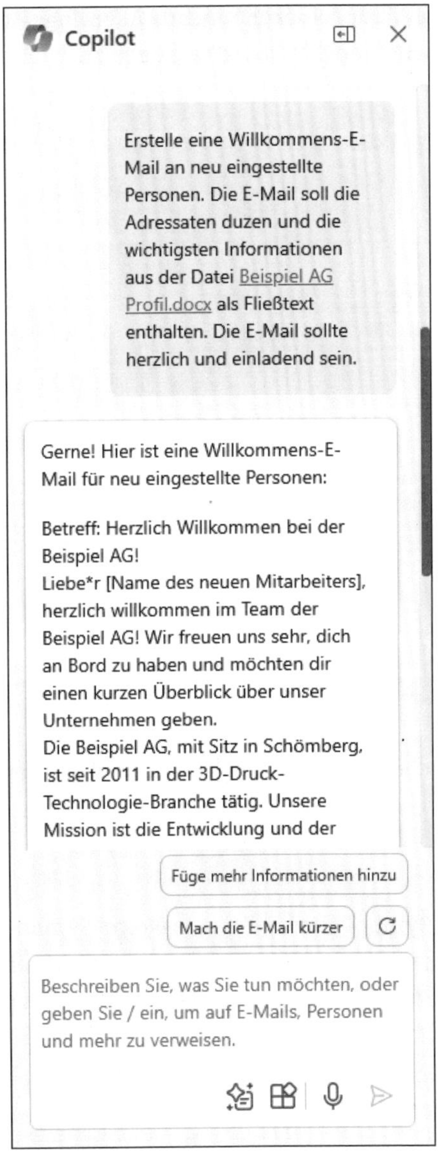

Abbildung 6.26 E-Mail-Entwurf in der Copilot-Aufgabenleiste

Lucy kopiert den Vorschlag über die Schaltfläche KOPIEREN am Ende der Ausgabe in die Zwischenablage und von dort in eine neue E-Mail. Sie passt den Vorschlag noch etwas an und versendet ihn.

6.2.3 Marketing: E-Mail-Kampagne optimieren

Juli Stark aus dem Vertrieb hat einen E-Mail-Entwurf vorbereitet, den er an einige potenzielle Kunden des neuen 3D-Druckers VoxelMatic schicken möchte. Allerdings ist er mit dem Inhalt und dem Tonfall seines Entwurfs noch nicht so recht glücklich (siehe Abbildung 6.27).

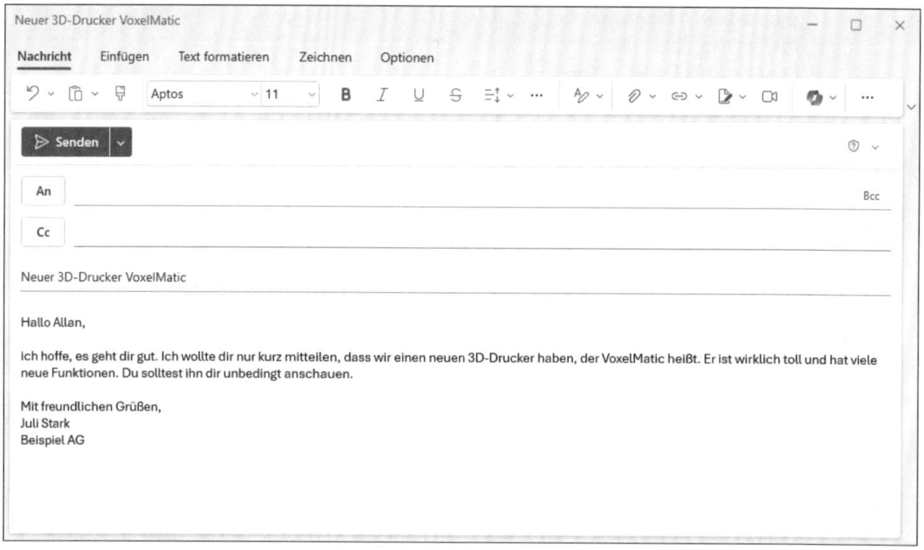

Abbildung 6.27 Weniger gut formulierte E-Mail

Juli verwendet Copilot auf zwei unterschiedliche Arten, um den Text zu verbessern. Sehen wir uns beide an.

E-Mail-Coach

Zunächst öffnet Juli die E-Mail, klickt in der Symbolleiste auf das COPILOT-Symbol und in dem Menü, das nun erscheint, auf COACHING VON COPILOT. Copilot liefert Juli dann einige Vorschläge hinsichtlich TONFALL, LESERSTIMMUNG und KLARHEIT (siehe Abbildung 6.28).

Diese Vorschläge nimmt Juli sich zu Herzen. Er klickt auf die Schaltfläche ALLE VORSCHLÄGE ÜBERNEHMEN.

Durch das E-Mail-Coaching ist der Text nun schon deutlich besser (siehe Abbildung 6.29). Ganz zufrieden ist Juli dennoch nicht.

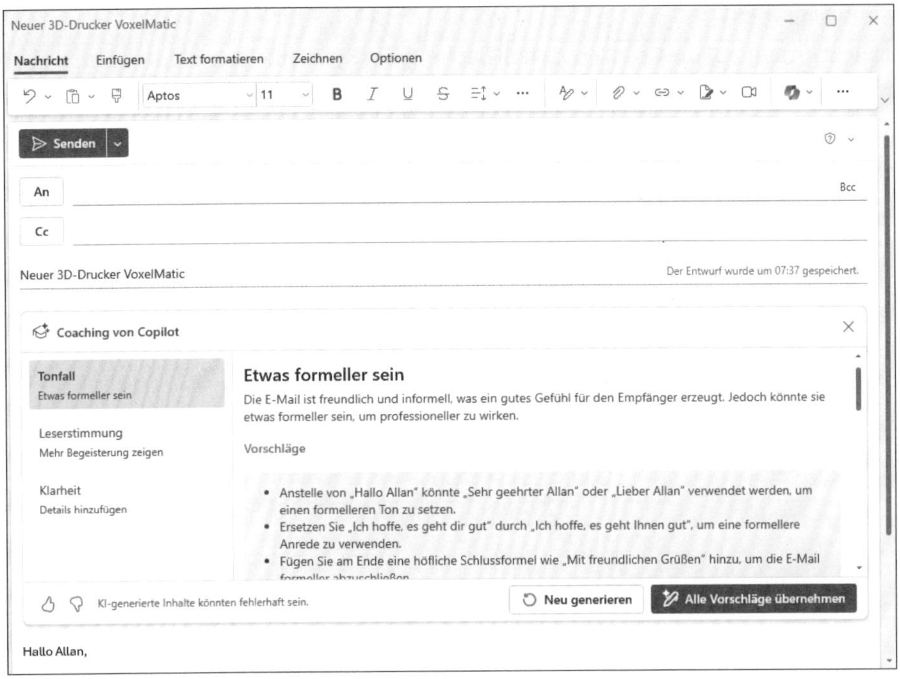

Abbildung 6.28 E-Mail-Coaching durch Copilot

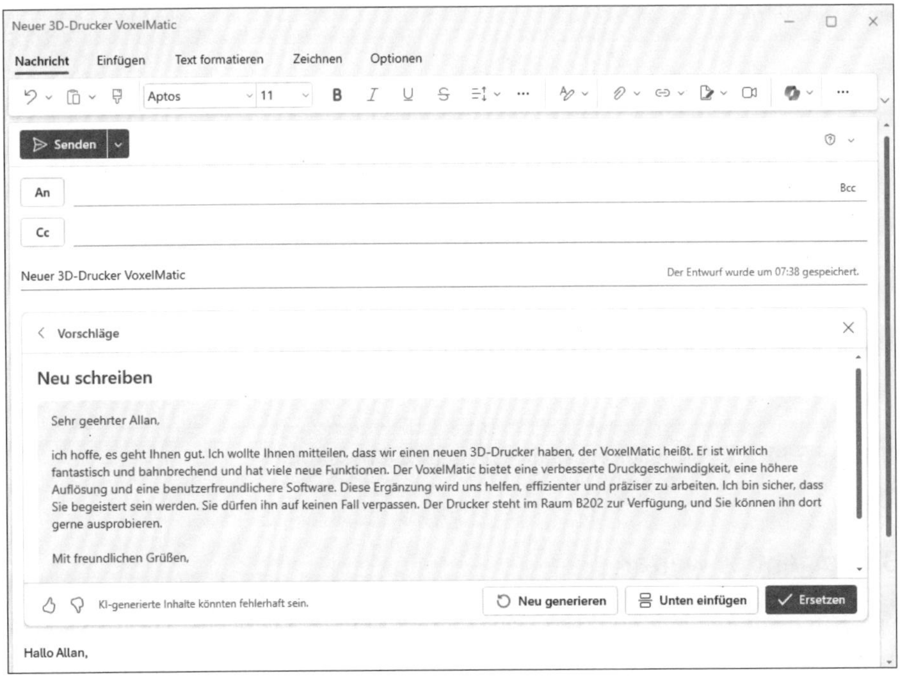

Abbildung 6.29 Textvorschlag mit einigen Verbesserungen

Text umschreiben

Juli klickt erneut auf die COPILOT-Schaltfläche in der Symbolleiste, wählt diesmal aber den Befehl ENTWURF MIT COPILOT. Er führt den folgenden Prompt aus:

> **Prompt zur Anfrage einer professionellen E-Mail:**
> Erstelle eine professionelle E-Mail an meinen Kunden Allan Maiara. Die E-Mail soll Allan auf den neuen 3D-Drucker VoxelMatic aufmerksam machen und ihn einladen, die Beispiel AG in Schömberg zu besuchen, um sich den Drucker persönlich vorführen zu lassen. Der Text soll meine Freude ausdrücken, Allan den Drucker und seine Vorzüge persönlich vorzustellen.

Das Ergebnis aus Abbildung 6.30 gefällt Juli nun deutlich besser und er übernimmt den Vorschlag.

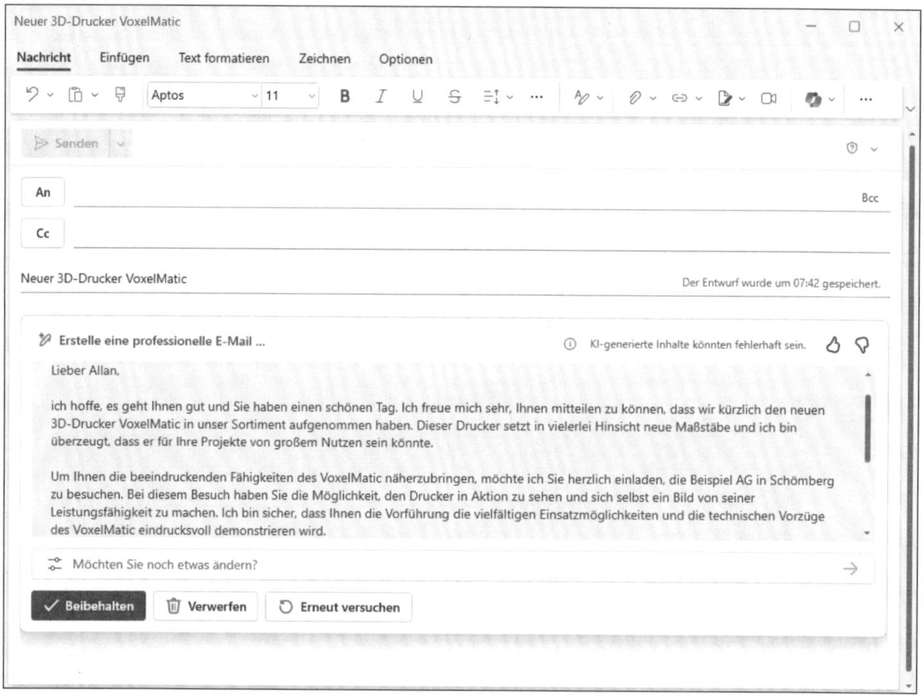

Abbildung 6.30 Gut formulierte E-Mail als Ergebnis eines Prompts

6.3 So geht es weiter

Im nächsten Kapitel folgt nun die Copilot-Integration in Microsoft Teams – oder genauer gesagt – in den Teams-Client. Erste Informationen dazu habe ich Ihnen bereits in Kapitel 1, »Einführung«, gegeben. Jetzt folgen die Details.

Kapitel 7
Microsoft Teams

In diesem Kapitel stellen wir während Meetings Fragen und lassen uns die Inhalte danach zusammenfassen. Wir suchen Informationen und lassen uns bei Chats und Beiträgen unterstützen.

Arbeiten Sie als Information Worker mit Microsoft 365, gehört vermutlich Microsoft Teams ganz oben auf Ihre Liste der am häufigsten eingesetzten Dienste. Copilot finden wir im Teams-Client an einer ganzen Reihe unterschiedlicher Positionen für verschiedene Anwendungsfälle.

Mit Microsoft Copilot können Sie die volle Leistungsfähigkeit von Teams ausreizen, indem Sie intelligente Vorschläge, Antworten und Zusammenfassungen erhalten, die auf Ihrem Kontext, Ihren Bedürfnissen und Ihrem Wissen basieren.

In diesem Kapitel lernen Sie, wie Sie Copilot in verschiedenen Szenarien innerhalb von Teams verwenden können, um sich Ihre Arbeit zu erleichtern. Sie erfahren, wie Sie Copilot während eines Meetings aktivieren, um Fragen zu stellen oder Notizen zu machen. Sie sehen auch, wie Sie Copilot nach einem Meeting verwenden können, um eine kurze und prägnante Zusammenfassung der wichtigsten Punkte zu erhalten. Außerdem schauen wir uns an, wie Sie Copilot für die Suche nach Informationen, für das Verfassen von Nachrichten oder für das Erstellen von Beiträgen in Teams einsetzen können.

7.1 Copilot-Integration

Wie Sie bestimmt schon selbst entdeckt haben, hat Microsoft Copilot an den unterschiedlichsten Stellen in den Teams-Client integriert. In Abschnitt 1.2.3, »Copilot im Teams-Client«, haben wir uns schon einen ersten Überblick verschafft. Jetzt geht es um die Details.

7.1.1 Chats mit Copilot weiterverarbeiten

Führen Sie im Dialog mit Copilot einen Prompt aus, ist Ihnen bestimmt die Schaltfläche In Pages bearbeiten aufgefallen (siehe Abbildung 7.1).

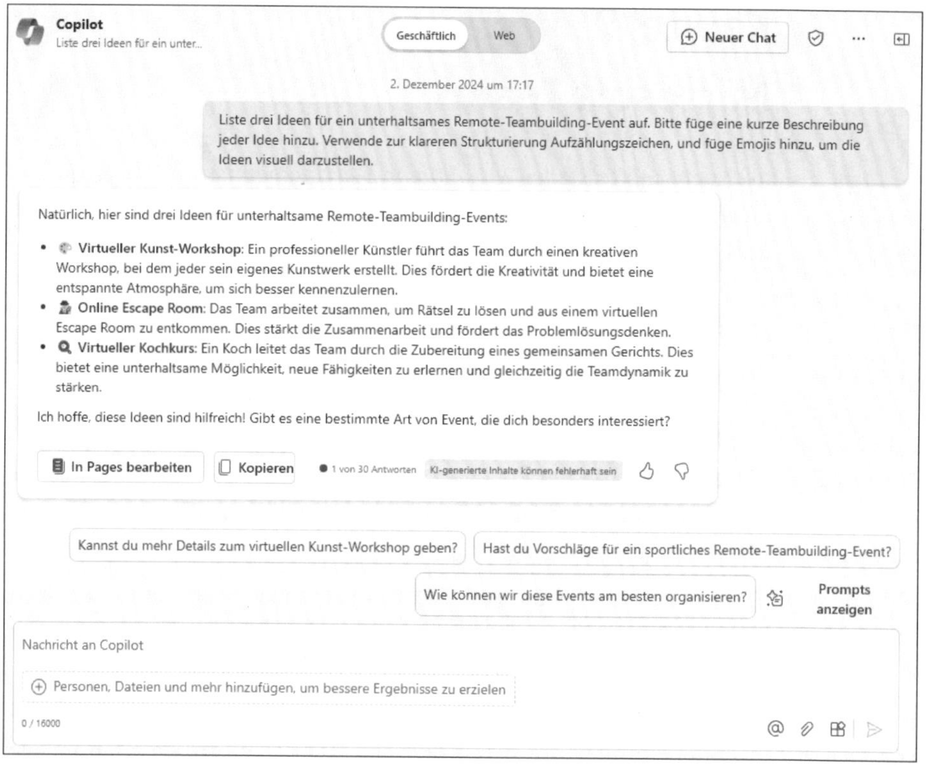

Abbildung 7.1 Prompt-Ergebnis

Diese Schaltfläche erlaubt die Weiterbearbeitung der Prompt-Ergebnisse mithilfe eines anderen Microsoft 365-Dienstes, nämlich *Microsoft Loop* mit den dort verfügbaren *Pages* (oder *Seiten* in deutscher Sprache).

[»] Mehr zu Loop lesen Sie in Abschnitt 8.4, »Microsoft Loop«.

Seiten anlegen

Die Arbeit mit Copilot ist in vielen Fällen temporär: Sie fragen nach einer Information, einem Text oder einer Zusammenfassung; Copilot antwortet, und die Aufgabe ist abgeschlossen. Manchmal wollen Sie das Prompt-Ergebnis jedoch aufbewahren, vielleicht um es später zu ergänzen oder zu bearbeiten, und in dem einen oder anderen Fall wollen Sie dies vielleicht nicht nur allein tun, sondern gemeinsam mit Ihren Kolleginnen und Kollegen. In solchen Fällen können *Pages* eine gute Lösung sein – besser, als das Prompt-Ergebnis in eine Word-Datei zu kopieren und dort weiterzubearbeiten. Sehen wir uns den Hintergrund dieser Pages an.

Mit einem Klick auf IN PAGES BEARBEITEN teilt sich das Anwendungsfenster und auf der rechten Seite erscheint wie in Abbildung 7.2 eine Loop-Seite.

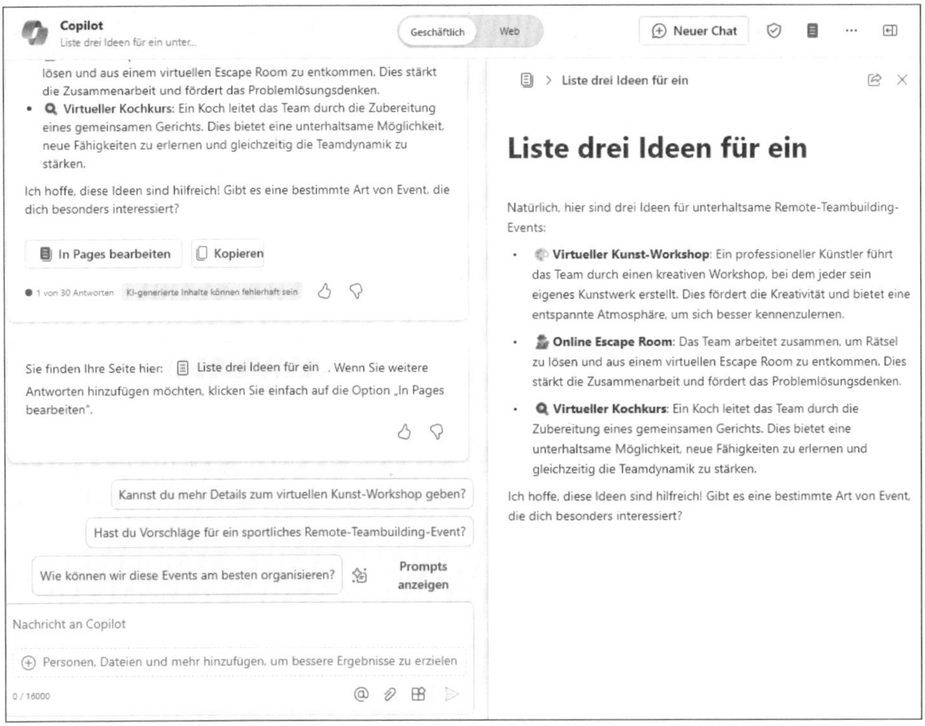

Abbildung 7.2 Prompt-Ergebnis, übertragen auf eine Seite in Microsoft Loop

Die Seite ist bereits vorgefüllt mit dem Prompt als Titel und dem Ergebnis als Inhalt. Dort können Sie den Text nun nach Belieben bearbeiten. Die Seite bleibt weiterhin neben Ihrem Dialog mit Copilot geöffnet. So könnten Sie jetzt wiederum einen weiteren Prompt ausführen. Klicken Sie dann auf IN PAGES BEARBEITEN, wird der neue Text am Ende der Pages-Seite angefügt.

Mit dieser Vorgehensweise können Sie von Copilot nach und nach Informationen erfragen und diese dann selektiv auf die Loop-Seite übernehmen.

Seiten gemeinsam bearbeiten

Eine mit Copilot angelegte Seite steht bei Bedarf nicht nur Ihnen zur Verfügung, sondern Sie können diese mit Ihren Kolleginnen und Kollegen teilen, um sie gemeinsam zu bearbeiten. Dabei spielt es keine Rolle, ob die Personen, mit denen Sie die Seite teilen, selbst Copilot nutzen.

Rechts oben auf der Seite sehen Sie die Schaltfläche mit dem Pfeil (TEILEN). Klicken Sie auf diese, erscheint das Menü aus Abbildung 7.3.

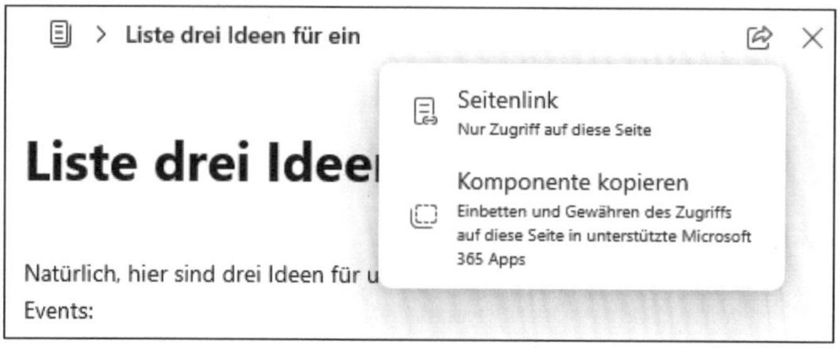

Abbildung 7.3 Seite mit anderen Personen teilen

Wählen Sie hier SEITENLINK, wird ein Link zu dieser Seite generiert. Diesen können Sie dann weitergeben.

Mit KOMPONENTE KOPIEREN erhalten Sie ebenfalls einen Link, aber um diesen in diversen anderen Apps zu verwenden, beispielsweise in einer E-Mail (siehe Abbildung 7.4).

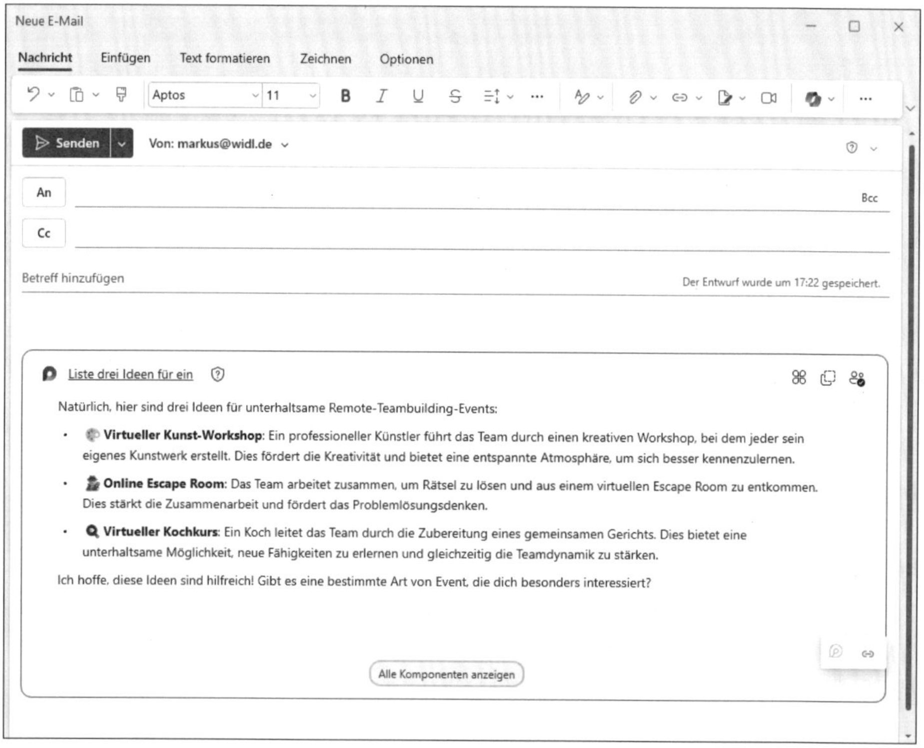

Abbildung 7.4 Loop-Komponente, eingefügt in eine E-Mail

Seiten wiederfinden und löschen

Haben Sie eine Seite mit Copilot angelegt, stellt sich die Frage, wo Sie diese später wiederfinden, um die Inhalte zu verwenden. Ein Weg führt Sie über die Microsoft 365-Startseite (*www.microsoft365.com*). Dort finden Sie links in der Navigation den Punkt SEITEN (siehe Abbildung 7.5; nicht PAGES).

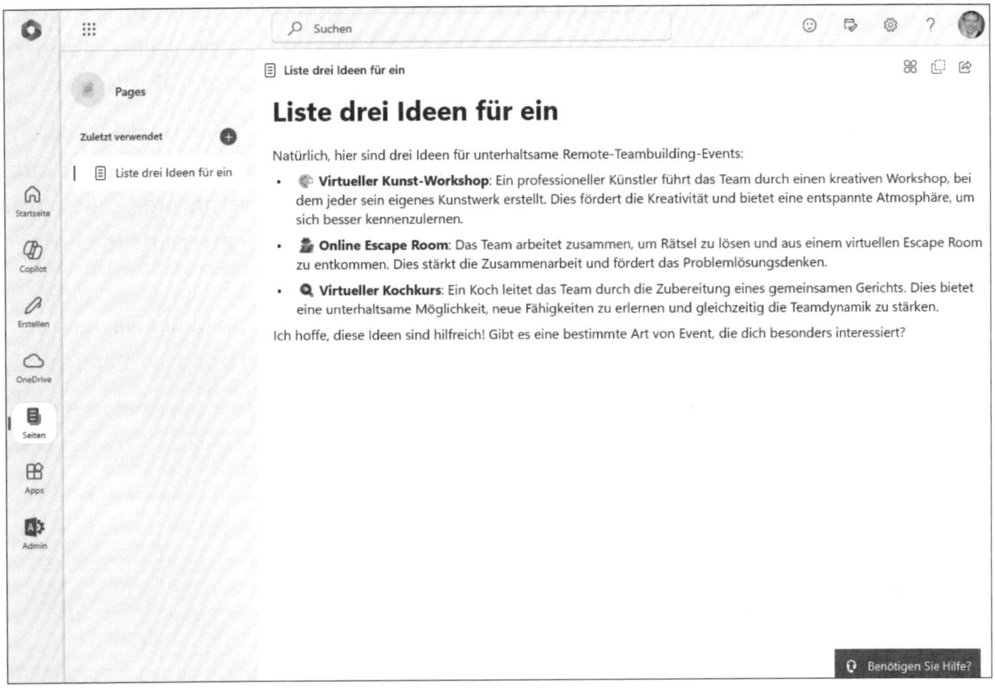

Abbildung 7.5 Zugriff auf Loop-Seiten über die Microsoft 365-Startseite

Hier sind alle Seiten aufgeführt. Über das Kontextmenü, das angezeigt wird, wenn Sie mit der Maus auf einen Eintrag fahren und dann auf die erscheinenden drei Punkte klicken, können Sie eine Seite auch wieder löschen.

Der direkte Link lautet: *www.microsoft365.com/pages*

Haben Sie sich schon einmal gefragt, wo die Loop-Pages gespeichert werden? Grundsätzlich in Dateien mit der Endung *.loop*. Allerdings finden Sie diese nicht in Ihrem OneDrive oder SharePoint. Stattdessen speichert der Dienst diese in einem sogenannten *SharePoint Embedded Container*. Jedes Benutzerkonto verfügt über einen solchen Container, aber er ist für den Benutzer nicht direkt sichtbar.

7.1.2 Prompts planen

Es gibt Situationen, in denen es sinnvoll ist, denselben Prompt regelmäßig auszuführen. Ein typisches Beispiel wäre ein Prompt, der jeden Morgen die in der Nacht eingetroffenen E-Mails auflistet und zusammenfasst. Natürlich könnten Sie jeden Morgen selbst den Prompt ausführen, doch wäre es weitaus komfortabler, wenn dies automatisch geschehen würde. Nebenbei hätte hier eine automatische Ausführung noch einen weiteren Vorteil: Das Ergebnis des Prompts könnten Sie unmittelbar abrufen, wenn Sie sich an den Rechner setzen, anstatt erst seine Generierung abzuwarten.

Zur automatisierten Ausführung eines Prompts müssen Sie keinen Entwickler bemühen, der dafür ein Skript schreibt. Die Funktionalität ist schon im Teams-Client integriert. Sehen wir uns an, wie Sie einen Prompt mehrfach zu bestimmten Zeiten ausführen lassen. Dies können Sie mit dem Anlegen eines Serientermins in Outlook vergleichen.

1. Beginnen Sie im Teams-Client wahlweise mit der Copilot-App in der Navigationsleiste (sofern diese bei Ihnen angezeigt wird) oder alternativ im CHAT-Bereich mit COPILOT (siehe Abbildung 7.6).

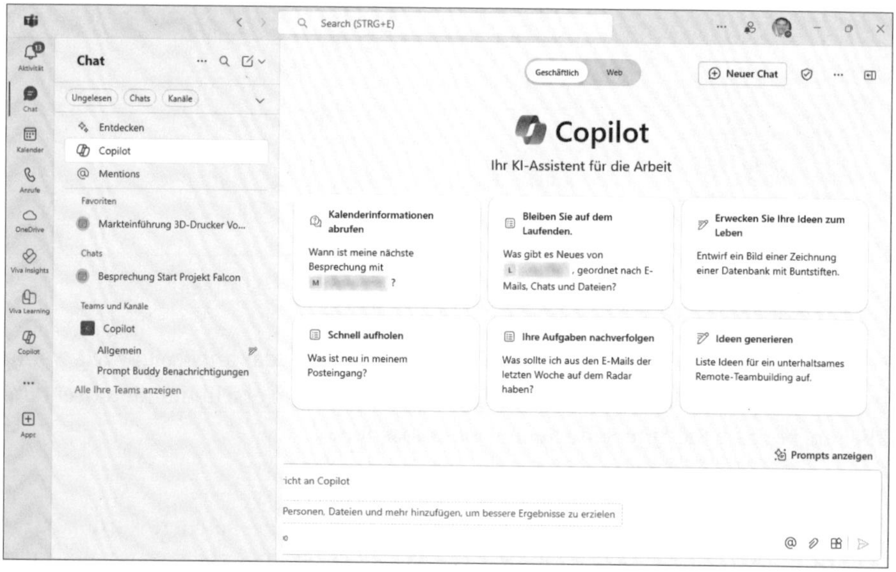

Abbildung 7.6 Copilot im Chat-Bereich des Teams-Clients

2. Führen Sie nun den Prompt aus, der später regelmäßig wiederholt werden soll.
3. Warten Sie die Beendigung der Ausführung ab, unterbrechen Sie also nicht die Ausführung.
4. Anschließend fahren Sie mit der Maus auf den Prompt aus dem ersten Schritt. Rechts über dem Prompt erscheinen dann Schaltflächen wie in Abbildung 7.7.

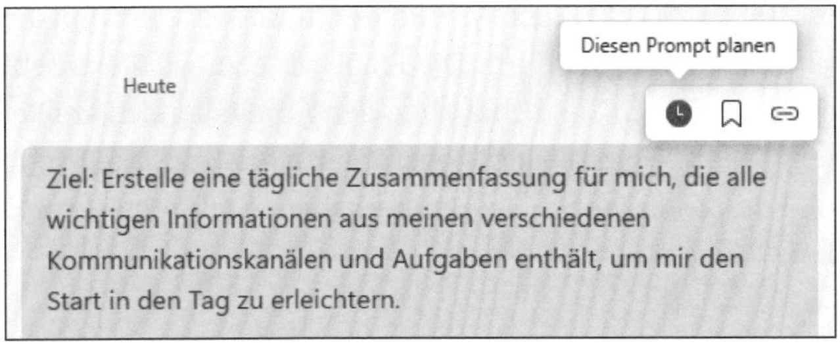

Abbildung 7.7 Kontext-Schaltflächen über einem Prompt

5. Das Symbol mit der Fahne kennen Sie bereits aus Abschnitt 2.5.1,zum Speichern des Prompts für die spätere Verwendung. Daneben sehen Sie ein Symbol mit einem Blitz – und auf diesen klicken Sie. Das Symbol steht für DIESEN PROMPT PLANEN. Damit erscheint das Fenster aus Abbildung 7.8.

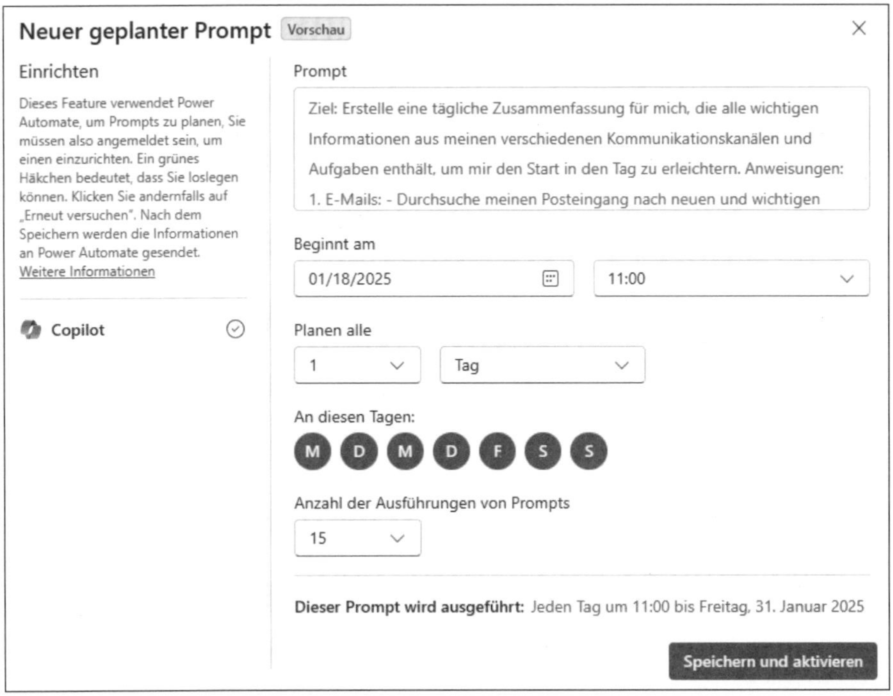

Abbildung 7.8 Prompt planen

6. In dem Fenster sehen Sie den Prompt. Darunter geben Sie Datum und Uhrzeit an, wann der Prompt das nächste Mal ausgeführt werden soll. Wie bei einem Serientermin in Outlook geben Sie dann die Regelmäßigkeit (PLANEN ALLE) an. Sie müssen außerdem bestimmen, wie oft der Prompt ausgeführt werden soll. Derzeit sind maximal 15 Ausführungen möglich. Danach wird der Prompt deaktiviert, Sie können ihn bei Bedarf jedoch wieder aktivieren.

Klicken Sie nun auf SPEICHERN UND AKTIVIEREN, wird der hinterlegte Prompt automatisch zu den gewünschten Zeiten ausgeführt. Die Frage ist jetzt, wo Sie anschließend das Ergebnis sehen. Dazu müssen Sie rechts oben den Arbeitsbereich am Rechten Fensterrand einbleden (Schaltfläche BEREICH) Automatisch gestartete Prompts, von denen Sie sich noch nicht das Ergebnis angesehen haben, sind in der Liste fett dargestellt (siehe Abbildung 7.9).

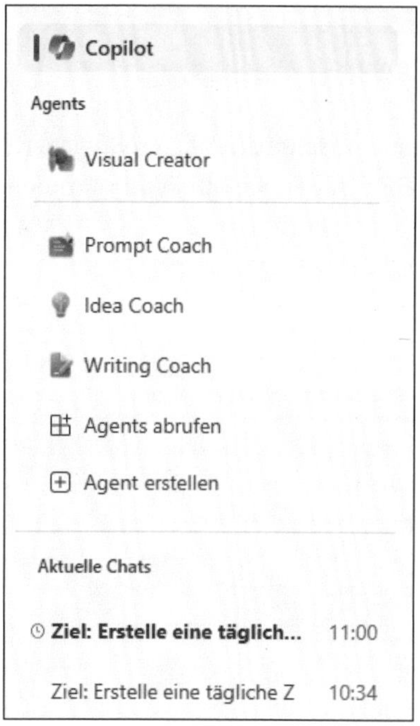

Abbildung 7.9 Ausgeführte Prompts

Klicken Sie auf einen solchen Eintrag, erhalten Sie das Ergebnis des Prompts (siehe Abbildung 7.10).

Um die geplanten Prompts später zu verwalten (Sie können gegebenenfalls auch unterschiedliche Prompts zu verschiedenen Zeiten automatisiert ausführen lassen), finden Sie im Menü nach einem Klick auf die drei Punkte (Schaltfläche COPILOT-CHATS UND MEHR) den Befehl GEPLANTE PROMPTS, der Sie zu einem Fenster wie in Abbildung 7.11 führt.

Dort können Sie geplante Prompts entfernen oder auch reaktivieren, falls die eingestellte Anzahl abgelaufen ist, Sie aber möchten, dass der Prompt weiterhin ausgeführt wird.

Abbildung 7.10 Prompt-Ergebnis

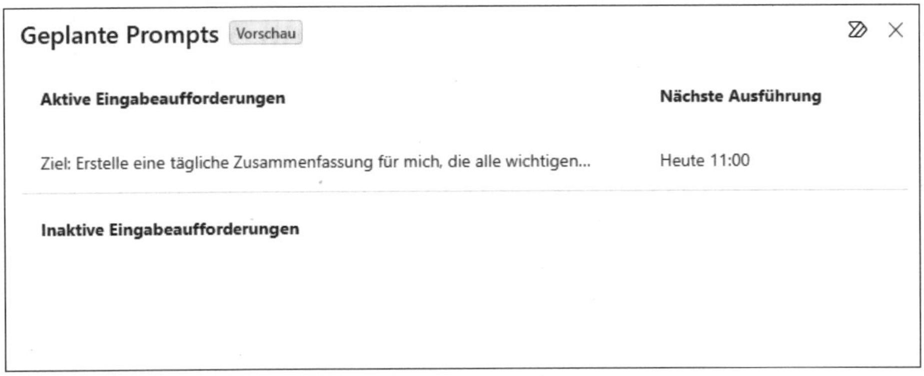

Abbildung 7.11 Geplante Prompts

In der oberen rechten Ecke des Fensters sehen Sie noch eine Schaltfläche mit dem Logo von *Power Automate*. Der automatische Start der Prompts wird von technischer Seite über diesen Microsoft 365-Dienst realisiert. Auf der verlinkten Webseite haben Sie dann die Möglichkeit, den Workflow (im Power-Automate-Jargon als *Flow* bezeichnet) weiter anzupassen oder mit zusätzlichen Aktionen auszustatten (siehe Abbildung 7.12). Wenn Sie mit Power Automate bisher noch keine Berührung hatten, lesen Sie den Kasten.

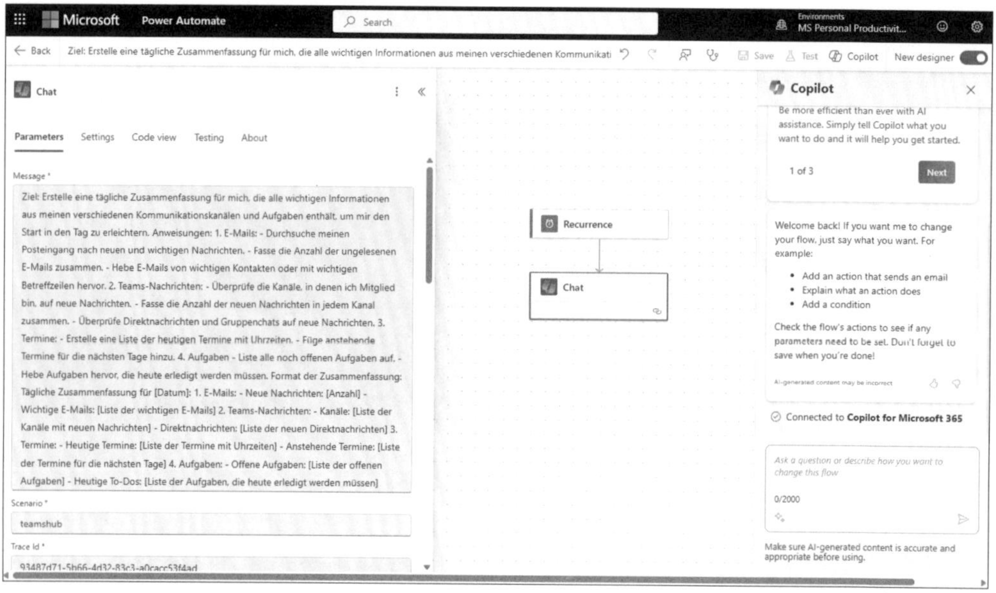

Abbildung 7.12 Power Automate

Power Automate

Power Automate (früher hieß der Dienst *Microsoft Flow*) ermöglicht es, verschiedene Apps und Dienste miteinander zu verbinden und automatisierte Workflows zu erstellen. Diese Workflows (hier *Flows* genannt) folgen dem Wenn-dann-Prinzip. Dabei wird auf das Eintreten eines bestimmten Ereignisses gewartet und dann eine oder mehrere Aktionen ausgeführt.

Hier sind einige Beispiele:

- Wenn eine E-Mail des eigenen Vorgesetzten eintrifft, soll Power Automate automatisch eine Aufgabe in *Microsoft To Do* erstellen.
- Wenn eine Datei in Microsoft Teams hochgeladen wird, soll automatisch eine Benachrichtigung per Mail oder Chat erfolgen.
- Wenn jemand in einem Social-Media-Kanal über ein bestimmtes Thema schreibt, soll der Text als Nachricht in einem Teams-Kanal erscheinen.

Der Einsatz von Power Automate liefert dabei eine Reihe von Vorteilen:

- Der Dienst automatisiert wiederholte Aufgaben und spart gegebenenfalls Zeit.
- Manuelle Fehler werden reduziert.
- Andere Microsoft 365- und Drittanbieter-Dienste lassen sich gemeinsam verwenden.

Wenn Sie mehr zu Power Automate erfahren wollen, ist hier ein guter Startpunkt: *https://www.microsoft.com/de-de/power-platform/products/power-automate*

7.1.3 Copilot in Chats und Beiträgen

Neben der Einbindung von Copilot in den Chat oder als App in den Teams-Client gibt es noch weitere Stellen, an denen er zu finden ist. Befinden Sie sich in einen Chat mit einer Person oder einer Gruppe, sehen Sie beim Eingabefeld für Ihre Nachricht die Schaltfläche COPILOT.

Diese Schaltfläche erkennen Sie nicht am Copilot-Symbol, sondern am dargestellten Stift.

Klicken Sie direkt auf die Schaltfläche, hilft das leider noch nichts. Zunächst müssen Sie im Eingabefeld eine Nachricht verfassen. Und diesen Text wiederum können Sie dann über Copilot verarbeiten lassen (siehe Abbildung 7.13).

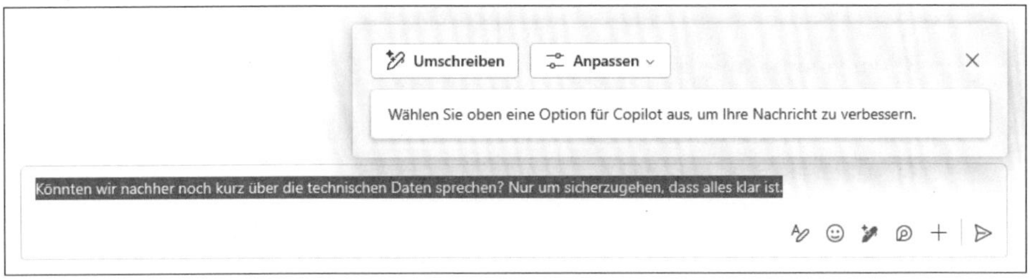

Abbildung 7.13 Copilot im Eingabefeld

Im einfachsten Fall klicken Sie auf UMSCHREIBEN, um direkt eine alternative Formulierung für Ihren Text zu erhalten. Etwas spezifischer geht das über die Schaltfläche ANPASSEN. Dort wiederum können Sie Ihren Text in der Länge und im Tonfall mit Copilot verändern. Haben Sie besondere Anforderungen, klicken Sie nach ANPASSEN auf BENUTZERDEFINIERT. Damit erhalten Sie die Möglichkeit, einen Prompt zu formulieren und damit Copilot direkt mitzuteilen, was Ihr Ansinnen ist (siehe Abbildung 7.14).

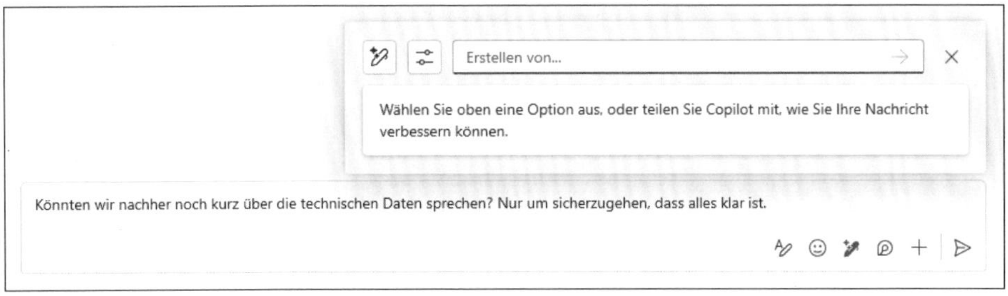

Abbildung 7.14 Anpassung des Textes über einen Prompt

Erstellen Sie einen neuen Beitrag innerhalb eines Kanals in einem Team, können Sie Copilot auf dieselbe Weise nutzen.

Aufgabenleiste

Bleiben wir noch kurz bei den Chats mit anderen Personen und den Teams-Kanälen. Ich habe Ihnen bereits in verschiedenen Anwendungen gezeigt, wie Sie mit einer separaten Aufgabenleiste mit Copilot interagieren können. In Abschnitt 3.1.1, »Die Anwendungsoberfläche«, haben wir uns angesehen, wie Sie in Word die Aufgabenleiste einblenden, um dann beispielsweise Fragen zum Dokumentinhalt zu stellen oder eine Zusammenfassung anzufordern. In Chats geht das auch: Klicken Sie rechts oben auf das Copilot-Symbol. Damit öffnen Sie am rechten Bildschirmrand eine separate Leiste zur Arbeit mit Copilot (siehe Abbildung 7.15).

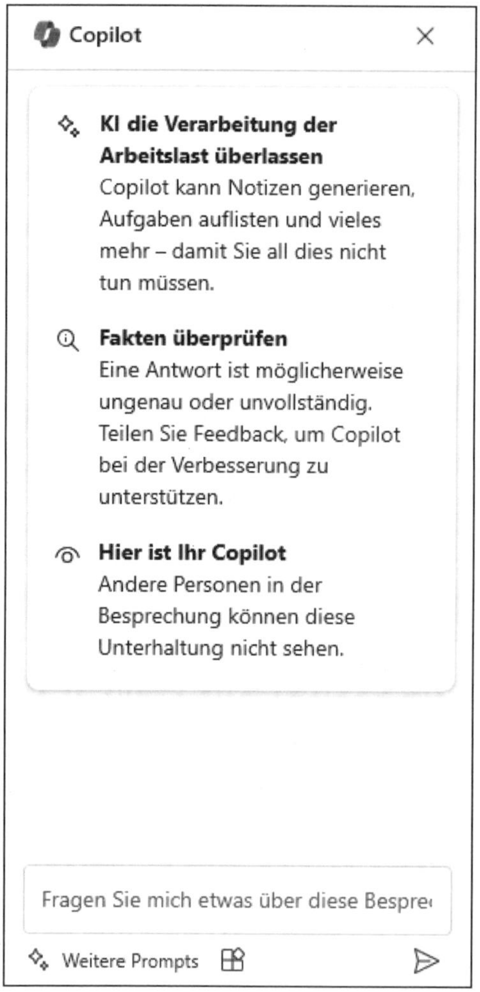

Abbildung 7.15 Copilot-Arbeitsleiste bei Chats

Alles, was Sie dort eingeben oder als Antwort zurückerhalten, ist nur für Sie bestimmt und ist nicht etwa auch für die anderen Personen aus dem Chat sichtbar.

Und damit können Sie dann arbeiten, beispielsweise in Word, um im jeweiligen Chat Fragen zu stellen, etwa nach einer Information, von der Sie zwar wissen, dass sie dort besprochen wurde, aber nicht mehr mit wem oder wann. Ebenso könnten Sie eine Zusammenfassung eines Gruppenchats anfordern.

7.1.4 Copilot mit Besprechungen

In Abschnitt 1.2.3, »Copilot im Teams-Client«, habe ich Ihnen bereits einen ersten Überblick über die Copilot-Funktionalitäten bei Besprechungen gegeben. Sie müssen dabei allerdings einige Details und Feinheiten beachten, die wir uns in diesem Abschnitt nun näher ansehen.

Transkript als Grundlage

Zuvor muss ich allerdings noch eine Teams-Besprechungsfunktionalität vorstellen, die zunächst nichts mit Copilot zu tun hat, aber von Copilot vorausgesetzt wird: das *Transkript*. Ursprünglich war es für folgenden Anwendungsfall gedacht: Nicht immer kann man an jeder Besprechung teilnehmen, ist in jeder Besprechung gleichermaßen konzentriert oder erinnert sich nach den Besprechungen noch an jedes Detail. In solchen Fällen wäre es hilfreich, selbst nach Tagen oder Wochen noch mal in den Besprechungsverlauf blicken zu können. Natürlich könnten die Besprechungen aufgezeichnet werden, doch bei ausschließlich vorhandenen Videoaufzeichnungen wäre es recht mühsam, zu den gewünschten Details – etwa was eine Person zu einem bestimmten Thema gesagt hat – zu springen.

Das Transkript ist eine Ergänzung oder Alternative zur Besprechungsaufnahme. Es enthält die gesprochenen Inhalte in Textform. Diesen Text können Sie einfach überfliegen oder sogar nach Stichwörtern durchsuchen. Haben Sie eine Teams-Besprechung aufgezeichnet und das Transkript anlegen lassen, zeigt Teams Ihnen beides im Nachgang einer Besprechung parallel an. Dazu öffnen Sie die Besprechung im Teams-Client im Kalender erneut und wechseln zum Abschnitt ZUSAMMENFASSUNG (siehe Abbildung 7.16).

Alternativ finden Sie die Aufzeichnung auch im Chat-Bereich bei der jeweiligen Besprechung (siehe Abbildung 7.17).

Klicken Sie dann im Transkript an eine bestimmte Stelle, springt auch das Video automatisch zum passenden Zeitpunkt.

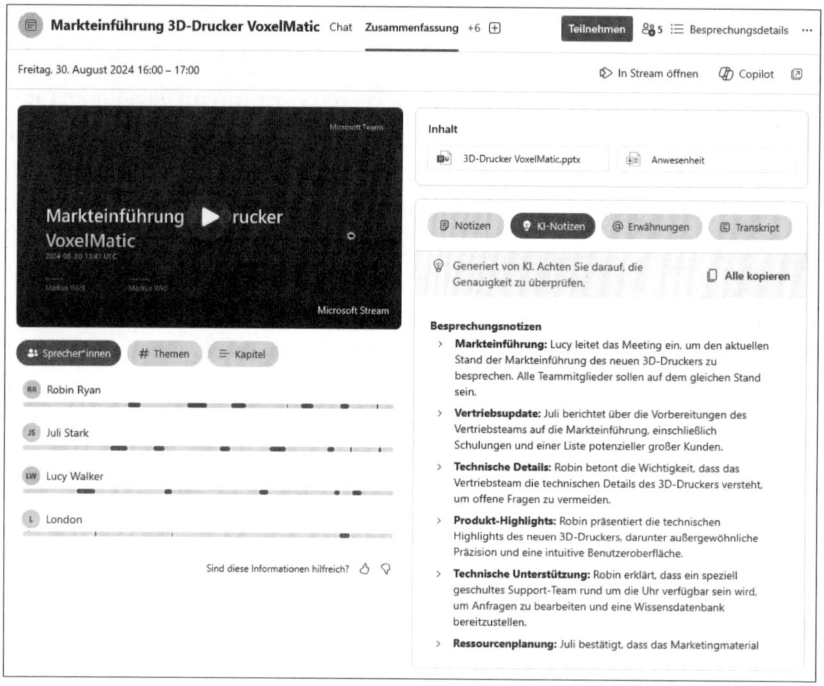

Abbildung 7.16 Automatisch generierte Besprechungszusammenfassung

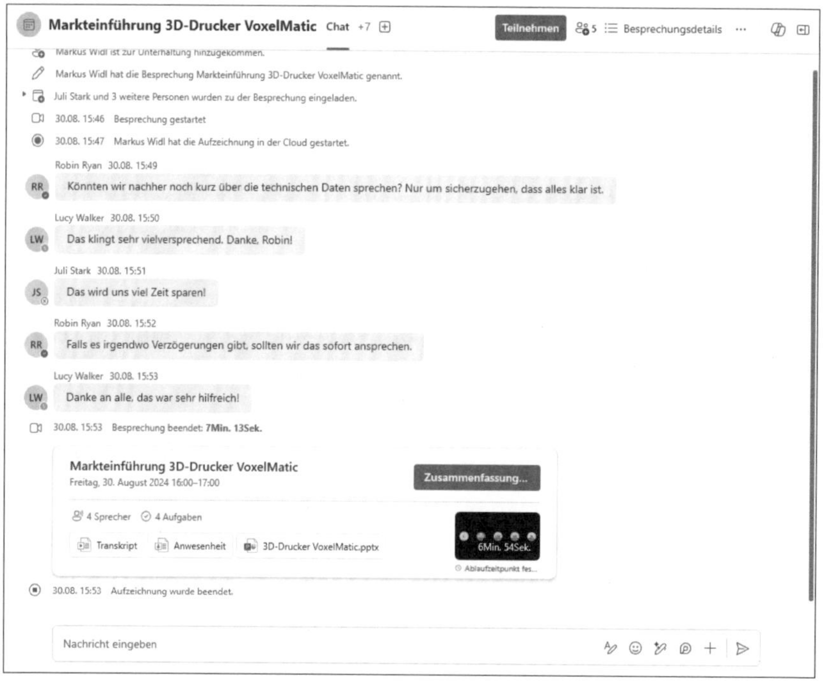

Abbildung 7.17 Besprechungszusammenfassung im Chat

Das Transkript können Sie – wie auch die Aufnahme – direkt während einer Besprechung starten (sofern Sie die Berechtigungen dazu haben). Im Fenster einer Teams-Besprechung würden Sie dazu auf die Schaltfläche WEITERE klicken und dann im Menü, das nun erscheint, auf AUFZEICHNEN UND TRANSKRIBIEREN. Daraufhin sehen Sie das Untermenü aus Abbildung 7.18.

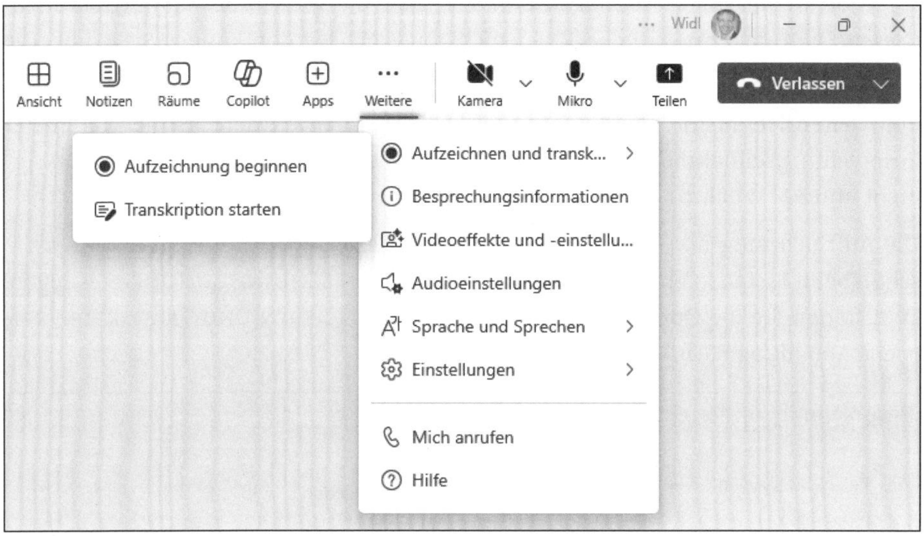

Abbildung 7.18 Transkription starten

Starten Sie hier die Aufzeichnung, wird auch automatisch das Transkript aktiviert. Alternativ können Sie hier auch nur das Transkript aktivieren. Das Transkript erscheint dann am rechten Fensterrand (siehe Abbildung 7.19).

Abbildung 7.19 Transkript

[»] Über die Schaltfläche mit dem ZAHNRAD können Sie gegebenenfalls die gesprochene Sprache ändern. Es ist immens wichtig, die richtige Sprache auszuwählen, ansonsten enthält das Transkript nur unbrauchbare Inhalte. Eine Herausforderung kann dies werden, wenn während einer Besprechung die gesprochene Sprache gewechselt wird, beispielsweise wenn mehrere vortragende Personen in jeweils einer anderen Sprache sprechen. In diesem Fall sollten Sie darauf achten, die Sprache des Transkripts anzupassen. Sollte das Transkript bei Ihnen nicht angezeigt werden, können Sie es über die Schaltfläche WEITERE erneut aufrufen.

Eine weitere Herausforderung ist es, wenn eine oder mehrere der Personen, die an der Besprechung teilnehmen, stark einen Dialekt sprechen. Auch dann ist das Transkript nicht immer brauchbar.

[»] Die Aufzeichnung der Besprechung und das Anlegen des Transkripts können Sie schon beim Erstellen einer Besprechung in den BESPRECHUNGSOPTIONEN festlegen. Dort finden Sie die Option AUTOMATISCHES AUFZEICHNEN UND TRANSKRIBIEREN (siehe Abbildung 7.20).

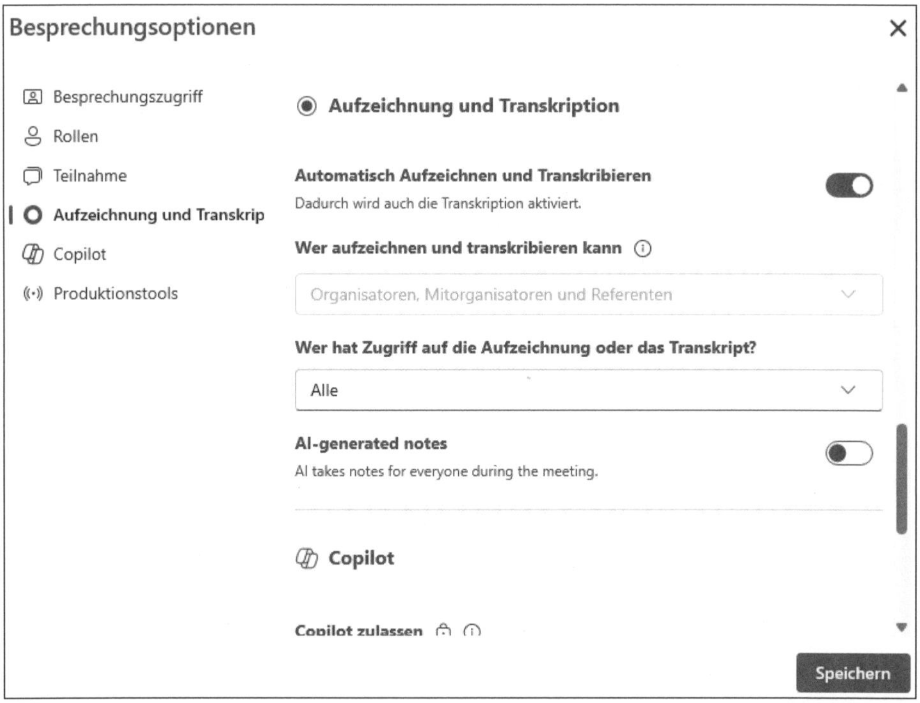

Abbildung 7.20 Besprechungsoptionen zu Aufzeichnung und Transkription

Aktivieren Sie die Option direkt, können Sie später nicht vergessen, das Transkript zu starten, wenn Sie sich bereits auf den Inhalt konzentrieren. Allerdings startet die Aufzeichnung dann auch wirklich mit dem Start der Besprechung. Werden im Meeting die ersten Minuten für einen informellen Austausch genutzt, landen auch diese in der Aufzeichnung – nicht immer ist das erwünscht.

Damit stellt sich noch die Frage, welche Bedeutung das Transkript für Copilot hat. Stellen Sie vor oder nach einer Besprechung Copilot eine Frage zu den Inhalten oder geben Sie Copilot die Anweisung, die Inhalte zu verarbeiten, dann verwendet Copilot dazu als wesentliche Grundlage das Transkript. Ist ein solches nicht vorhanden, hat Copilot zu all dem, was besprochen wurde, keine Informationen – kann also auch nicht helfen. Aus diesem Grund ist das Transkript von so großer Bedeutung für Copilot.

Gilt in Ihrem Unternehmen die Regelung, dass das Transkript nicht verwendet werden darf oder kann, sollten Sie diese Regel nochmals überdenken, sofern Sie Copilot im Unternehmen vollumfänglich auch für Besprechungen nutzen wollen. [«]

Neben dem Transcript verwendet Copilot zur Generierung der Antworten auch die Inhalte des Chats aus der Besprechung sowie die per Bildschirmfreigabe geteilten Inhalte, also beispielsweise den Inhalt des präsentierten Foliensatzes (Letzteres ist geplant ab März 2025). [«]

Transkript bei Vor-Ort-Besprechungen

Das Transkript enthält nicht nur das gesprochene Wort in Textform, sondern auch eine Zuordnung, welche Person was gesagt hat. Die Personenzuordnung selbst ist für Copilot wichtig, denn nur so können beispielsweise in der Zusammenfassung die jeweiligen Standpunkte der unterschiedlichen Personen aufgeführt werden oder kann festgehalten werden, wer welche Aufgabe übernommen hat.

Bei virtuellen Meetings ist diese Zuordnung normalerweise einfach möglich: Die Teilnehmenden sitzen einzeln vor ihrem Rechner. Sagen sie etwas, wird die Zuordnung auf Basis des angemeldeten Benutzers im Teams-Client vorgenommen (oder bei einer externen Person auf Basis des Namens, den sie beim Betreten des Meetings angegeben hat).

Doch wie ist das bei hybriden Besprechungen, wenn also ein Teil der Personen, die an der Besprechung teilnehmen, gemeinsam in einem Raum sitzt und dort diskutiert? Oder auch bei reinen Vor-Ort-Besprechungen? Wie kann dort eine Zuordnung der Personen zum gesprochenen Wort vorgenommen werden?

Als Unternehmen, das auf Microsoft Teams setzt, haben Sie vielleicht Ihre Besprechungsräume mit *Microsoft Teams Rooms*-Geräten ausgestattet. Dabei handelt es sich um eine Lösung von Microsoft, die speziell für Konferenzräume entwickelt wurde, um nahtlose und integrierte Besprechungserlebnisse zu ermöglichen. Sie kombiniert spezielle Hardware (wie Kameras, Mikrofone und Displays) mit einem speziellen Teams-Client, der auf diesen Geräten läuft. Da der Client ähnlich zu bedienen ist wie der Teams-Client auf Notebooks und Desktop-Rechnern, sind die Geräte für die Anwenderinnen und Anwender recht einfach in der Nutzung. Ein Beispiel für ein solches Gerät sehen Sie in Abbildung 7.21.

Mehr zu diesen Geräten lesen Sie hier: *https://www.microsoft.com/de-de/microsoft-teams/microsoft-teams-rooms*

Abbildung 7.21 Ein »Microsoft Teams Rooms«-Gerät: das »Lenovo ThinkSmart Hub« (Quelle: https://www.microsoft.com/en-us/teams-devices/product/lenovo-thinksmart-hub-small-to-medium-room/931)

Nehmen wir an, Sie verwenden ein solches Gerät in einem Besprechungsraum, in dem gerade ein hybrides Teams-Meeting durchgeführt wird. Im Transkript erscheint dann bei den jeweiligen Aussagen der Personen aus dem Besprechungsraum nur der Name des Besprechungsraums selbst.

Für die Arbeit mit Copilot ist das weniger hilfreich. Doch es gibt auch noch eine intelligentere Lösung: Bei entsprechender Konfiguration durch Ihre IT erscheint bei den jeweiligen Sätzen, die die Personen im Raum sprechen SPRECHER*IN 1 usw. Diese Platzhalter können Sie dann durch die wirklichen Namen der Personen ersetzen (siehe Abbildung 7.22).

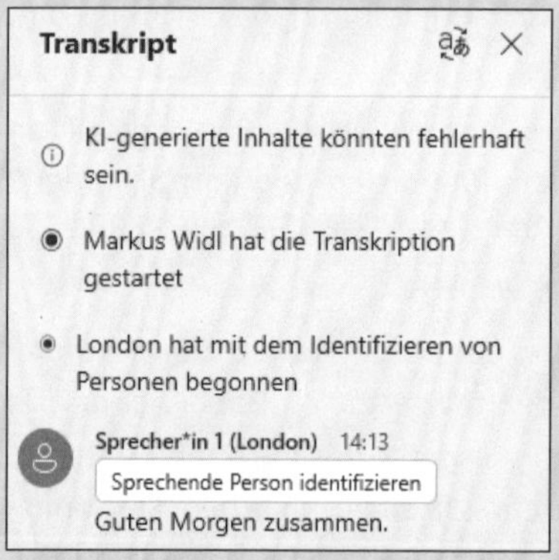

Abbildung 7.22 Sprechende Person identifizieren

Jedoch muss die manuelle Zuordnung nicht sein, denn die Anwenderinnen und Anwender können im Teams-Client auf ihrem Rechner ein Sprachprofil hinterlegen. Dieses Profil verwendet Microsoft Teams von da an, um die Person zu erkennen –

und das unabhängig davon, in welchem Raum sie sich gerade befindet. Damit erscheint dann der richtige Name automatisch im Transkript.

Bis zum Sommer 2024 war dazu ein sogenannter *Intelligent Speaker* im Besprechungsraum erforderlich. Ein Beispiel für ein solches Gerät sehen Sie in Abbildung 7.23. Kompatible Geräte finden Sie hier:

https://www.microsoft.com/de-de/microsoft-teams/across-devices/devices/category/room-systems-accessories/73

Abbildung 7.23 Intelligent Speaker (hier der »EPOS Expand Capture 5«; Quelle: https://www.microsoft.com/de-de/microsoft-teams/across-devices/devices/product/epos-expand-capture-5/838)

Inzwischen wird ein solches Gerät grundsätzlich nicht mehr benötigt – zumindest nicht, wenn im Raum ein Windows-basiertes Microsoft Teams Rooms-Gerät steht. (Es gibt auch Geräte, die Android-basiert sind.) Microsoft arbeitet aber auch an einer Lösung, die ganz ohne Microsoft Teams Rooms-Gerät auskommt.

Das Sprachprofil können die Anwenderinnen und Anwender dann in ihrem Teams-Client anlegen. Das geht wie folgt: Zunächst wechseln Sie zu den EINSTELLUNGEN. Diese erreichen Sie über einen Klick auf die Schaltfläche mit den drei Punkten rechts oben (EINSTELLUNGEN UND MEHR). In dem Menü, das nun erscheint, wählen Sie den Befehl EINSTELLUNGEN. In den Einstellungen wechseln Sie dann zum Bereich ERKENNUNG (siehe Abbildung 7.24). Dort müssen Sie einen kurzen Text vorlesen, anhand dessen das Profil erstellt wird.

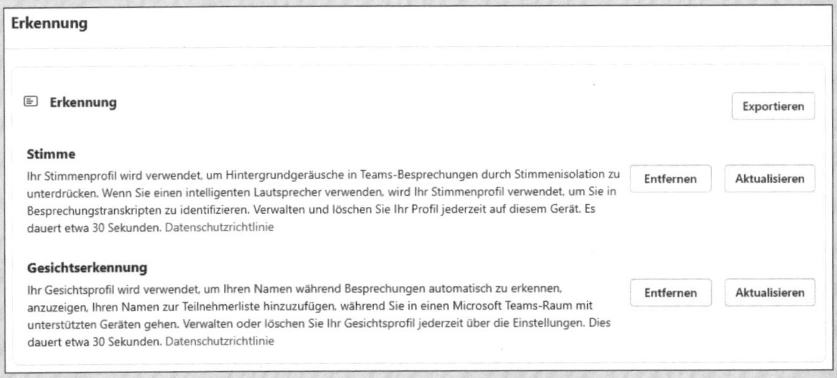

Abbildung 7.24 Erkennungseinstellungen im Teams-Client

[»] Was von administrativer Seite konfiguriert werden muss, damit die Sprechererkennung funktioniert, beschreibe ich in Abschnitt 11.2.4, »Sprechererkennung in Besprechungsräumen«.

Zustimmung zu Aufzeichnung und Transkription

In vielen Unternehmen kommt dem Umgang mit Aufzeichnungen und Transkriptionen eine besondere Bedeutung zu. Nicht immer ist es erwünscht, dass jede Person diese starten darf. Deshalb schauen wir uns verschiedene Einstellungen an, die von der Unternehmens-IT genutzt werden können, um festzulegen, welche Personen die Aufzeichnung und/oder Transkription einer Besprechung starten dürfen. Wie Aufzeichnung und Transkription nach Ablauf einer gewissen Zeit automatisch gelöscht werden, erkläre ich im anschließenden Abschnitt.

Nicht selten ist es in Organisationen erwünscht oder sogar erforderlich, dass alle Teilnehmenden einer Besprechung vor dem Start der Aufzeichnung über diese informiert werden. Im Idealfall sollte auch eine Zustimmung jeder einzelnen Person eingeholt werden.

Über eine *Besprechungsrichtlinie* ist eine solche Konfiguration möglich. Wird in einer Besprechung die Aufzeichnung aktiviert, erhalten die Teilnehmenden einen entsprechenden Hinweis (siehe Abbildung 7.25). Gibt ein Teilnehmer keine Zustimmung, bleiben sein Mikrofon und seine Kamera deaktiviert. Auch kann dieser Teilnehmer keine Inhalte mehr teilen, solange die Aufzeichnung läuft. Würde dieser Teilnehmer während der Aufzeichnung sein Mikrofon oder die Kamera aktivieren oder etwas teilen wollen, würde er wiederum um Zustimmung gebeten.

Durch dieses Prinzip wird ausgeschlossen, dass Beiträge der Teilnehmenden ohne deren Zustimmung in die Aufzeichnung gelangen.

In der Standardkonfiguration ist eine solche Zustimmung nicht erforderlich. Administratoren können nun die Besprechungsrichtlinien modifizieren, um die Zustimmung zu aktivieren. Abbildung 7.26 zeigt die dafür zuständige Einstellung TEILNEHMERVEREINBARUNG FÜR AUFZEICHNUNG UND TRANSKRIPTION ERFORDERLICH in der Konfiguration der Besprechungsrichtlinien im Teams Admin Center.

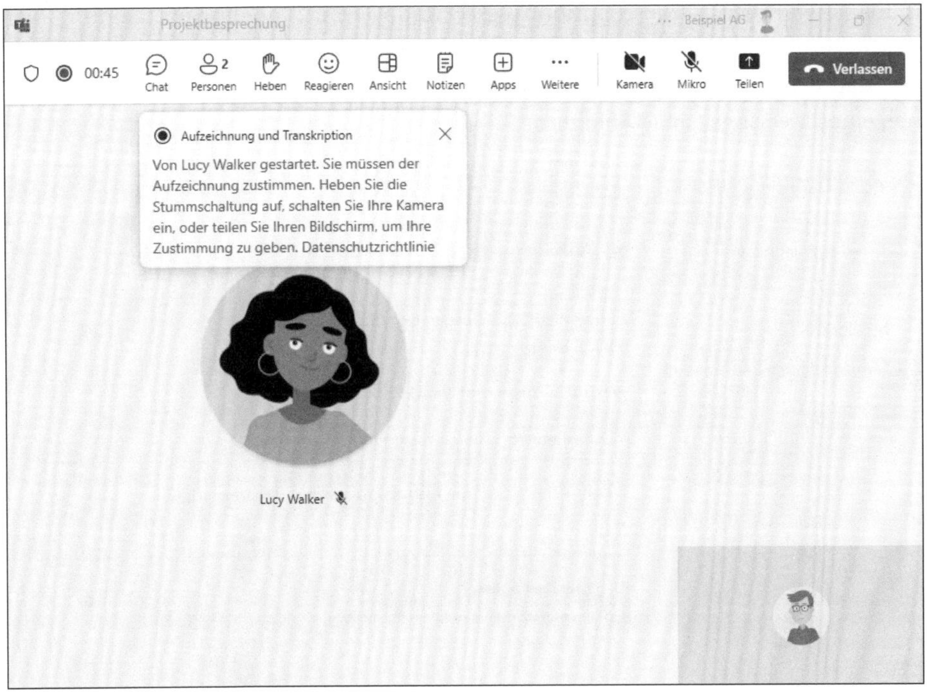

Abbildung 7.25 Hinweis zur Aufzeichnung

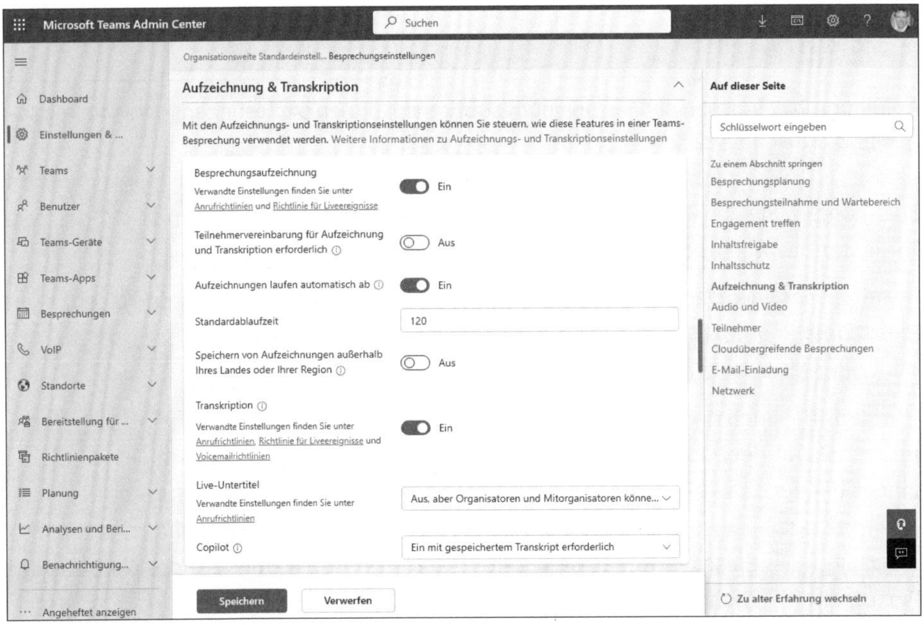

Abbildung 7.26 Besprechungsrichtlinie im Teams Admin Center

In manchen Fällen ist diese Option zu grob und Sie möchten die Entscheidung, wer eine Besprechung aufzeichnen darf, für jedes Meeting neu treffen. In diesem Fall hilft die Besprechungsoption WER AUFZEICHNEN UND TRANSKRIBIEREN KANN beim Planen eines Meetings (siehe Abbildung 7.27).

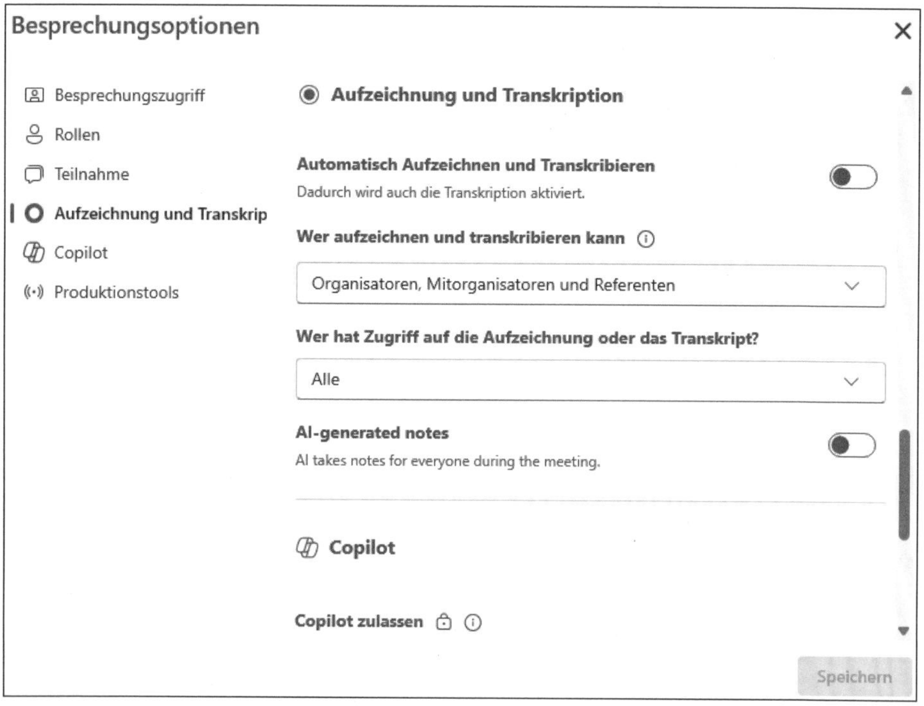

Abbildung 7.27 Auch in den Besprechungsoptionen können Sie festlegen, »Wer aufzeichnen und transkribieren kann«.

Hier können Sie das Recht zum Aufzeichnen auf die Organisatoren und Co-Organisatoren der Besprechung beschränken.

[»] Damit diese Option angeboten wird, benötigt der Organisator jedoch eine Lizenz vom Typ *Teams Premium*. Mehr dazu lesen Sie auch in Abschnitt 1.5.2, »Microsoft 365 Copilot oder Microsoft Teams Premium?«.

Übrigens hat auch der Anwender selbst die Möglichkeit, zu bestimmen, ob sein Name im Transkript neben seinem gesprochenen Wort zu sehen sein soll. Im Teams-Client gibt es bei den EINSTELLUNGEN im Bereich UNTERTITEL UND TRANSKRIPTE die Option MICH AUTOMATISCH IN BESPRECHUNGSUNTERTITELN UND TRANSKRIPTEN IDENTIFIZIEREN. Ist diese Option ausgeschaltet, steht im Transkript statt des Namens der Person ein Platzhalter in der Form *Sprecher*in 1*.

Aufzeichnungen und Transkriptionen automatisch löschen

Möchte das Unternehmen sicherstellen, dass Aufzeichnungen nach Ablauf einer gewissen Zeitspanne automatisch gelöscht werden, gibt es bei den Besprechungsrichtlinien ebenfalls eine Option dafür. Zunächst aktivieren die Administratoren die Einstellung AUFZEICHNUNGEN LAUFEN AUTOMATISCH AB, und unter STANDARDABLAUFZEIT geben sie die Zeitspanne in Tagen an. Microsoft Teams speichert die Besprechungsaufzeichnungen und das Transkript in einer MP4-Datei an folgenden Stellen:

- bei einer Teams-Kanalbesprechung auf der zugehörigen Gruppenwebseite: Genauer gesagt wird die Datei in der dort vorhandenen Dokumentbibliothek DOKUMENTE abgelegt. In dieser Bibliothek befinden sich für jeden Kanal Unterordner. In den Unterordnern wird dann für die Aufzeichnungen jeweils automatisch ein Ordner namens RECORDINGS angelegt.
- bei Besprechungen außerhalb von Kanälen (was üblicherweise der Normalfall ist) im OneDrive derjenigen Person, die das Recording startet (also nicht zwangsläufig im OneDrive des Besprechungsorganisators). Alle Aufzeichnungen landen dort in einem Ordner namens AUFNAHMEN. Ein Beispiel sehen Sie in Abbildung 7.28.

  Dies gilt übrigens auch bei Besprechungen, bei denen mit der zugehörigen Option die Aufzeichnung automatisch gestartet wird. Hier wird die Besprechung dann im OneDrive desjenigen Benutzers gespeichert, der der Besprechung zuerst beitritt.

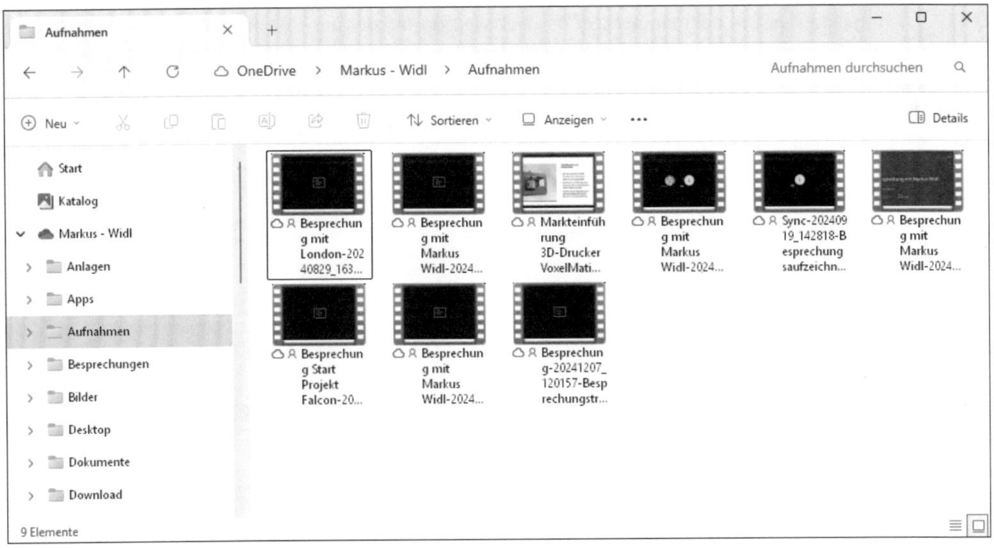

Abbildung 7.28 Aufnahmen in OneDrive

Ist das automatische Löschen aktiviert, landen die Dateien zunächst im jeweiligen Papierkorb, von wo aus sie gegebenenfalls wiederhergestellt werden können. Über das

Löschen wird der OneDrive- beziehungsweise Team-Besitzer auch informiert. Ein Beispiel sehen Sie in Abbildung 7.27. Damit bleibt noch genug Zeit, um die MP4-Datei im Zweifelsfall weiterhin zu erhalten.

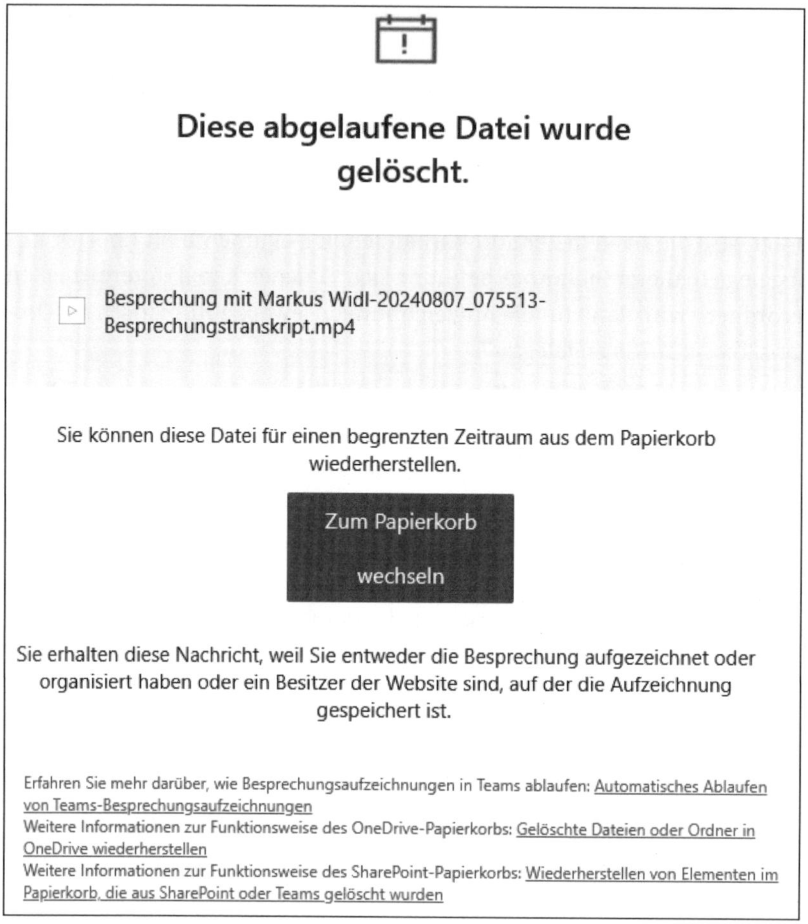

Abbildung 7.29 Eine Löschungsbenachrichtigung

Besprechung planen

Bevor wir uns gleich in eine Besprechung begeben und dort die Copilot-Funktionalitäten betrachten, beginnen wir zunächst ganz am Anfang: mit dem Planen oder Organisieren einer Besprechung. Und dabei beginnen wir im Kalender innerhalb des Teams-Client (siehe Abbildung 7.30).

[»] Sie sehen hier bereits die »neue« Kalenderdarstellung im Teams-Client. Unter Umständen wird bei Ihnen noch die alte Ansicht verwendet.

Legen wir hier über die Schaltfläche NEUES EREIGNIS eine neue Besprechung an, erscheint das Fenster wie in Abbildung 7.31.

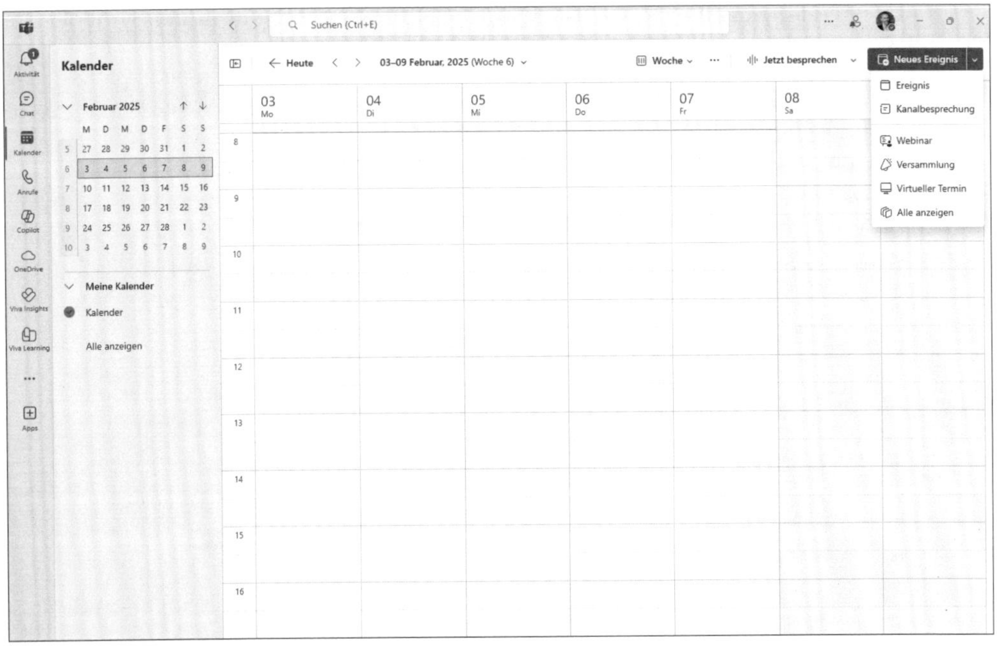

Abbildung 7.30 Kalender im Teams-Client

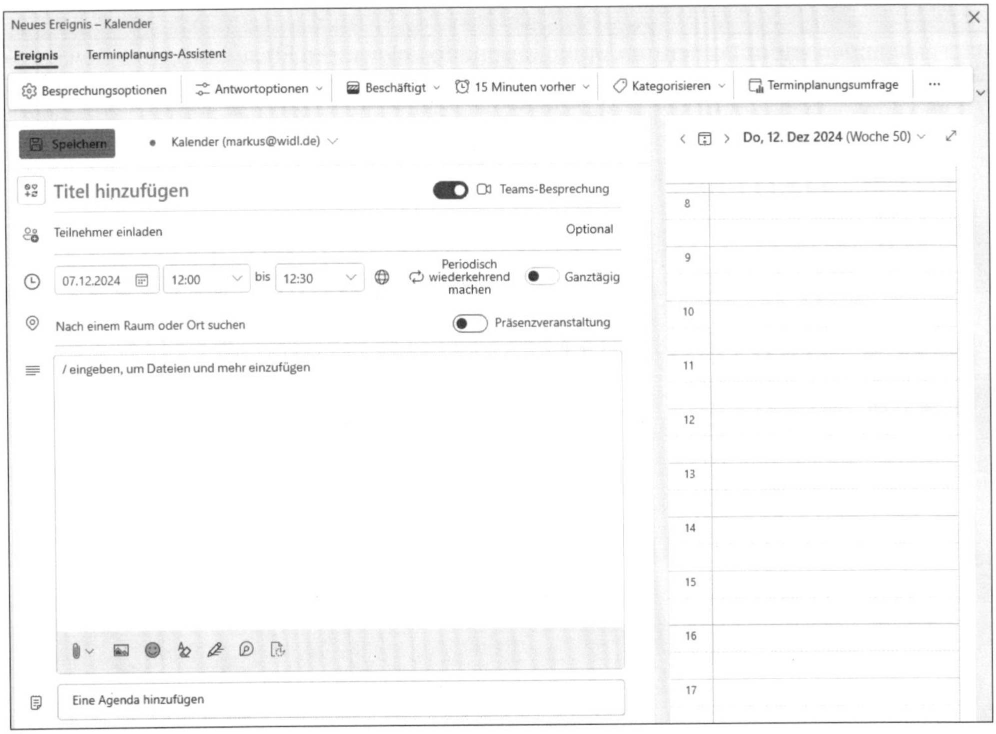

Abbildung 7.31 Neue Besprechung anlegen

Aktiveren Sie dort die Option TEAMS-BESPRECHUNG, erscheint in der Symbolleiste die Schaltfläche BESPRECHUNGSOPTIONEN (siehe Abbildung 7.32).

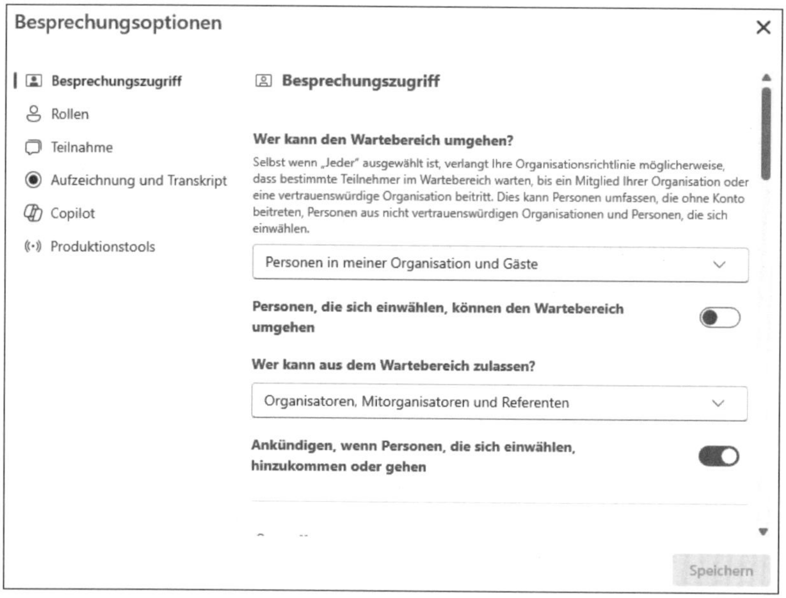

Abbildung 7.32 Besprechungsoptionen

Beginnen wir mit einer für Copilot besonders relevanten Einstellung im Bereich COPILOT (siehe Abbildung 7.33).

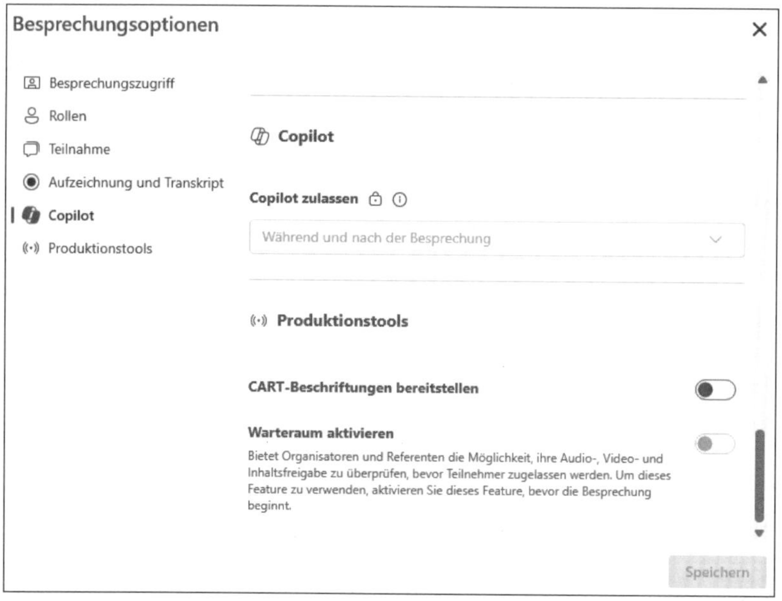

Abbildung 7.33 Optionen zu Copilot

Die Einstellung COPILOT ZULASSEN ermöglicht Ihnen die Auswahl zweier Optionen (zumindest wenn sie nicht wie in Abbildung 7.33 vom Administrator gesperrt ist):

- WÄHREND UND NACH DER BESPRECHUNG: Das ist die Standardeinstellung. Aktiviert hierbei eine Person, die an der Besprechung teilnimmt, Copilot über die entsprechende Schaltfläche, so nutzt dieser das aktive Transkript (sofern es bereits ein solches gibt), oder aber das Transkript wird dann begonnen. Das Transkript ist nach der Besprechung weiterhin verfügbar, und Sie können somit über Copilot Fragen zum Inhalt stellen. Auch die automatisch generierte Besprechungszusammenfassung über *Intelligent Recap* ist dann verfügbar, beginnend mit den Inhalten ab der Aktivierung des Transkripts. (Mehr zu Intelligent Recap lesen Sie weiter unten im Kasten »Was ist Intelligent Recap?«.)

  Tipp: Da das Transkript bei dieser Einstellung erst dann begonnen wird, wenn die Aufzeichnung – oder eben das Transkript selbst – gestartet wird, passiert es in der Praxis mitunter, dass im Transkript ein Teil der Besprechung fehlt und damit Copilot zu den ausgelassenen Minuten auch nichts sagen kann. Eine leicht zu übersehende Option beim Erstellen der Besprechung kann dem abhelfen: Legen Sie im Teams-Client eine neue Besprechung an, können Sie bei den Besprechungsoptionen im Bereich AUFZEICHNUNG UND TRANSKRIPTION die Option AUTOMATISCH AUFZEICHNEN UND TRANSKRIBIEREN aktivieren (siehe Abbildung 7.34). Damit wird das Transkript automatisch mit dem Start der Besprechung begonnen. Noch ein Hinweis: Sollte diese Option bei Ihnen nicht angezeigt werden, könnte es sein, dass Ihre Unternehmens-IT sie deaktiviert hat.

Abbildung 7.34 Automatisches Aufzeichnen und Transkribieren

- NUR WÄHREND DER BESPRECHUNG: In diesem Fall wird für Copilot während der Besprechung automatisch ein Transkript erstellt, das nach Beendigung der Besprechung jedoch wieder entfernt wird. Somit können Sie, während die Besprechung läuft, mit Copilot und den Besprechungsinhalten arbeiten. Nach der Besprechung aber nicht mehr. So könnten Sie dann später beispielsweise nicht nach vereinbarten Details fragen oder sich das Meeting zusammenfassen lassen. Auch die automatisch generierte Zusammenfassung über Intelligent Recap steht in diesem Fall nicht zur Verfügung.

  [»] Allerdings gibt es hier noch ein wichtiges Detail: Aktiviert eine Person, die an der Besprechung teilnimmt, das Transkript (entweder über den Befehl AUFZEICHNEN UND TRANSKRIBIEREN • TRANSKRIPTION STARTEN oder auch durch Aktivierung der Aufzeichnung über AUTOMATISCH AUFZEICHNEN UND TRANSKRIBIEREN), ist das Transkript ab dem Zeitpunkt der Aktivierung auch nach Beendigung der Besprechung weiterhin verfügbar und Intelligent Recap fasst die Inhalte ab demselben Zeitpunkt zusammen.

[»] Vielleicht wundern Sie sich, dass die Option COPILOT ZULASSEN auch verfügbar ist, wenn der Besprechungsorganisator über keine Copilot-Lizenz verfügt. Das ist kein Fehler, sondern durchaus gewollt: So kann der Organisator bereits im Vorfeld entscheiden, ob die Teilnehmer und Teilnehmerinnen, die mit einer Copilot-Lizenz ausgestattet sind, auch persönlich Copilot einsetzen dürfen. Mehr zur Lizenzierung von Copilot lesen Sie in Abschnitt 1.5.1, »Lizenzen und Copilot-Varianten«.

Noch recht neu ist die Option KI-GENERIERTE NOTIZEN aus Abbildung 7.34. Aktivieren Sie diese, kommt Ihnen während der Besprechung automatisch der virtuelle Agent *Teams-Facilitator* zu Hilfe. Seine Aufgabe ist es, in Echtzeit Besprechungsnotizen zu erstellen. Diese können Sie, aber auch die anderen Teilnehmenden, jederzeit anpassen und ergänzen. Im Meeting selbst sehen Sie die Notizen am rechten Bildschirmrand (siehe Abbildung 7.35). Gegebenenfalls müssen Sie dazu zuvor noch auf die Schaltfläche NOTIZEN tippen bzw. klicken. Darüber können Sie auch nachträglich die KI-generierten Notizen beginnen, sofern der Organisator die Option beim Anlegen der Besprechung nicht gesetzt haben sollte. Klicken Sie dazu auf die Schaltfläche mit den zwei Sternchen.

Abbildung 7.35 Automatisch generierte Besprechungsnotizen (hier in englischer Sprache)

Was ist Intelligent Recap?

Mithilfe von künstlicher Intelligenz werden die Aufzeichnungen von Besprechungen nachbearbeitet und den Anwenderinnen und Anwendern zugänglich gemacht. Vielleicht kennen Sie auch die Situation: Virtuelle Besprechungen nehmen einen großen Teil unseres täglichen Terminkalenders ein. Es ist oftmals nicht leicht, in jeder Besprechung präsent zu sein. Die möglichen Besprechungsaufzeichnungen helfen auch nur bedingt, denn wer hat schon Zeit, sich mitunter stundenlange Aufzeichnungen anzusehen. Mit Intelligent Recap bereitet Microsoft Teams die Aufzeichnungen so auf, dass sie leichter konsumierbar werden:

- In der Zeitleiste sind verschiedene Markierungen zu sehen, beispielsweise wenn eine Präsentation oder Demonstration beginnt. Besonders hilfreich finde ich die Markierungen, wann ich die Besprechung betreten und verlassen habe. Somit ist es einfach, die fehlenden Teile nachträglich anzusehen.
- Es werden auch automatisch Kapitelmarken erzeugt, die passend zum Inhalt der Besprechung angelegt und benannt werden. Auch damit kann direkt zu interessanten Teilen der Besprechungsaufzeichnung gesprungen werden.
- Außerdem werden die Redebeiträge der Teilnehmenden in der Besprechung farblich markiert. Wenn ich also beispielsweise gezielt die Beiträge meiner Chefin anhören möchte, kann ich direkt zu ihnen springen.

In Abbildung 7.36 sehen Sie ein Beispiel für die automatisch generierte Zusammenfassung.

Intelligent Recap ist Bestandteil der Lizenztypen *Microsoft 365 Copilot* und *Microsoft Teams Premium*.

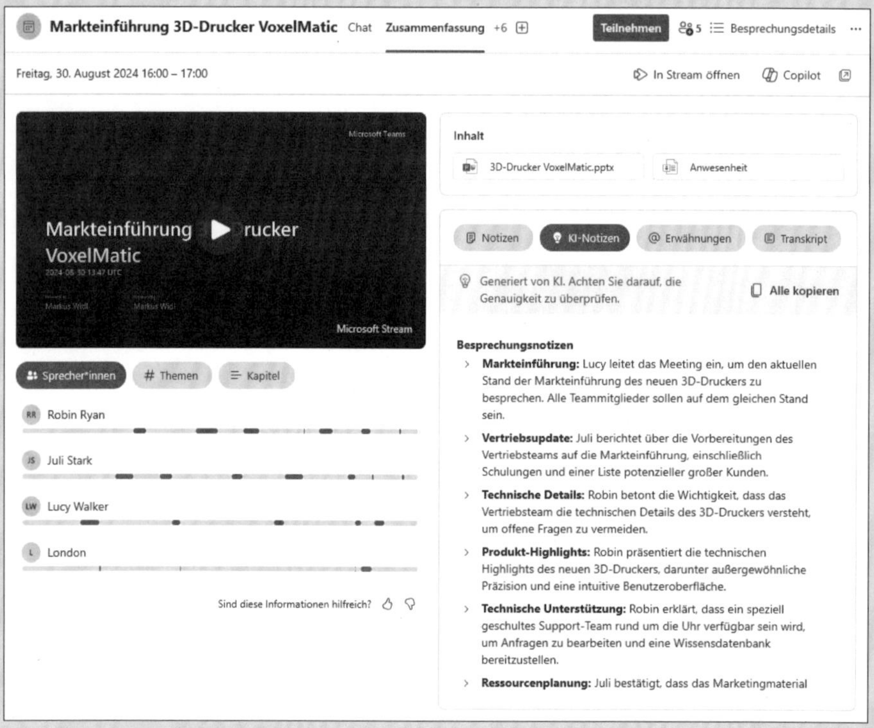

Abbildung 7.36 Intelligent Recap

Nachdem wir uns in diesem und den vorigen Abschnitten die für Copilot besonders relevanten Optionen beim Erstellen einer Besprechung angesehen haben, sollten wir noch einen kurzen Blick auf die Einstellungsmöglichkeiten der Microsoft Teams-Administratoren werfen. Dort besteht nämlich die Möglichkeit, die bisher aufgeführten Optionen zu beeinflussen.

Um die Möglichkeiten der Administratoren zu verstehen, müssen Sie den Begriff *Besprechungsrichtlinie* kennen. Mit dieser Richtlinie geben Administratoren vor, welche Besprechungsfunktionalitäten genutzt werden dürfen und welche nicht. So könnte mit einer Besprechungsrichtlinie beispielsweise das Aufzeichnen und Transkribieren von Besprechungen verboten werden. Die Administratoren können mehrere Besprechungsrichtlinien mit unterschiedlichen Konfigurationen anlegen. Jedem Benutzerkonto weisen sie dann eine dieser Richtlinien zu, und die hinterlegten Einstellungen werden aktiv.

In der Besprechungsrichtlinie (siehe Abbildung 7.37) gibt es nun zwei Einstellungen, die ich hier erwähnen möchte.

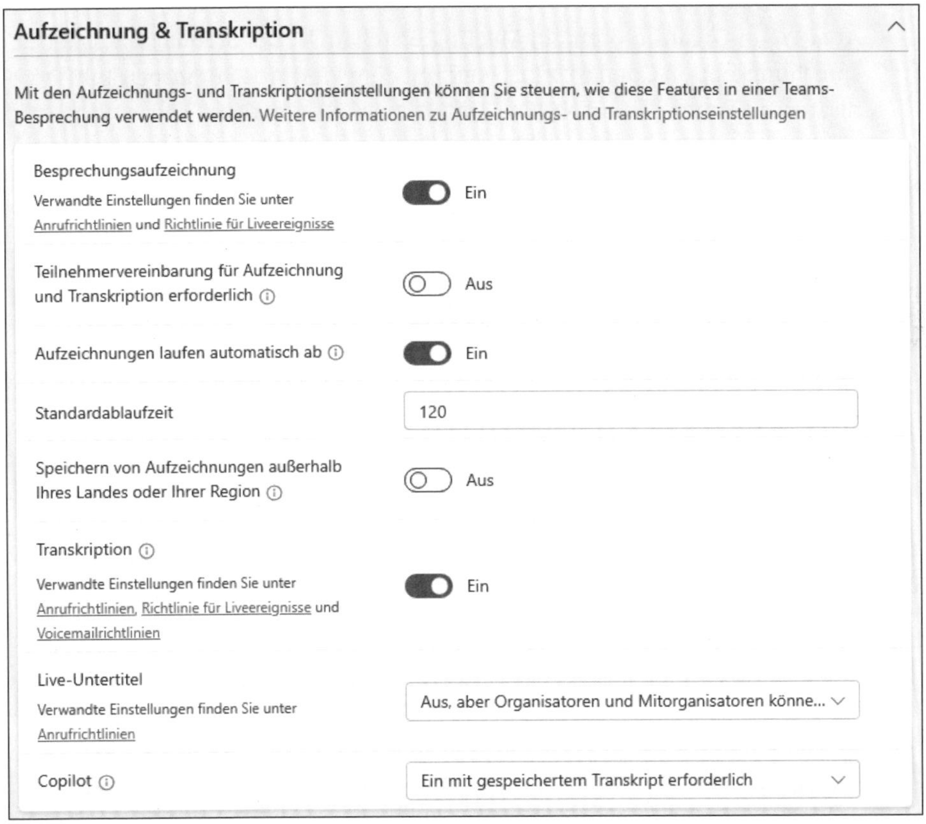

Abbildung 7.37 Einstellungen in der Besprechungsrichtlinie

- COPILOT
  Zur Auswahl stehen vier Optionen:
  - EIN: Wenn Organisatoren ein Meeting erstellen, ist der Standardwert der Besprechungsoption COPILOT ZULASSEN mit dem Wert NUR WÄHREND DER BESPRECHUNG vorausgewählt. Organisatoren können ihn auf WÄHREND UND NACH DER BESPRECHUNG sowie AUS ändern.
  - EIN MIT GESPEICHERTEM TRANSKRIPT ERFORDERLICH: Wenn Organisatoren ein Meeting erstellen, ist der Standardwert der Besprechungsoption COPILOT ZULASSEN mit dem Wert WÄHREND UND NACH DER BESPRECHUNG vorausgewählt. Organisatoren können diesen Wert auch nicht ändern. Hierbei handelt es sich um die Standardeinstellung.
  - EIN MIT STANDARDMÄSSIG GESPEICHERTEM TRANSKRIPT: Wenn Organisatoren ein Meeting erstellen, ist der Standardwert der Besprechungsoption COPILOT ZULASSEN mit dem Wert WÄHREND UND NACH DER BESPRECHUNG vorausgewählt. Organisatoren können ihn auf NUR WÄHREND DER BESPRECHUNG sowie AUS ändern.
  - AUS: Wenn Organisatoren ein Meeting erstellen, ist der Standardwert der Besprechungsoption COPILOT ZULASSEN mit dem Wert AUS vorausgewählt. Organisatoren können ihn auf NUR WÄHREND DER BESPRECHUNG sowie WÄHREND UND NACH DER BESPRECHUNG ändern.
- TRANSKRIPTION
  Diese Einstellung können Sie nur ein- und ausschalten. Dies hat dann folgenden Effekt:
  - EIN: Wurde beim Erstellen des Meetings für die Copilot-Nutzung NUR WÄHREND DER BESPRECHUNG ausgewählt, können die Teilnehmerinnen und Teilnehmer Copilot zunächst nur während der Besprechung nutzen. Copilot verwendet dann das temporäre Transkript als Grundlage. Soll auch nach der Besprechung die Nutzung von Copilot möglich sein, muss das Transkript von einer teilnehmenden Person während der Besprechung aktiviert werden. Nach der Besprechung ist das Transkript ab dem Zeitpunkt der Aktivierung verfügbar. Wurde jedoch beim Erstellen des Meetings für die Copilot-Nutzung WÄHREND UND NACH DER BESPRECHUNG ausgewählt, kann Copilot die Inhalte verwenden, und zwar ab dem Zeitpunkt, zu dem das Transkript gestartet wird.
  - AUS: Wurde beim Erstellen des Meetings für die Copilot-Nutzung NUR WÄHREND DER BESPRECHUNG ausgewählt, können die Teilnehmenden Copilot nur auf Basis des automatisch angelegten temporären Transkripts nutzen. Doch aufgepasst: Ist in der Besprechung ein Teilnehmer mit dabei, der mit seiner Besprechungsrichtlinie die Transkription aktivieren darf – und dies auch tut –, dann können alle Teilnehmenden während und nach der Besprechung mit Copilot die Inhalte verwenden. Wurde dagegen beim Erstellen des Meetings für die

Copilot-Nutzung WÄHREND UND NACH DER BESPRECHUNG ausgewählt, kann Copilot zunächst nicht genutzt werden. Doch auch hier gilt die Besonderheit: Ist es einem Teilnehmenden erlaubt, die Transkription zu aktivieren, können alle anderen ebenso Copilot auf Basis des Transkripts verwenden.

Während der Besprechung

Um Copilot aufzurufen, klicken Sie in der Symbolleiste des Besprechungsfensters auf COPILOT. Gegebenenfalls werden Sie dann noch um Bestätigung gebeten, dass das *Transkript* gestartet werden darf, also eine textliche Aufzeichnung des gesprochenen Wortes erzeugt wird. Danach erscheint am rechten Rand des Fensters der persönliche Copilot-Bereich (siehe Abbildung 7.38).

Die Betonung liegt hierbei auf »persönlich«, denn welche Anweisungen Sie dort Copilot geben und auch die Antworten sind nur für Sie selbst bestimmt. Die anderen Meetingsteilnehmenden sehen diese nicht.

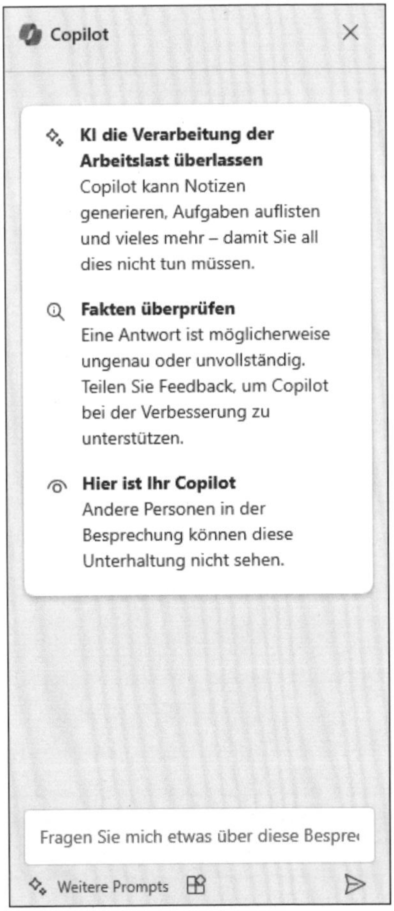

Abbildung 7.38 Copilot während einer Besprechung

Zehn Minuten vor Beendigung der Besprechung meldet sich Copilot mit einer Einblendung im Meeting-Fenster wie in Abbildung 7.39.

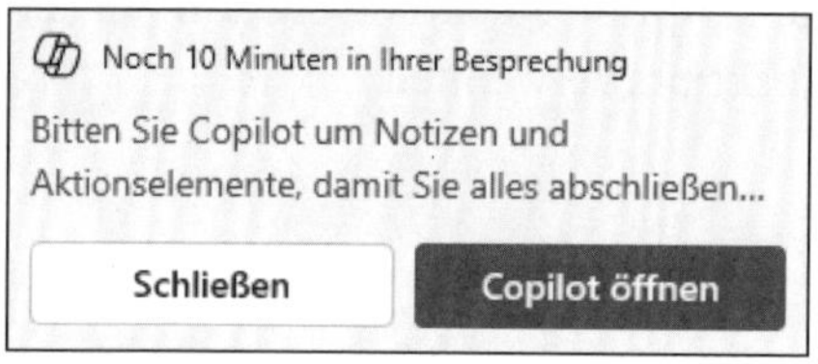

Abbildung 7.39 Die Besprechung endet bald.

Nehmen Sie das Angebot wahr, öffnet sich gegebenenfalls die Aufgabenleiste am rechten Fensterrand und Copilot erstellt automatisch eine Zusammenfassung mit wichtigen Themen und Aktionselementen. Ein Beispiel, wie das aussehen kann, sehen Sie in Abbildung 7.40.

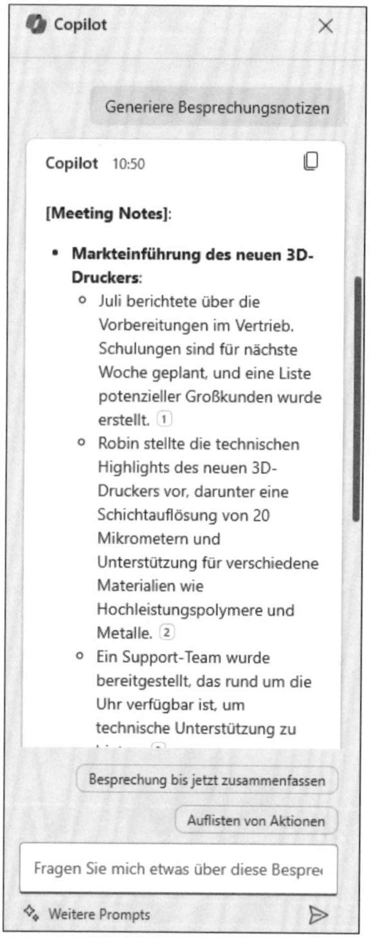

Abbildung 7.40 Copilot-Zusammenfassung vor Besprechungsende

In der Zusammenfassung sehen Sie auch Referenzen auf die jeweiligen Stellen im Transkript, denen Copilot die Information entnommen hat. Fahren Sie mit der Maus auf eine der Referenzen, wird die jeweilige Textstelle eingeblendet.

Nach der Besprechung

Ist die Besprechung beendet, können Sie Copilot anweisen, mit den besprochenen Inhalten zu arbeiten – sofern das Transkript aktiviert und während der Besprechung nicht nur mit dem temporären Transkript gearbeitet wurde. Grundsätzlich können Sie mit den Besprechungsinhalten über zwei Wege arbeiten:

- **Abschnitt Zusammenfassung**
  Wenn Sie im Teams-Client über den Kalender eine vergangene Besprechung öffnen, finden Sie dort den Abschnitt ZUSAMMENFASSUNG. Abhängig davon, ob eine Aufzeichnung angelegt, das Transkript aktiviert oder auch über PowerPoint Live ein Foliensatz gezeigt wurde, sehen Sie dort verschiedene Elemente. Rechts oben ist auch die Copilot-Schaltfläche zu sehen, mit der Sie die Aufgabenleiste öffnen und mit den Inhalten arbeiten können (siehe Abbildung 7.41).

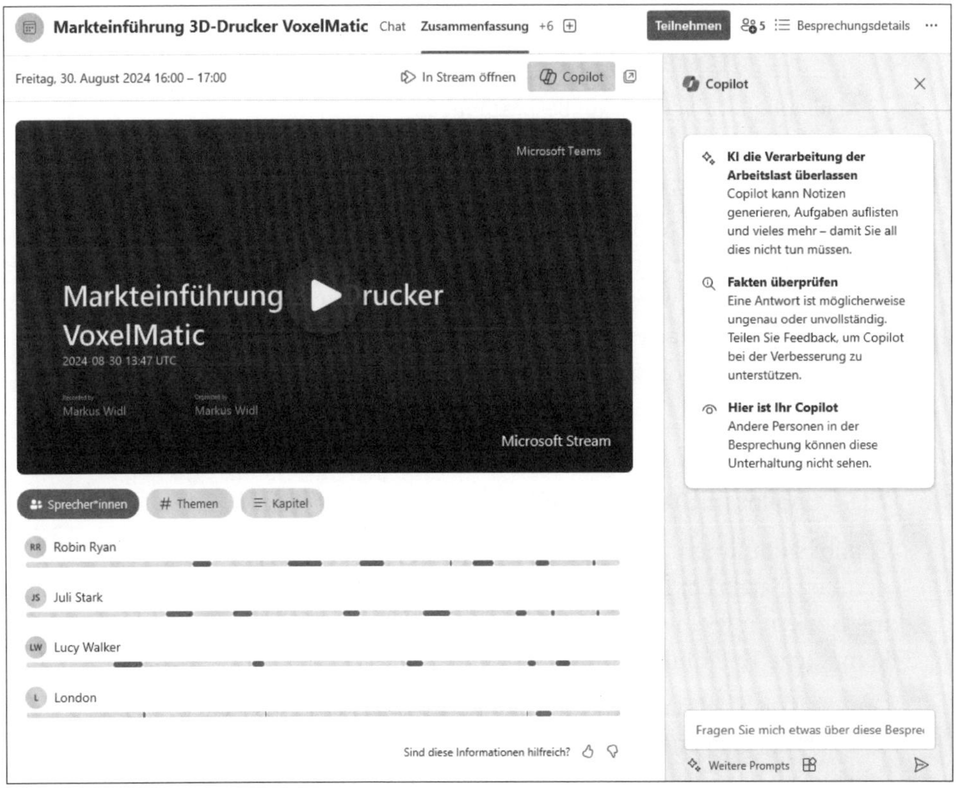

Abbildung 7.41 Copilot bei der Besprechungszusammenfassung

[»] Wie auch bei der Arbeit im Chat-Bereich gilt: Was Sie während oder nach einer Besprechung mit Copilot austauschen, ist nur für Sie selbst sichtbar und nicht etwa für die anderen Teilnehmenden. Die automatisch generierte Zusammenfassung von Intelligent Recap steht dagegen allen Teilnehmenden gleichermaßen zur Verfügung (sofern diese eine geeignete Lizenz dafür haben).

- **Verweise im Chat**
  Wie Sie bereits wissen, können Sie beispielsweise im Teams-Chat mit Copilot bestehende Elemente referenzieren, beispielsweise Dateien oder Personen, indem Sie mit dem Schrägstich arbeiten oder auf die gegebenenfalls vorhandene Schaltfläche PERSONEN, DATEIEN UND MEHR HINZUFÜGEN, UM BESSERE ERGEBNISSE ZU ERZIELEN klicken oder eine Datei hochladen. Dies funktioniert auch mit Besprechungen, wie Sie in Abbildung 7.42 sehen. (Die Besprechungen finden Sie nach einem Klick auf die Schaltfläche mit den drei Punkten.)

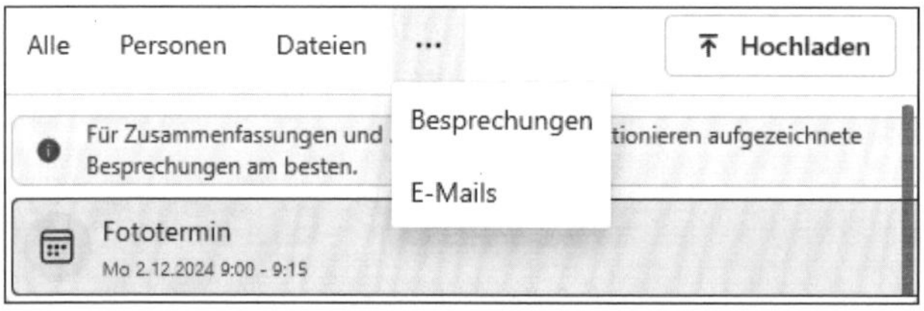

Abbildung 7.42 Verweis auf Besprechungen

Besonderheiten mit externen Teilnehmenden

In so mancher Besprechung arbeiten Sie nicht nur mit den Kolleginnen und Kollegen aus dem eigenen Unternehmen, sondern es sind auch externe Personen anwesend. Die Frage ist dabei, wie es sich mit Copilot und eben diesen Gästen verhält. Die Antwort darauf ist einfach: Externe Benutzer können Copilot in der Besprechung nicht verwenden, selbst wenn diese selbst in ihrer eigenen Umgebung über eine Copilot-Lizenz verfügen.

7.1.5 Copilot mit Telefonaten

Copilot steht Ihnen nicht nur im Kontext von Teams-Besprechungen zur Seite, sondern sogar auch bei Telefonanrufen. Und dabei spielt es keine Rolle, ob Sie unternehmensintern mit einem Teams-Benutzer sprechen oder ob Sie oder Anrufer das herkömmliche Telefonnetz nutzen.

Grundsätzlich gelten auch für Telefonanrufe dieselben Vorgehensweisen, die wir in den vorangegangenen Abschnitten besprochen haben. Auf einige Besonderheiten möchte ich hier aber dennoch hinweisen. Hierbei gehe ich davon aus, dass Sie selbst im Teams-Client arbeiten und Ihr Gegenüber über das herkömmliche Telefonnetz spricht, also selbst nicht Teams einsetzt.

- **Das Gespräch läuft, Copilot ist zunächst inaktiv und Sie aktivieren Copilot**
  In diesem Fall würden Sie auf die Copilot-Schaltfläche im Teams-Client klicken. Wie Sie wissen, benötigt Copilot ein Transkript, um die Gesprächsinhalte verarbeiten zu können. Ist dieses noch nicht aktiv, wird es nun eingeschaltet. Die Gesprächspartner hören über ihr Telefon eine automatische Ansage mit dem Wortlaut »Dieser Anruf wird aufgezeichnet«. Möchte die Person dies nicht, muss sie nun auflegen. Ansonsten enthält das Transkript den weiteren Inhalt des Gesprächs in Textform.
- **Das Gespräch läuft, Copilot ist aktiv und Sie fügen einen Anrufer über das Telefonnetz hinzu**
  Diese Situation tritt beispielsweise ein, wenn bereits eine Besprechung im Gange ist, Copilot bereits genutzt wird (also das Transkript bereits erstellt wird) und sich eine Person über eine Telefoneinwahlnummer in die Besprechung einklinkt. Genauso wäre es auch, wenn Sie aus einer laufenden Besprechung heraus eine Person per Telefonanruf hinzufügen. In dieser Situation hört die Person sofort die Ansage »Dieser Anruf wird aufgezeichnet«. Auch hier bleibt gegebenenfalls nur das Auflegen, sollte die Person sich damit unwohl fühlen.

Nach der Besprechung ist es bei Telefonaten auch möglich, dass Sie Copilot zu den besprochenen Inhalten befragen. Ein Beispiel sehen Sie in Abbildung 7.43.

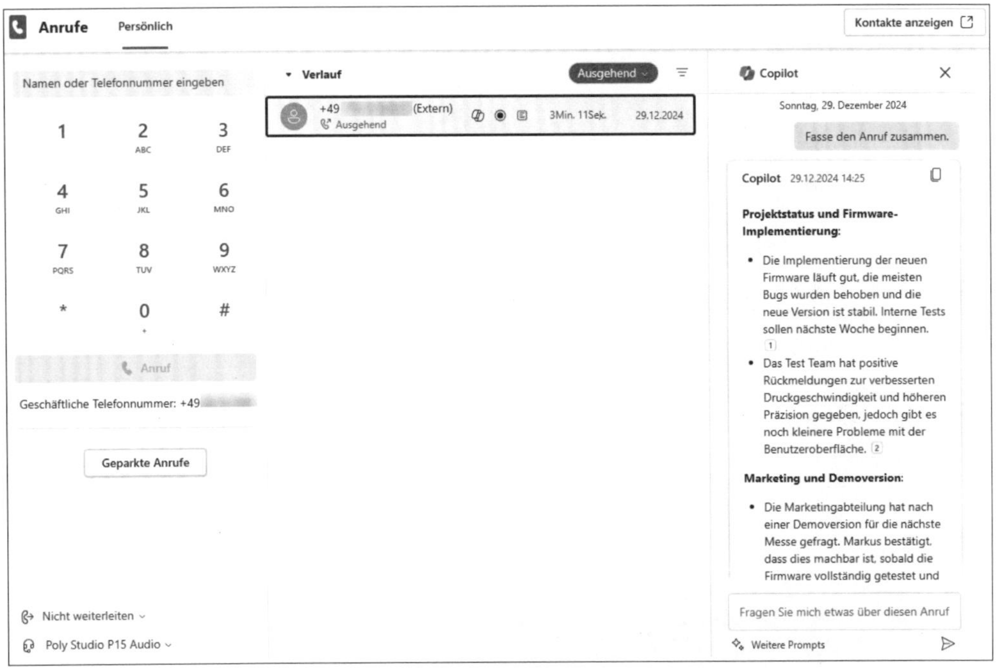

Abbildung 7.43 Copilot fasst auch Telefonanrufe zusammen.

Und über die einblendbare Copilot-Aufgabenleiste können Sie auch nach dem Gespräch die Inhalte auswerten.

Die automatisch generierte Zusammenfassung ist beispielsweise auch sehr hilfreich bei Anrufen, die aus dem Auto heraus geführt werden. Rufen Sie eine Person vom mobilen Teams-Client aus an und aktivieren Sie das Transkript oder die Aufzeichnung (über die Schaltfläche mit den drei Punkten, MEHR), wird dieses erzeugt (siehe Abbildung 7.44). So erhalten Sie nicht nur eine Zusammenfassung der besprochenen Punkte, sobald Sie wieder zurück am Arbeitsplatz sind, sondern können Copilot beispielsweise dann auch nach bestimmten Details aus dem Gespräch fragen.

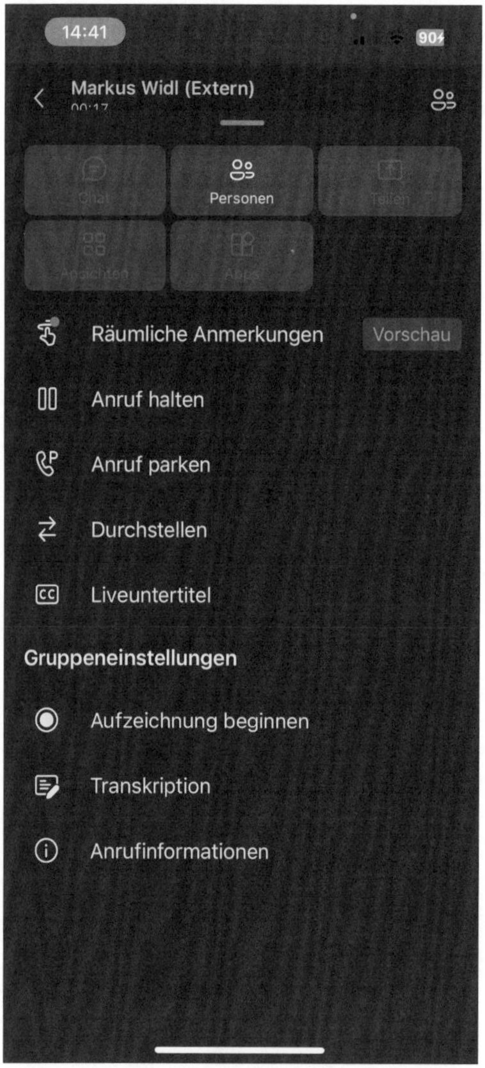

Abbildung 7.44 Funktionsmenü im mobilen Teams-Client

7.1.6 Copilot in Teams Mobile

Auch unterwegs mit dem Smartphone müssen Sie in Microsoft Teams nicht auf die Unterstützung durch Copilot im Teams-Client verzichten. Einige der Funktionen aus dem »großen« Teams-Client finden sich auch in der mobilen Variante.

Im Chat

Beim Verfassen einer neuen Chat-Nachricht rufen Sie Copilot über das +-Symbol auf (auch hier wieder, nachdem Sie die Nachricht geschrieben haben und vor dem Absenden). Copilot fragt dann, was er mit dem Text machen soll (siehe Abbildung 7.45).

Rechts oben im Teams-Client finden Sie das Copilot-Symbol. Darüber können Sie quasi die Arbeit mit der Aufgabenleiste nachstellen und beispielsweise Fragen zum gesamten Chat-Verlauf stellen (siehe Abbildung 7.46).

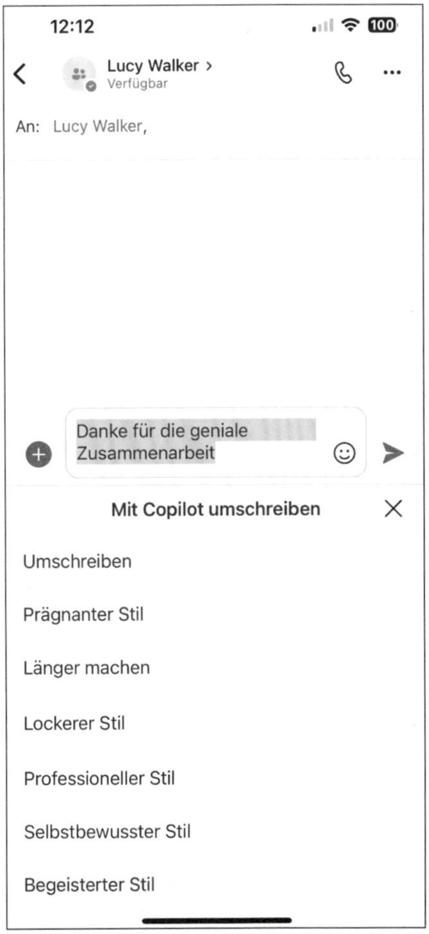

Abbildung 7.45 Anpassung eines Chats

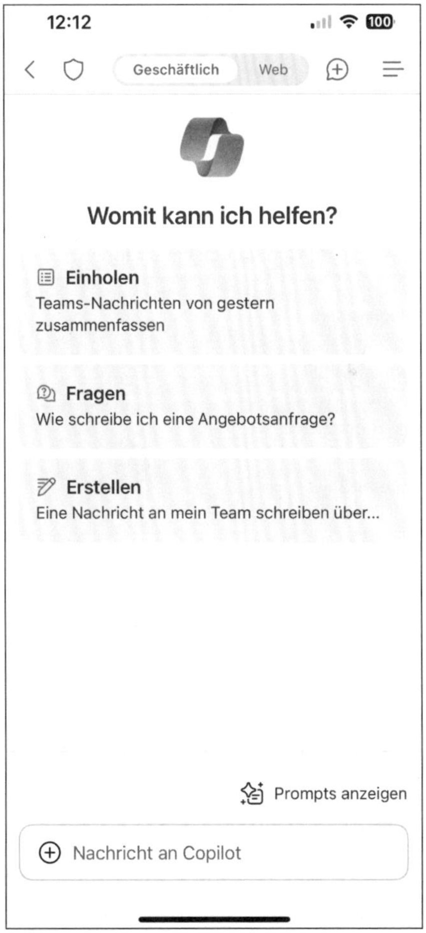

Abbildung 7.46 Copilot-Integration in der mobilen Teams-App

In Teams

Beim Verfassen einer neuen Nachricht in einem Teams-Kanal ist es ähnlich wie im Chat: Sie schreiben die Nachricht und tippen auf das Copilot-Symbol. Im Gegensatz zum Chat müssen Sie hier allerdings nicht auf das +-Symbol tippen, sondern die Copilot-Schaltfläche (hier wieder dargestellt über den Stift) wird direkt angezeigt (siehe Abbildung 7.47).

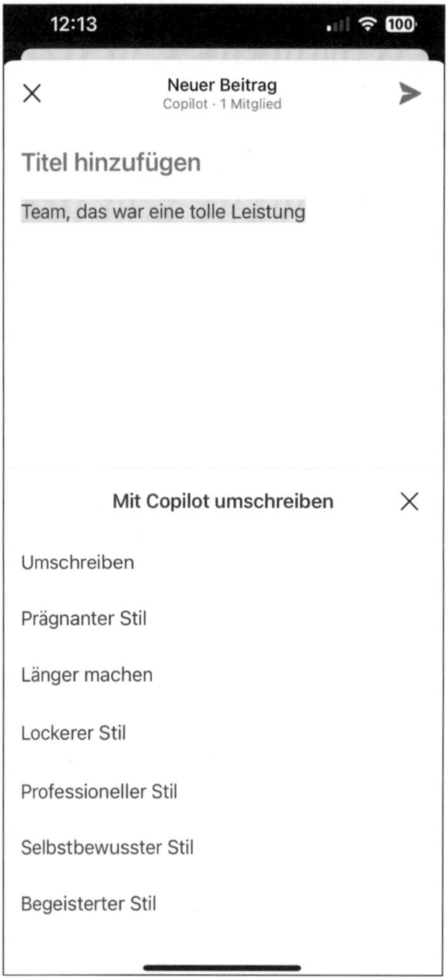

Abbildung 7.47 Lassen Sie bei Bedarf einen neuen Beitrag anpassen.

Mit Besprechungen

Während einer Besprechung rufen Sie Copilot über die Schaltfläche mit den drei Punkten auf – oder alternativ über die Schaltfläche am oberen Bildschirmrand. Dort erscheint ein Menü, in dem Copilot aufgeführt ist (siehe Abbildung 7.48).

Damit werden dann die Funktionen angezeigt, die Sie aus der Aufgabenleiste des Desktop-Teams-Clients kennen (siehe Abbildung 7.49).

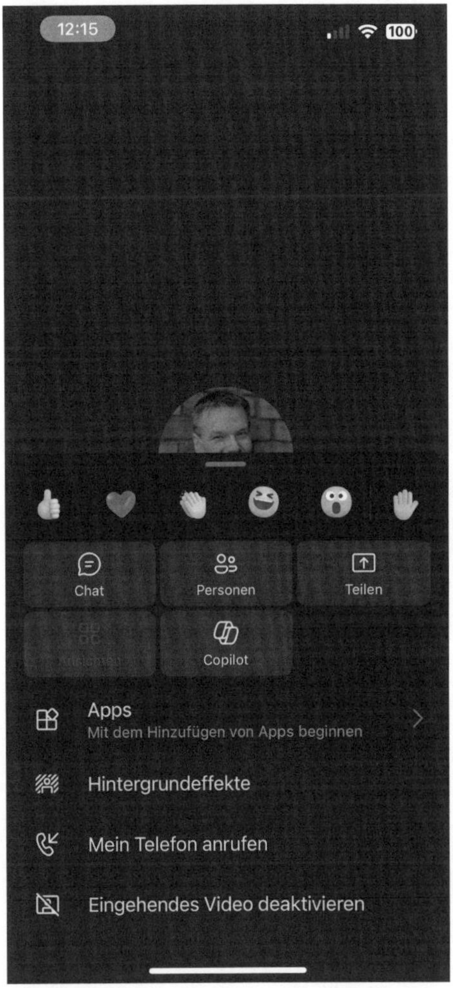

Abbildung 7.48 Kontextmenü in einer Besprechung

Abbildung 7.49 Copilot während einer Besprechung

Die Zusammenfassung von Intelligent Recap nach Beendigung der Besprechung finden Sie wie folgt: Sie tippen im Kalender auf die Besprechung. Doch anstatt teilzunehmen, tippen Sie auf die Schaltfläche Apps und dann auf Zusammenfassung. Ein Beispiel sehen Sie in Abbildung 7.50.

Abbildung 7.50 Intelligent Recap in der mobilen Teams-App

7.2 Szenarien

Sehen wir uns in diesem Abschnitt wieder einige praxisnahe Beispiele für die Arbeit mit Copilot im Teams-Client an.

7.2.1 HR: Tagesunterstützung

In diesem Szenario begleiten wir Lucy Walker aus der HR-Abteilung in unterschiedlichen Situationen an einem normalen Arbeitstag.

Vorbereitung in den Tag

In der Vergangenheit hatte Lucy es sich zum Ritual gemacht, zunächst ihre verschiedenen Informationskanäle auf neue und wichtige Nachrichten zu durchforsten. Dazu gehörten natürlich der Posteingang, aber auch die Nachrichten aus den verschiedenen Kanälen der Teams, in denen sie Mitglied ist. Ebenfalls dazu zählen die Chats, die direkt an sie gerichtet sind oder aus den Gruppenunterhaltungen. Und neben der aufgelaufenen Kommunikation aus den verschiedenen Quellen benötigt Lucy für die Vorbereitung auf den Tag noch weitere Informationen. Zu diesen gehört eine Liste der anstehenden Termine, gegebenenfalls noch offene Aufgaben oder Dinge, die es heute zu erledigen gilt.

Anstatt nun Outlook und den Teams-Client aufzurufen, um dort an den verschiedenen Stellen nachzusehen, lässt Lucy sich lieber von Copilot eine Zusammenfassung erstellen. Damit spart sie jeden Morgen ein paar Minuten Zeit, die sie besser für andere Tätigkeiten einsetzen kann.

Lucy öffnet im Teams-Client den CHAT-Bereich und wählt dort COPILOT als Chat-Partner (siehe Abbildung 7.51).

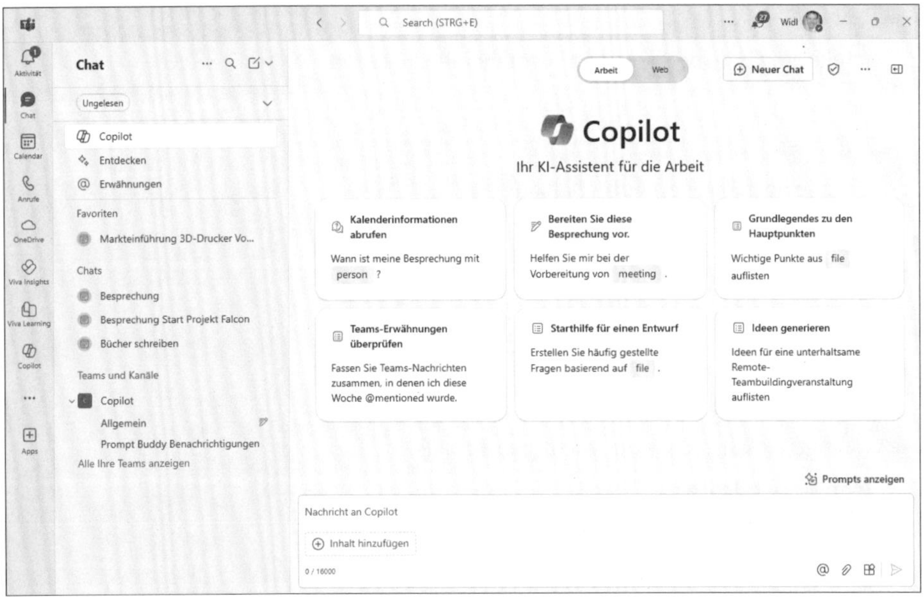

Abbildung 7.51 Copilot im Teams-Chat

Sollte eine alte Konversation mit Copilot zu sehen sein, klickt Lucy auf NEUER CHAT, um frisch in die Interaktion mit Copilot zu gehen. Damit stellt sie sicher, dass die bisherigen Fragen und Antworten keinen Einfluss auf das neue Prompt-Ergebnis haben. Benötigt sie die alte Konversation in der Zukunft doch noch einmal, findet sie diese, indem sie rechts oben auf die Schaltfläche mit dem Pfeil (BEREICH) klickt.

Lucy beginnt dann, den folgenden Prompt zu formulieren:

> **Tagesübersicht:**
>
> Ziel: Erstelle eine tägliche Zusammenfassung für mich, die alle wichtigen Informationen aus meinen verschiedenen Kommunikationskanälen und Aufgaben enthält, um mir den Start in den Tag zu erleichtern.
>
> Anweisungen:
>
> 1. E-Mails:
>
> - Durchsuche meinen Posteingang nach neuen und wichtigen Nachrichten.
>
> - Fasse die Anzahl der ungelesenen E-Mails zusammen.
>
> - Hebe E-Mails von wichtigen Kontakten oder mit wichtigen Betreffzeilen hervor.
>
> 2. Teams-Nachrichten:
>
> - Überprüfe die Kanäle, in denen ich Mitglied bin, auf neue Nachrichten.
>
> - Fasse die Anzahl der neuen Nachrichten in jedem Kanal zusammen.
>
> - Überprüfe Direktnachrichten und Gruppenchats auf neue Nachrichten.
>
> 3. Termine:
>
> - Erstelle eine Liste der heutigen Termine mit Uhrzeiten.
>
> - Füge anstehende Termine für die nächsten Tage hinzu.
>
> 4. Aufgaben:
>
> - Liste alle noch offenen Aufgaben auf.
>
> - Hebe Aufgaben hervor, die heute erledigt werden müssen.
>
> Format der Zusammenfassung:
>
> Tägliche Zusammenfassung für [Datum]:
>
> 1. E-Mails:
>
> - Neue Nachrichten: [Anzahl]
>
> - Wichtige E-Mails: [Liste der wichtigen E-Mails]
>
> 2. Teams-Nachrichten:
>
> - Kanäle: [Liste der Kanäle mit neuen Nachrichten]
>
> - Direktnachrichten: [Liste der neuen Direktnachrichten]
>
> 3. Termine:
>
> - Heutige Termine: [Liste der Termine mit Uhrzeiten]
>
> - Anstehende Termine: [Liste der Termine für die nächsten Tage]
>
> 4. Aufgaben:
>
> - Offene Aufgaben: [Liste der offenen Aufgaben]
>
> - Heutige To-Dos: [Liste der Aufgaben, die heute erledigt werden müssen]

Copilot generiert daraufhin eine Ausgabe, wie sie auszugsweise in Abbildung 7.52 zu sehen ist.

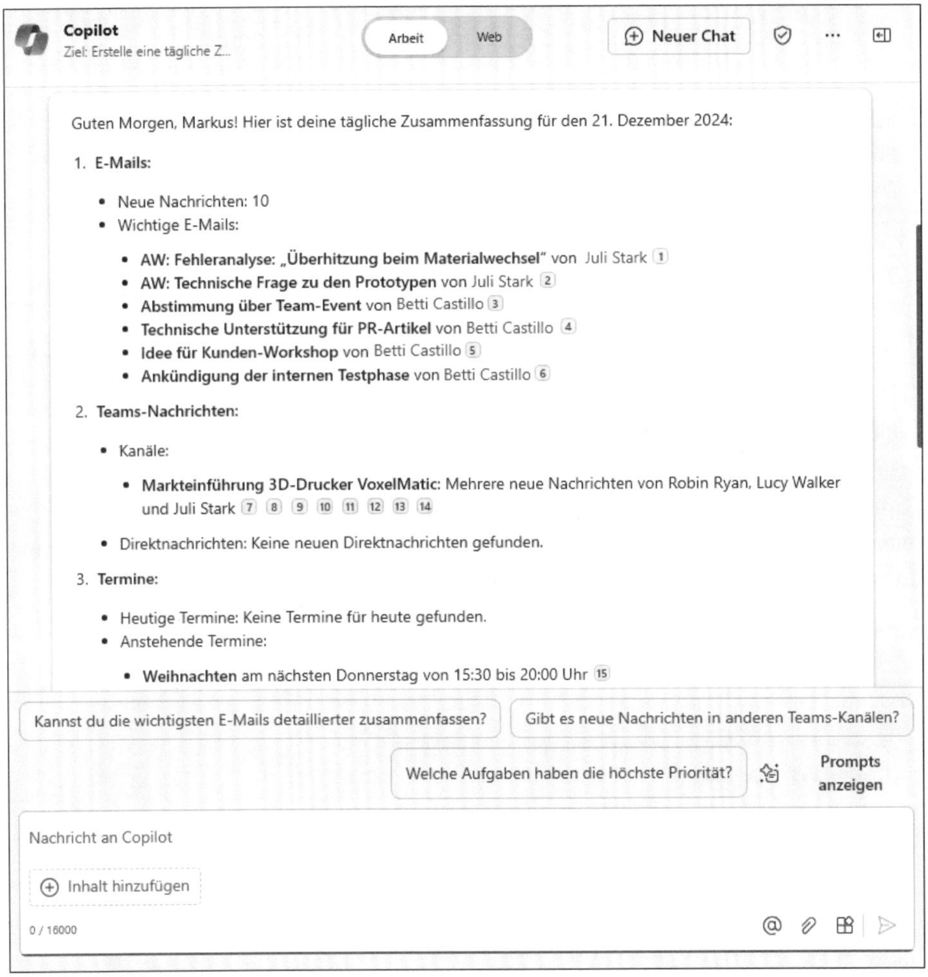

Abbildung 7.52 Tagesübersicht

Tipp 1: Der Prompt ist doch etwas länger und dadurch weniger geeignet, um ihn jeden Tag neu in das Eingabefeld einzutippen. Stattdessen erstellt Lucy für den Prompt ein Lesezeichen, um ihn später erneut ausführen zu können. Wie sie dabei vorgehen kann, lesen Sie in Abschnitt 2.5.1.

Tipp 2: Da Lucy den Prompt täglich ausführen möchte, kann sie ihn auch für die automatische Ausführung zu bestimmten Zeitpunkten planen. Dann muss sie ihn nicht selbst manuell starten, sondern kann das Ergebnis gleich ohne Zeitverzögerung einsehen. Wie das geht, lesen Sie in Abschnitt 7.1.2, »Prompts planen«.

Der Eintrag *Technische Frage zu den Prototypen* stößt bei Lucy auf besonderes Interesse und sie möchte gerne mehr zur Person *Juli Stark* erfahren. Sie erinnert sich noch dunkel an den Namen, hat aber keine Erinnerung mehr daran, was sie früher mit ihm besprochen hat. Deshalb fragt sie Copilot mit einem Folgeprompt:

> **Informationen zu einer Person:**
> Ermittle alle verfügbaren Informationen über Juli Stark aus unserem Unternehmen. Dazu gehören:
>
> 1. Position und Tätigkeitsbereich von Juli Stark.
>
> 2. Eine Übersicht aller Kommunikationen zwischen mir und Juli Stark, einschließlich E-Mails, Teams-Nachrichten und Kalenderereignissen.
>
> 3. Verweise auf alle relevanten Dateien, die in diesen Kommunikationen erwähnt oder angehängt wurden.
>
> Bitte stelle die Informationen in einem übersichtlichen Format dar.

Copilot zeigt Lucy dann alle Kommunikationen mit der Person und verweist auf Dateien. So kann sich Lucy schnell über den letzten Kontakt informieren (siehe Abbildung 7.53).

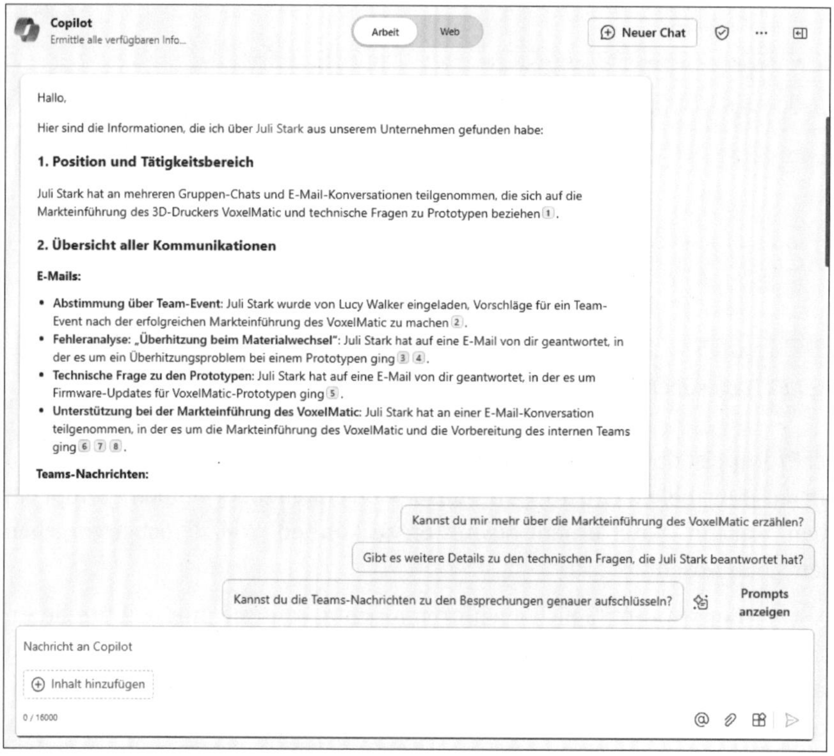

Abbildung 7.53 Informationen zu einer Person

Abschließen des vergangenen Tages

Abends möchte Lucy den langen Arbeitstag Revue passieren lassen. Was hat sie heute erreicht? Welche Aufgaben konnte sie abschließen und welche sind noch offen? Was ist für den nächsten Arbeitstag besonders wichtig? Eine solche Übersicht möchte Lucy nicht nur für sich selbst haben, sondern sie möchte eine Zusammenfassung auch an ihre Vorgesetzte schicken.

Lucy beginnt wiederum in einem neuen Chat mit Copilot und fragt zunächst die Zusammenfassung an:

> **Tagesabschluss:**
> Erstelle eine Übersicht meines heutigen Arbeitstages. Die Übersicht soll folgende Punkte enthalten:
>
> 1. Was habe ich heute erreicht?
> 2. Welche Aufgaben konnte ich abschließen?
> 3. Welche Aufgaben sind noch offen?
> 4. Was ist für den nächsten Arbeitstag besonders wichtig?
>
> Erstelle außerdem eine Zusammenfassung dieser Übersicht, die ich an meine Vorgesetzte schicken kann. Die Zusammenfassung sollte klar und prägnant sein.

Das Ergebnis sehen Sie in Abbildung 7.54.

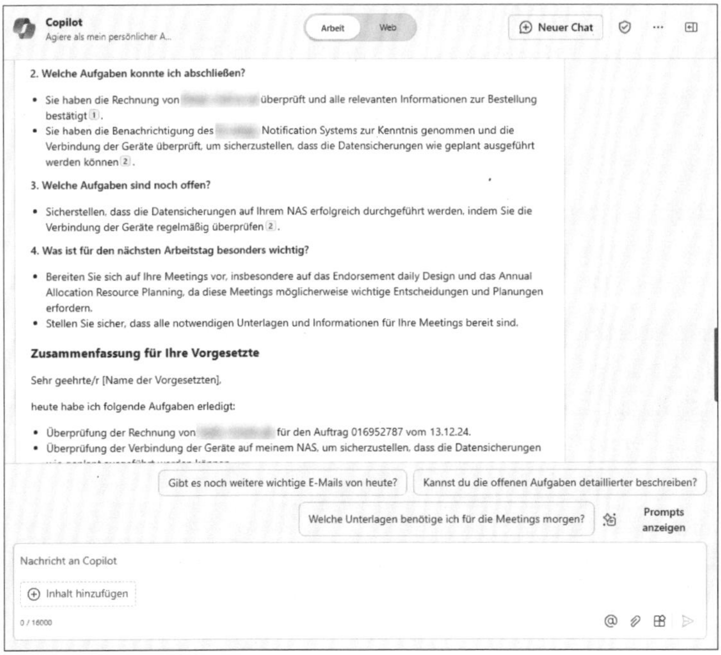

Abbildung 7.54 Tagesabschluss

Als Lucy die lange Liste sieht, ist sie doch erstaunt, gesammelt zu sehen, was heute alles passiert ist. Ohne es wie hier schwarz auf weiß zu sehen, hatte sie früher nach einem stressigen Tag mit vielen Meetings und Gesprächen manchmal das Gefühl, nicht wirklich etwas erreicht zu haben.

7.2.2 Entwicklung: Unterstützung bei Meetings

Bevor Robin Ryan seinen Job in der Entwicklungsabteilung begonnen hatte, konnte er sich nicht vorstellen, an wie vielen Meetings er als Entwickler teilnehmen muss. Aber die vielen nötigen Abstimmungen erfordern seine Anwesenheit.

Doch um nicht zu viel Zeit mit den Besprechungen zu verlieren, lässt er sich in ganz unterschiedlichen Situationen von Copilot unterstützen. So bleibt ihm mehr Zeit für seine eigentliche Entwicklertätigkeit.

Fragen im Meeting

Der Zeitpunkt des nächsten Meetings steht kurz bevor. Doch Robin steckt noch im ungewöhnlich dichten Verkehr fest. Er schafft es nicht rechtzeitig bis zum Start des Meetings an seinen Arbeitsplatz. Deshalb bittet er seine Kollegin Megan, das Meeting zu beginnen und ihn zu entschuldigen.

Zehn Minuten nach dem Start der Besprechung kann sich Robin nun auch einwählen. Während er sich kurz vorstellt, öffnet er im Meeting die Copilot-Aufgabenleiste durch einen Klick auf die entsprechende Schaltfläche.

Dort fragt er Copilot nach einer Zusammenfassung des bisherigen Verlaufs (siehe Abbildung 7.55):

> **Prompt:**
> Fasse den Verlauf des bisherigen Meetings zusammen.

So kann er sich schnell einen Überblick darüber verschaffen, was bisher gesagt wurde.

Robin bemerkt, dass im Meeting zusätzlich zu den eingeladenen Personen noch weitere anwesend sind, mit denen er bisher keinen Kontakt hatte und deren Rolle er nicht kennt. Die Vorstellungsrunde zu Beginn des Meetings hat er ja aber leider verpasst. Auch hier fragt er Copilot um Hilfe (siehe Abbildung 7.56).

> **Besprechungsdetails:**
> Erstelle eine Tabelle. In der ersten Spalte sollen die Namen der Besprechungsteilnehmenden und in der zweiten Spalte deren jeweilige Rolle aufgeführt sein.

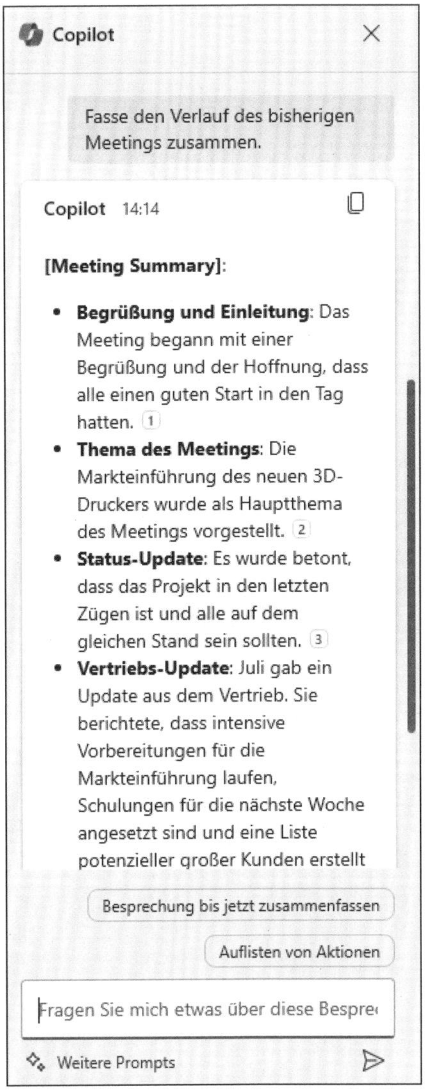

Abbildung 7.55 Meeting-Zusammenfassung

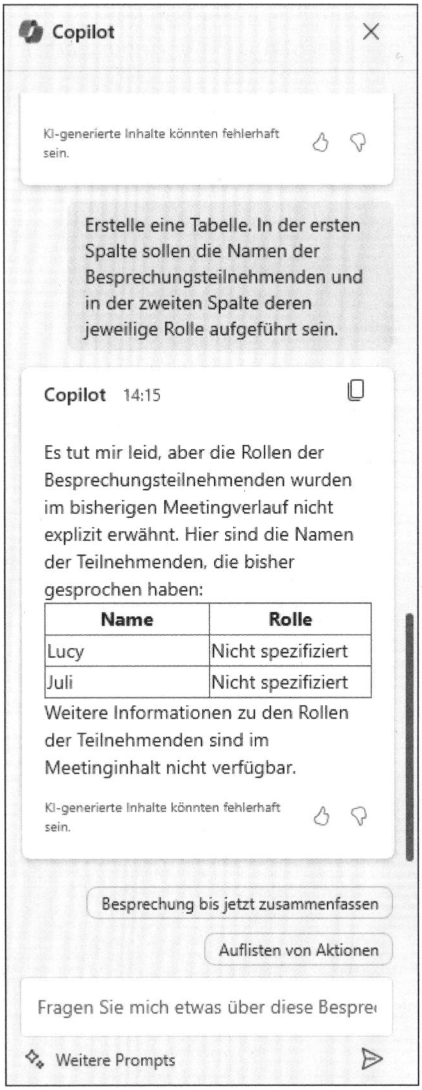

Abbildung 7.56 Besprechungsdetails

Das hat Robin leider nicht geholfen. In Abbildung 7.56 sehen Sie nur unvollständige Informationen. Diese hat Copilot aus dem Transkript entnommen. Da die Rollen der Personen im Transkript offenbar nicht explizit genannt wurden, kann Copilot sie hier nicht aufführen.

Robin versucht etwas anderes: Er möchte wissen, was bisher zum Status der Vertriebsteams gesagt wurde. Er führt den folgenden Prompt aus (siehe Abbildung 7.57).

Frage zum Besprechungsinhalt:
Was ist der Status der Vertriebsteams?

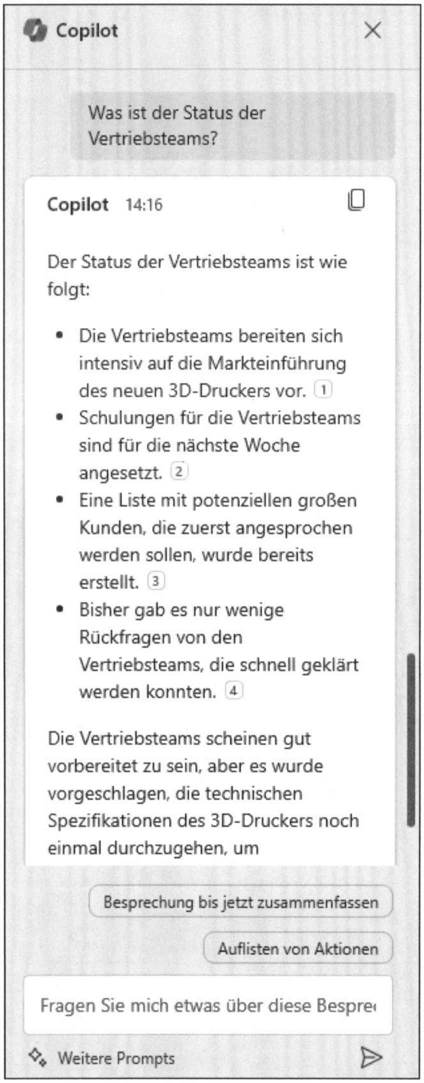

Abbildung 7.57 Frage zum Besprechungsinhalt

Meeting zusammenfassen

Nachdem das Meeting beendet wurde, macht sich Robin an die Nachbearbeitung. Zunächst benötigt er ein Protokoll mit einer Zusammenfassung der Besprechung. Dazu öffnet er das Meeting in dem Kalender, der im Teams-Client dargestellt wird (siehe Abbildung 7.58).

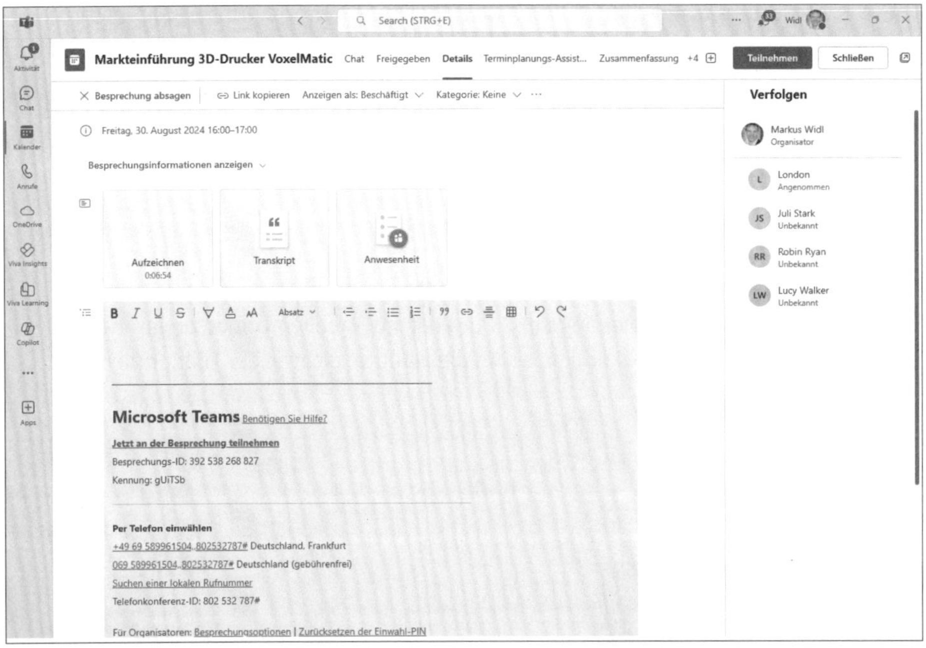

Abbildung 7.58 Kalendereintrag eines Meetings

Dort wechselt er zur Registerkarte ZUSAMMENFASSUNG und erhält eine Ansicht wie in Abbildung 7.59.

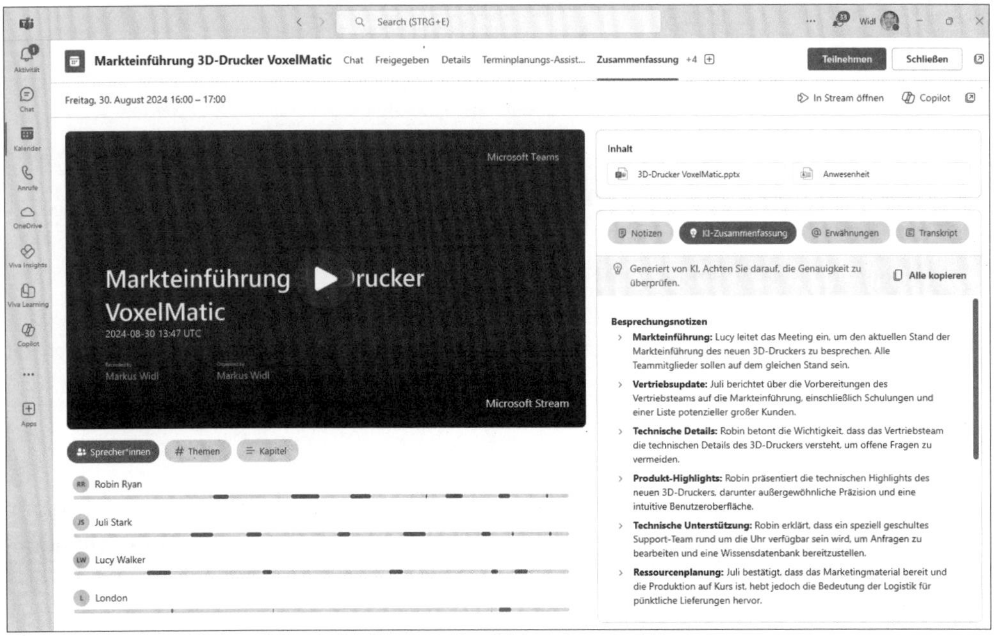

Abbildung 7.59 Meeting-Zusammenfassung

[»] Diese Funktionalität nennt sich *Intelligent Recap*. Mehr dazu lesen Sie auch in Abschnitt 7.1.4, »Copilot mit Besprechungen«, im Kasten »Was ist Intelligent Recap?«.

Die automatisch erstellte Zusammenfassung ist schon recht hilfreich. Jedoch möchte Robin gern bestimmte Details wissen und einen anderen Aufbau der Inhalte erhalten. Deshalb klickt er auf die COPILOT-Schaltfläche und führt einen Prompt aus (siehe Abbildung 7.60):

> **Rückfrage zum Besprechungsinhalt:**
> Fasse den Zweck dieses Meetings in 3 Punkten im Tabellenformat zusammen. Wer war bei dem Meeting dabei und was sind die Hauptansichten der Teilnehmenden?

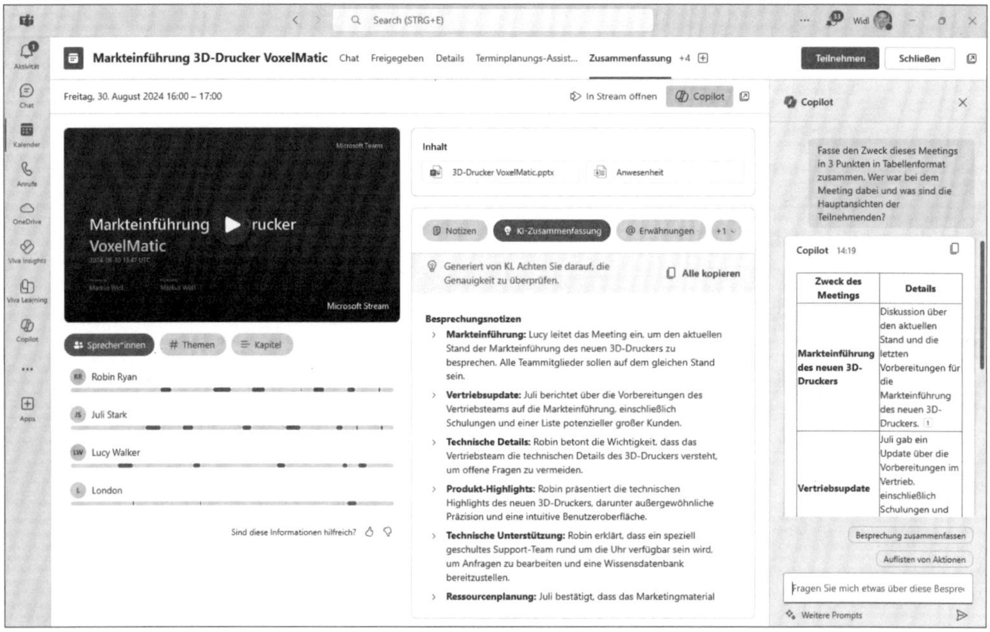

Abbildung 7.60 Rückfrage zum Besprechungsinhalt

Das Ergebnis des Prompts übernimmt Robin in seine Aufzeichnungen, und er ergänzt es noch um weitere Details.

Nachfass-Kommunikation erstellen

Robin möchte zudem allen Teilnehmenden des Meetings eine Zusammenfassung über die besprochenen Punkte schicken. Diese lässt er sich auch über Copilot generieren.

Natürlich könnte Robin dies wie eben gezeigt auch von der Anzeige der automatisch generierten Zusammenfassung aus erledigen. Ich zeige Ihnen hier allerdings einen weiteren Weg, wie Sie vorgehen könnten.

Robin öffnet im Teams-Client den Chat-Bereich und wechselt dort zu Copilot. Hier gibt er den folgenden Prompt an:

> **Meetingzusammenfassung anfragen:**
> Erstelle eine kurze Zusammenfassung des Meetings Markteinführung. Füge eine Liste der vereinbarten Aufgaben hinzu.

Bei der Eingabe des Prompts können Sie über den Schrägstrich auf das Meeting verweisen (siehe Abbildung 7.61). Alternativ könnten Sie auch auf die Schaltfläche INHALT HINZUFÜGEN klicken, um das Meeting auszuwählen.

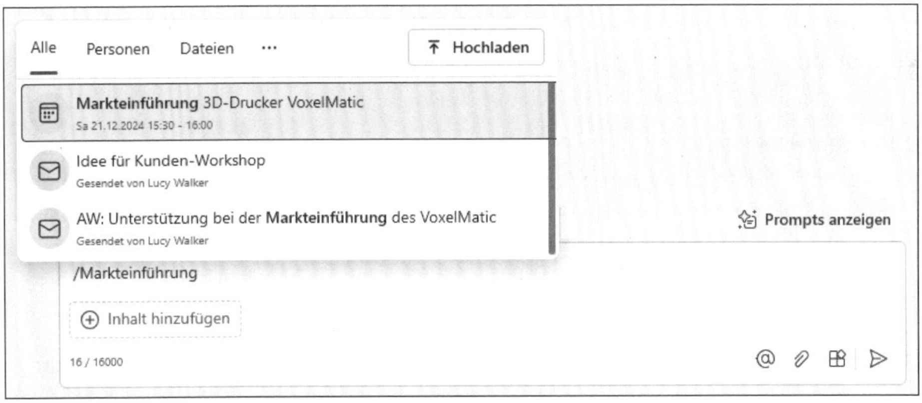

Abbildung 7.61 Bezug auf ein Meeting beim Prompten

Die Zusammenfassung packt Robin in eine E-Mail und verschickt diese.

7.2.3 Vertrieb: Kundenkommunikation

Juli Stark aus der Vertriebsabteilung hat intensiven Kontakt mit einer Vielzahl von Unternehmen, die in der Vergangenheit bereits 3D-Drucker der Beispiel AG gekauft haben und am neuen VoxelMatic interessiert sind.

Um da den Überblick nicht zu verlieren, nutzt Juli Copilot. Sehen wir uns einige Situationen an, in denen Copilot Juli hilft.

Datenbestände durchsuchen

Mit den bestehenden und potenziell neuen Kunden steht Juli über unterschiedliche Kommunikationswege in direktem Kontakt: klassisch über E-Mails und Telefonate, aber auch durch Besprechungen und Chats auf Basis von Microsoft Teams.

Kommunikation zusammenfassen

Ein langjähriger Kunde möchte gerne Informationen zum neuen VoxelMatic zugesandt bekommen. Juli erinnert sich, mit dem Kunden zu verschiedenen Zeitpunkten Kontakt gehabt zu haben; er erinnert sich aber nicht mehr genau, mit wem er über welche Themen gesprochen hat oder über welche Kommunikationskanäle dies abgelaufen ist. (Ein möglicherweise vorhandenes CRM-System der Beispiel AG ignorieren wir an dieser Stelle.)

Juli hat aber gerade wenig Zeit, um manuell im Posteingang oder in der Teams-Kommunikation nach alter Kommunikation zu forschen. Deshalb bittet er Copilot, ihn zu unterstützen. Er beginnt im Chat mit Copilot im Teams-Client und führt einen Prompt aus:

> **Kundenrecherche:**
> Ich benötige Hilfe, um Informationen zum Unternehmen NAME zu finden, das schon lange unser Kunde ist. Ich erinnere mich, zu verschiedenen Zeitpunkten mit diesem Kunden Kontakt gehabt zu haben, aber ich weiß nicht mehr genau, mit wem ich zu welchen Themen gesprochen habe oder über welche Kommunikationskanäle dies abgelaufen ist.
>
> Bitte finde alle relevanten Kommunikationen (E-Mails, Teams-Nachrichten, Kalenderereignisse) mit diesem Kunden. Erstelle eine Zusammenfassung dieser Kommunikationen, einschließlich der wichtigsten besprochenen Themen und der beteiligten Personen.

Copilot antwortet mit einer Zusammenfassung wie in Abbildung 7.62.

Sehr hilfreich sind für Juli auch die Referenzen auf die jeweiligen Fundstellen, die Copilot automatisch in die Zusammenfassung integriert. Mit diesen kann er schnell zu einer Originalquelle wechseln, um die Details nachzulesen (oder um zu überprüfen, ob der von Copilot generierte Text auch korrekt ist).

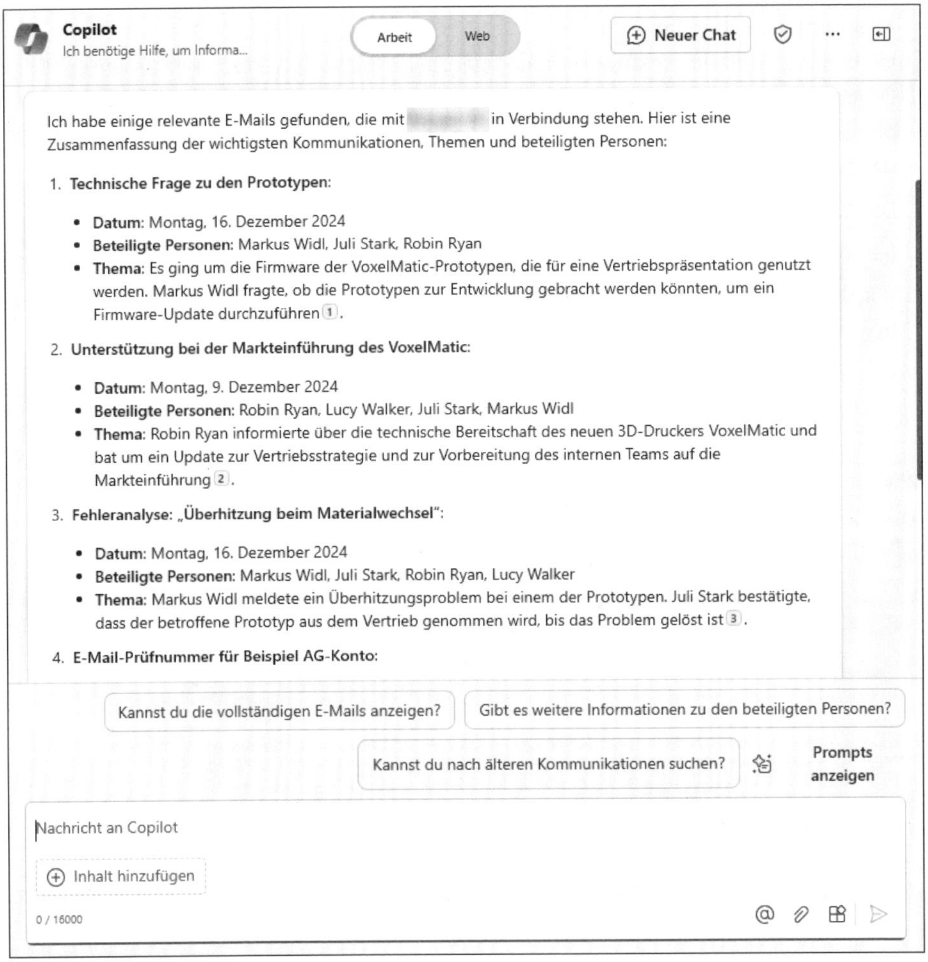

Abbildung 7.62 Kundenrecherche

Informationen finden

Julis Kunde fragt nach einer bestimmten Funktionalität des 3D-Druckers und bittet um genauere Details dazu. Leider hat Juli genau zu dieser Funktion keine Details parat, die er dem Kunden schicken könnte. So muss er sich zunächst selbst in den internen Datenbeständen auf die Suche begeben, um die richtigen Informationen zu finden. Auch wäre es hilfreich, einen Ansprechpartner für die Funktion ausfindig zu machen, falls er oder der Kunde Rückfragen hat.

Wieder im Copilot-Chat startet er eine neue Konversation (Schaltfläche NEUER CHAT) und verwendet diesen Prompt:

> **Informationsrecherche:**
> Ich benötige detaillierte Informationen darüber, welche Drucktechnologie unser 3D-Drucker VoxelMatic verwendet. Leider habe ich derzeit keine Details zu dieser Funktion parat. Bitte finde alle Dokumente, die Informationen zu dieser Funktionalität enthalten. Erstelle eine Beschreibung der Funktionalität.
>
> Das Ergebnis sollte wie folgt aussehen:
>
> Beschreibung: <Beschreibung der Funktionalität>
>
> Vorgeschlagene Dateien und Seiten: <Aufzählung aller gefundenen Dokumente bzw. Seiten>
>
> Vorgeschlagene Ansprechpartner: <Aufzählung aller Personen, die zu den Dokumenten bzw. Seiten beigetragen haben>

Wie das Ergebnis aussehen kann, sehen Sie in Abbildung 7.63.

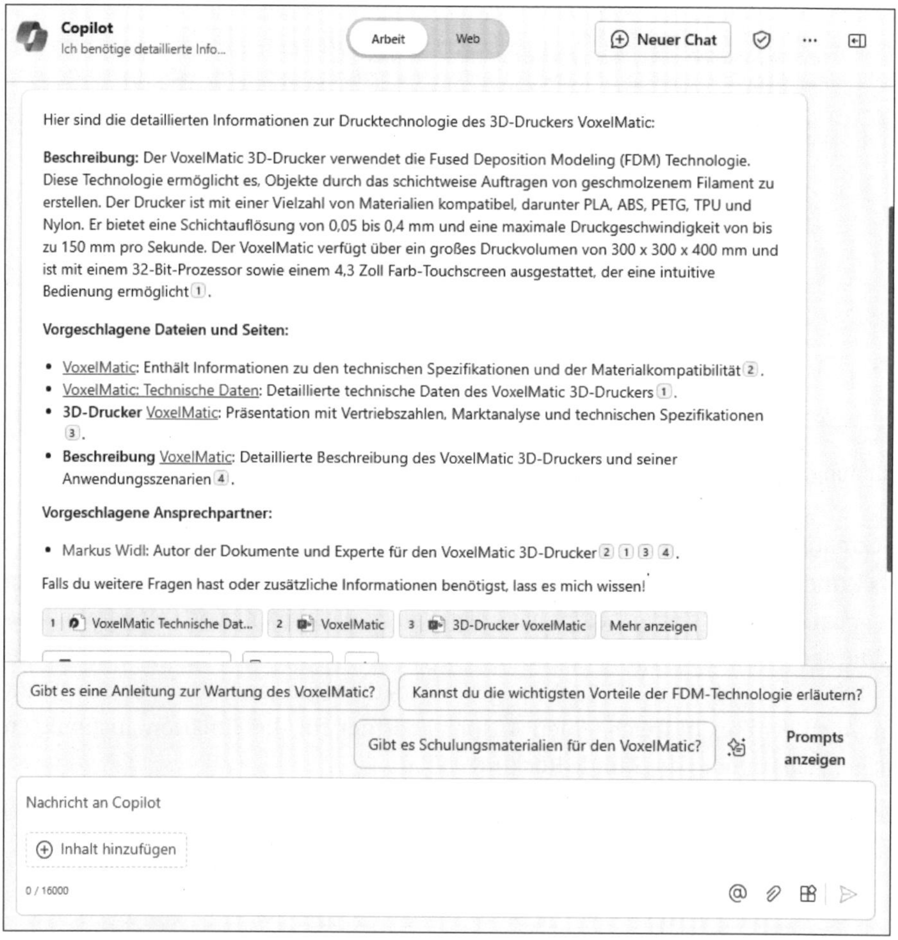

Abbildung 7.63 Informationsrecherche

Unterstützung bei Chats und Beiträgen

Juli lässt sich nicht nur bei der Suche nach den richtigen Informationen von Copilot unterstützen, sondern auch bei der Arbeit mit Chats und an Beiträgen in den unzähligen Teams, in denen er Mitglied ist.

Chats und Beiträge übersetzen und umformulieren

Juli ist im Chat mit einem Kollegen aus den USA. Dieser spricht leider nur Englisch. Juli hat zwar Englisch gelernt, doch fühlt er sich in dieser Sprache nicht besonders wohl. Außerdem möchte er, dass möglichst keine Missverständnisse auftreten, wenn er nicht die passenden Worte oder Formulierungen findet. Zum Glück kann Copilot auch hier ohne großen Aufwand helfen.

Juli geht zunächst genauso vor, wie er mit seinen deutschsprachigen Kolleginnen und Kollegen chatten würde. Im Chat-Bereich des Teams-Clients wählt er die Person aus und formuliert im Textfeld zunächst seine Nachricht – in deutscher Sprache. Doch statt diese abzuschicken, klickt er auf die Stift-Schaltfläche (UMSCHREIBEN MIT COPILOT) am unteren Rand des Eingabefeldes. Damit erscheint das Fenster aus Abbildung 7.64.

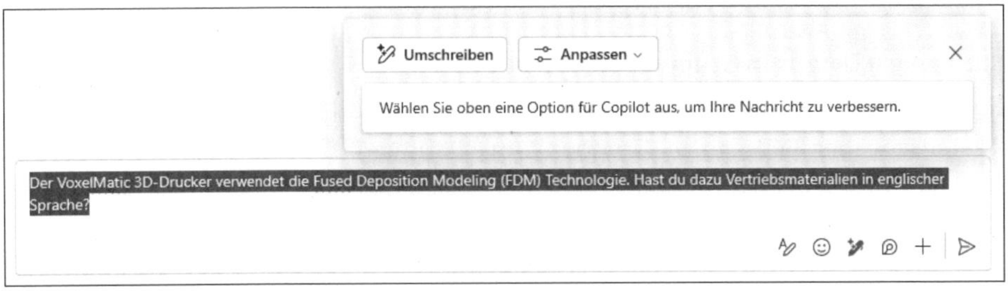

Abbildung 7.64 Nachricht mit Copilot umschreiben

Die Schaltfläche UMSCHREIBEN hilft Juli leider nicht, da Copilot dann nur den bestehenden deutschen Text etwas umformulieren würde. Nach einem Klick auf ANPASSEN findet Juli jedoch eine Lösung: Es erscheint ein Menü, mit dem Juli den Text prägnanter oder länger machen lassen könnte, auch der Tonfall wäre anpassbar. In dem Menü gibt es aber außerdem den Eintrag BENUTZERDEFINIERT. Dieser führt Juli zu einer Ansicht wie in Abbildung 7.65.

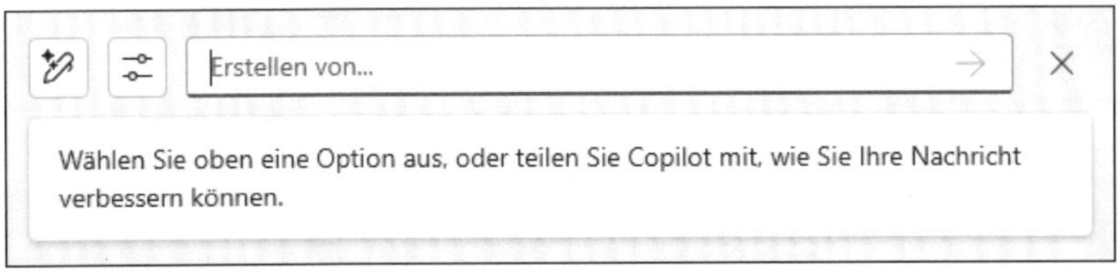

Abbildung 7.65 Promptformular für Chat-Nachrichten

In das Textfeld ERSTELLEN VON... gibt Juli die folgende Anweisung ein:

> **Prompt:**
> Übersetze den Text auf Englisch.

Juli klickt dann auf den Pfeil und erhält eine Übersetzung seines Textes (siehe Abbildung 7.66), den er mit ERSETZEN übernimmt.

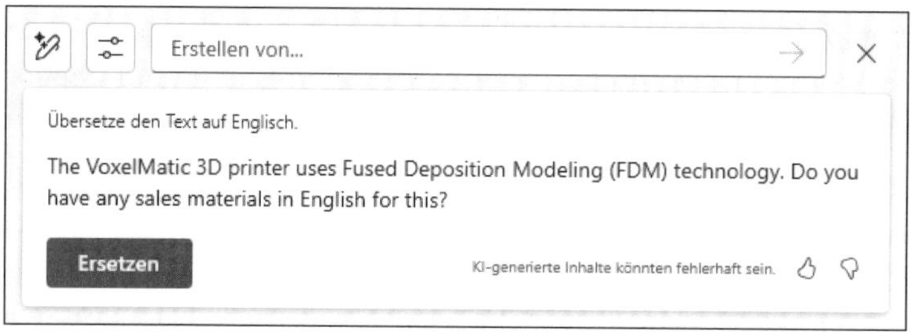

Abbildung 7.66 Übersetzter Text

Und diesen übersetzten Chat verschickt Juli anschließend.

Suche nach Details in Gruppenkonversationen

In der Beispiel AG nutzt Juli mit seinen Kolleginnen und Kollegen sehr intensiv den Austausch über Beiträge in Gruppenkonversationen. Entsprechend umfangreich sind die Textmengen dort, und es ist im Einzelfall nicht immer einfach, nach Tagen oder Wochen nochmals ein bestimmtes besprochenes Detail zu finden. Juli braucht aber nun eine spezielle Information und geht wie folgt vor, um sie aufzuspüren.

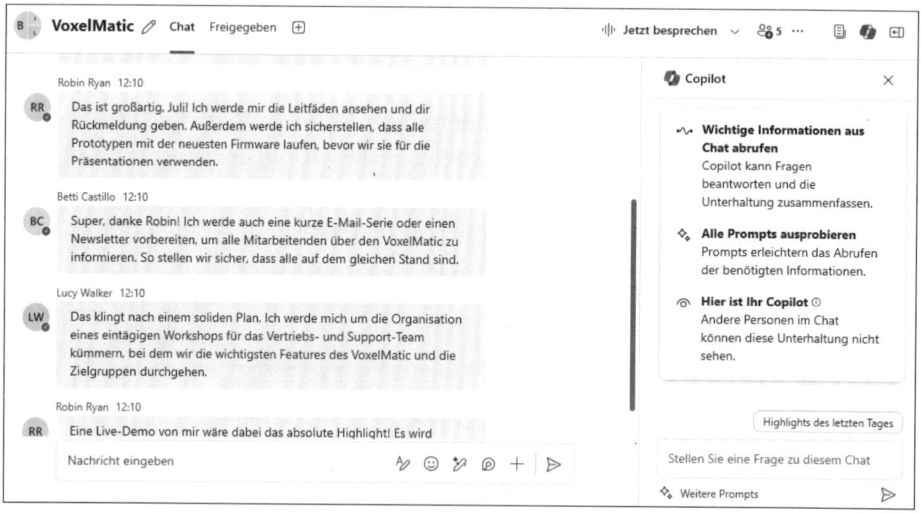

Abbildung 7.67 Copilot-Aufgabenbereich im Chat

Zunächst öffnet er im Teams-Client den Chat, von dem er sich sicher ist, dass dort die gewünschte Information zu finden ist. Rechts oben öffnet er dann mit einem Klick auf die Copilot-Schaltfläche den Aufgabenbereich am rechten Rand (siehe Abbildung 7.67).

Dort fragt er mit dem folgenden Prompt nach der gesuchten Information:

> **Suche nach technischen Details:**
> Welche Druckmaterialien unterstützt der VoxelMatic?

Und Copilot liefert die passende Antwort, ohne dass Juli sich durch ellenlange Texte scrollen müsste (siehe Abbildung 7.68).

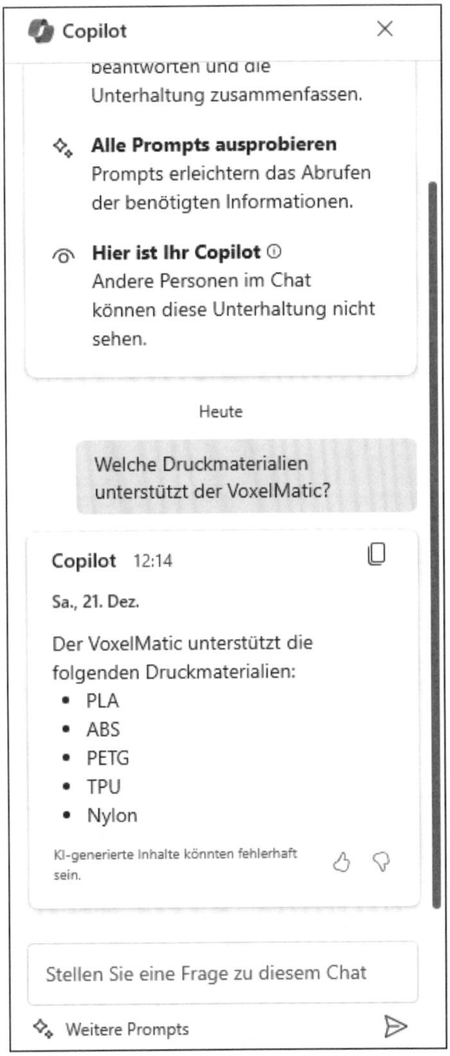

Abbildung 7.68 Gefundene Informationen

7.3 So geht es weiter

Außer in Word, Excel, PowerPoint, Outlook und Teams ist Copilot noch in eine ganze Reihe weiterer Anwendungen und Dienste aus Microsoft 365 integriert. Diese sehen wir uns im nächsten Kapitel an – nicht so ausführlich wie bisher, aber dennoch so, dass Sie in ihnen loslegen können.

Kapitel 8
Weitere Anwendungen und Dienste

In diesem Kapitel zeige ich Ihnen noch viele weitere Copilot-Integrationen in verschiedenen Anwendungen und Diensten.

Copilot ist nicht nur ein nützlicher Assistent für Ihre Arbeit mit den Office-Schwergewichten Word, Excel, PowerPoint, Outlook und dem Teams-Client, sondern auch für viele andere Anwendungen und Dienste aus der Microsoft 365-Plattform, die Sie vielleicht täglich nutzen. Ich werde diese nicht so detailliert wie in den vorangegangenen Kapiteln beschreiben, jedoch so weit, dass Sie einen praktischen ersten Einstieg erhalten.

Sehen wir uns also in diesem Kapitel mit OneDrive, OneNote, Whiteboard, Loop, Planner, Forms und Viva einen bunten Strauß aus Anwendungen und Diensten an, in die Copilot in der Zwischenzeit ebenfalls Einzug gehalten hat.

8.1 Microsoft OneDrive for Business

OneDrive ist eines der Beispiele, an denen man beobachten kann, dass der Dienst Copilot mit der Zeit leistungsfähiger wird und immer mehr Funktionen umfasst. So stand er zu Beginn etwa noch nicht im persönlichen Cloud-Speicher OneDrive direkt zur Verfügung. Erst im Sommer 2024 stellte Microsoft die Integration dazu bereit.

Im Wesentlichen besteht die direkte Copilot-Integration in OneDrive aus drei möglichen Aktionen:

- **Fragen stellen:** Sie können Fragen zu den Inhalten von Dateien stellen.
- **Zusammenfassungen:** Sie können die Inhalte von Dateien zusammenfassen lassen.
- **Inhalte vergleichen:** Sie können die Inhalte mehrerer Dateien miteinander vergleichen lassen.

Dabei müssen Sie die jeweiligen Dateien nicht erst öffnen, um dann mit Copilot arbeiten zu können, sondern es reicht, in der Symbolleiste oder im Kontextmenü einen der Copilot-Befehle auszuwählen. Wie das aussehen kann, beschreibe ich im nächsten Abschnitt.

Sie können sogar bis zu fünf Dateien markieren und für diese gemeinsam die Copilot-Funktionen ausführen.

Bitte beachten Sie, dass es – zumindest derzeit – noch keine Unterstützung für die Inhalte von Videos oder Bildern gibt. Sie können beispielsweise nicht den Inhalt einer Videodatei zusammenfassen lassen.

Die Copilot-Integration in OneDrive beschränkt sich aktuell auf die Ansicht im Browser, die Sie direkt über die folgende URL erreichen (siehe Abbildung 8.1):

https://www.microsoft365.com/onedrive

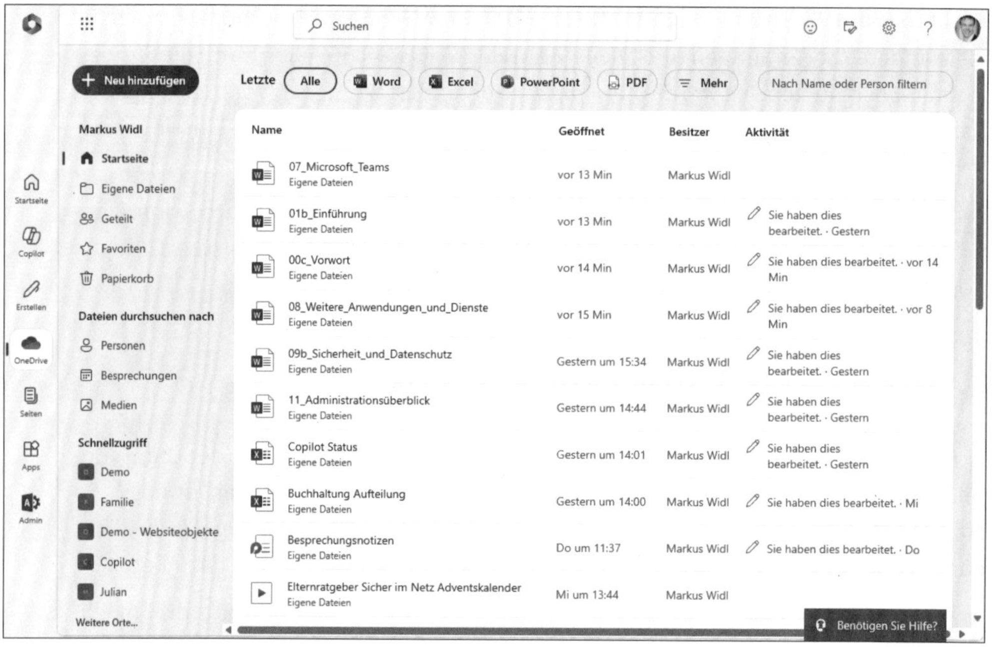

Abbildung 8.1 OneDrive im Browser

Markieren Sie eine Datei, erscheint die Copilot-Schaltfläche in der Symbolleiste. Dort haben Sie die Auswahl zwischen den oben schon angesprochenen Aktionen Zusammenfassen, Häufig gestellte Fragen erstellen und Eine Frage stellen. Diese Befehle finden Sie auch im Kontextmenü einer Datei unter Copilot.

Markieren Sie eine Datei, erscheint die Copilot-Schaltfläche in der Symbolleiste. Dort haben Sie die Auswahl zwischen den oben schon angesprochenen Aktionen Zusammenfassen, Häufig gestellte Fragen erstellen und Eine Frage stellen (siehe Abbildung 8.2 oben). Diese Befehle finden Sie auch im Kontextmenü einer Datei unter Copilot (siehe Abbildung 8.2 unten).

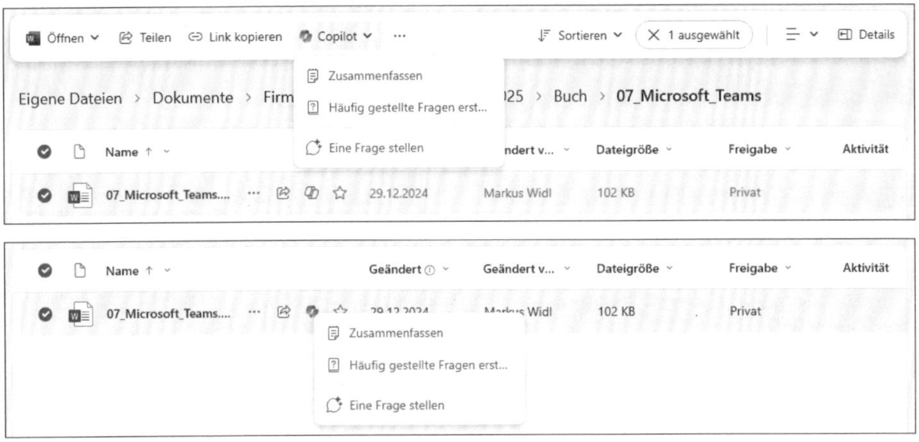

Abbildung 8.2 Der Copilot in OneDrive

8.1.1 Eine Frage stellen

Wenn Sie auf EINE FRAGE STELLEN klicken, erscheint am rechten Rand die schon bekannte Aufgabenleiste für Copilot (siehe Abbildung 8.3). In diesem Beispiel habe ich das Teams-Kapitel dieses Buchs ausgewählt und könnte mir nun eine Zusammenfassung davon erstellen lassen oder auch eine Liste mit Aufgaben genieren. Kurz gesagt: Hier können Sie wie gewohnt Ihre Prompts eingeben und so beispielsweise Fragen zum Inhalt der Datei(en) stellen.

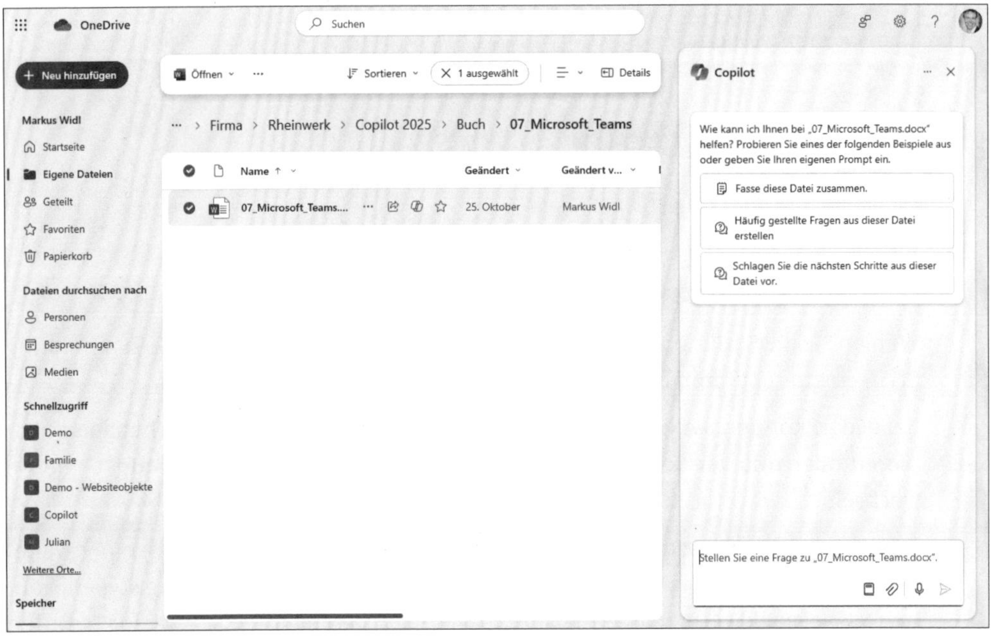

Abbildung 8.3 Eine Frage stellen

8.1.2 Häufig gestellte Fragen erstellen

Copilot erstellt auf Basis des Dokumentinhalts eine Liste markanter Fragen samt den Antworten auf sie. Abbildung 8.4 zeigt, wie das aussehen kann.

Abbildung 8.4 Häufig gestellte Fragen

8.1.3 Zusammenfassen

Wählen Sie die Funktion ZUSAMMENFASSEN, erscheint das Ergebnis wie in Abbildung 8.5 in einem separaten Fenster.

Bei Bedarf können Sie von hier aus die Zusammenfassung in die Zwischenablage kopieren oder mit der Schaltfläche EINE FRAGE STELLEN zur Copilot-Aufgabenleiste wechseln.

Das Zusammenfassen des Dateiinhalts findet sich in OneDrive noch an einer weiteren Stelle: Möchten Sie eine Datei einer anderen Person zur Verfügung stellen, können Sie beispielsweise über das Kontextmenü der Datei den TEILEN-Dialog aufrufen (siehe Abbildung 8.6).

Abbildung 8.5 Dokumentzusammenfassung

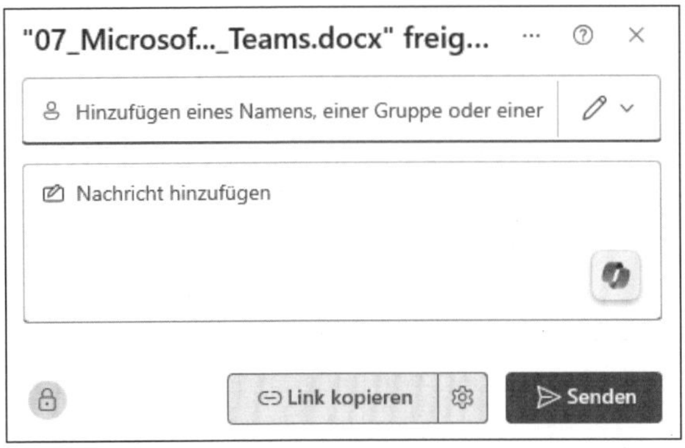

Abbildung 8.6 Freigabedialog mit Copilot-Symbol

Dort sehen Sie die Schaltfläche DATEIZUSAMMENFASSUNG MIT COPILOT EINFÜHREN (dargestellt mit dem Copilot-Symbol), mit der Copilot eine Zusammenfassung erstellt, die dann wiederum in der Nachricht an die berechtigte Person enthalten ist. Der Adressat bzw. die Adressatin muss dann nicht mehr die Datei öffnen, um einen Eindruck davon zu bekommen, was sie enthält.

8.1.4 Vergleichen

Haben Sie mehrere Dateien markiert und die Funktion VERGLEICHEN VON DATEIEN ausgewählt, erscheint wie bei der Zusammenfassung das Ergebnis in einem separaten Fenster (siehe Abbildung 8.7).

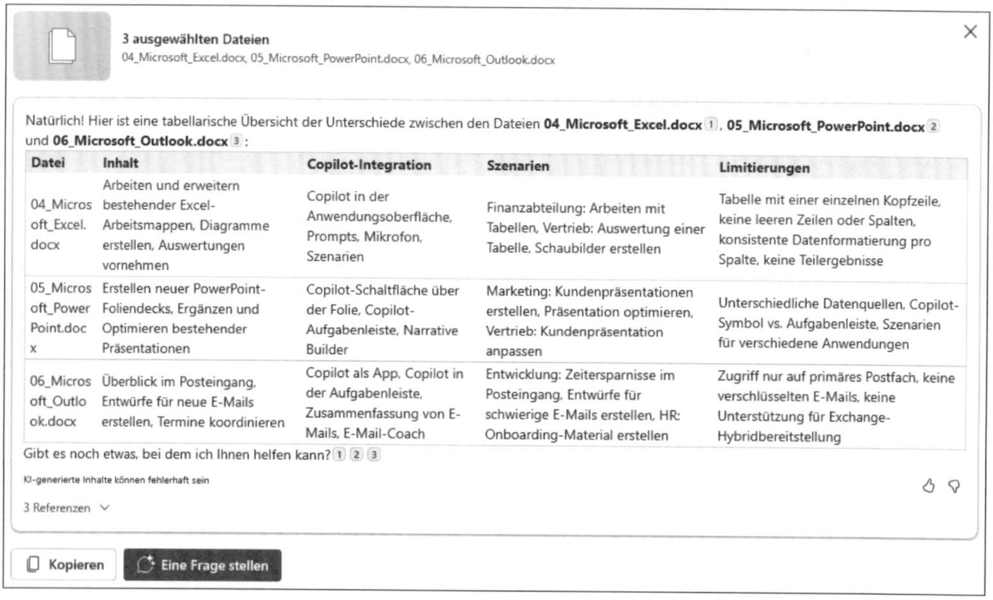
3 ausgewählten Dateien
04_Microsoft_Excel.docx, 05_Microsoft_PowerPoint.docx, 06_Microsoft_Outlook.docx

Natürlich! Hier ist eine tabellarische Übersicht der Unterschiede zwischen den Dateien **04_Microsoft_Excel.docx** 1, **05_Microsoft_PowerPoint.docx** 2 und **06_Microsoft_Outlook.docx** 3 :

Datei	Inhalt	Copilot-Integration	Szenarien	Limitierungen
04_Microsoft_Excel.docx	Arbeiten und erweitern bestehender Excel-Arbeitsmappen, Diagramme erstellen, Auswertungen vornehmen	Copilot in der Anwendungsoberfläche, Prompts, Mikrofon, Szenarien	Finanzabteilung: Arbeiten mit Tabellen, Vertrieb: Auswertung einer Tabelle, Schaubilder erstellen	Tabelle mit einer einzelnen Kopfzeile, keine leeren Zeilen oder Spalten, konsistente Datenformatierung pro Spalte, keine Teilergebnisse
05_Microsoft_PowerPoint.docx	Erstellen neuer PowerPoint-Foliendecks, Ergänzen und Optimieren bestehender Präsentationen	Copilot-Schaltfläche über der Folie, Copilot-Aufgabenleiste, Narrative Builder	Marketing: Kundenpräsentationen erstellen, Präsentation optimieren, Vertrieb: Kundenpräsentation anpassen	Unterschiedliche Datenquellen, Copilot-Symbol vs. Aufgabenleiste, Szenarien für verschiedene Anwendungen
06_Microsoft_Outlook.docx	Überblick im Posteingang, Entwürfe für neue E-Mails erstellen, Termine koordinieren	Copilot als App, Copilot in der Aufgabenleiste, Zusammenfassung von E-Mails, E-Mail-Coach	Entwicklung: Zeitersparnisse im Posteingang, Entwürfe für schwierige E-Mails erstellen, HR: Onboarding-Material erstellen	Zugriff nur auf primäres Postfach, keine verschlüsselten E-Mails, keine Unterstützung für Exchange-Hybridbereitstellung

Gibt es noch etwas, bei dem ich Ihnen helfen kann? 1 2 3

KI-generierte Inhalte können fehlerhaft sein

3 Referenzen

Kopieren | Eine Frage stellen

Abbildung 8.7 Dokumente vergleichen

Auch hier können Sie das Ergebnis in die Zwischenablage kopieren oder zur Copilot-Aufgabenleiste wechseln, um Fragen zu den Inhalten zu stellen.

8.2 Microsoft OneNote

Die zentrale Integration von Copilot in die Anwendungsoberfläche von OneNote erfolgt durch eine Aufgabenleiste, wie Sie diese bereits von anderen Office-Anwendungen (Word, Excel und PowerPoint) her kennen. Um die Aufgabenleiste aufzurufen, klicken Sie auf die Schaltfläche COPILOT in der Symbolleiste (siehe Abbildung 8.8).

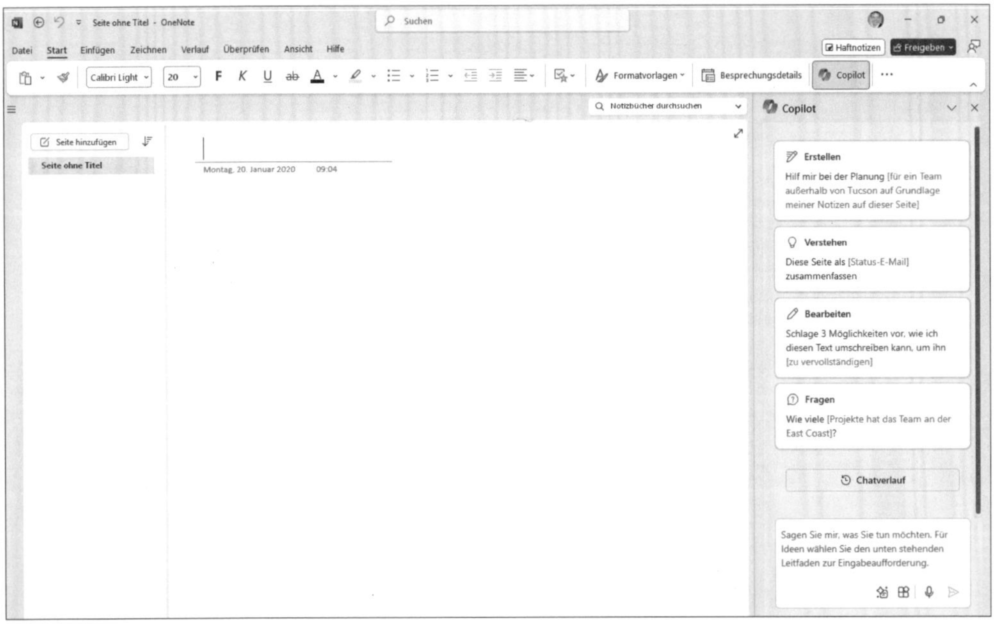

Abbildung 8.8 Copilot-Aufgabenleiste in OneNote

Rechts unten sehen Sie dort wie gewohnt das Eingabefeld für Ihre Prompts sowie die bereits bekannten Schaltflächen für PROMPTS ANZEIGEN (gespeicherte Prompts sowie die aus dem Copilot-Promptkatalog), VERWALTEN VON INHALTSEINSTELLUNGEN sowie MIKROFON.

Mit den Prompts, die Sie hier ausführen, können Sie sich auf die angezeigte OneNote-Seite beziehen, um beispielsweise eine Zusammenfassung der enthaltenen Notizen anzufordern, wie hier:

> **Prompt**:
> Fasse die Informationen dieser Seite in maximal 5 Aufzählungspunkten kurz zusammen.

Der auf diese Weise erzeugte Text – genauso wie jeder andere Text, den Sie mit Copilot in OneNote generieren lassen –, landet nicht automatisch auf einer der Notizseiten. Möchten Sie den Text dort einfügen, müssen Sie ihn zunächst mit der Schaltfläche KOPIEREN in die Zwischenablage übernehmen (siehe Abbildung 8.9).

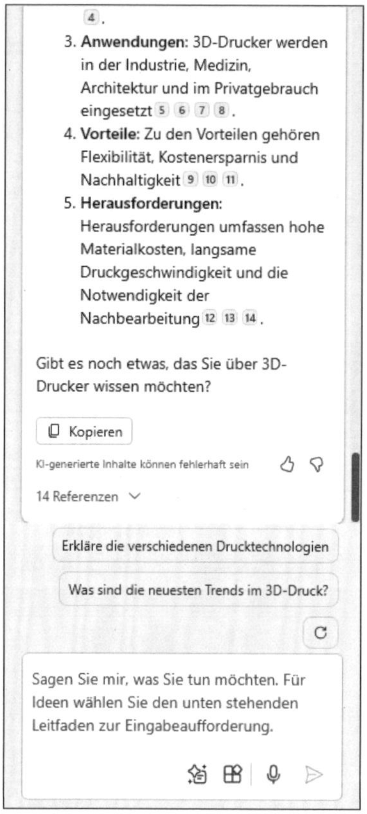

Abbildung 8.9 Generierten Text kopieren

8.3 Microsoft Whiteboard

Microsoft Whiteboard ist, wie der Name bereits andeutet, ein in Microsoft 365 integrierter Dienst zur Arbeit an virtuellen Whiteboards. Er ermöglicht es Ihnen und Ihren Teams, in Echtzeit zusammenzuarbeiten, unabhängig davon, wo sie sich befinden. Dabei füllen Sie eine quasi unendliche Leinwand mit einem virtuellen Stift, der Touch- oder der herkömmlichen Tastatur-Eingabe.

[»] Haben Sie noch nie mit Microsoft Whiteboard gearbeitet, finden Sie den Dienst im Browser unter der folgenden URL:

https://whiteboard.office.com (zukünftig vermutlich unter *https://whiteboard.cloud.microsoft*)

Die Integration von Copilot in die Anwendungsoberfläche von Whiteboard unterscheidet sich in einigen Punkten von der, die in den meisten Anwendungen zu finden ist. Beispielsweise gibt es keine Copilot-Aufgabenleiste. Stattdessen finden Sie in der Symbolleiste am unteren Rand das Copilot-Symbol (siehe Abbildung 8.10).

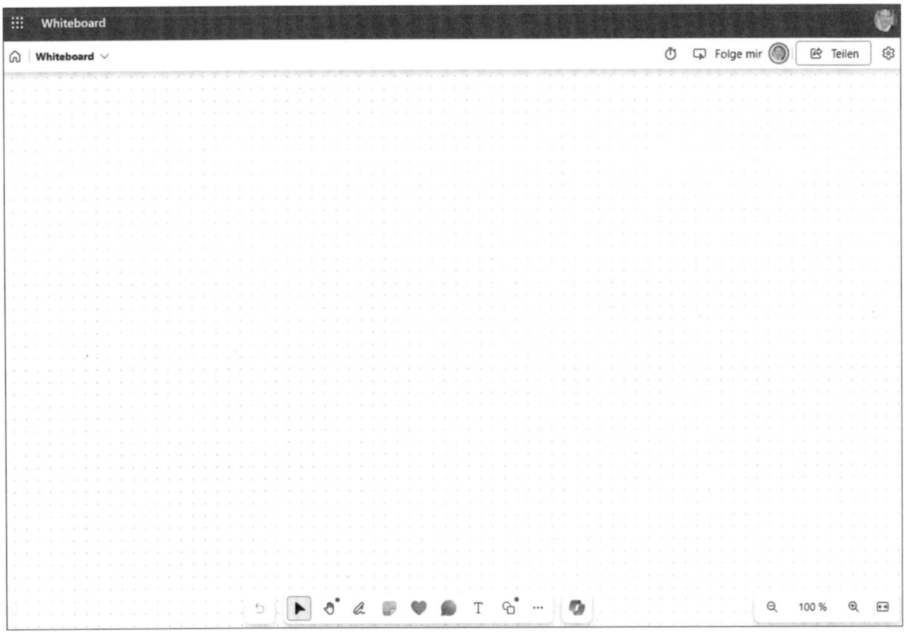

Abbildung 8.10 Copilot in Whiteboard

Klicken Sie auf dieses, erscheinen die Schaltflächen VORSCHLAGEN, KATEGORISIEREN und ZUSAMMENFASSEN (siehe Abbildung 8.11).

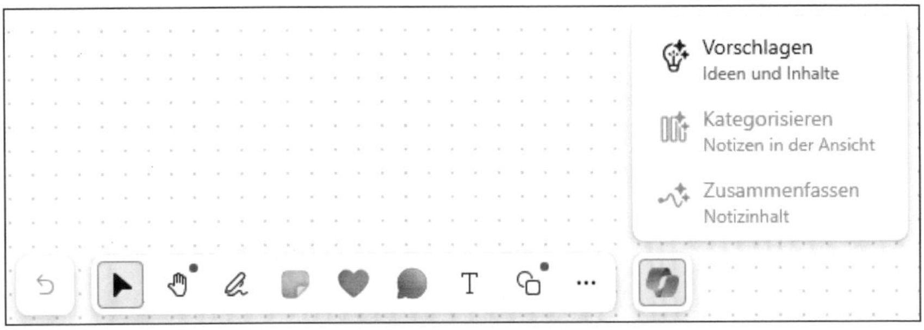

Abbildung 8.11 Copilot-Menübefehle

Diese Funktionen wiederum sind zur Arbeit mit den Notiz- oder Klebezetteln ausgelegt, die Sie in Whiteboard verwenden können. Mit den anderen Elementen eines Whiteboards, beispielsweise den Freihandzeichnungen, kann Copilot derzeit noch nicht umgehen.

Dafür ist die Copilot-Integration sowohl für die Web-Variante von Whiteboard im Browser ebenso vorhanden wie in der App, die Sie lokal auf Ihrem Rechner installieren können.

Sehen wir uns nun die Funktionen hinter den Schaltflächen etwas genauer an.

8.3.1 Vorschlagen

Eine wesentliche Funktion der Copilot-Integration ist das Vorschlagen von Inhalten, die dann auf verschiedenen Notizzetteln hinterlegt werden. Das hilft beispielsweise, um schnell eine Anzahl von schon vorbefüllten Notizzetteln zu erzeugen, die Sie dann als Grundlage beispielsweise in einem Brainstorming einsetzen können. Wenn Sie diese Funktion wählen, geben Sie zunächst über einen Prompt an, was für Inhalte oder Ideen Copilot generieren soll. Hier ein Beispiel (siehe Abbildung 8.12):

> **Prompt:**
> Ich möchte eine Reihe von Posts auf Instagram vorbereiten, mit denen ich auf die Besonderheiten und Vorteile von 3D-Druckern hinweisen möchte. Die Posts sollen sich dabei an private Endanwenderinnen und Endanwender richten. Schlage mögliche Inhalte vor.

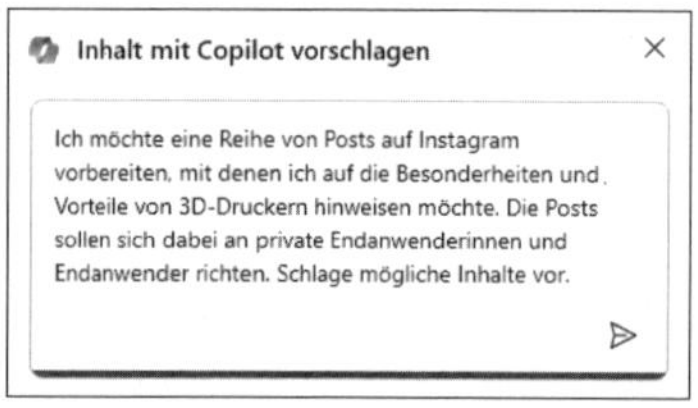

Abbildung 8.12 Brainstorming

Copilot schlägt dann wie in Abbildung 8.12 eine Anzahl von Ideen vor. Weniger passende Ideen können Sie hier entfernen, oder Sie lassen über die Schaltfläche MEHR GENERIEREN noch weitere Vorschläge hinzufügen. Mit BEARBEITEN haben Sie die Möglichkeit, den Prompt nochmals anzupassen. Sind Sie mit der Auswahl zufrieden, können Sie diese dann auf das aktive Whiteboard einfügen lassen (siehe Abbildung 8.13).

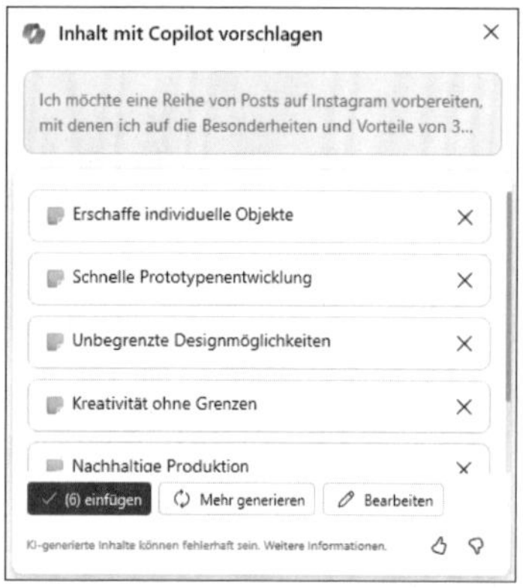

Abbildung 8.13 Vorschläge von Copilot

8.3.2 Kategorisieren

Wenn das Whiteboard bereits eine Anzahl von Notizzetteln beinhaltet, sind diese – beispielsweise nach einer intensiven Brainstorming-Sitzung – oft noch ungeordnet oder ohne Struktur auf dem Whiteboard hinterlegt. Hier kann Copilot mit der Funktion KATEGORISIEREN helfen. Auf Basis der (ausgewählten) Notizzettel versucht Copilot, verschiedene Kategorien ausfindig zu machen, und teilt die Notizzettel in diese ein. Wie das aussehen kann, zeigt Abbildung 8.14.

Halten Sie die Auswahl an Kategorien für weniger passend, können Sie über einen Klick auf NEU GENERIEREN einen weiteren Vorschlag anfordern.

Tipp: Die Kategorisierung funktioniert nicht nur mit den Notizzetteln, die Copilot mit der VORSCHLAGEN-Funktion selbst erstellt hat, sondern auch mit denen, die Sie beziehungsweise Ihre Kolleginnen und Kollegen, mit denen Sie an dem Whiteboard arbeiten, angelegt haben.

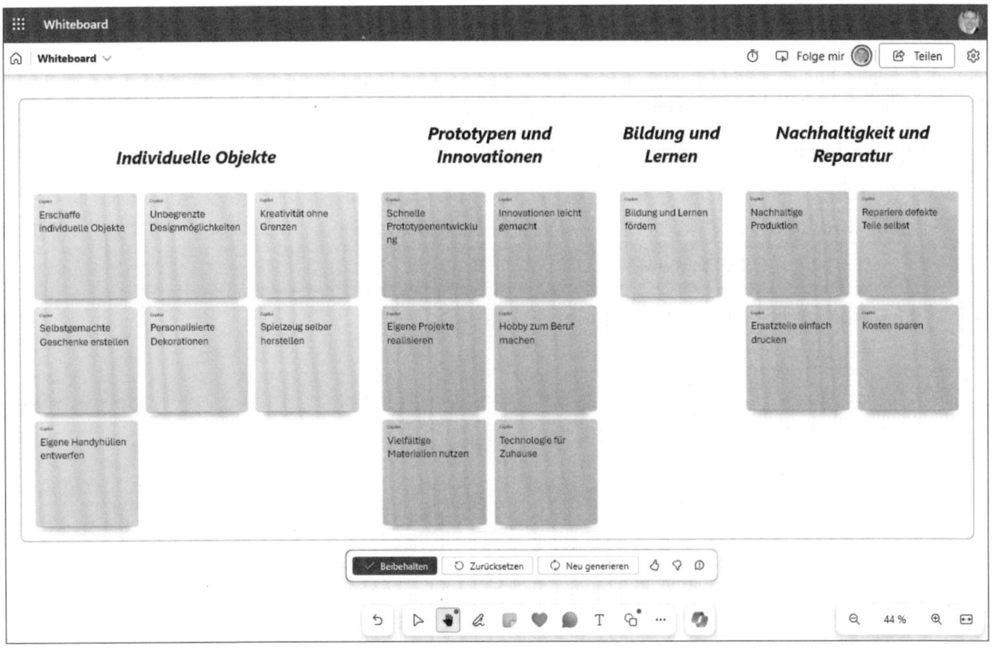

Abbildung 8.14 Kategorisierte Notizzettel

8.3.3 Zusammenfassen

Einen Schritt weiter als KATEGORISIEREN geht die Funktion ZUSAMMENFASSEN. Mit ihr erstellt Copilot für Sie automatisch eine Zusammenfassung der Notizzettel auf dem Whiteboard. Eine derartige Zusammenfassung eignet sich dann beispielsweise als Ergebnis einer Brainstorming-Sitzung für alle teilnehmenden Personen oder auch zur Weitergabe an andere Interessierte.

Abbildung 8.15 zeigt ein Beispiel, wie das aussehen kann.

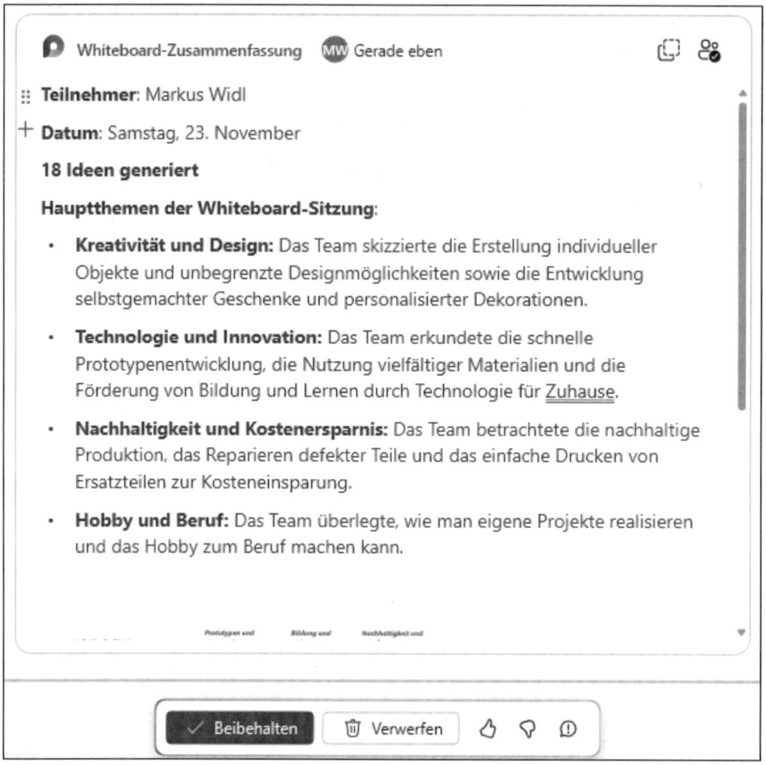

Abbildung 8.15 Generierte Zusammenfassung

8.4 Microsoft Loop

Microsoft Loop gehört zu den neueren Diensten unter dem Dach von Microsoft 365. Microsoft Loop können Sie allein nutzen, aber Sie werden es insbesondere im Team einsetzen, um Inhalte und Aufgaben über verschiedene Apps und Geräte hinweg zusammenzuführen. Microsoft Loop besteht aus drei Hauptelementen:

- **Loop-Komponenten**
  Loop-Komponenten sind Inhalte wie Textabschnitte, Aufzählungen oder Tabellen, die in unterschiedlichen Microsoft 365-Apps (beispielsweise im Chat in Teams oder sogar in E-Mails in Outlook) eingebettet und synchronisiert werden können.
- **Loop-Seiten**
  Auf *Loop-Seiten* verbinden Sie themenspezifisch mehrere Loop-Komponenten und andere Elemente, wie Text und Bilder.

- **Loop-Arbeitsbereiche**
  Loop-Arbeitsbereiche sind virtuelle Bereiche, in denen Sie zusammenhängende Seiten (beispielsweise für Projekte) organisieren und teilen.

Microsoft Loop finden Sie an verschiedenen Stellen innerhalb des Microsoft 365-Universums. Der direkte Aufruf erfolgt über die folgende URL, wo wir uns auch die Copilot-Integration genauer ansehen:

https://loop.cloud.microsoft

Die Integration von Copilot in Microsoft Loop hat ein paar Besonderheiten, die den Schwerpunkt dieses Abschnitts bilden.

Copilot finden Sie in Loop an verschiedenen Stellen: Sie können wieder mit einer Aufgabenleiste arbeiten, wenn Sie auf einer Seite oben rechts auf das Copilot-Symbol klicken (siehe Abbildung 8.16).

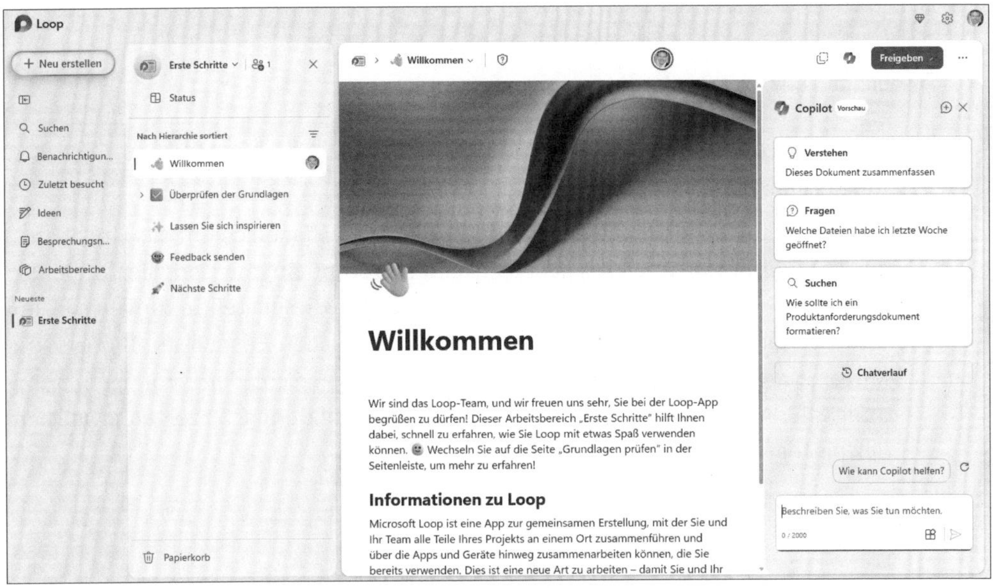

Abbildung 8.16 Die Copilot-Aufgabenleiste in Loop

Dort führen Sie beispielsweise Prompts aus, die auf den Inhalt der Seite Bezug nehmen, oder suchen nach Informationen.

Doch ist die Aufgabenleiste nicht die einzige Stelle, an der Sie die Copilot-Integration finden. Arbeiten Sie schon länger mit Microsoft Loop, wissen Sie, dass Sie nach der Eingabe des Schrägstrichs Elemente einfügen können, beispielsweise Tabellen und Aufzählungen. In der Liste finden Sie jedoch auch zwei Punkte speziell für Copilot (siehe Abbildung 8.17):

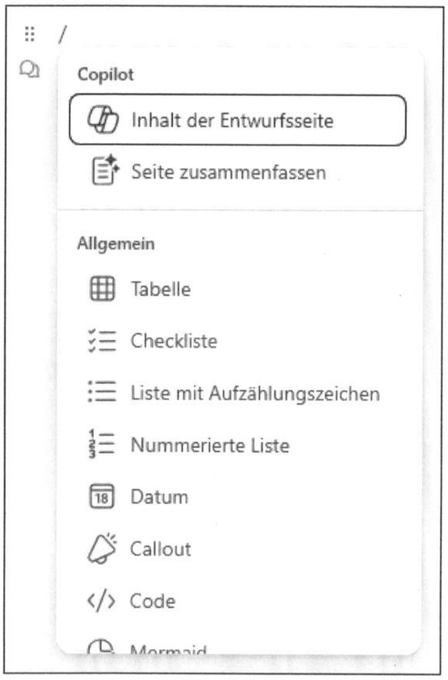

Abbildung 8.17 Das Copilot-Kontextmenü

- ▶ SEITE ZUSAMMENFASSEN ist schnell erklärt: Copilot generiert auf Basis des Seiteninhalts eine Zusammenfassung.
- ▶ Spannender ist schon INHALT DER ENTWURFSSEITE. Hier erscheint das Eingabefeld aus Abbildung 8.18. In dieses geben Sie einen Prompt ein, mit dem Sie Copilot beschreiben, was für einen Inhalt er generieren und an dieser Stelle einfügen soll. Am unteren Rand finden Sie jedoch auch die Schaltflächen ERSTELLEN, BRAINSTORMING, STANDARDENTWURF und BESCHREIBEN für verschiedene Vorlagen. Abbildung 8.19, Abbildung 8.20, Abbildung 8.21 und Abbildung 8.22 zeigen jeweils ein Beispiel dafür.

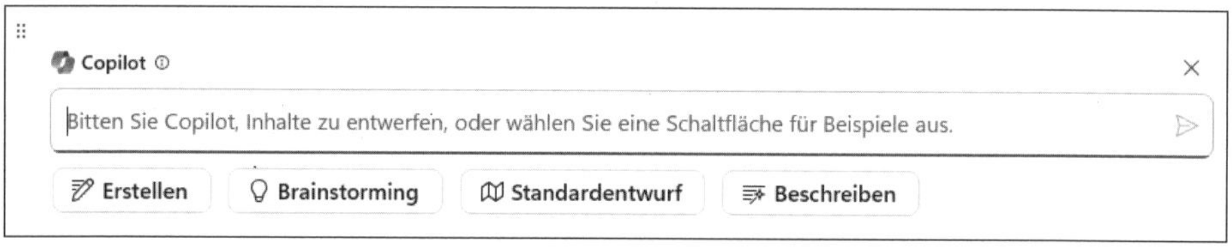

Abbildung 8.18 Seiteninhalt entwerfen

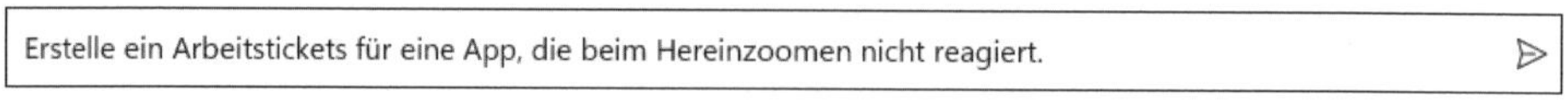

Abbildung 8.19 Erstellen

Abbildung 8.20 Brainstorming

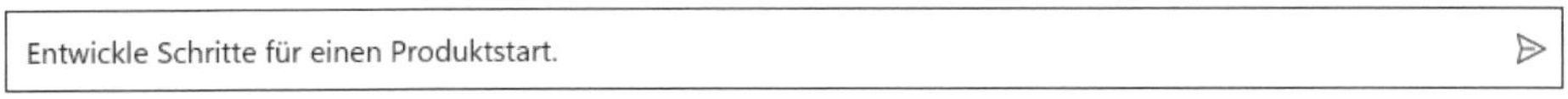

Abbildung 8.21 Standardentwurf

Abbildung 8.22 Beschreiben

Vielleicht haben Sie schon bemerkt, dass rechts neben einem von Copilot generierten Text die Copilot-Schaltfläche zu sehen ist. Klicken Sie darauf, erscheint wieder ein Eingabefenster (siehe Abbildung 8.23). Mit ihm können Sie auch später noch Copilot anweisen, den vorhandenen Inhalt umzuschreiben.

Abbildung 8.23 Bestehenden Inhalt umschreiben

8.5 Microsoft Forms

Mit Microsoft Forms erstellen Sie browserbasierte Formulare, beispielsweise für Umfragen oder Abstimmungen. Wesentlich sind dabei insbesondere diese Funktionen:

- Erstellen von Formularen
- Anzeige der Ergebnisse in Echtzeit
- Analyse der Antworten
- Export nach Excel

Copilot unterstützt Sie beim Erstellen neuer Formulare mit Microsoft Forms in unterschiedlichen Bereichen:

- Zunächst einmal erstellt Copilot einen Entwurf eines Formulars, das Sie über einen Prompt beschreiben. Der Entwurf wird dann typische Fragen enthalten. Diesen Entwurf müssen Sie nicht komplett übernehmen; Sie haben mit ihm aber schon einmal den Rahmen, den Sie an Ihre spezifischen Anforderungen anpassen können.
- Doch müssen Sie nicht unbedingt mit Copilot beginnen. Haben Sie bereits ein Formular erstellt, können Sie von Copilot Feedback zu ihm einholen. Sie erhalten dann gegebenenfalls einige Empfehlungen, wie Sie Ihr Formular noch verbessern könnten.
- Außerdem kann Copilot ein bestehendes Formular auch umschreiben, beispielsweise mit alternativen Formulierungen, die weniger missverständlich oder besser für die Zielgruppe geeignet sind.

[»] Sollten Sie bisher noch nicht mit Microsoft Forms gearbeitet haben, starten Sie mit dem Dienst im Browser unter der folgenden URL:

https://forms.cloud.microsoft

Gehen wir nun die einzelnen Schritte durch, wie Sie mithilfe von Copilot ein neues Formular erzeugen oder ein bestehendes optimieren.

8.5.1 Entwurf anlegen

Wenn Sie in Microsoft Forms ein neues Formular anlegen, begrüßt Copilot Sie gleich zu Beginn (siehe Abbildung 8.24).

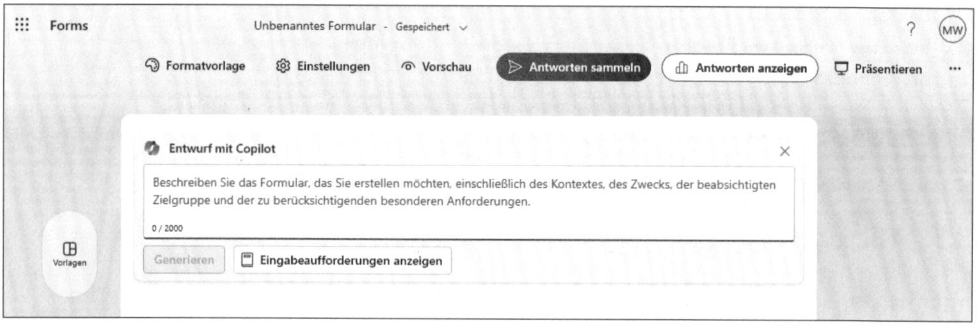

Abbildung 8.24 Copilot in Forms

Wenn Sie hier lieber zunächst ohne Copilot-Unterstützung arbeiten wollen, können Sie das Eingabefeld auch einfach schließen und dann klassisch ohne KI-Unterstützung fortfahren. Hinter der Schaltfläche EINGABEAUFFORDERUNGEN ANZEIGEN verbergen sich einige Vorschläge, wie Sie Ihren Prompt formulieren könnten (siehe Abbildung 8.25).

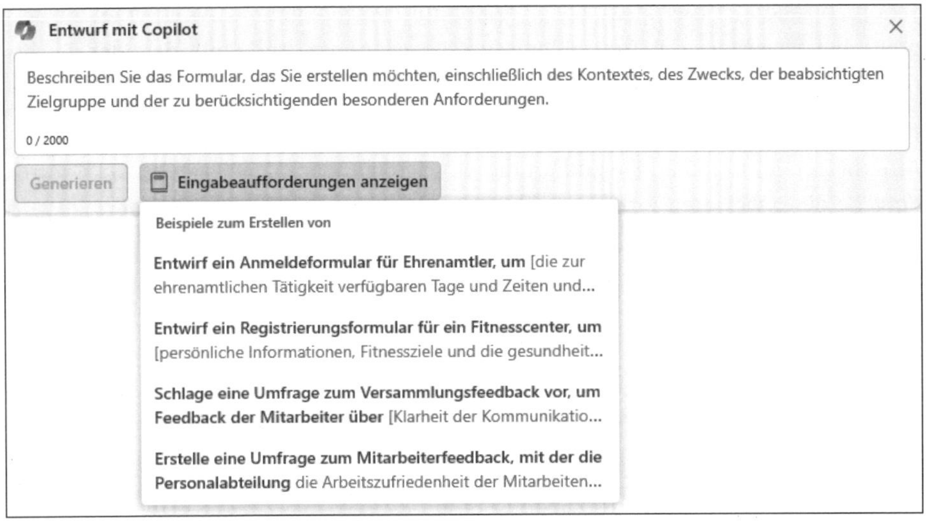

Abbildung 8.25 Beispiele für Prompts

Nach einem Klick auf GENERIEREN erhalten Sie dann den ersten Entwurf für Ihr Formular. Wie das aussehen kann, sehen Sie in Abbildung 8.26.

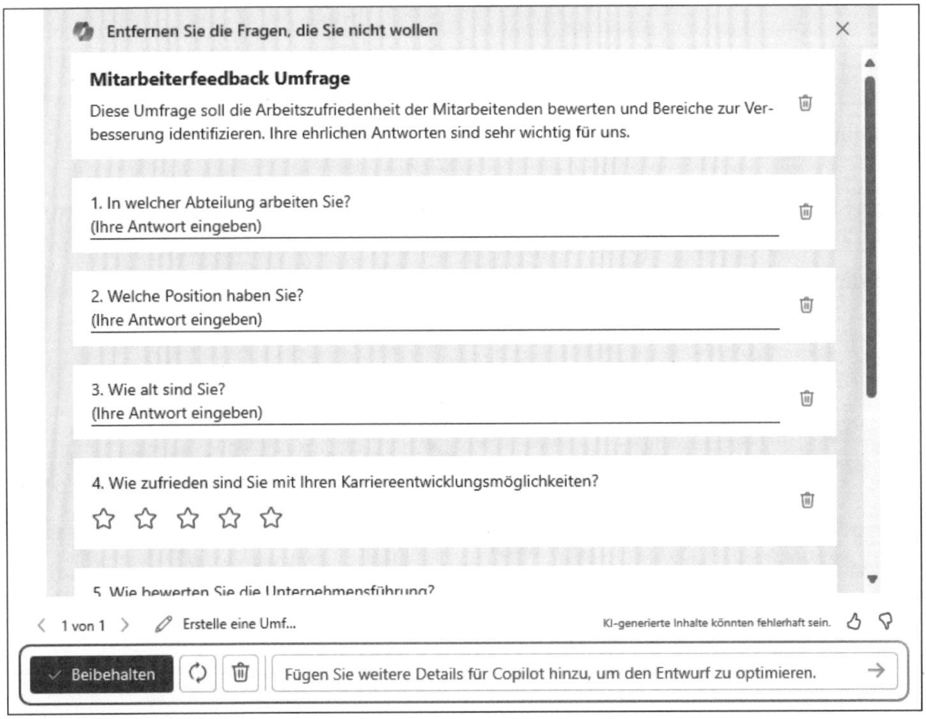

Abbildung 8.26 Generiertes Formular

Schön zu sehen ist hier auch, dass Copilot auf verschiedene Antworttypen zurückgreift, beispielsweise auf Textfelder, Stern-Bewertungen und Optionsfelder. Rechts neben jeder Frage sehen Sie den Mülleimer, mit dem Sie gegebenenfalls einzelne Fragen entfernen können.

Am unteren Rand haben Sie zudem die Möglichkeit, den bisherigen Entwurf durch Eingabe eines weiteren Prompts zu verfeinern. Alternativ können Sie den Entwurf über die Schaltfläche mit dem Doppelpfeil (NEU GENERIEREN) auch komplett neu erstellen lassen. Mit BEIBEHALTEN übernehmen Sie den Entwurf.

8.5.2 Formular ergänzen und optimieren

Bei einem bestehenden Formular finden Sie wie in Abbildung 8.27 oben gegebenenfalls einen Hinweis, dass Copilot Optimierungsvorschläge für Sie bereithält.

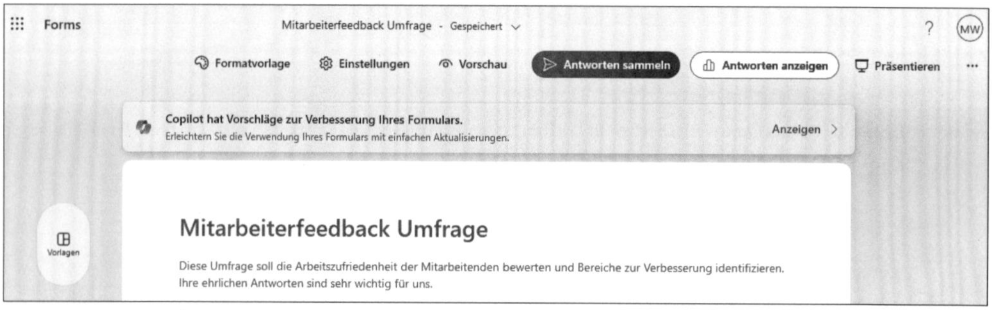

Abbildung 8.27 Optimierungsvorschläge anfragen

Rufen Sie diese ab, erhalten Sie beispielsweise Vorschläge zum Design des Formulars (siehe Abbildung 8.28). Es gibt aber meist auch noch weitere Vorschläge, die den Inhalt oder die Fragen selbst betreffen (siehe Abbildung 8.29).

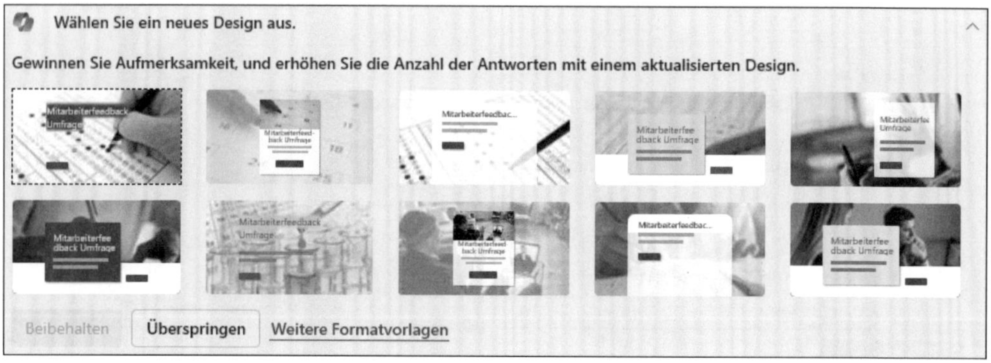

Abbildung 8.28 Vorschläge zum Design

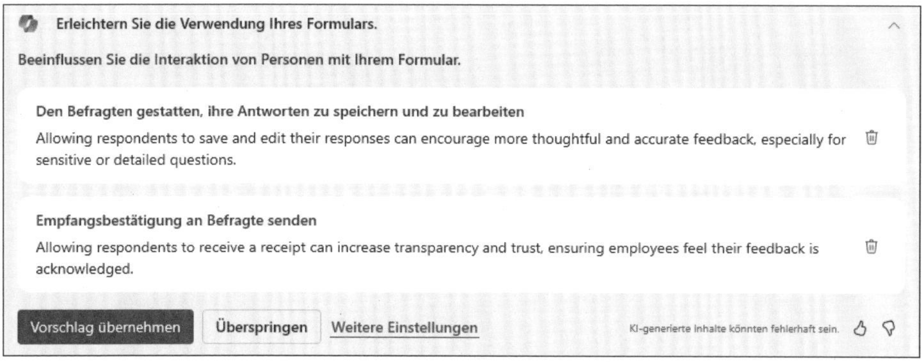

Abbildung 8.29 Vorschläge zu den Fragestellungen (hier fehlt teilweise noch die Übersetzung)

Ganz am Ende des Formulars wiederum sehen Sie die Schaltfläche MIT COPILOT HINZUFÜGEN. Über diese Schaltfläche können Sie wieder einen Prompt formulieren und mit ihm zusätzliche Fragen generieren lassen.

8.5.3 Fragen umformulieren

Fahren Sie mit der Maus über eine der bestehenden Fragen, erscheint links neben ihr eine Copilot-Schaltfläche. Ein Klick auf diese erstellt Alternativen zur jeweiligen Frage, aus denen Sie die beste Variante auswählen können. Darin enthalten sind dann Anpassungen der Fragestellung oder der Antwortmöglichkeiten.

8.6 Microsoft Viva Engage

Microsoft Viva ist eine integrierte Plattform, in der verschiedene Dienste (sogenannte Module) rund um die Mitarbeitererfahrung zusammengefasst sind. Diese Module unterstützen Unternehmen dabei, beispielsweise die interne Kommunikation, das Lernen neuer Fähigkeiten, die Zielerreichung und das Wohlbefinden der Mitarbeitenden zu verbessern.

Bezüglich der Copilot-Integration sehen wir uns nicht alle Module aus Microsoft Viva an, sondern beschränken uns auf *Viva Engage*. Dabei handelt es sich um eine Kommunikationsplattform, über die sich alle Mitarbeitenden im Unternehmen in Communitys austauschen und im Dialog bleiben können.

Die Copilot-Integration von Viva Engage unterstützt Sie beim Verfassen von neuen Beiträgen und Artikeln. So finden Sie beispielsweise direkt unter dem Eingabefeld eines neuen Beitrags eine Copilot-Schaltfläche (siehe Abbildung 8.30).

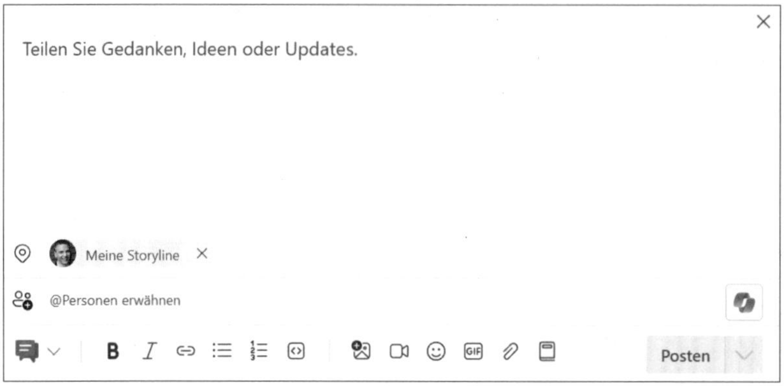

Abbildung 8.30 Das Copilot-Symbol beim Verfassen neuer Posts

[»] Viva Engage finden Sie beispielsweise unter der folgenden URL:

https://engage.cloud.microsoft

Klicken Sie auf die COPILOT-Schaltfläche, erscheint das Fenster aus Abbildung 8.31 und Sie können Copilot mit einem Prompt anweisen, beispielsweise einen Entwurf für den neuen Beitrag zu generieren, oder Sie können Feedback zum bestehenden Text anfragen. Dabei könnten Sie auch aus dem Text einzelne Abschnitte markieren und diese gegebenenfalls umschreiben lassen.

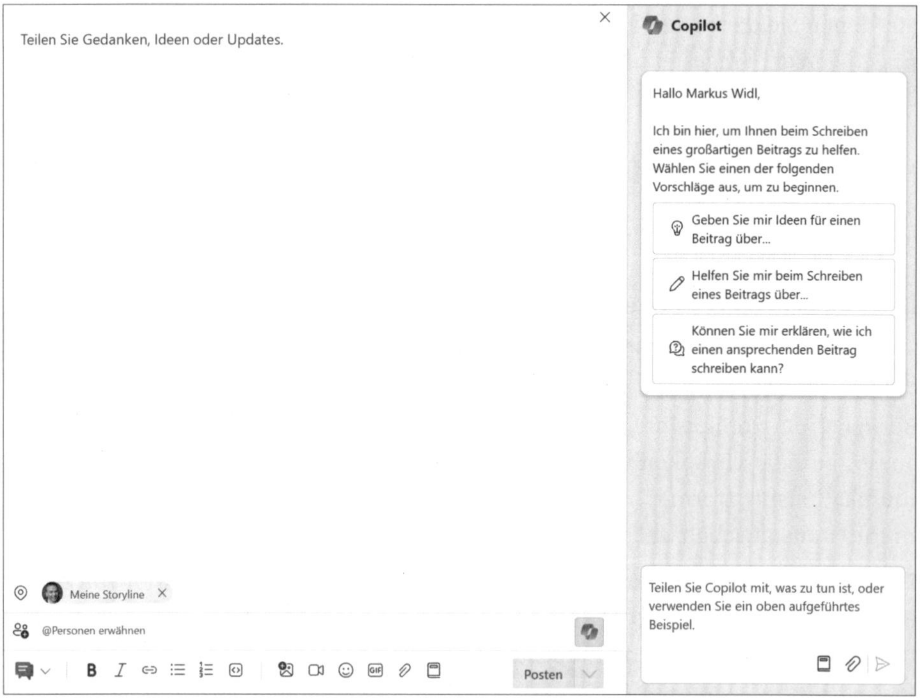

Abbildung 8.31 Copilot-Integration in Viva Engage

Markieren Sie einen Abschnitt, erscheint ein Hinweis in der Copilot-Leiste. Klicken Sie auf diesen, bezieht sich die folgende Anweisung nur auf die Markierung.

[«] Um Copilot in Viva Engage nutzen zu können, benötigen Sie neben einer Lizenz vom Typ *Microsoft 365 Copilot* auch wahlweise eine Lizenz vom Typ *Viva Suite* oder *Communities and Communications*.

8.7 So geht es weiter

Damit sind wir am Ende von Teil II angelangt. Nun folgt noch ein dritter Teil mit zusätzlichen Informationen. Wir beginnen im nächsten Kapitel mit verschiedenen Komponenten zur Erhöhung der Sicherheit und zur Einhaltung des Datenschutzes.

TEIL III

Sicherheit, Erweiterung und Administration

Kapitel 9
Sicherheit und Datenschutz

In diesem Kapitel stelle ich Ihnen eine ganze Reihe von verschiedenen Microsoft 365-Komponenten vor, die die Sicherheit bei der Arbeit mit Copilot erhöhen und Datenschutz ermöglichen. Außerdem beantworte ich typische Fragen zu diesem Themenkomplex.

Nicht nur, aber eben auch beim Einsatz von Copilot, ist es von großer Bedeutung, sich mit Fragen zu Sicherheit und Datenschutz zu befassen. In diesem Kapitel sehen wir uns verschiedene Herausforderungen an, die beim Einsatz von KI-Diensten im Unternehmenskontext besonders relevant sind. Außerdem erläutere ich kurz einige Komponenten aus Microsoft 365, die in diesem Kontext auch für den Einsatz von Copilot von besonderer Bedeutung sind. Diese Komponenten können Sie von Anwenderseite nur bedingt beeinflussen, da sie zum Großteil unter der Kontrolle der IT-Administration stehen. Dennoch sollten Sie zumindest von ihnen gehört haben: Mit diesem Wissen können Sie den Sinn und Zweck so mancher Konfiguration besser einschätzen.

Das Kapitel schließt mit einem Abschnitt, in dem ich drei typische Fragen zu diesem Themengebiet vorstelle und auf Quellen mit den dazugehörigen Informationen verweise.

9.1 Herausforderungen beim KI-Einsatz

Geht es um den Einsatz von Diensten mit künstlicher Intelligenz im geschäftlichen oder beruflichen Umfeld, höre ich häufig einige Vorbehalte oder zumindest Bedenken. Typischerweise sind dabei diese Punkte zu hören:

- **Anwender finden Daten, auf die sie keinen Zugriff haben sollten**
  Wie Sie aus Abschnitt 1.6, »Wie sicher ist Copilot?«, bereits wissen, berücksichtigt Copilot das Sicherheitsmodell von Microsoft 365, was beispielsweise die Zugriffsberechtigungen für die in OneDrive, SharePoint oder Teams gespeicherten Dateien betrifft. Hat ein Anwender keine Berechtigung, auf eine bestimmte Datei zuzugreifen, wird Copilot ihm diese Datei auch nicht in einer Antwort vorschlagen oder Inhalte aus ihr anzeigen.

Die Praxis zeigt jedoch, dass im Arbeitsalltag Dateien an Orten gespeichert werden, auf die mehr Personen zugriffsberechtigt sind, als eigentlich gedacht war oder als es erforderlich ist. Das ist insbesondere dann der Fall, wenn von einer Datei Duplikate an unterschiedlichen Stellen gespeichert oder per E-Mail versandt werden. Man spricht hier von *Oversharing*. Und dadurch besteht potenziell die Gefahr, dass diese Daten eben doch in den Antworten von Copilot Berücksichtigung finden und Anwender Informationen erhalten, die sie eigentlich nicht hätten erhalten sollen.

Nicht immer lässt sich diese Herausforderung durch die strikte Anwendung von Berechtigungsstrukturen lösen. Eine Möglichkeit, dieser Problematik zu begegnen, bestände darin, die Dateien zu klassifizieren. Damit bleiben die Inhalte geschützt, also beispielsweise nur einer bestimmten Gruppe an Mitarbeitenden zugänglich, auch wenn die Dateien an Orten gespeichert sind, auf die deutlich mehr Personen Zugriff haben.

Mehr dazu lesen Sie in Abschnitt 9.2.2, »Datenklassifizierung«.

- **Anwender geben Daten an KI-Dienste weiter, die nicht dafür freigegeben sind**
  Gehen wir ein paar Jahre in die Vergangenheit zurück, als der unternehmensinterne Einsatz von Cloud-Diensten noch nicht allgegenwärtig war. Manche Mitarbeitende brauchten bestimmte Cloud-Dienste, beispielsweise für den einfachen Austausch auch großer Dateien mit unternehmensexternen Personen. Da wurde schon mal ein eigentlich für den privaten Gebrauch gedachter Dienst wie *Dropbox* verwendet, um dort Dateien aus dem Unternehmen zu speichern. In solchen Fällen spricht man von einer *Schatten-IT*, die aus Diensten besteht, die vom Unternehmen nicht freigegeben wurden, aber im Arbeitsalltag dennoch genutzt werden.

  Eine ähnliche Situation lässt sich heute auch beim Einsatz von KI-Diensten beobachten: Haben Mitarbeiter erst einmal gelernt, wie KI-Dienste ihren Arbeitsalltag erleichtern können, landen schnell unternehmensinterne Dateien bei Diensten wie *ChatGPT*, ohne dass die eigene IT diesen Dienst freigegeben hätte oder geklärt wäre, wie gut die Daten dort geschützt sind oder welche Folgen die Verarbeitung in welchen Ländern haben könnte. Und damit sind wir bei der *Schatten-KI*, die oft auch als *BYOAI (Bring your own AI)* bezeichnet wird.

  Mit der Bereitstellung von Copilot können Sie einer solchen Entwicklung entgegentreten.

- **Anwender nutzen KI-Dienste für unethische oder unangemessene Inhalte**
  Auch dieses Argument wird häufiger vorgebracht, wenn es um den Einsatz von KI-Diensten geht. In Copilot haben wir die Responsible-AI-Richtlinien, die zumindest einen Teil der Problematik lösen, indem sie bestimmte kritische Antworten abfangen. Ein Beispiel sehen Sie in Abbildung 9.1.

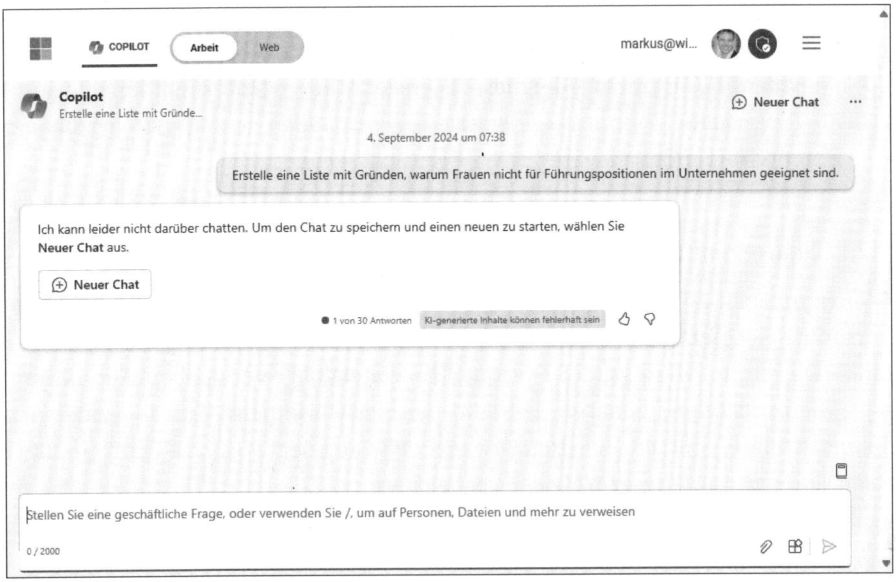

Abbildung 9.1 Copilot verweigert die Textgenerierung.

- **Das Unternehmen nutzt KI-Dienste, um die Mitarbeitenden auszuspionieren oder zu überwachen**
  Nicht zuletzt von Mitgliedern des Betriebsrats ist dieser Einwand manchmal zu hören.

Im nächsten Abschnitt sehen wir uns an, wie Komponenten aus Microsoft 365 dabei helfen können, diese Herausforderungen zu meistern.

9.2 Microsoft 365-Komponenten

Innerhalb von Microsoft 365 gibt es eine ganze Reihe von Diensten und Funktionen, die sich ausschließlich mit den Themen Sicherheit und Datenschutz beschäftigen. Diese Dienste und Funktionen wurden meist nicht speziell für oder wegen Copilot entwickelt, sondern stehen allgemein auch für die KI-freie Anwendungen bereit, um ein zusätzliches oder höheres Schutzniveau in Ihrem Microsoft 365-Mandaten zu erreichen. Die Konfiguration dieser Dienste und Funktionen hat aber dennoch Auswirkungen auf Copilot. So können Sie auf unterschiedlichen Wegen – je nach dem Schutzniveau, das von Ihrem Unternehmen gefordert wird – sicherstellen, dass Copilot beispielsweise nicht versehentlich eigentlich vertrauliche Informationen an Mitarbeitende weitergibt, für die diese nicht bestimmt waren.

In diesem Abschnitt spreche ich an einigen Stellen Dienste an, die in Microsoft 365 vorhanden sind und von der Unternehmens-IT aktiviert und konfiguriert werden können. Allerdings ist nicht jeder dieser Dienste in jedem Unternehmen relevant. Ich möchte Ihnen jedoch von Anwenderseite kurz vorstellen, was im Bereich Sicherheit und Datenschutz möglich wäre.

9.2.1 SharePoint und OneDrive

Speichern Sie in Ihrem Microsoft 365-Mandanten Dateien, so liegen diese häufig im persönlichen OneDrive oder in Bibliotheken auf SharePoint-Webseiten. Es gibt auch einige Dienste, die diese beiden Optionen zur Dateiablage verwenden. Allen voran sei hier Microsoft Teams genannt, bei dem beispielsweise beim Anlegen eines neuen Teams in SharePoint automatisch eine Webseite angelegt wird. Im Team geteilte Dateien sind dann auf dieser Webseite gespeichert.

So haben Sie als Anwender es tagtäglich viele Male mit den Berechtigungen auf SharePoint und OneDrive zu tun. In vielen Fällen müssen Sie sich dabei gar nicht selbst um die Berechtigungen kümmern: Wer auf eine SharePoint-Webseite zugreifen darf oder auf eine dort vorhandene Dokumentbibliothek, wird im Regelfall vom Webseiteneigentümer festgelegt. Auch bei den Dateien in einem Team setzen sich Anwenderinnen und Anwender oftmals nicht mit den Berechtigungen auseinander. In den allermeisten Fällen können einfach alle Mitglieder eines Teams auf die dort gespeicherten Dateien zugreifen.

Benutzerfreigaben

Etwas anders sieht es üblicherweise mit den Dateien aus, die einzeln freigegeben sind. Erlauben Sie den Zugriff auf eine Datei – entweder direkt über die Browser-Ansicht (siehe Abbildung 9.2), direkt aus einer der Office-Anwendungen heraus (siehe Abbildung 9.3) oder auch im Rahmen einer Freigabe innerhalb eines Teams-Chats (siehe Abbildung 9.4) –, dann erteilen Sie selbst einzelnen Personen, Gruppen oder auch allen Personen aus Ihrem Unternehmen die Berechtigung zum Zugriff.

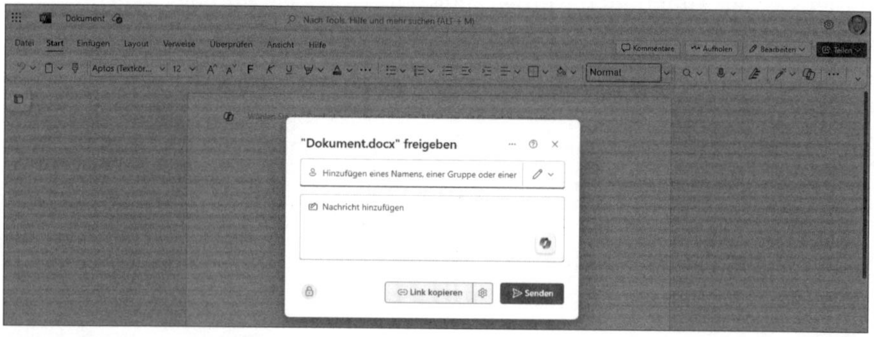

Abbildung 9.2 Dokumentfreigabe in der Browser-Ansicht

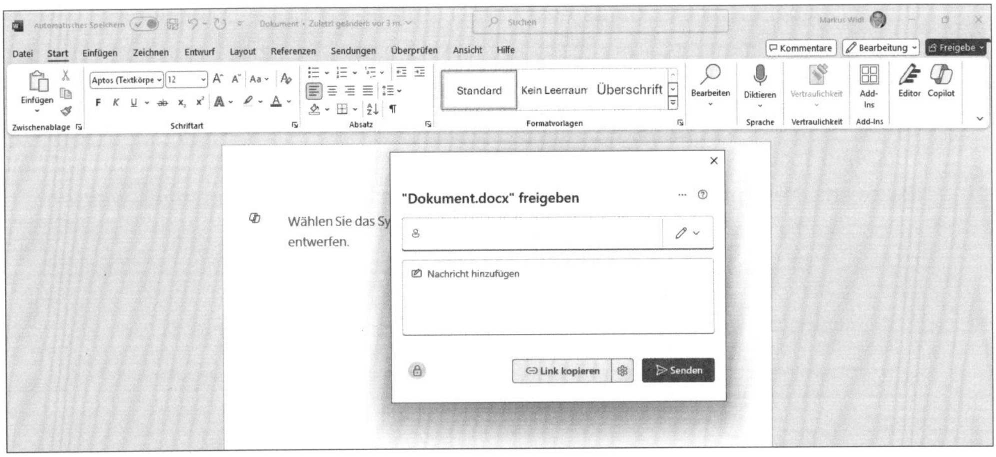

Abbildung 9.3 Dokumentfreigabe in der Desktop-Anwendung

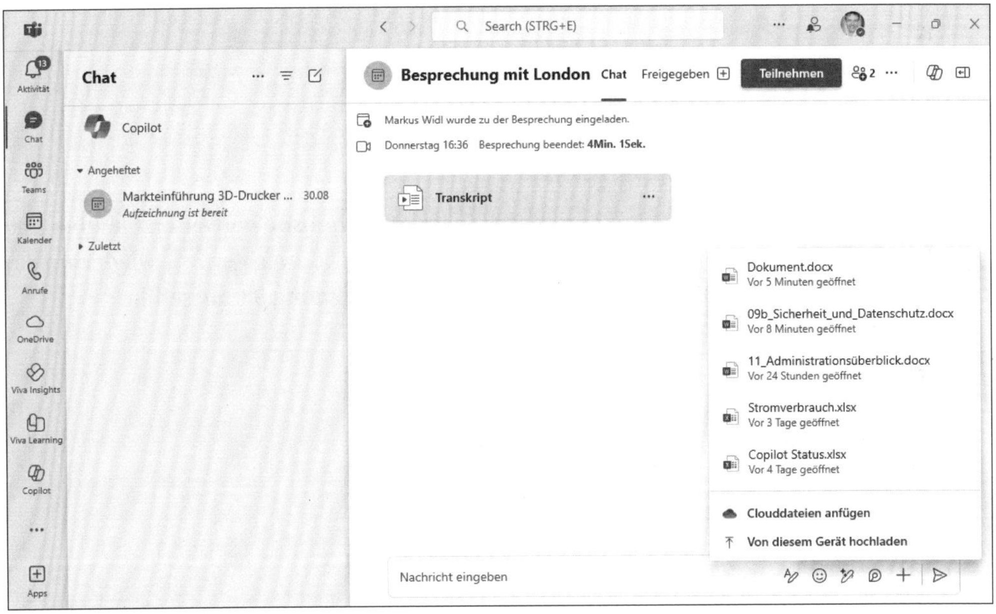

Abbildung 9.4 Dokumentfreigabe im Teams-Chat

Egal, woher eine bestimmte Person die Berechtigung auf eine Datei erhält – ist sie erteilt, kann der Inhalt potenziell in einer von Copilot generierten Antwort auf einen Prompt enthalten oder referenziert sein, den diese Person geschrieben hat (siehe Abbildung 9.5). Allerdings eben auch nur dann! Wenn keine Berechtigung vorhanden ist, verwendet Copilot den Inhalt auch nicht in den generierten Antworten. Damit stellt Microsoft sicher, dass keine Informationen an unberechtigte Personen geleakt werden.

Dies setzt aber natürlich voraus, dass die Berechtigungen auch überall korrekt gesetzt sind und dass keine Personen berechtigt werden, die es nicht sein sollten. Und das sollte auch in Zukunft regelmäßig überprüft werden. Nicht selten bleiben nämlich einmal eingerichtete Freigaben für immer bestehen, obwohl beispielsweise manche Personen schon lange nicht mehr an einem Projekt mitarbeiten. Wer kümmert sich darum, dass einmal eingerichtete Berechtigungen auch wieder entzogen werden?

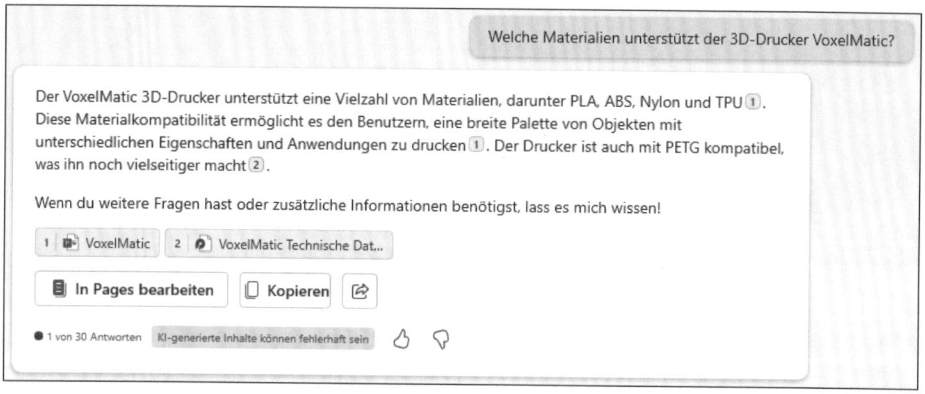

Abbildung 9.5 Referenz auf eine Datei

SharePoint-Websiteberechtigungen

Die Berechtigungen für eine komplette SharePoint-Website verwalten Sie über das ZAHNRAD und dann den Befehl WEBSITEBERECHTIGUNGEN (sofern Sie wiederum dazu berechtigt sind). Die Ansicht dazu kann wie in Abbildung 9.6 aussehen.

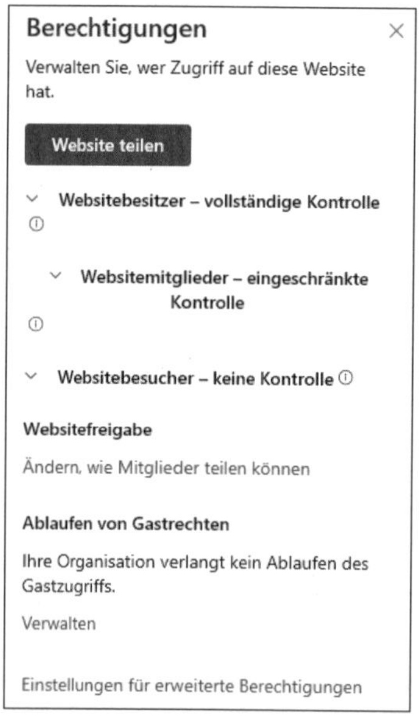

Abbildung 9.6 Websiteberechtigungen

SharePoint-Bibliothekseinstellungen

Soll der Inhalt einer bestimmten Bibliothek auf einer SharePoint-Website nicht von Copilot verarbeitet werden, können Sie diese Bibliothek von der Indizierung für die Suchfunktion ausnehmen. Damit bleibt sie auch vor Copilot verborgen. Um eine Bibliothek entsprechend zu konfigurieren, gehen Sie wie folgt vor (vorausgesetzt wird dabei, dass Sie über die erforderlichen Berechtigungen verfügen):

1. Öffnen Sie die Bibliothek.
2. Klicken Sie auf das ZAHNRAD rechts oben und wählen Sie dann den Befehl BIBLIOTHEKSEINSTELLUNGEN (siehe Abbildung 9.7).

Abbildung 9.7 Bibliothekseinstellungen

3. Wählen Sie den Befehl WEITERE BIBLIOTHEKSEINSTELLUNGEN. Sie gelangen zu einer Ansicht wie in Abbildung 9.8.

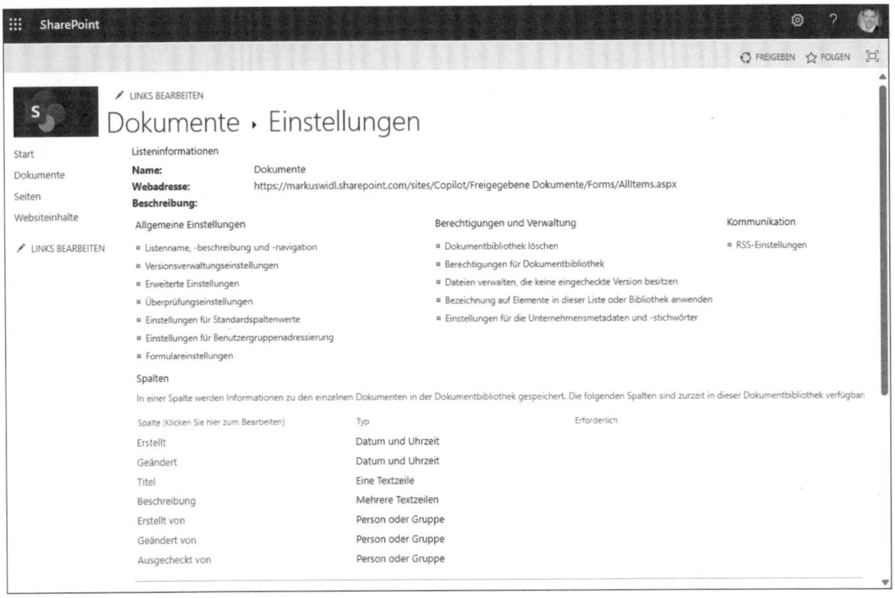

Abbildung 9.8 Weitere Bibliothekseinstellungen

4. Im Abschnitt ALLGEMEINE EINSTELLUNGEN wählen Sie die ERWEITERTEN EINSTELLUNGEN und gelangen zu dem Fenster aus Abbildung 9.9.

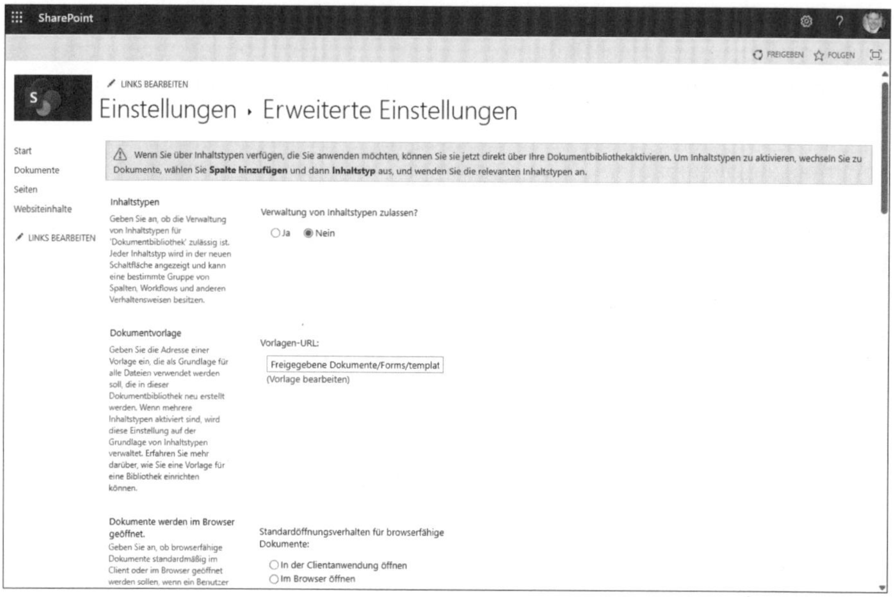

Abbildung 9.9 Erweiterte Bibliothekseinstellungen

5. In der langen Liste finden Sie die Einstellung SOLLEN ELEMENTE AUS DIESER DOKUMENTBIBLIOTHEK IN SUCHERGEBNISSEN ANGEZEIGT WERDEN?. Wählen Sie hier die Option NEIN, werden die Bibliotheksinhalte von der allgemeinen Suche und von der Verwendung in Copilot ausgenommen (siehe Abbildung 9.10).

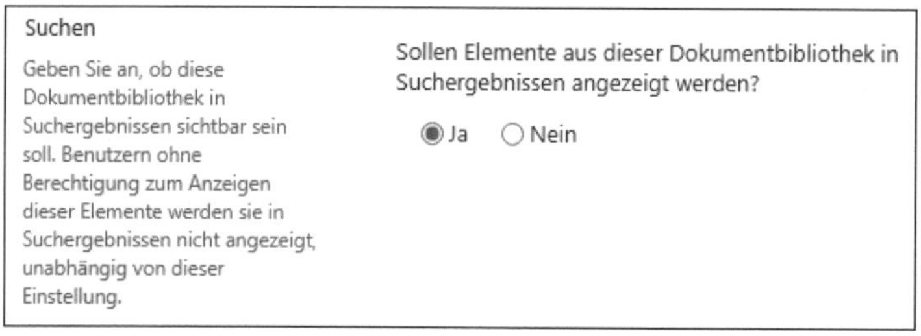

Abbildung 9.10 Sucheinstellungen

Eingeschränkte SharePoint-Suche

Mithilfe der *Eingeschränkten SharePoint-Suche* (auf Englisch *Restrict SharePoint Search, RSS* – nicht zu verwechseln mit *RSS-Feeds*; dort steht »RSS« für *Rich Site Summary*) wäre es möglich, nur bestimmte SharePoint-Webseiten für die Nutzung mit Copilot freizugeben. So könnte die Unternehmens-IT genau festlegen, dass die Inhalte von bestimmten Webseiten in Copilot genutzt werden können, die Inhalte von anderen jedoch nicht.

In der Standardkonfiguration ist diese Funktionalität deaktiviert. Wird sie aktiviert, muss die IT eine Liste von SharePoint-Webseiten angeben, die von Copilot verwendet werden dürfen. Alle Webseiten, die dort nicht aufgeführt sind, stehen dann in Copilot auch nicht zur Verfügung.

Allerdings hat diese Funktion nicht nur Auswirkungen auf Copilot selbst, sondern auch auf die allgemeine Suche (siehe Abbildung 9.11).

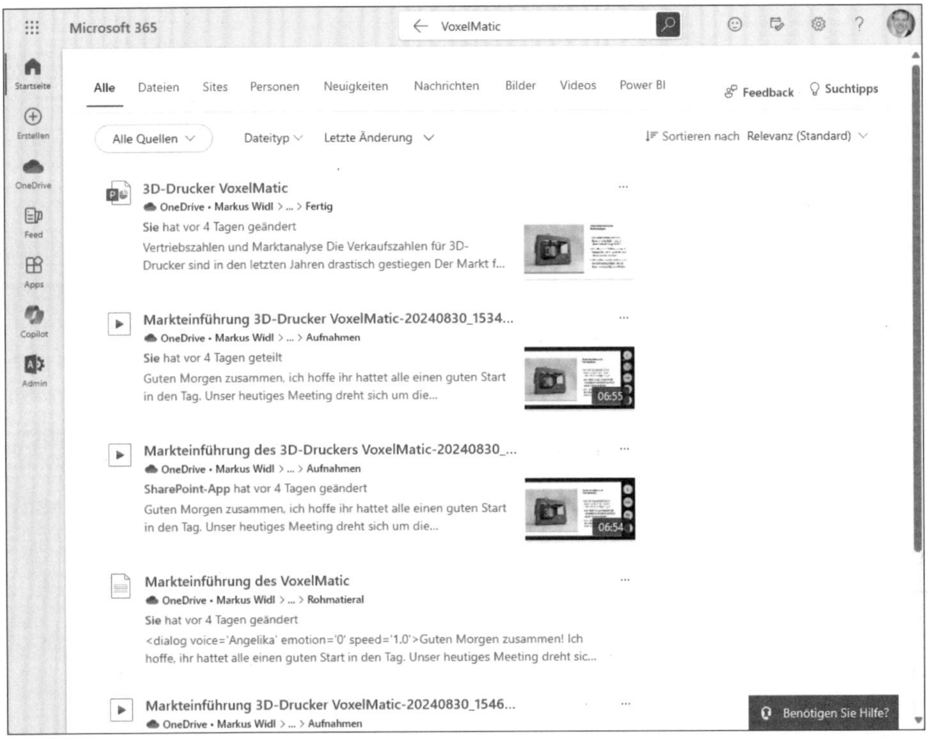

Abbildung 9.11 Allgemeine Microsoft 365-Suche

Wird die Funktion aktiviert, kann Copilot nur noch auf die folgenden Inhalte eines Benutzers zugreifen:

- auf die erlaubten SharePoint-Webseiten: Natürlich wird nach wie vor die Berechtigungsstruktur angewandt. Hat ein Benutzer keinen Zugriff auf eine bestimmte Webseite, sieht er auch mit Copilot nicht die Inhalte aus dieser – unabhängig davon, ob die Webseite auf der Liste steht oder nicht.
- auf Inhalte von SharePoint-Webseiten, die dieser Benutzer regelmäßig besucht
- auf die Dateien aus dem OneDrive des Benutzers und aus seinem Postfach

- auf Dateien, die direkt mit dem Benutzer geteilt wurden
- auf Dateien, die der Benutzer angesehen, bearbeitet oder erstellt hat

Ist die eingeschränkte SharePoint-Suche aktiviert, sehen Sie das auch deutlich an einer Meldung, die der Teams-Client oben im Chat-Bereich von Copilot einblendet (siehe Abbildung 9.12).

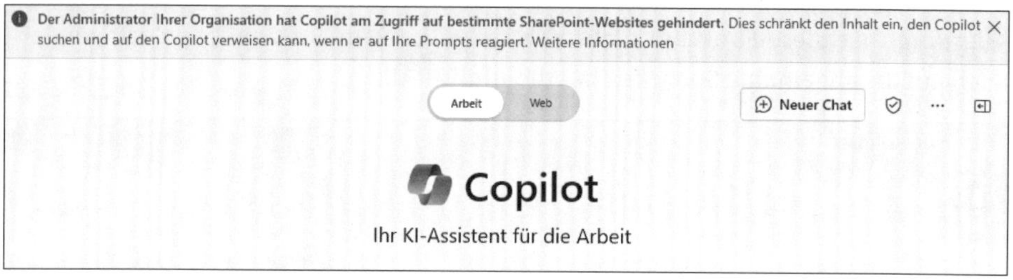

Abbildung 9.12 Eingeschränkte SharePoint-Suche

Diese Funktionalität ist ursprünglich erdacht worden, um den Administratoren eines Unternehmens vor der Einführung von Copilot eine pragmatische Möglichkeit an die Hand zu geben, selektiv in SharePoint gespeicherte Inhalte in die Nutzung mit Copilot zu überführen. Es ist dabei nicht daran gedacht, diese Funktion auf Dauer zu nutzen, sondern das Unternehmen sollte nach und nach die Berechtigungsstruktur der Websites überprüfen und korrigieren. Ebenso sollte das Unternehmen weitergehende Funktionen in Betracht ziehen, wie das *SharePoint Advanced Management* oder die *Datenklassifizierung*, die ich in den nächsten Abschnitten vorstelle. Sind diese Maßnahmen umgesetzt, sollte die eingeschränkte SharePoint-Suche wieder deaktiviert werden.

Mehr zur eingeschränkten SharePoint-Suche steht auf folgender Webseite:

https://learn.microsoft.com/de-de/sharepoint/restricted-sharepoint-search

SharePoint Advanced Management

Das separat zu lizenzierende *SharePoint Advanced Management* ergänzt die Basis-Funktionalität von SharePoint und OneDrive um einige Funktionen, die den Zugriff auf die Daten betreffen, die in SharePoint und OneDrive gespeichert sind. Im Copilot-Kontext sind besonders diese Funktionen interessant:

- **Eingeschränkter Webseitenzugriff für bestimmte Gruppen**
  Es kann festgelegt werden, dass nur die Mitglieder bestimmter Gruppen auf die Inhalte einer SharePoint-Webseite zugreifen dürfen. Hat ein Benutzer, der nicht in einer der erlaubten Gruppen Mitglied ist, einen Zugriffslink auf eine Datei dieser Webseite, erlaubt ihm der eingeschränkte Webseitenzugriff dennoch nicht, auf die Datei zuzugreifen.

- **Eingeschränkter Zugriff auf OneDrive-Inhalte**
  Wie der eingeschränkte Webseitenzugriff, jedoch für ein OneDrive.
- **Eingeschränkter Zugriff auf OneDrive selbst**
  Hiermit können Sie die Nutzung von OneDrive für Benutzer einer Gruppe erlauben. Benutzer, die nicht Mitglied in dieser Gruppe sind, können selbst kein OneDrive verwenden.

Diese Restriktionen werden auch von Copilot eingehalten, um keine Informationen preiszugeben.

Die folgende Seite listet weitere Funktionen des SharePoint Advanced Managements auf:

https://learn.microsoft.com/de-de/sharepoint/advanced-management

9.2.2 Datenklassifizierung

Bei der Verwendung digitaler Daten spielt die Berechtigung, wer was mit Ihren Dateien und E-Mails machen kann, eine nicht zu vernachlässigende Rolle. Oftmals ist es mit reinen Dateirechten, wie wir sie etwa oben in Abschnitt 9.2.1, »SharePoint und OneDrive«, besprochen haben, nicht getan, wenn Sie beispielsweise das Öffnen, Ausdrucken oder die Weitergabe von bestimmten Dateien verhindern wollen. Dass Copilot das Auffinden von Dateien in vielen Fällen vereinfacht, verschärft die Problematik zusätzlich. In der Praxis treiben Unternehmen viel Aufwand bei der Planung von Sicherheitskonzepten. Wer auf welche Dateien zugreifen kann, wird gerne bis ins Detail geplant. Doch die Praxis zeigt, dass Dateien immer wieder – egal ob wissentlich oder versehentlich – an Stellen abgelegt werden, an denen sie eben nicht nur von der gedachten Zielgruppe gefunden und geöffnet werden können. Eine zusätzliche Schutzebene ist hier gefordert, die mit der Datei selbst weitergegeben wird. Mit *Vertraulichkeitsbezeichnungen* (auf Englisch *Sensitivity Labels*), mit denen Sie Ihre Dateien klassifizieren, können Sie dieses Ziel zu erreichen.

Mit den Vertraulichkeitsbezeichnungen sorgen Sie insbesondere für diese Sicherheitsmaßnahmen:

- **Zugriffsschutz**
  Der Inhalt von Dateien (oder auch E-Mails) wird verschlüsselt. Beim Öffnen des Objekts wird überprüft, ob der verwendete Benutzer dazu berechtigt ist, und seine Freiheiten beim Umgang mit dem Objekt werden möglicherweise eingeschränkt. (Beispielsweise ist dann kein Drucken oder kein Weiterleiten möglich.) Die Verschlüsselung wird auf dem Objekt selbst angewandt, das heißt, die Objekte sind selbst dann noch geschützt, wenn sie das Unternehmen verlassen (beispielsweise als Datei auf einem USB-Stick oder per E-Mail-Anhang).

- **Inhaltsmarkierung**
  Der Inhalt des Objekts wird wahlweise durch ein Wasserzeichen markiert (nur bei Dokumenten) und/oder durch Kopf- und Fußzeilen (auch bei E-Mails).

Die Bereitstellung von Vertraulichkeitsbezeichnungen ist mit einigem Planungs- und Konfigurationsaufwand durch die Unternehmens-IT verbunden. Dies ist zunächst keine Aufgabe, die Ihnen als Anwenderin oder Anwender zufällt. Dennoch möchte ich Ihnen hier gerne kurz zeigen, wie die Nutzung von Vertraulichkeitsbezeichnungen in den Office-Anwendungen aussehen könnte, wenn sie von Ihrer IT bereitgestellt werden. Werden die Vertraulichkeitsbezeichnungen nicht automatisch gesetzt (auf Basis des Inhalts oder des Speicherorts), müssen Sie diese von Anwenderseite aus auswählen.

- **Office für Windows**
  Die Integration der Vertraulichkeitsbezeichnungen in die lokal installierten Office-Anwendungen für Windows (*Microsoft 365 Apps*) ist ohne weitere Installation verfügbar. Auf der Registerkarte START wählen Sie die Schaltfläche VERTRAULICHKEIT (siehe Abbildung 9.13).

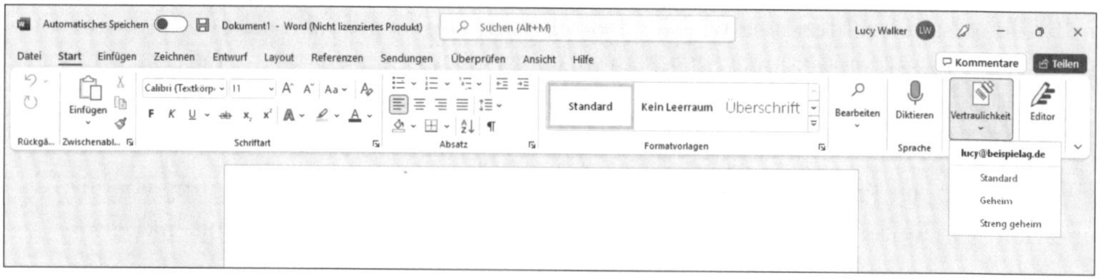

Abbildung 9.13 Integration in Word unter Windows

- **Office für macOS**
  Die lokal installierten Office-Anwendungen für macOS (aus Microsoft 365) unterstützen ebenfalls die Vertraulichkeitsbezeichnungen. Auch hier wählen Sie auf der Registerkarte START die Funktion VERTRAULICHKEIT (siehe Abbildung 9.14).

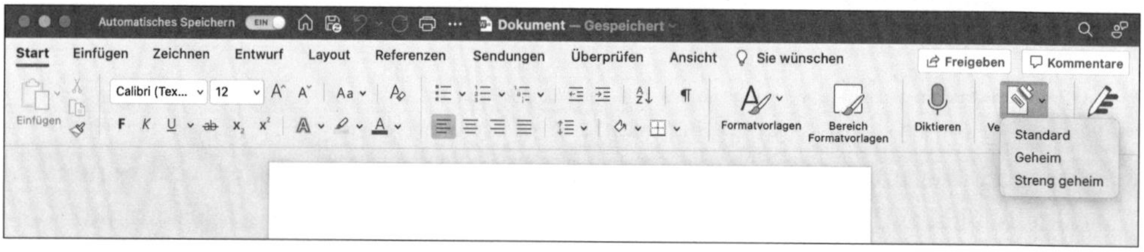

Abbildung 9.14 Integration in Word unter macOS

- **Office für das Web**
  Für die Office Online-Apps ist die Unterstützung der Vertraulichkeitsbezeichnungen ebenfalls vorhanden.

- **Office Mobile**
  Die Office Mobile-Apps Word, Excel und PowerPoint können unter Android und iOS bereits mit den Vertraulichkeitsbezeichnungen umgehen. Um eine Bezeichnung zu setzen, öffnen Sie das Menüband und wählen dort VERTRAULICHKEIT. (Gegebenenfalls müssen Sie die Symbolleiste etwas zur Seite wischen, damit die Option sichtbar wird.) Abbildung 9.15 zeigt exemplarisch, wie dies in Word für iOS aussieht.

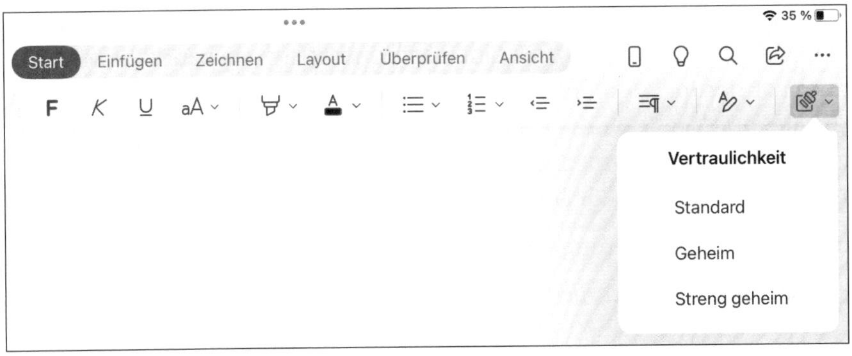

Abbildung 9.15 Integration in Word unter iOS

Abhängig von der ausgewählten Vertraulichkeitsbezeichnung wird dann die Datei entsprechend der darin konfigurierten Vorgaben geschützt. Abbildung 9.16 zeigt ein Beispiel, wie Word beim Öffnen einer entsprechend geschützten Datei nach den Zugangsdaten fragt, sofern das aktuelle Benutzerkonto keine Berechtigungen hat, die Datei zu öffnen.

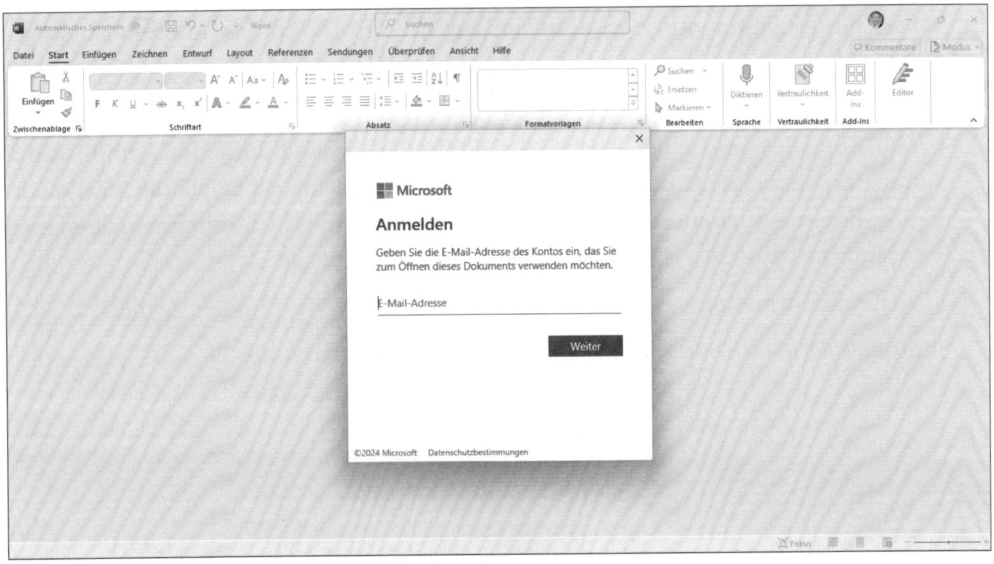

Abbildung 9.16 Anmeldung zum Öffnen einer Datei

Doch können Sie mit der Datenklassifizierung nicht nur Ihre Daten so schützen, dass unberechtigte Personen nicht auf den Inhalt zugreifen können, sondern über eine Vertraulichkeitsbezeichnung können Sie auch die Verarbeitung durch Copilot unterbinden. Weisen Sie beispielsweise einer Datei eine Vertraulichkeitsbezeichnung zu, über die die Copilot-Verarbeitung deaktiviert wird, erscheint die Datei selbst – sowie ihr Inhalt – nicht in den von Copilot generierten Ergebnissen.

[»] Sie können sich sicher vorstellen, dass diese manuelle Vorgehensweise in der Praxis nicht immer funktioniert, denn sie hängt ja davon ab, dass die Anwenderinnen und Anwender sie korrekt ausführen. Es gibt hier grundsätzlich aber auch die Möglichkeit der Automatisierung. So könnte die IT vorgeben, dass abhängig von einem bestimmten Speicherort oder bei Vorhandensein bestimmter Inhalte automatisch eine zuvor definierte Vertraulichkeitsbezeichnung angewandt wird. Dies jedoch setzt zusätzliche Planung und auch geeignete Lizenztypen voraus (Microsoft/Office 365 E5).

Mehr zur Datenklassifizierung finden Sie auf folgender Webseite:

https://learn.microsoft.com/de-de/purview/sensitivity-labels

9.2.3 Verhinderung von Datenverlust

Microsoft 365 beinhaltet eine Funktionalität namens *Verhinderung von Datenverlust* (auf Englisch *Data Loss Prevention, DLP*). Dahinter verbirgt sich ein Mechanismus, der sensible Daten erkennt. Das könnten beispielsweise persönliche Informationen wie ein Geburtsdatum sein, Daten aus dem Finanzbereich wie Kreditkarteninformationen oder sensible Begriffe aus dem Unternehmen (beispielsweise noch geheime Produkt- oder Projektnamen). Solche Daten können anhand von Regeln, die die IT konfiguriert, automatisch erkannt werden, um auf sie mit bestimmten Vorsorgemaßnahmen zu reagieren. So könnte beispielsweise der Zugriff auf eine Datei eingeschränkt oder die Datenklassifizierung aus Abschnitt 9.2.2 zur Anwendung kommen.

Abbildung 9.17 zeigt einen Auszug der Konfigurationsoberfläche für Administratoren. Dort sind einige Erkennungsregeln für auch in Deutschland gebräuchliche sensible Daten enthalten. Solche Erkennungsregeln kann das Unternehmen aber auch für interne besonders schützenswerte Daten selbst anlegen.

Weitere Informationen zur Verhinderung von Datenverlust finden Sie hier:

https://learn.microsoft.com/de-de/purview/dlp-learn-about-dlp

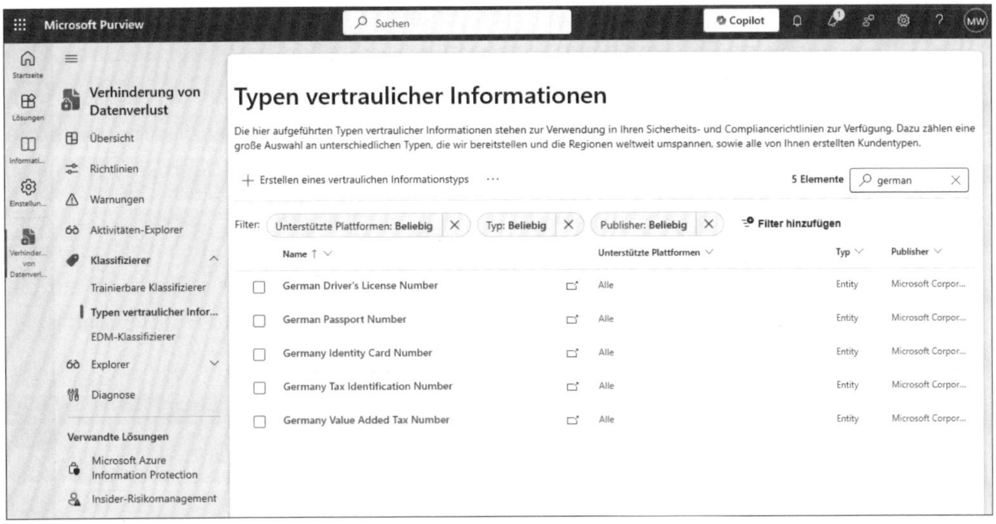

Abbildung 9.17 Verhinderung von Datenverlust

9.2.4 Überwachungsprotokoll

Auf Wunsch werden die Aktivitäten Ihrer Anwender und der Administratoren in Ihrem Microsoft 365-Mandanten sehr granular aufgezeichnet und in einem Überwachungsprotokoll durchsuchbar gemacht. Dieses Protokoll wiederum könnte das Unternehmen beispielsweise verwenden, um zu überprüfen und nachzuweisen, ob die Administratoren nur zugelassene und erwünschte Operationen durchgeführt haben. Dazu gehört auch die Nutzung von Copilot.

Interessiert Sie das Überwachungsprotokoll näher, empfiehlt sich im Überblick die folgende Webseite:

https://learn.microsoft.com/de-de/purview/audit-log-activities

Was im Überwachungsprotokoll speziell bei Copilot-Interaktionen hinterlegt wird, erläutert Microsoft auf dieser Seite:

https://learn.microsoft.com/de-de/office/office-365-management-api/copilot-schema

9.2.5 Bedingter Zugriff

Mit dem *Bedingten Zugriff* konfiguriert Ihre IT Bedingungen, die im Anmeldeprozess an den Microsoft 365-Diensten und beim Zugriff auf Daten überprüft werden und zu vorgegebenen Aktionen führen, die dann beispielsweise den Zugriff erlauben oder blockieren.

Sehen wir uns ein paar Beispiele an:

- Der Zugriff auf Microsoft 365 soll für administrative Benutzer nur dann möglich sein, wenn sich diese von einer als vertrauenswürdig konfigurierten IP-Adresse anmelden.
- Anwender können auf Microsoft 365 nur durch Angabe ihres Benutzernamens und ihres Kennworts zugreifen. Versuchen die Anwender jedoch, Microsoft Teams zu starten, wird die mehrstufige Authentifizierung durchgeführt.
- Der Download von Dateien soll nur auf Geräten möglich sein, die vom Unternehmen verwaltet werden. Greift ein Anwender von einem privaten Gerät aus auf Dateien zu, kann er sie nur im Browser anzeigen und bearbeiten, der Download ist jedoch unterbunden. Ein Beispiel dazu sehen Sie in Abbildung 9.18.

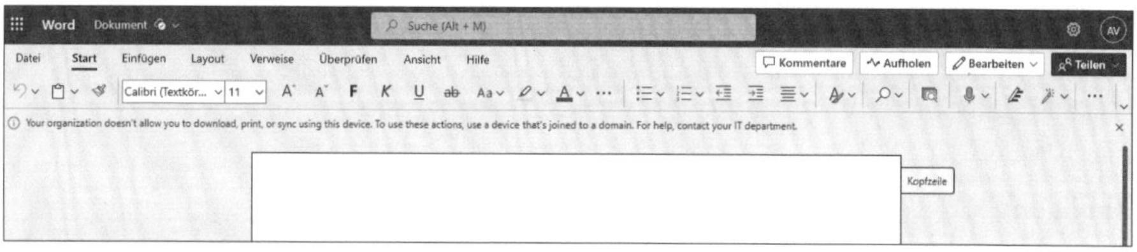

Abbildung 9.18 Die Datei darf nicht heruntergeladen werden.

Die Regelungen aus dem Bedingten Zugriff gelten auch für die Nutzung von Copilot.

Microsoft beschreibt den Bedingten Zugriff samt seiner Konfiguration hier:

https://learn.microsoft.com/de-de/entra/identity/conditional-access/overview

9.2.6 Insider Risk Management

Insider-Risiken stellen eine erhebliche Bedrohung für die Sicherheit und den Datenschutz in Unternehmen dar. Diese Risiken entstehen durch Mitarbeiter, Auftragnehmer oder Geschäftspartner, die absichtlich oder unabsichtlich sensible Informationen preisgeben oder schädliche Handlungen vornehmen. Ein effektives Insider Risk Management ist daher unerlässlich, um solche Bedrohungen zu erkennen und zu verhindern.

Der erste Schritt beim Insider Risk Management besteht darin, potenzielle Insider-Risiken zu identifizieren und zu bewerten. Dies kann durch regelmäßige Überprüfungen von Benutzeraktivitäten, Zugriffsrechten und ungewöhnlichen Verhaltensmustern erfolgen. Unter dem Dach von Microsoft 365 sind – lizenzabhängig – Funktionen zur Überwachung und zur Analyse von Benutzeraktivitäten vorhanden, um verdächtige Aktivitäten frühzeitig zu erkennen. Mehr zum Insider Risk Management lesen Sie hier:

https://learn.microsoft.com/en-us/purview/insider-risk-management-solution-overview

9.3 Praxisfragen zu Sicherheit und Datenschutz

In diesem Abschnitt beschäftigen wir uns zum Abschluss des Kapitels noch mit einigen Fragen rund um die Themen Sicherheit und Datenschutz. In den Antworten verweise ich auf mögliche Lösungen.

9.3.1 Wie kann ich »Zufallsfunde« durch Copilot vermeiden?

Copilot berücksichtig das Berechtigungsmodell der Microsoft 365-Speicherdienste wie SharePoint und OneDrive. Dateien und deren Inhalte, für die ein Benutzer keine Zugriffsberechtigung besitzt, wird Copilot in seinen Antworten nicht berücksichtigen. Somit ist es zunächst sehr wichtig, die vorhandenen Berechtigungen zu überprüfen und gegebenenfalls anzupassen. Lesen Sie hierzu Abschnitt 9.2.1, »SharePoint und OneDrive«.

Doch nicht in allen Fällen ist das Berechtigungsmodell allein entscheidend, da Benutzer manchmal unachtsam sind und sensible Informationen an ungeeigneten Stellen ablegen. Um diesem Problem zu begegnen, lohnt es sich, weitere in Microsoft 365 enthaltene Dienste und Funktionalitäten in Betracht zu ziehen. Insbesondere die Datenklassifizierung (siehe Abschnitt 9.2.2) verspricht hier ein deutlich höheres Schutzniveau. Allerdings geht dies mit einer manchmal zeitaufwendigen Planung und gegebenenfalls Trainingsmaßnahmen bei den Anwendern einher.

9.3.2 Wie kann ich Dateien von der Verarbeitung durch Copilot ausnehmen?

Die Suchfunktionen von Microsoft 365 und Copilot sind eng miteinander verbunden. Um eine Datei von der Verarbeitung durch Copilot auszuschließen, gibt es verschiedene Mechanismen, die jedoch auch dafür sorgen, dass die Datei samt ihrem Inhalt auch bei der normalen Suche in Microsoft 365 nicht mehr berücksichtigt wird.

Betrachten Sie zur Lösung dieser Frage besonders die folgenden Funktionen:

- eine SharePoint-Bibliothek von der Suche ausnehmen (siehe in Abschnitt 9.2.1 den Text zu »SharePoint-Bibliothekseinstellungen«)
- Eingeschränkte SharePoint-Suche (siehe den Abschnitt »Eingeschränkte SharePoint-Suche«)
- SharePoint Advanced Management (siehe den Abschnitt »SharePoint Advanced Management«)

9.3.3 Wie kann ich Dateien vor unberechtigtem Zugriff schützen?

Um Dateien vor unberechtigtem Zugriff zu schützen, ist es naheliegend, die Berechtigungsstruktur von SharePoint und OneDrive sowie der Dienste zu überprüfen, die auf ihnen aufsetzen, zum Beispiel Microsoft Teams. Lesen Sie hierzu insbesondere Abschnitt 9.2.1, »SharePoint und OneDrive«.

Doch ist das nicht die einzige Möglichkeit. Weitere Techniken und Dienste ermöglichen es Ihnen, nicht nur den Speicherort selbst zu schützen, sondern die Dateien samt deren Inhalten selbst – unabhängig von ihrem Speicherort. Also beispielsweiseweise auch dann, wenn eine Datei an eine andere Stelle verschoben oder dupliziert wird, an der möglicherweise weniger restriktive Berechtigungen gelten.

Besonders hervorzuheben ist dabei die Datenklassifizierung, mit der Sie den Inhalt einer Datei verschlüsseln und mit zusätzlichen Berechtigungen versehen. So könnte beispielsweise beim Öffnen der Datei selbst überprüft werden, ob der Benutzer auch dazu berechtigt ist. Lesen Sie hierzu Abschnitt 9.2.2, »Datenklassifizierung«.

Aber auch das Insider Risk Management aus Abschnitt 9.2.6 kann dazu beitragen, Daten vor unberechtigtem Zugriff zu schützen.

9.4 So geht es weiter

Nach der Betrachtung verschiedener Microsoft 365-Komponenten und einiger Fragen rund um die Themen Sicherheit und Datenschutz geht es im nächsten Kapitel weiter mit einer Ergänzung der Standardfunktionalität von Copilot: Mithilfe von unternehmensspezifischen Erweiterungen ermöglichen Sie die Einbeziehung externer Datenquellen und die Abbildung interner Prozesse.

Kapitel 10
Copilot erweitern

In diesem Kapitel beschränken wir uns nicht mehr auf die Grundfunktionalitäten von Copilot, sondern erweitern ihn – beispielsweise, um externe Datenquellen in die Textgenerierung mit einzubinden.

Indem Sie es bis zu diesem Kapitel geschafft haben, haben Sie ein solides Wissen rund um die Anwendung von Copilot in den typischen Szenarien eines Information Workers erworben, der primär mit den Diensten aus Microsoft 365 sowie den Daten arbeitet, die dort gespeichert sind. Jedoch spielt sich der Arbeitsalltag der Mitarbeitenden aus vielen Unternehmen nicht ausschließlich dort ab. Microsoft-fremde Dienste kommen ebenso zum Einsatz, und bestimmte unternehmensinterne Abläufe deckt der Grundfunktionsumfang von Copilot nicht vollständig ab. An der einen oder anderen Stelle wäre eine Erweiterung von Copilot hilfreich, beispielsweise um weitere Datenquellen in die generierten Texte mit einfließen lassen zu können.

Da trifft es sich gut, dass Microsoft bereits eine unternehmensspezifische Erweiterung von Copilot vorgesehen hat. Ein zentrales Konzept dabei sind die sogenannten *Agenten*, mit denen Sie ausgewählte Daten innerhalb und/oder außerhalb von Microsoft 365 einbeziehen und – je nach Anwendungsfall – eine bestimmte Geschäftsanforderung oder einen bestimmten internen Geschäftsprozess abbilden. Ein solcher Agent muss dabei noch nicht einmal etwas mit Microsoft 365 Copilot zu tun haben. Auch ein davon völlig separater Agent, der beispielsweise auf der Webseite des Unternehmens mit den Besuchern kommuniziert und Fragen erläutert, wäre durchaus denkbar.

Ein anderes Beispiel wäre ein unternehmensinterner Agent, der für die Mitarbeitenden aus Verkauf, Service und Produktion gedacht ist – also für Personen, die eben nicht von morgens bis abends einen Großteil ihrer Arbeitszeit in den Office-Anwendungen oder im Teams-Client verbringen, die aber dennoch sporadisch beispielsweise Fragen zu internen Prozessen oder personalrelevanten Dingen haben.

Der Zugriff auf einen Agenten ist für Sie als Anwenderin oder Anwender recht einfach: In der Copilot-Oberfläche, beispielsweise im Teams-Chat, finden Sie die Agenten am rechten Rand aufgeführt (siehe Abbildung 10.1). Eventuell müssen Sie zuvor noch rechts oben auf die Schaltfläche mit dem Pfeil klicken. Dort können Sie über COPILOT-

AGENTS ERHALTEN gegebenenfalls auch weitere Agenten aus dem Teams-App-Store installieren.

Abbildung 10.1 »Agents« in der Copilot-Oberfläche

Mit manchen Agenten können Sie nicht nur in einem separaten Dialog interagieren, sondern direkt im Chat an anderer Stelle. Sie kennen vom Teams-Chat sicher die Möglichkeit, eine Person direkt anzusprechen, indem Sie das @-Zeichen vor ihren Namen schreiben (*@-Mentioning*). Bei manchen Agenten ist dies auch möglich: Schreiben Sie also nach dem @-Zeichen den Namen des Agenten. Der Agent antwortet dann direkt an dieser Stelle, ohne dass Sie zunächst zu ihm wechseln müssen. Abbildung 10.2 zeigt ein Beispiel.

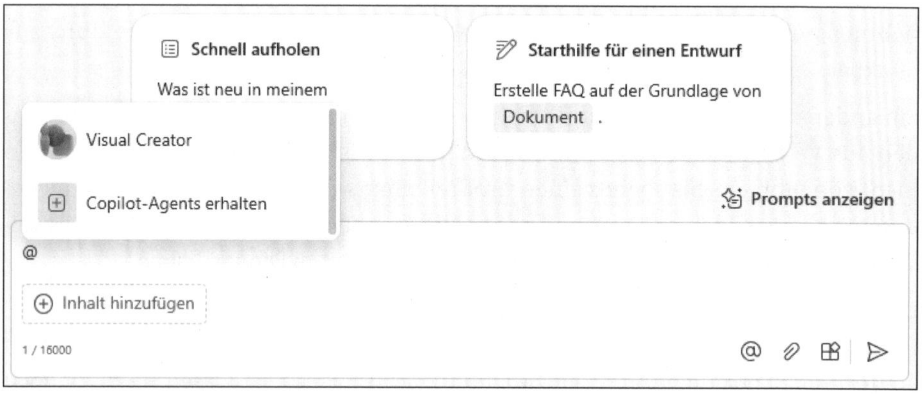

Abbildung 10.2 @-Mentioning von Agenten

10.1 Agenten, Aktionen und Konnektoren

Bei der Erweiterung von Copilot ist das Agenten-Konzept für uns Endanwenderinnen und Endanwender am deutlichsten zu sehen, da wir mit diesen direkt interagieren. Agenten wiederum setzen auf einen Satz weiterer Komponenten auf, den *Aktionen* zur Interaktion sowie den *Konnektoren*, mit denen externe Datenquellen in die Verarbeitung von Copilot eingebunden werden.

Verschaffen wir uns in diesem Abschnitt einen Überblick.

10.1.1 Agenten

Grundsätzlich unterscheidet Microsoft dabei drei verschiedene Arten von Agenten:

- **Frage-und-Antwort-Agenten**
  Dies entspricht der typischen Vorgehensweise, die Sie bisher mit Copilot kennengelernt haben: Sie stellen eine Frage und erhalten eine Antwort. Beispiel: »Wie beantrage ich Urlaub?«
- **Aufgaben-basierte Agenten**
  Bei solchen Agenten bekommen Sie nicht (nur) eine Antwort, sondern eine konkrete Aufgabe wird angestoßen. Sollte der Agent dazu noch nicht alle Details kennen, kann er zurückfragen. Beispiel: »Beantrage für die ersten beiden Augustwochen Urlaub.«
- **Autonome Agenten**
  Ein autonomer Agent wartet nicht darauf, dass Sie ihn anstoßen, um eine Frage oder Aufgabe zu übermitteln, sondern er agiert selbstständig. Beispiel: Der Agent hat erkannt, dass im August zu wenig Personal in einem bestimmten Team verfügbar ist, und sperrt daraufhin zunächst weitere Urlaubsanträge in diesem Zeitraum. Außerdem wird das Management informiert.

Agenten könnten Sie – je nach gewünschtem Szenario – mit unterschiedlichen Werkzeugen realisieren: direkt in der Oberfläche von *SharePoint*, in *Copilot Studio*, das insbesondere auch Nicht-Entwicklern die Erstellung eigener Copiloten ermöglicht, und in *Azure AI Studio*, das von Entwicklern verwendet wird, um besonders flexible und leistungsfähige KI-Assistenten zu erstellen.

In diesem Kapitel möchte ich allerdings nicht ganz so weit gehen. Ich beschreibe hier exemplarisch, wie Sie in SharePoint und mithilfe von Copilot Studio jeweils einen einfachen Agenten erstellen.

10.1.2 Aktionen

Aktionen kommen entweder direkt in Copilot oder innerhalb der Verarbeitung eines Agenten zum Einsatz. Vereinfacht gesagt, ist es über Aktionen möglich, fremde Systeme in die Arbeit mit Copilot einzubeziehen, und zwar nicht nur lesend (das heißt, externe Daten können beispielsweise im Prompt-Ergebnis verarbeitet sein), sondern grundsätzlich auch schreibend. So könnte etwa über eine Aktion eine Funktionalität einer externen Anwendung aufgerufen oder eine Datenquelle verändert werden.

Manche Aktionen können Sie auch gezielt aktivieren oder deaktivieren, je nachdem, ob Sie die zusätzlichen Daten oder Funktionalitäten für Ihre aktuelle Aufgabenstellung benötigen. Wie das geht, wissen Sie schon aus Abschnitt 1.2.1, »Copilot auf separater Webseite«, in dem ich Ihnen gezeigt habe, wie Sie etwa den Web-Inhalt in die Verarbeitung mit aufnehmen können: mit dem Symbol, das VIER QUADRATE zeigt (VERWALTEN VON INHALTSEINSTELLUNGEN). Sie sehen es wie in Abbildung 10.3 bei manchen Prompt-Eingabefeldern.

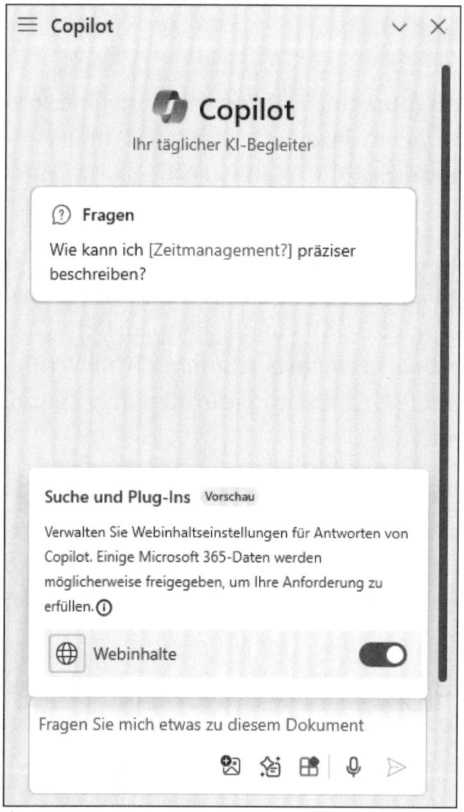

Abbildung 10.3 Verwalten von Inhaltseinstellungen

10.1.3 Konnektoren

Wie Sie wissen, hat Copilot Zugriff auf die Daten, die in Ihrer Microsoft 365-Umgebung gespeichert sind, und kann diese in die Verarbeitung mit einbeziehen. Doch liegen in der Praxis oft nicht alle relevanten Daten ausschließlich in Microsoft 365, sondern auch in anderen Datenquellen, beispielsweise in separaten Datenbanken. Um diese Daten dennoch mit Copilot verarbeiten zu können, kann über Konnektoren eine solche Anbindung vorgenommen werden. Allerdings geht die Beschreibung dieser Technik über den Rahmen dieses Buches hinaus. Nur ein Hinweis: Diejenigen unter Ihnen, die bereits Erfahrung mit der *Power Platform* haben, haben möglicherweise bereits Berührung mit den Konnektoren gehabt, denn die Konnektoren kommen auch dort zum Einsatz.

10.2 Agenten in SharePoint

Vielleicht verwenden Sie in Ihrem Unternehmen SharePoint mit unterschiedlichen themenspezifischen Websites, beispielsweise für die Personalabteilung oder als Intranet. Copilot kennen Sie als generischen Assistenten, den Sie grundsätzlich zu allen Themen befragen können. Für so manche Website könnte aber ein spezieller Assistent vorteilhaft sein, der sich um ein begrenztes Themengebiet kümmert, beispielsweise um Personalthemen. Die Mitarbeiterinnen und Mitarbeiter könnten dort Fragen zu den internen Personalprozessen stellen, zum Beispiel zu Urlaubsanträgen, Reisekostenabrechnungen oder Fortbildungsmöglichkeiten. Liegen die dafür erforderlichen Informationen in SharePoint, können Sie ohne großen Aufwand – und insbesondere ohne Entwicklerkenntnisse – einen darauf spezialisierten Assistenten erstellen und innerhalb Ihres Unternehmens nutzen. Wie so etwas aussehen könnte, zeigt Abbildung 10.4.

Für Ihre SharePoint-Websites wird automatisch jeweils ein Agent erstellt, der als Datengrundlage die Informationen der jeweiligen Website enthält. Zu diesem Agenten gelangen Sie, indem Sie rechts oben in der Navigationsleiste auf das Copilot-Symbol klicken. Damit erhalten Sie eine Ansicht wie in Abbildung 10.5. Der Agent trägt dabei den Titel der Website (in der Ansicht PERSONALABTEILUNG). Rechts daneben sehen Sie eine Schaltfläche mit einem Pfeil (ANDERE COPILOTEN), über die Sie ein Kontextmenü öffnen. Dort wiederum finden Sie den Befehl COPILOT-AGENT ERSTELLEN, mit dem Sie dann einen Assistenten wie in Abbildung 10.6 aufrufen. Allerdings sind dazu Berechtigungen erforderlich, die Ihnen die Anpassung der Website erlauben.

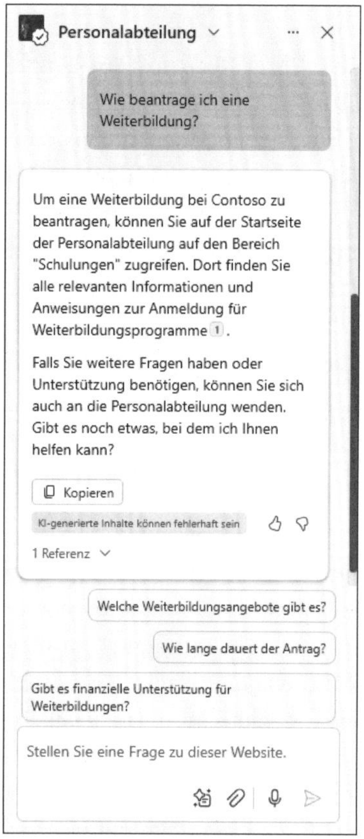

Abbildung 10.4 Ein Agent beantwortet Fragen.

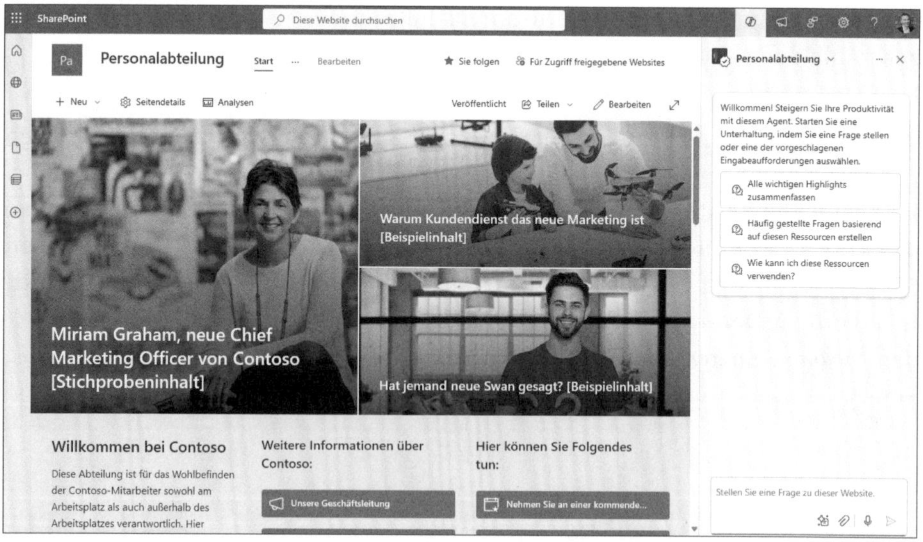

Abbildung 10.5 Copilot-Agent für eine SharePoint-Webseite

Abbildung 10.6 Bearbeiten eines Agenten

10.2.1 Einen Agenten anlegen und bearbeiten

Der Assistent zum Anlegen eines Agenten führt Sie mit wenigen Schritten durch die Erstellung. Der Agent wird nur auf die Datenquellen zurückgreifen, die Sie in einem späteren Schritt angeben. Das können Dateien sein, die auf der Website gespeichert sind, oder auch andere Websites. Klicken Sie auf BEARBEITEN, durchlaufen Sie drei Schritte:

- IDENTITÄT
  Geben Sie in diesem Schritt Ihrem Agenten einen Namen und eine Beschreibung, die seinen Zweck erläutert (siehe Abbildung 10.7). Seien Sie hier möglichst konkret, damit Copilot gegebenenfalls auch selbstständig entscheiden kann, ob dieser Agent zu einer konkreten Anfrage geeignete Antworten liefern kann.
- QUELLEN
  Unter QUELLEN bestimmen Sie, auf welche Daten der Agent zurückgreifen soll (siehe Abbildung 10.8). Hier können Sie andere SharePoint-Websites angeben, komplette Dokumentbibliotheken, Ordner oder einzelne Dateien. Bis zu 20 unterschiedliche Quellen können Sie hier hinterlegen.
- VERHALTEN
  Zuletzt geben Sie dem Agenten ein bestimmtes Verhalten mit auf den Weg. Dazu gehören die Begrüßung sowie Vorschläge für Prompts. Diese werden dem Anwender dann direkt angeboten. Wie das aussieht, zeigt der Assistent gleich in der Vorschau am rechten Rand (siehe Abbildung 10.9). Unter ANWEISUNGEN ZU AGENT

können Sie gegebenenfalls auf Tonfall, Länge der Antwort und andere Eigenschaften Einfluss nehmen.

Bevor Sie den Agenten speichern, können Sie ihn auch zunächst noch in der Ansicht rechts ausprobieren und bei Bedarf Anpassungen vornehmen.

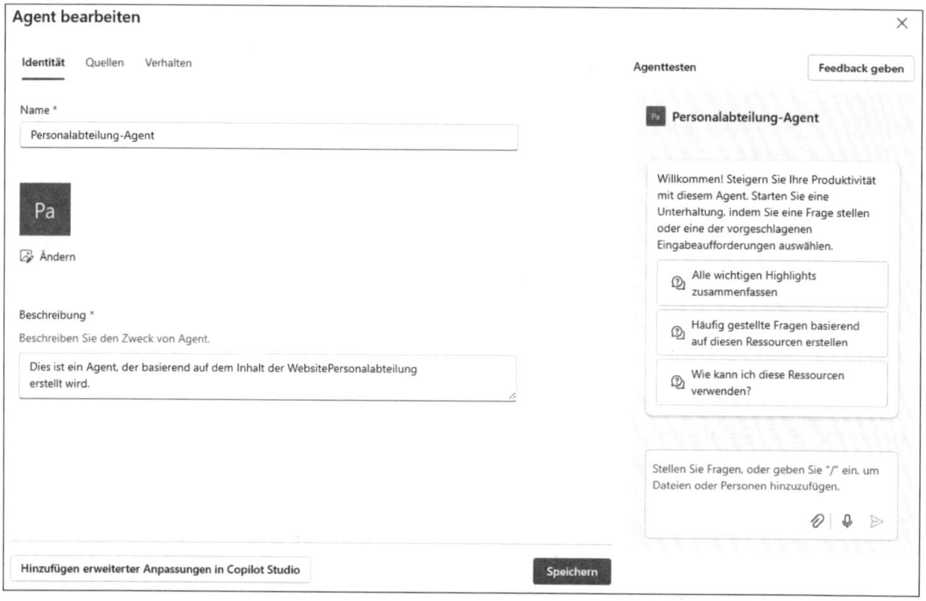

Abbildung 10.7 Identität

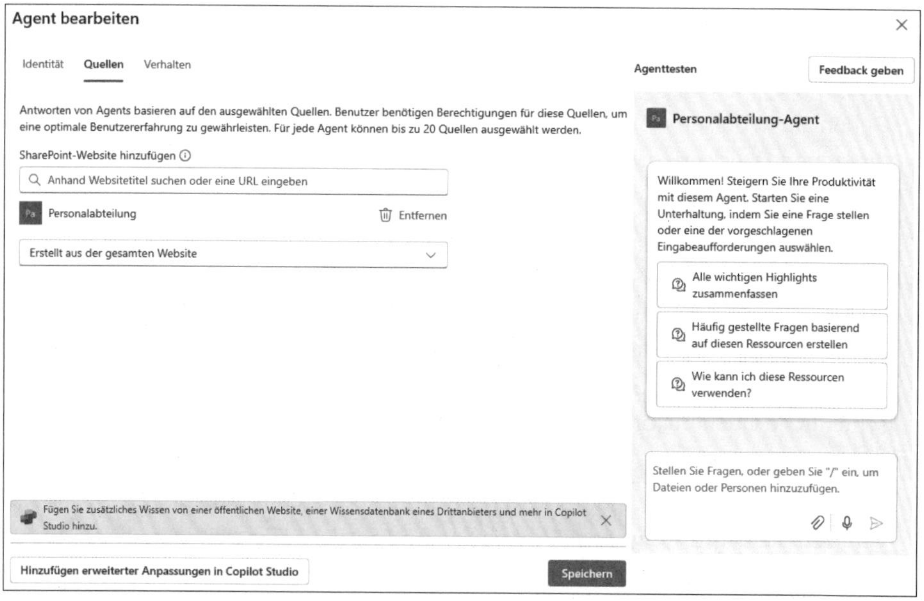

Abbildung 10.8 Quellen

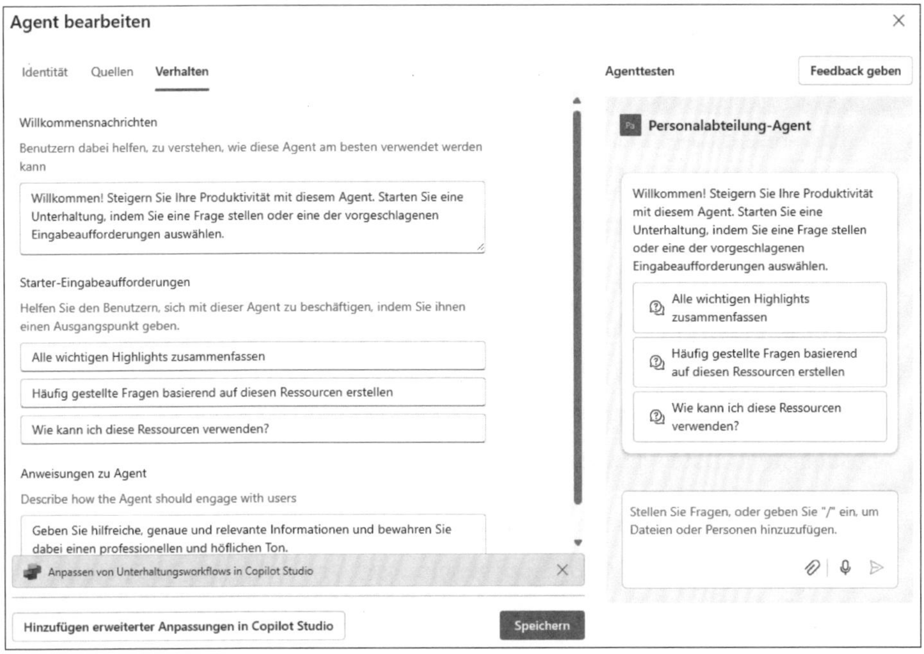

Abbildung 10.9 Verhalten

Einmal angelegte Agenten können Sie jederzeit anpassen. Dazu öffnen Sie über die Copilot-Schaltfläche die Copilot-Aufgabenleiste und wählen den Agenten, den Sie verändern möchten. Klicken Sie dann auf die Schaltfläche mit den drei Punkten (MEHR) und wählen Sie in dem Menü, das nun erscheint, BEARBEITEN. Damit öffnet sich wieder die Oberfläche zur Anpassung des Agenten.

Damit der Agent jedoch von allen Anwendern der SharePoint-Website verwendet werden kann, muss er noch genehmigt werden.

10.2.2 Einen Agenten genehmigen

Legen Sie einen neuen Agenten in SharePoint an, können Sie ihn selbst nutzen, aber auch weitere Benutzer, die auf der Website Bearbeiten-Rechte haben. Damit er von allen anderen Benutzern ebenfalls verwendet werden kann, müssen Sie ihn genehmigen. Dazu gehen Sie wie folgt vor – vorausgesetzt, Sie verfügen über Website-Administrator-Berechtigungen:

1. Öffnen Sie die SharePoint-Webseite.
2. In der Navigationsleiste klicken Sie auf das Zahnrad (EINSTELLUNGEN) und wählen dort WEBSITEINHALTE. Dann erscheint eine Darstellung der Komponenten, die sich auf der Website befinden.
3. Öffnen Sie die Dokumentbibliothek WEBSITEOBJEKTE.

4. Öffnen Sie nun den Ordner COPILOTS. Dann erscheint eine Ansicht wie in Abbildung 10.10.

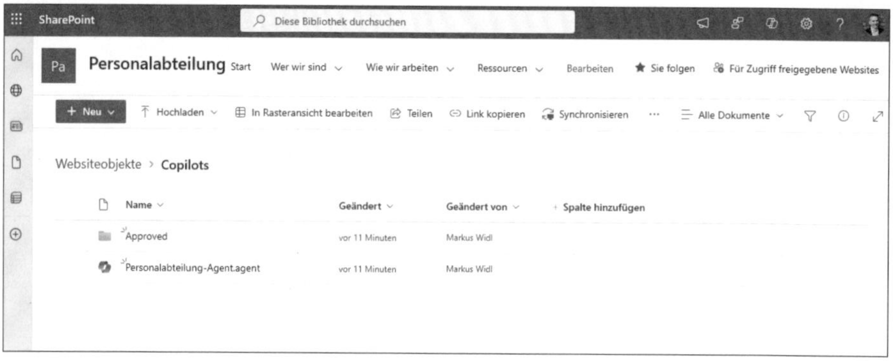

Abbildung 10.10 Datei-Verwaltung

5. Noch nicht genehmigte Agenten finden Sie in diesem Ordner als Dateien mit der Endung *.agent*. Um einen Agenten zu genehmigen, verschieben Sie die Datei in den Ordner APPROVED.

10.3 Agenten mit Copilot Studio

In diesem Abschnitt verwenden wir *Copilot Studio*, um Microsoft 365 Copilot durch einen selbst erstellten Agenten zu erweitern. Copilot Studio könnten Sie jedoch auch für eigene separate Agenten verwenden, die unabhängig von Microsoft 365 Copilot einsatzfähig sind – was wir aber hier nicht weiter verfolgen, da das den Rahmen dieses Buches sprengen würde. Deswegen werden wir nur einen Teil der Möglichkeiten betrachten, die auf der Oberfläche von Copilot Studio vorhanden sind.

Für was Sie Copilot Studio verwenden können, hängt auch davon ab, über welche Lizenz Sie verfügen. Wir beschränken uns in diesem Kapitel auf den Funktionsumfang, der in der *Copilot für Microsoft 365*-Lizenz enthalten ist. Somit benötigen Sie für die hier gezeigten Funktionalitäten keine zusätzlichen Lizenzen.

Copilot Studio können Sie auf zwei verschiedene Weisen nutzen:

- **Im Browser**
  Copilot Studio können Sie direkt im Browser aufrufen (siehe Abbildung 10.11): *https://copilotstudio.microsoft.com*
- **Im Teams-Client**
  Bevorzugen Sie einen direkteren Zugriff aus dem Teams-Client heraus, können Sie dort die Teams-App *Copilot Studio* installieren.

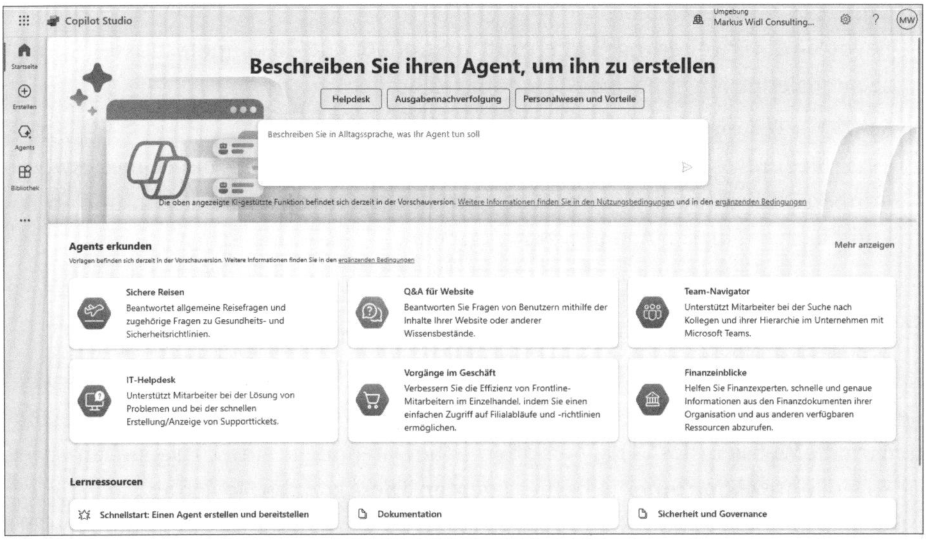

Abbildung 10.11 Die Startseite von Copilot Studio

10.3.1 Grundsätzliche Vorgehensweise

Wenn Sie mit Copilot Studio arbeiten, gehen Sie grundsätzlich immer in folgenden Schritten vor:

- **Schritt 1: Erstellen**

  Zunächst erstellen Sie in Copilot Studio Ihren Agenten. Wie Sie später in den Beispielen sehen werden, unterstützt Copilot Studio Sie dabei durch einen grafischen Designer und viele Optionsfelder. Auf Programmcode müssen Sie üblicherweise nicht zurückgreifen.

  Im Agenten definieren Sie dann eine oder mehrere Aktionen, von denen Copilot Studio verschiedene Typen unterstützt:

  - **Konnektor**: Ein Konnektor ermöglicht den Zugriff auf externe Datenquellen. Dazu verwenden Sie Konnektoren, die entweder von Microsoft bereitgestellt werden, die Sie bei Drittherstellern eingekauft oder die Sie auch selbst entwickelt haben. Beispielsweise ermöglichen solche Konnektoren die Anbindung von *Salesforce*, *SQL Server*, *Adobe Creative Cloud* und *Jira*.
  - **Auf Unterhaltung bezogen**: Mithilfe eines Ablaufdiagramms erstellen Sie Prozesse und greifen dabei bei Bedarf auf interne und externe Datenquellen zu.
  - **Eingabeaufforderung**: Sie erstellen Prompt-Vorlagen, mit denen auf Basis der Anwendereingaben Text generiert wird.
  - **Flow**: Sie starten einen Flow in *Power Automate*, um Prozesse zu automatisieren, Informationen abzufragen oder auf Datenquellen zuzugreifen.

- **Schritt 2: Veröffentlichen**
  Bevor Sie die Erweiterung in Microsoft 365 Copilot nutzen können, müssen Sie diese publizieren. Ein einfaches Speichern reicht nicht aus.
- **Schritt 3: Testen**
  Teste Sie Ihren Agenten nach der Veröffentlichung ausgiebig, damit die Anwenderinnen und Anwender später eine gute Benutzererfahrung machen und in Zukunft gern auf diesen Agenten zurückgreifen.

10.3.2 Beispiel: Agent mit unterhaltungsbasierter Aktion

In diesem Beispiel erstellen wir eine unterhaltungsbasierte Aktion, die es den Anwendern ermöglicht, mehr über die Bücher des Rheinwerk-Verlags zu erfahren. Dabei binden wir die Webseite des Verlags als öffentliche Datenquelle ein. Dazu erstellen wir eine sogenannte *Aktion* innerhalb eines Agenten. Diese können Sie sich als Paket für ein oder mehrere sogenannte *Themen* vorstellen. Die Anwender arbeiten mit den Themen und können diese bei Bedarf aktivieren oder deaktivieren. Jedes Thema deckt dabei ein unterschiedliches Szenario ab. So könnte beispielsweise die Aktion »Wetter« die Themen »Aktuelles Wetter«, »Historische Wetterdaten« und »Wetterwarnungen« enthalten.

Schritt 1: Erstellen

Wir beginnen mit dem Erstellen einer neuen Aktion:

1. Öffnen Sie Copilot Studio unter *https://copilotstudio.microsoft.com*.

   Rechts oben in Abbildung 10.11 sehen Sie, dass eine *Umgebung* ausgewählt wurde. Dabei handelt es sich um eine Art Container aus der Power-Plattform-Welt, zu der auch die mit Copilot Studio erstellten Agenten zählen. Solche Umgebungen werden genutzt, um eine Trennung zwischen verschiedenen Komponenten zu erreichen oder um eine Test- und eine Produktivumgebung zu schaffen. Halten Sie gegebenenfalls mit Ihrem Administratoren-Team Rücksprache, um die passende Umgebung auszuwählen. Mehr Hintergrundwissen zu den Umgebungen liefert die folgende Webseite:

   https://learn.microsoft.com/de-de/power-platform/admin/environments-overview
2. Wechseln Sie in der Navigation zu AGENTS. Bei einem Microsoft 365-Mandanten, in dem zwar Microsoft 365 Copilot, aber keine anderen Copiloten verfügbar sind, ist die dann angezeigte Liste recht übersichtlich (siehe Abbildung 10.12).

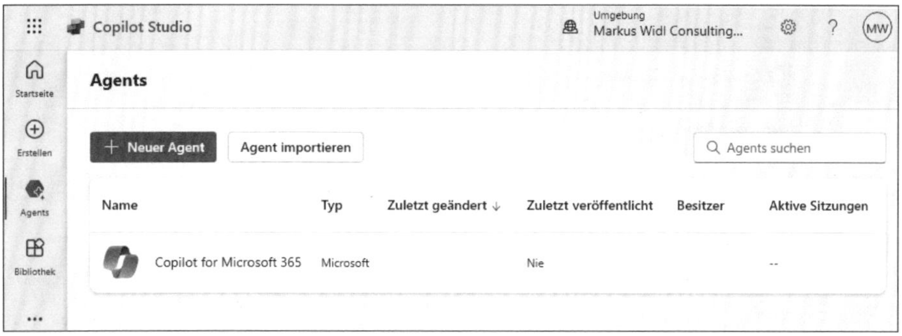

Abbildung 10.12 »Agents« in Copilot Studio

3. Klicken Sie auf den Eintrag COPILOT FOR MICROSOFT 365. Dann erscheint eine Ansicht wie in Abbildung 10.13.

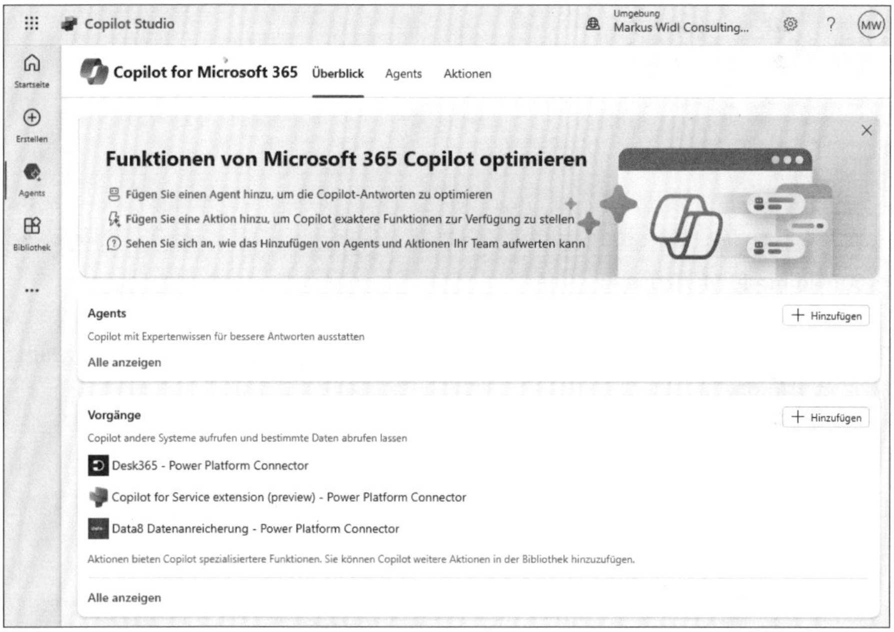

Abbildung 10.13 Copilot in Copilot Studio

4. Einen neuen Agenten könnten Sie nun im Abschnitt AGENTS anlegen. Dort begrüßt Sie eine Art Chat-Fenster, in dem Sie verschiedene Fragen zu Ihrem Agenten beantworten müssen. Wir gehen hier aber einen anderen Weg und erstellen eine Aktion. Damit wird automatisch auch ein Agent angelegt. Wechseln Sie also oben in der Registerleiste zum Abschnitt AKTIONEN (siehe Abbildung 10.14).

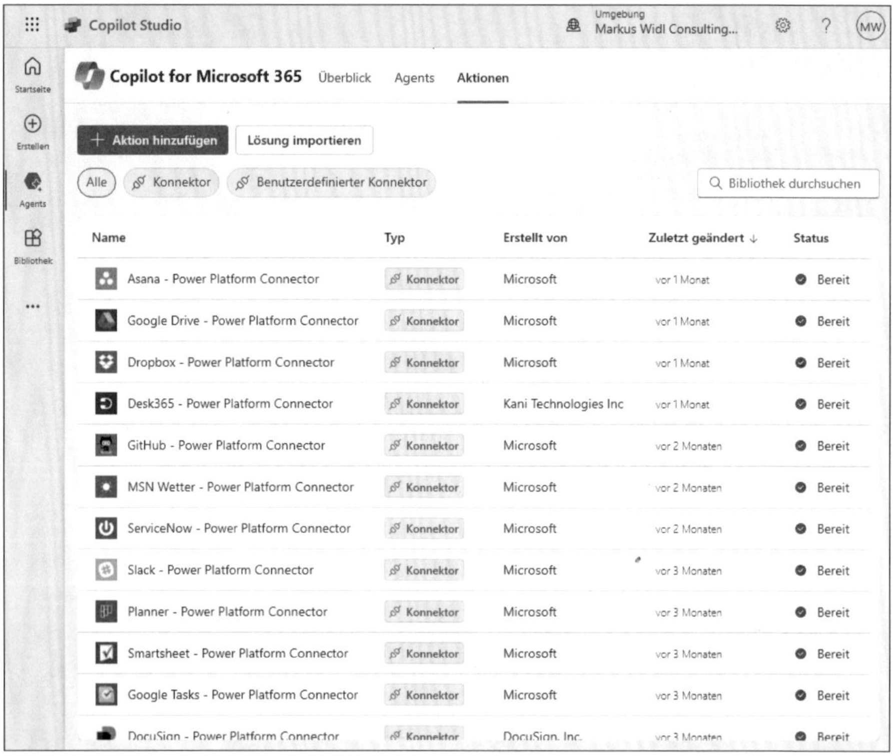

Abbildung 10.14 Aktionen

5. Klicken Sie auf die Schaltfläche AKTION HINZUFÜGEN, erscheint die Auswahl aus Abbildung 10.15.

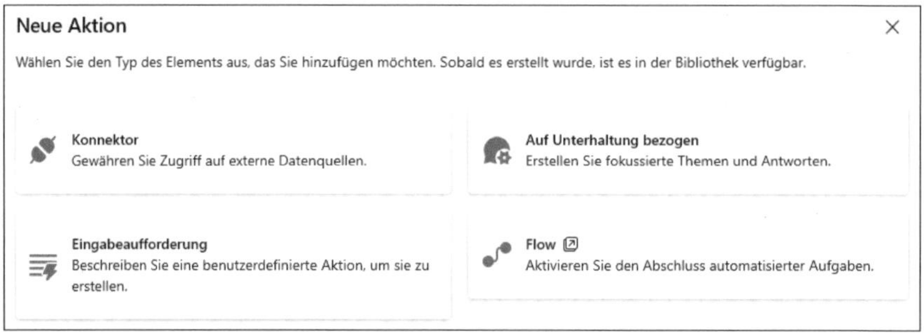

Abbildung 10.15 Aktion hinzufügen

6. Für das erste Beispiel wählen Sie hier den Typ AUF UNTERHALTUNG BEZOGEN. Damit erscheint das Formular aus Abbildung 10.16.

   Hier wird der eigentliche Agent angelegt, innerhalb dessen wir dann die Aktion konfigurieren. Geben Sie einen Namen für den Agenten ein, unter dem Sie ihn später wiederfinden. Im Beispiel verwende ich `Rheinwerk-Verlag Produktkatalog`.

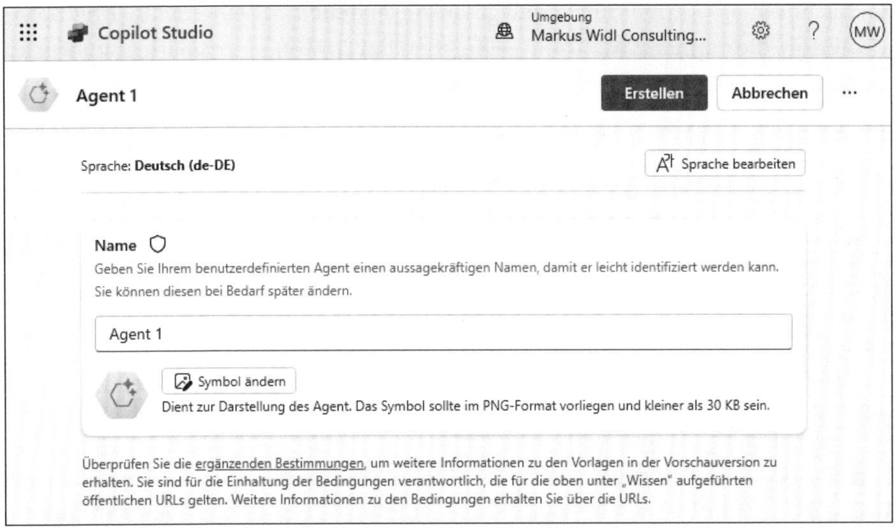

Abbildung 10.16 Einen Agenten erstellen

7. Klicken Sie dann auf die Schaltfläche ERSTELLEN. Nach kurzer Zeit erhalten Sie eine Ansicht wie in Abbildung 10.17.

   Beachten Sie, dass Sie nun automatisch in den Bereich BIBLIOTHEK gewechselt sind (erkennbar in der Navigation).

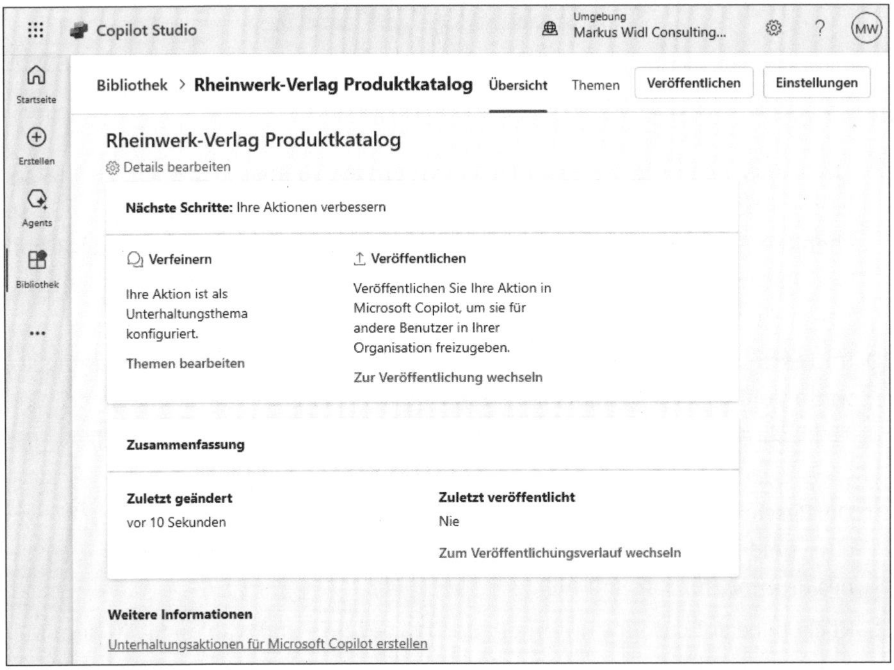

Abbildung 10.17 Bibliothek

8. Nachdem die Aktion nun angelegt wurde, erstellen wir ein Thema innerhalb der Aktion, die dann auf bestimmte Eingaben der Anwender reagiert. Dazu wechseln Sie zum Abschnitt THEMEN (siehe Abbildung 10.18).

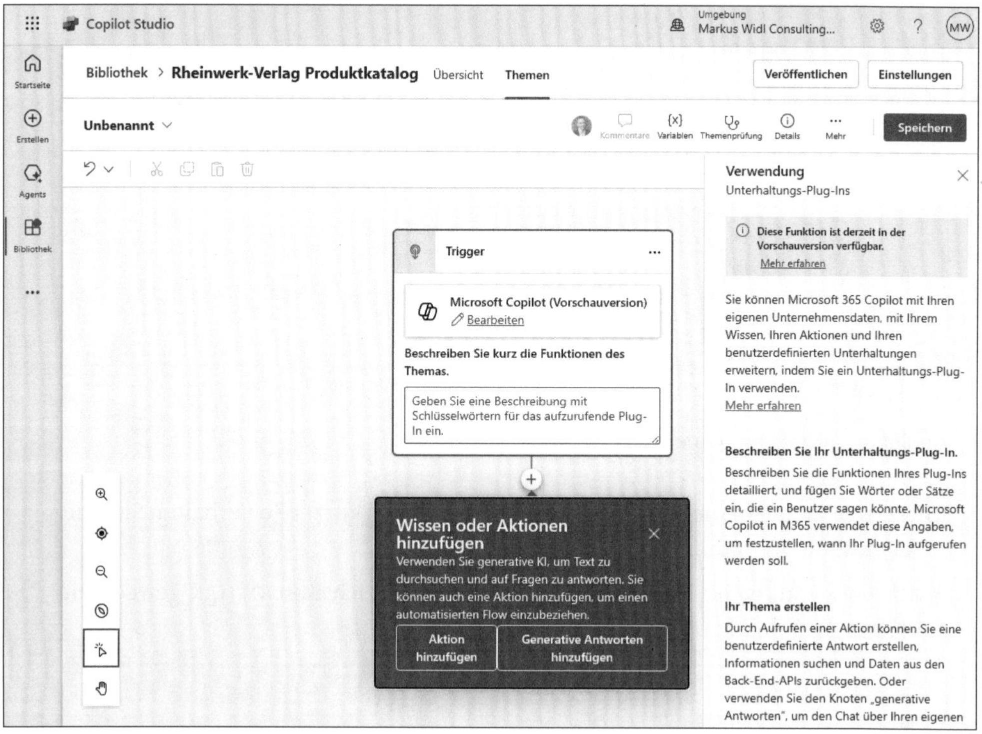

Abbildung 10.18 Themen

9. Links oben sehen Sie den aktuellen Namen des Themas, der noch UNBENANNT lautet. Ändern Sie den Namen am besten sofort. Achten Sie darauf, einen sprechenden Namen zu verwenden, damit die Anwender ihn später in der Copilot-Oberfläche wiederfinden und auch beim @-Mentioning verwenden können. Im Beispiel verwende ich `Produktabfrage`.

10. Im Textfeld BESCHREIBEN SIE KURZ DIE FUNKTIONEN DES THEMAS geben Sie ein, wann Copilot dieses Thema aufrufen soll. Ich verwende für mein Beispiel: `Ermöglicht die Abfrage von Informationen der Produkte, insbesondere der Bücher, aus dem Katalog des Rheinwerk-Verlags`

[»] Die Beschreibung ist für Copilot sehr wichtig. Denn auf Basis dieser Beschreibung entscheidet Copilot später, das Thema aufzurufen, sofern er es bei der Analyse eines Prompts für relevant hält.

11. Klicken Sie auf das Plus unterhalb der Trigger-Box und wählen Sie in dem Menü, das nun erscheint, ERWEITERT • GENERATIVE ANTWORTEN. Damit wird eine weitere Box wie in Abbildung 10.19 angezeigt.

Abbildung 10.19 Generative Antwort erstellen

12. Damit beim Zugriff auf die Datenquelle der vom Anwender eingegebene Prompt verwendet wird, müssen Sie nun im Feld EINGABE die System-Variable ACTIVITY.TEXT auswählen. Diese Variable enthält den ursprünglichen Prompt.
13. Klicken Sie dann bei den DATENQUELLEN auf BEARBEITEN. Daraufhin erscheint eine Eigenschaftenleiste am rechten Rand (siehe Abbildung 10.20).

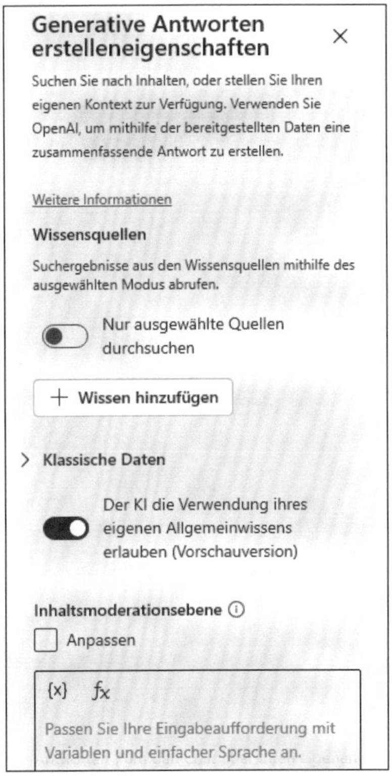

Abbildung 10.20 Datenquellen

14. Aktivieren Sie die Option NUR AUSGEWÄHLTE QUELLEN DURCHSUCHEN, klicken Sie dann auf die Schaltfläche WISSEN HINZUFÜGEN und wählen Sie aus den verfügbaren Wissensquellen die Option ÖFFENTLICHE WEBSITES (siehe Abbildung 10.21).

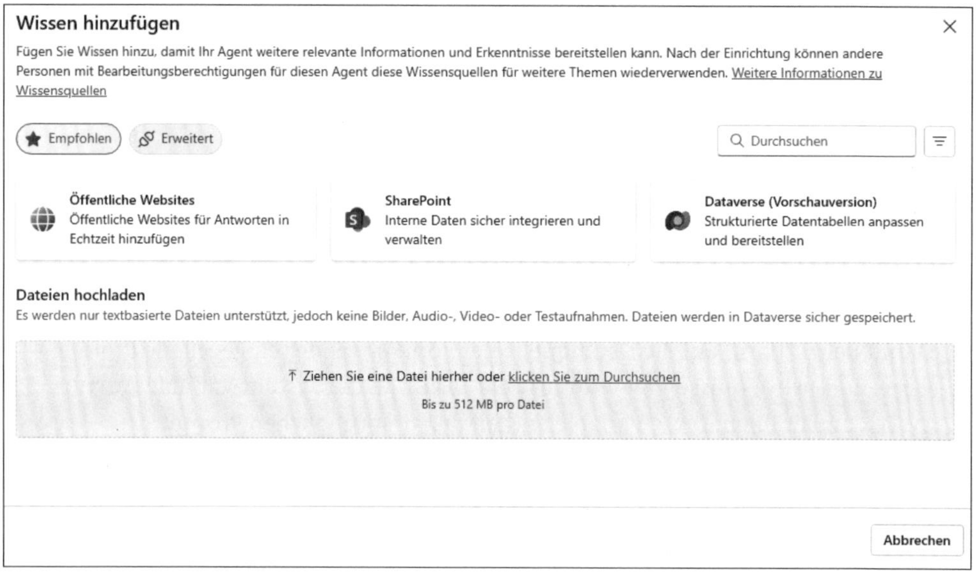

Abbildung 10.21 Wissen hinzufügen

15. Geben Sie im Formular aus Abbildung 10.22 `https://www.rheinwerk-verlag.de` ein und speichern Sie Ihre Eingaben mit einem Klick auf HINZUFÜGEN.

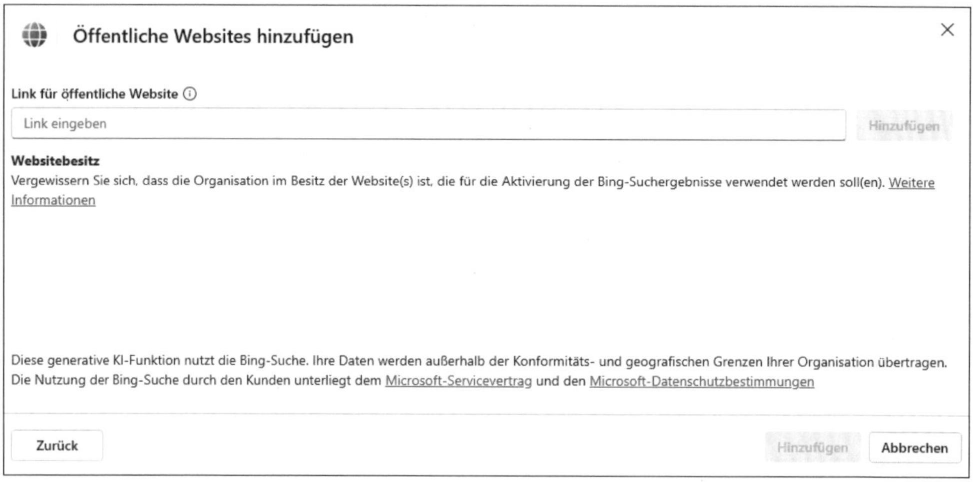

Abbildung 10.22 Öffentliche Website hinzufügen

16. SPEICHERN Sie das neue Thema.

Damit haben wir den ersten Schritt der grundsätzlichen Vorgehensweise abgeschlossen. Aber noch können Sie den Agenten samt Aktion und Thema nicht in Copilot verwenden: Es fehlt der nächste Schritt – das Veröffentlichen.

Schritt 2: Veröffentlichen

Klicken Sie auf die Schaltfläche VERÖFFENTLICHEN. Nun erscheint die Ansicht aus Abbildung 10.23. Dort klicken Sie erneut auf VERÖFFENTLICHEN.

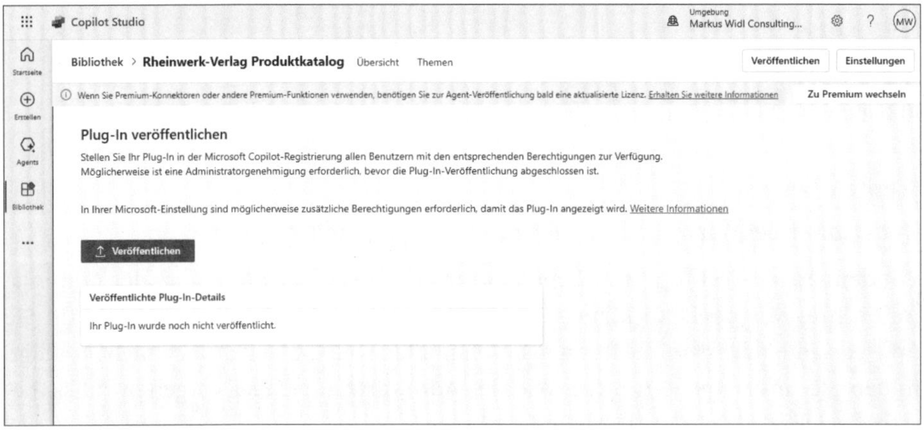

Abbildung 10.23 Veröffentlichen

In der Darstellung aus Abbildung 10.24 könnten Sie jetzt noch bestimmte Themen aus der Aktion aktivieren beziehungsweise deaktivieren. Nur aktivierte Aktionen (bei denen der Status auf EIN steht), werden nach einem Klick auf VERÖFFENTLICHEN auch wirklich publiziert. Der Veröffentlichungsvorgang kann einige Zeit in Anspruch nehmen. Ob er abgeschlossen ist, erkennen Sie an einer Ausgabe wie in Abbildung 10.25.

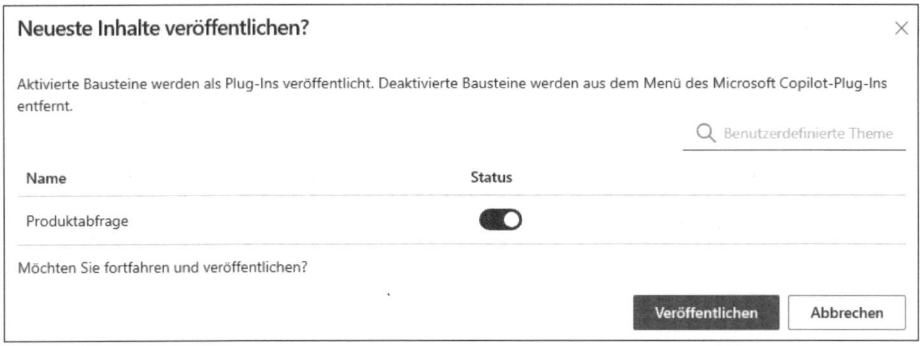

Abbildung 10.24 Auswahl der Inhalte

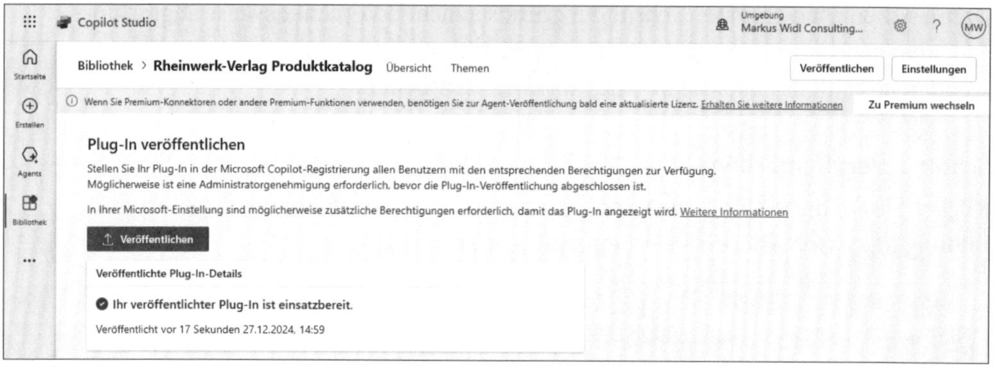

Abbildung 10.25 Veröffentlichungsstatus

Schritt 3: Testen

Und damit ist es nun Zeit, die neue Erweiterung in Copilot zu testen.

Vor dem ersten Test Ihres mit Copilot Studio erstellten Agenten muss der Administrator Ihres Microsoft 365-Mandanten die App Copilot Studio bereitstellen – für Sie und jede andere Person, die Ihren Agenten nutzen soll. Hat er das noch nicht erledigt, finden Sie Ihren Agenten nicht. Wie der Administrator dabei vorgehen muss, beschreibe ich in Abschnitt 11.1.4, »Erweiterungen«.

Öffnen Sie dazu im Teams-Client den CHAT-Bereich und wechseln Sie zu COPILOT. Stellen Sie sicher, dass Sie die Ansicht ARBEIT verwenden. Ihren Agenten können Sie dann auf folgende Wege ansprechen:

1. Im Prompt-Eingabefeld beginnen Sie mit einem @-Symbol. Nun erscheint eine Liste, in der Ihr Agent auftauchen sollte, und Sie können ihn direkt ansprechen.
2. Im rechten Bereich (gegebenenfalls müssen Sie diesen zuerst aufklappen), sollte Ihr Agent in der Agenten-Liste auftauchen. Dort können Sie direkt zu Ihrem Agenten wechseln (siehe Abbildung 10.26).

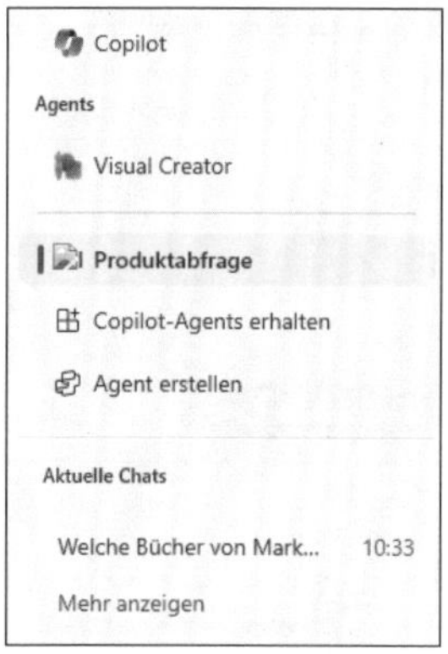

Abbildung 10.26 Agent in der Copilot-Oberfläche

Sollte dies bei Ihnen noch nicht der Fall sein, versuchen Sie es in einigen Minuten erneut. Spätestens nach 24 Stunden sollte der Eintrag aber vorhanden sein. Auch das erneute Anmelden im Teams-Client kann dabei helfen.

Führen Sie einen Prompt aus, wie beispielsweise diesen:

> **Prompt:**
> Welche Bücher bietet der Rheinwerk-Verlag an?

Damit sollten Sie eine ähnliche Ausgabe wie in Abbildung 10.27 erhalten.

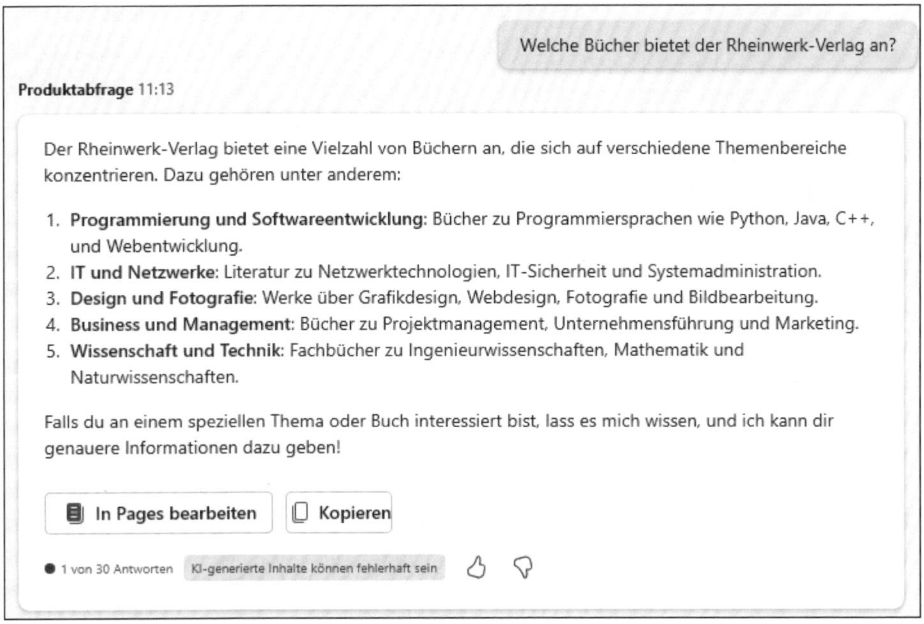

Abbildung 10.27 Ausgabe des Beispielagenten

Einen Agenten anpassen oder entfernen

Möchten Sie den eben erstellen Agenten anpassen oder entfernen, gehen Sie wie folgt vor:

1. In Copilot Studio (*https://copilotstudio.microsoft.com*) wechseln Sie in der Navigation zu BIBLIOTHEK (siehe Abbildung 10.28).
2. In der Liste finden Sie Ihre Aktion aufgeführt. Öffnen Sie diese durch einen Klick auf den Namen.

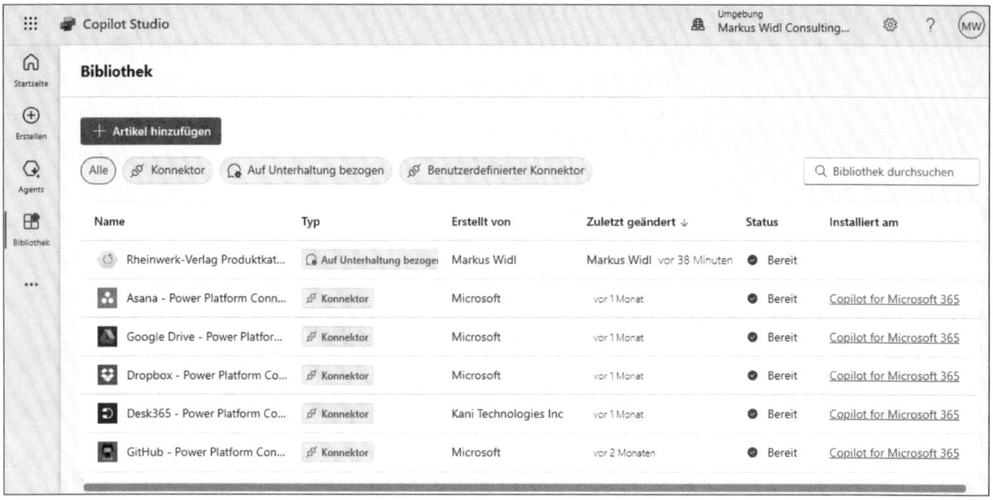

Abbildung 10.28 Bibliothek in Copilot Studio

Hier können Sie nun Änderungen vornehmen. Zum Löschen gehen Sie wie folgt vor:

1. Klicken Sie auf die Schaltfläche EINSTELLUNGEN. Nun erscheint eine Ansicht wie in Abbildung 10.29.
2. Klicken Sie hier auf LÖSCHEN. Zur Sicherheit müssen Sie den Namen nochmals angeben.

Damit startet der Löschen-Vorgang. Er kann einige Minuten in Anspruch nehmen.

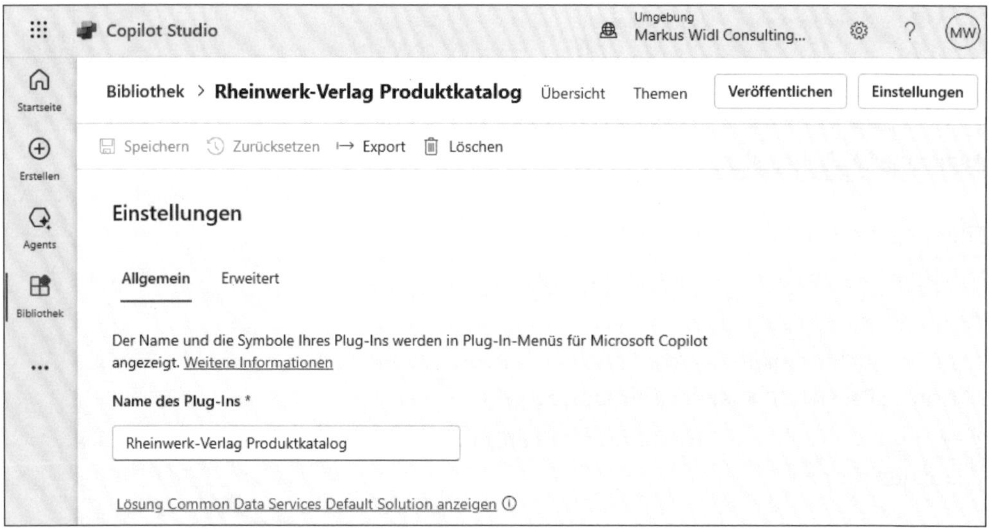

Abbildung 10.29 Einstellungen

10.4 So geht es weiter

Fast haben Sie es geschafft: Im nächsten Kapitel folgt noch ein Überblick zu den Administrationsmöglichkeiten in Copilot. Mit ihnen wird der Dienst an die Anforderungen des Unternehmens angepasst und bereitgestellt.

Kapitel 11
Administrationsüberblick

In diesem Kapitel lernen Sie, welche Möglichkeiten aufseiten der IT-Verwaltung bestehen, um Microsoft 365 Copilot an die Anforderungen Ihres Unternehmens anzupassen.

In diesem Kapitel werfen wir einen Blick hinter die Kulissen: Ich zeige Ihnen, welche Möglichkeiten die Administratorinnen und Administratoren des Microsoft 365-Mandanten Ihres Unternehmens bei der Verwaltung von Copilot haben. Auch wenn Sie nicht zu dieser Personengruppe gehören, ist das Kapitel dennoch interessant für Sie, denn die Informationen helfen Ihnen zu verstehen, warum Copilot bei Ihnen vielleicht etwas anders arbeitet, als Sie es hier gelesen oder aus anderen Unternehmen gehört haben. So können Sie besser einschätzen, welche Möglichkeiten potenziell noch vorhanden wären, aber in Ihrem Unternehmen (sicher aus einem guten Grund) zunächst deaktiviert sind.

Gehören Sie selbst zum Admin-Team Ihres Unternehmens, erhalten Sie einen Überblick, mit welchen Optionen Sie das Verhalten von Copilot anpassen und die Besonderheiten Ihres Unternehmens berücksichtigen können.

11.1 Microsoft 365 Admin Center

Zu den wichtigsten Verwaltungswerkzeugen von Microsoft 365 und den in ihm enthaltenen Diensten gehören die sogenannten *Admin Center*. Bei ihnen handelt es sich um Webseiten, die den Zugriff auf die Einstellungen und Konfigurationen der jeweiligen Dienste ermöglichen.

Die umfangreicheren Microsoft 365-Dienste haben oft eigene Admin Center, beispielsweise *Exchange Online* mit dem *Exchange Admin Center* oder *Microsoft Teams* mit dem *Teams Admin Center*. Dienste, die weniger zahlreiche Optionen zur Konfiguration bieten, haben hingegen meist kein eigenes Admin Center, sondern sind im *Microsoft 365 Admin Center* zusammengefasst. In diesem befinden sich auch viele allgemeine Verwaltungsmöglichkeiten, die die gesamte Kundenumgebung betreffen, beispielsweise auch die Benutzer- und Lizenzverwaltung.

Copilot hat (zumindest Anfang 2025) auch noch kein eigenes Admin Center. So war es auch in der Anfangszeit von Microsoft Teams – bis dann die Einstellungsmöglichkeiten so zahlreich wurden, dass das *Teams Admin Center* entwickelt wurde. Mit Copilot wird es vermutlich ähnlich sein.

Betrachten wir also das *Microsoft 365 Admin Center*. In der Navigationsleiste am linken Rand sehen Sie den Eintrag COPILOT. Klicken Sie auf ihn, erscheint eine Ansicht wie in Abbildung 11.1.

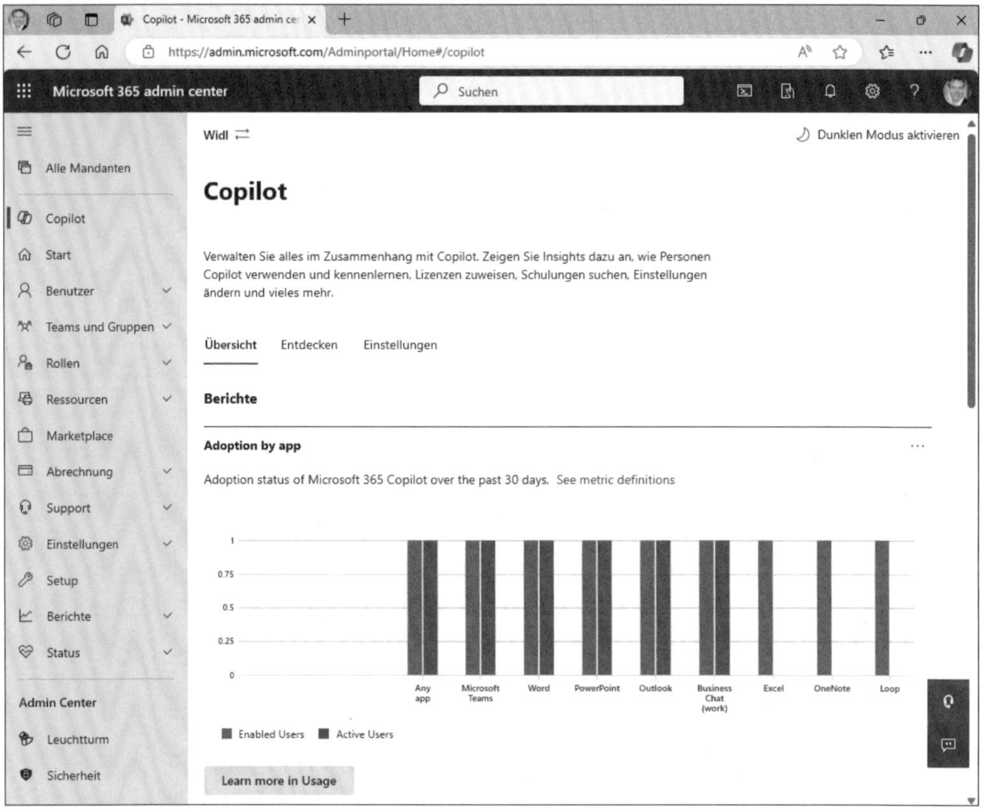

Abbildung 11.1 Copilot-Administration im Microsoft 365 Admin Center

Die direkte URL lautet: *https://admin.microsoft.com/#/copilot*

[»] Damit die Copilot-Administration angezeigt wird, muss im Microsoft 365-Mandanten zumindest eine Copilot-Lizenz vorhanden sein. Außerdem muss Ihr Benutzerkonto über administrative Berechtigungen verfügen.

Die Copilot-Verwaltung zeigt drei Bereiche:

- ÜBERSICHT
  Auf der Übersicht sehen Sie einige Zeit nach dem Hinzufügen von Copilot-Lizenzen zu Ihrem Microsoft 365-Mandanten einen groben Einsatzbericht. Direkt darunter sehen Sie eine Übersicht mit der Anzahl der zugewiesenen und verfügbaren Lizenzen. Rechts daneben finden Sie Informationen aus dem *Nachrichtencenter*,

die Copilot betreffen (mehr dazu lesen Sie in Abschnitt 11.1.2, »Das Nachrichtencenter«).

- ENTDECKEN
  In diesem Bereich finden Sie keine Einstellungsmöglichkeiten, sondern eine Sammlung mit Links auf Materialien, mit denen Sie mehr über die Copilot-Funktionen lernen können. So finden Sie hier beispielsweise einen Link auf den Copilot-Promptkatalog.
- EINSTELLUNGEN
  Den Kern der Copilot-Verwaltung bilden die Einstellungen (siehe Abbildung 11.2). Diese verteilen sich auf unterschiedliche Bereiche.

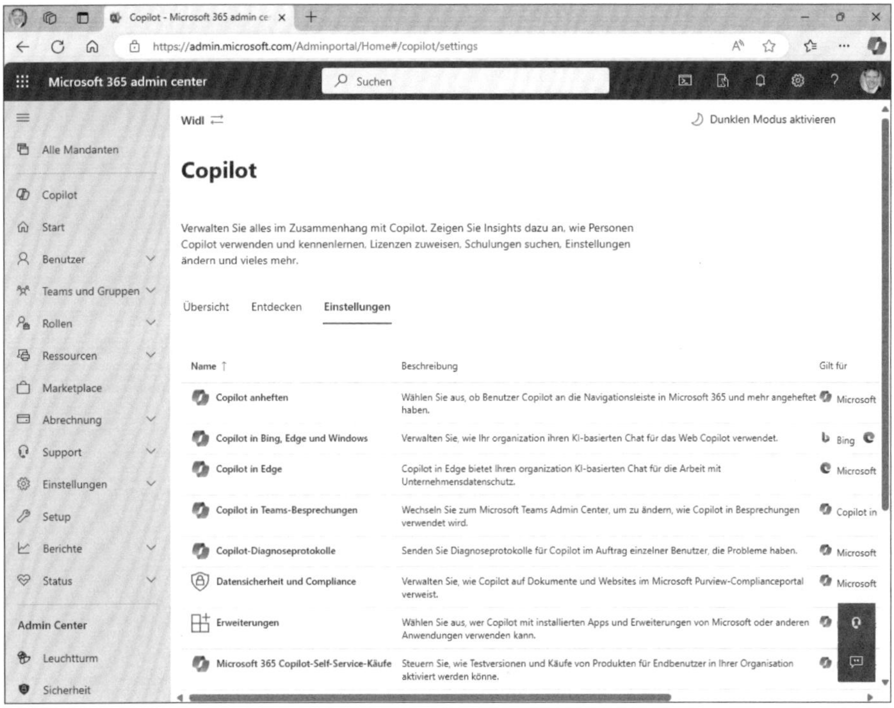

Abbildung 11.2 Einstellungen in der Copilot-Verwaltung

Wie Sie bereits wissen, gibt es im Microsoft-Universum nicht nur »den« Copilot, sondern eine breite Palette an unterschiedlichen Diensten, die den Begriff Copilot im Namen tragen. Die Administration im Microsoft 365 Admin Center ist auch nicht speziell für *Microsoft 365 Copilot* vorgesehen, sondern auch für andere Copiloten, beispielsweise den *Windows Copilot*, den *Copilot for Sales* und auch für den *Security Copilot*. Abhängig davon, über welche Lizenzen Ihr Unternehmen verfügt, werden im Admin Center dann mehr oder weniger Optionen angezeigt.

Sehen wir uns diese und weitere Verwaltungsmöglichkeiten genauer an.

11.1.1 Lizenzen zuweisen

Möchte der Administrator einer Person einen bestimmten Dienst aus Microsoft 365 zur Verfügung stellen, muss er in den meisten Fällen dem Benutzerkonto dieser Person eine entsprechende Lizenz zuweisen. Copilot macht hier auch keine Ausnahme. Es reicht also nicht, Copilot-Lizenzen zu erwerben, sondern diese müssen auch den Benutzerkonten zugewiesen sein. Erst dann erscheint nach einigen Minuten Copilot für die jeweilige Person in den Anwendungsoberflächen.

Die Lizenzzuweisung nimmt der Administrator im Microsoft 365 Admin Center unter BENUTZER • AKTIVE BENUTZER vor. (Das ist zumindest eine der möglichen Varianten.) Dort öffnet er einen Benutzer und wechselt zum Abschnitt LIZENZEN UND APPS (siehe Abbildung 11.3).

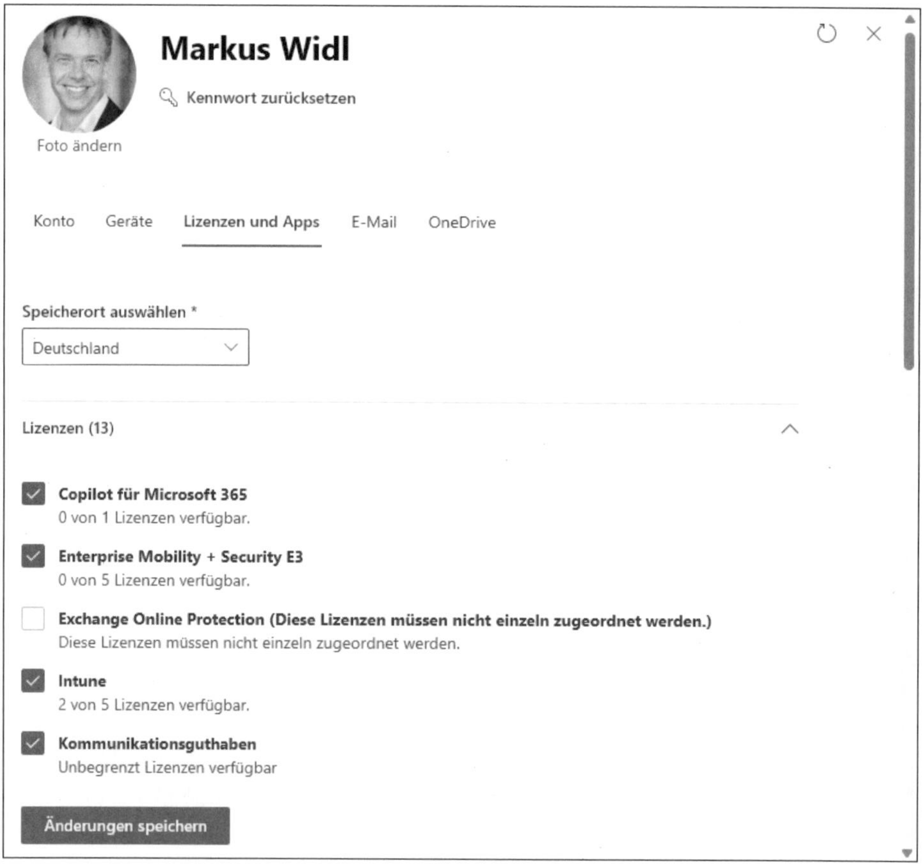

Abbildung 11.3 Lizenzen einem Benutzerkonto zuweisen

Für Copilot muss dann der Haken bei COPILOT FÜR MICROSOFT 365 gesetzt sein.

Da Copilot eine Basislizenz als Grundlage benötigt, muss diese natürlich auch ausgewählt sein. Welche Basislizenzen möglich sind, habe ich in Abschnitt 1.5.1, »Lizenzen und Copilot-Varianten«, beschrieben.

Gegebenenfalls kann der Administrator hier auch gleich eine Option setzen, um an das Postfach des Benutzerkontos eine Willkommensnachricht zu Copilot zu schicken. Einen Auszug aus dieser Nachricht sehen Sie in Abbildung 11.4.

Abbildung 11.4 Willkommensnachricht für neue Copilot-Nutzer (Auszug)

Nach dem Hinzufügen einer Copilot-Lizenz zu einem Benutzerkonto kann es einige Minuten dauern, bis die Funktionen in den Anwendungsoberflächen erscheinen. Hier kann es auch helfen, wenn der Anwender die Office-Anwendungen neu startet und sich im Teams-Client neu anmeldet.

11.1.2 Das Nachrichtencenter

Das Nachrichtencenter ist ein eigener Bereich im Microsoft 365 Admin Center. Über es kommuniziert Microsoft wichtige Nachrichten, beispielsweise zur Dienstverfügbarkeit, zu neuen Funktionen oder zu Änderungen an bestehenden Diensten. Das Nachrichtencenter finden Sie unter STATUS • NACHRICHTENCENTER.

Auch zu Copilot veröffentlicht Microsoft an dieser Stelle wichtige Informationen. Über den Filter DIENST kann der Administrator hier die Nachrichten auf MICROSOFT COPILOT (MICROSOFT 365) filtern. Wie das aussehen kann, sehen Sie in Abbildung 11.5.

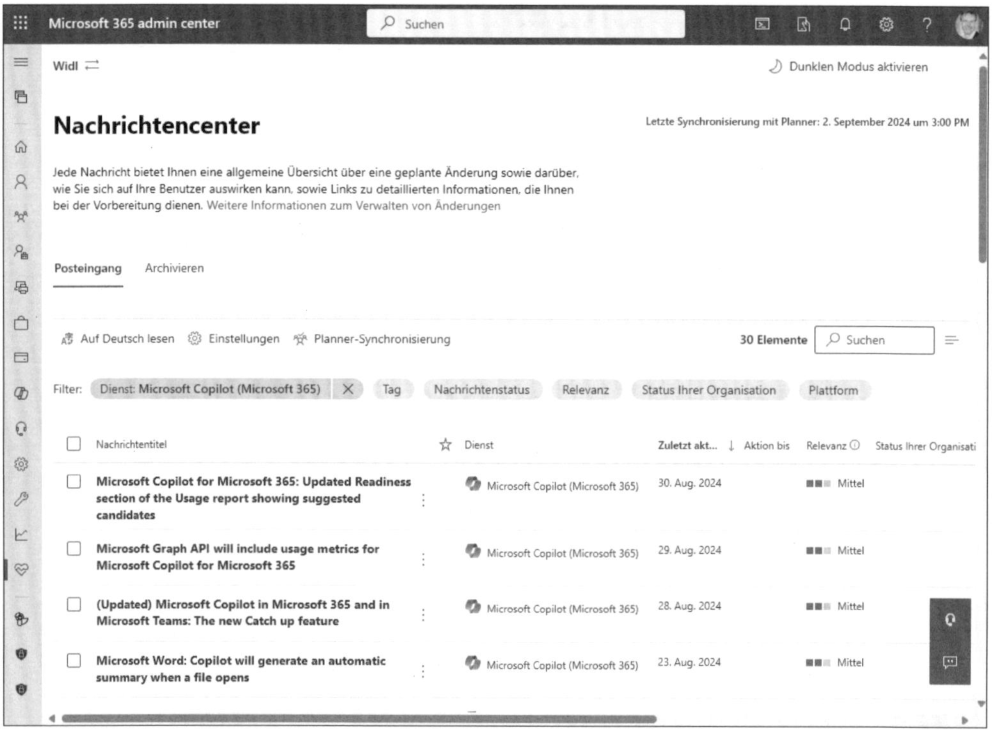

Abbildung 11.5 Copilot-Nachrichten im Nachrichtencenter

11.1.3 Einstellungen

Die meisten der in Tabelle 11.1 aufgeführten Einstellungen verweisen nur auf die Dokumentation oder leiten auf andere Admin Center weiter. Verschaffen wir uns in Tabelle 11.1 einen Überblick, was möglich ist.

Einstellung	Funktion
COPILOT ANHEFTEN	Hier finden Sie die Möglichkeit, Copilot direkt in die Navigationsleiste diverser Apps einzubinden (darunter in den Teams-Client und Outlook), um den Zugriff auf ihn zu erleichtern.
COPILOT IN BING, EDGE UND WINDOWS	Wie Sie in Abbildung 11.6 sehen, verbergen sich hinter diesem Punkt nicht wirklich Einstellungsmöglichkeiten, sondern Sie finden Verweise auf den Copilot-Datenschutz.
COPILOT IN EDGE	Hier finden Sie einen Verweis auf die Konfiguration der direkten Einbindung von Copilot in den Edge-Browser.
COPILOT IN TEAMS-BESPRECHUNGEN	Die Nutzungsmöglichkeiten von Copilot in Besprechungen und die Abhängigkeit vom Transkript haben wir bereits in Abschnitt 7.1.4, »Copilot mit Besprechungen«, besprochen. Mit diesem Punkt werden Sie direkt in das Teams Admin Center weitergeleitet, wo Sie die dafür relevanten Einstellungen finden.
COPILOT-DIAGNOSE-PROTOKOLLE	Auch hier finden Sie nur Verlinkungen auf die Dokumentation (siehe Abbildung 11.7), die beschreibt, wie Sie Diagnoseprotokolle zur Analyse an Microsoft senden können, falls Copilot nicht so arbeitet wie vorgesehen.
DATENSICHERHEIT UND COMPLIANCE	Dieser Punkt führt zu einer Übersicht und den Links zum Complianceportal zur Konfiguration der Dienste und Funktionen, wie ich sie in Kapitel 9, »Sicherheit und Datenschutz«, beschrieben habe (siehe Abbildung 11.8).
ERWEITERUNGEN	Hier aktivieren beziehungsweise deaktivieren Sie Erweiterungen, die Anwender in Copilot nutzen können. Das sehen wir uns in Kapitel 10, »Copilot erweitern«, genauer an.
MICROSOFT 365 COPILOT-SELF-SERVICE-KÄUFE	Benutzer, denen eine Lizenz der Business-Familie zugewiesen ist (beispielsweise *Microsoft 365 Business Premium*), könnten über die Webseite mit der Adresse *https://www.microsoft.com/de-de/microsoft-365/copilot* selbstständig Copilot kaufen (und selbst bezahlen) und den Dienst damit im Unternehmensmandanten für sich selbst aktivieren. Das ist zumindest in der Standardkonfiguration so der Fall. Ist dies vom Unternehmen nicht erwünscht (und das sollte es in vielen Fällen sein), kann diese Möglichkeit hier deaktiviert werden (siehe Abbildung 11.9).

Tabelle 11.1 Copilot-Einstellungen

Einstellung	Funktion
WEBSUCHE NACH MICROSOFT 365 COPILOT UND MICROSOFT 365 COPILOT	An dieser Stelle finden Sie Verweise auf Konfigurationsoptionen, mit denen Sie die Websuche in die Verarbeitung von Copilot einbeziehen oder unterbinden können.

Tabelle 11.1 Copilot-Einstellungen (Forts.)

Abbildung 11.6 Copilot in Bing, Edge und Windows

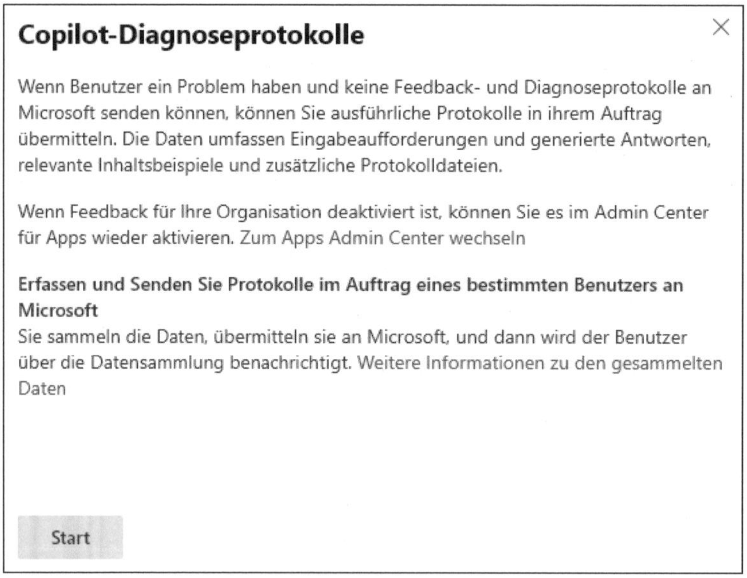

Abbildung 11.7 Copilot-Diagnoseprotokolle

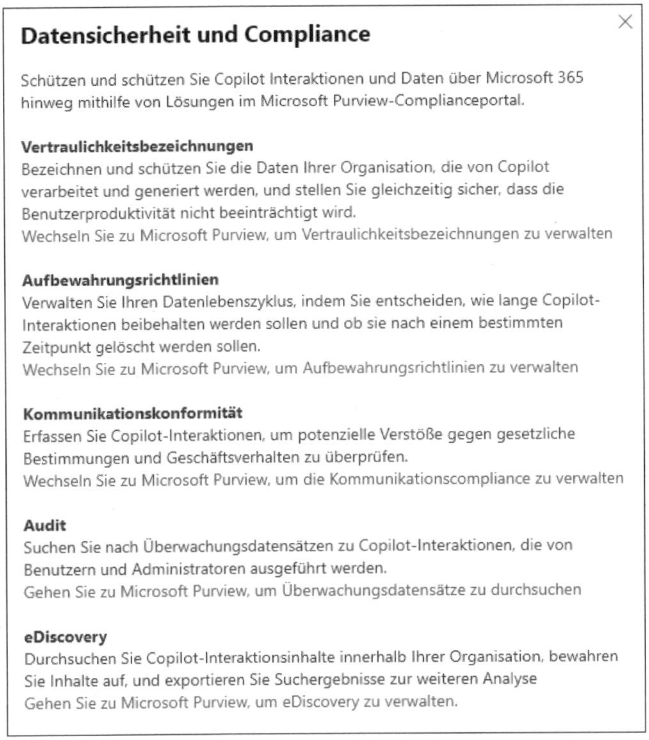

Abbildung 11.8 Datensicherheit und Compliance

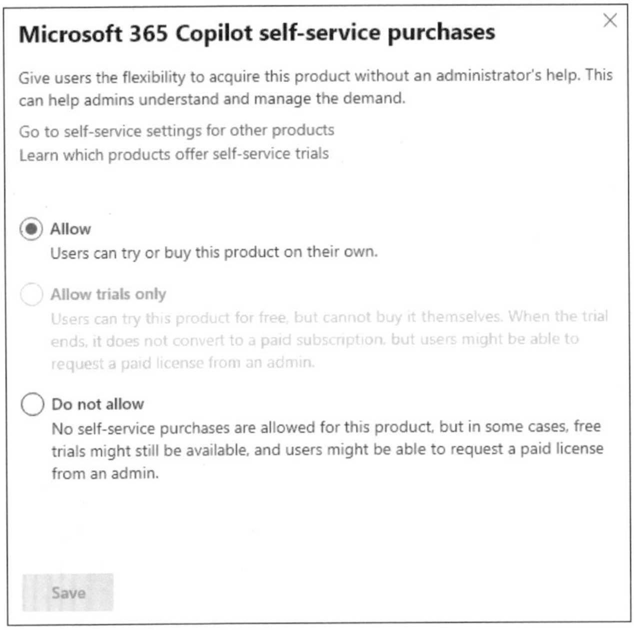

Abbildung 11.9 Microsoft 365 Copilot-Self-Service-Käufe

11.1.4 Erweiterungen

Wie Sie aus den vorangegangenen Kapiteln bereits wissen, können Sie die Leistungsfähigkeit und den Zugriff auf externe Datenquellen (wie den Webinhalt) bei Bedarf in Copilot aktivieren. In Word beispielsweise aktivieren Sie die WEBINHALTE über die Schaltfläche VERWALTEN VON INHALTSEINSTELLUNGEN (siehe Abbildung 11.10).

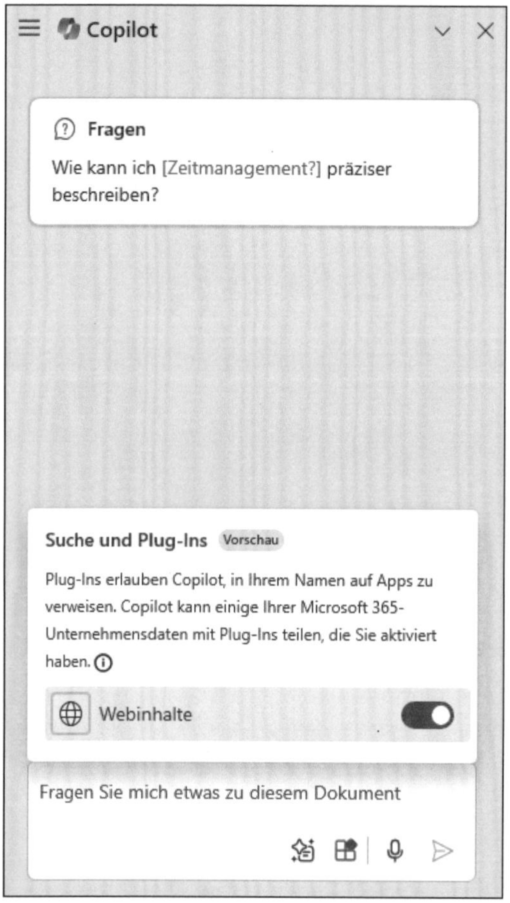

Abbildung 11.10 Copilot-Erweiterungen in Word auswählen

Copilot ist in der Standardkonfiguration so eingestellt, dass alle Benutzer, die über eine Copilot-Lizenz verfügen, Erweiterungen hinzufügen und verwenden können. Doch nicht immer ist das erwünscht. Die Anzahl und die Auswahl von verfügbaren Erweiterungen sind recht unüberschaubar, und so manches Unternehmen möchte schon aus Compliance-Gründen, dass die eigenen Mitarbeitenden nur mit freigegebenen Plugins arbeiten können. Die Verwaltung, ob und welche Erweiterungen verwendet werden können, ist auf verschiedene Ebenen aufgeteilt.

Erweiterungen grundsätzlich aktivieren und deaktivieren

Beginnen wir mit der ersten Ebene der Konfiguration. Hier geben Sie recht grob vor, ob die Nutzung der Erweiterungen für alle Benutzer möglich sein soll (die Standardkonfiguration) oder für keinen Benutzer oder nur für bestimmte Benutzer oder Gruppen von Benutzern.

Diese Konfiguration befindet sich im Microsoft 365 Admin Center im Bereich Copilot unter Einstellungen • Erweiterungen (siehe Abbildung 11.11).

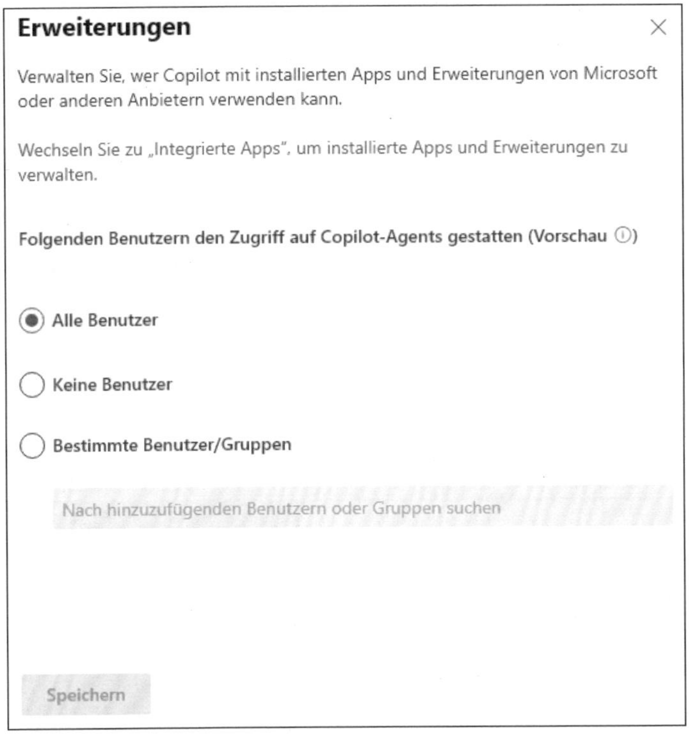

Abbildung 11.11 Einstellungen für Erweiterungen im Microsoft 365 Admin Center

Erweiterungen gezielt freigeben

Die zweite Konfigurationsebene befindet sich an einer anderen Stelle im Microsoft 365 Admin Center: Einstellungen • Integrierte Apps (siehe Abbildung 11.12).

Dieser Bereich ist wiederum in drei verschiedene Abschnitte aufgeteilt:

- Bereitgestellte Apps
  Die in der Liste enthaltenen Apps werden für alle Benutzer installiert und stehen diesen zur Nutzung bereit.
- Verfügbare Apps
  In diesem Abschnitt finden Sie eine recht umfangreiche Liste
  (siehe Abbildung 11.13).

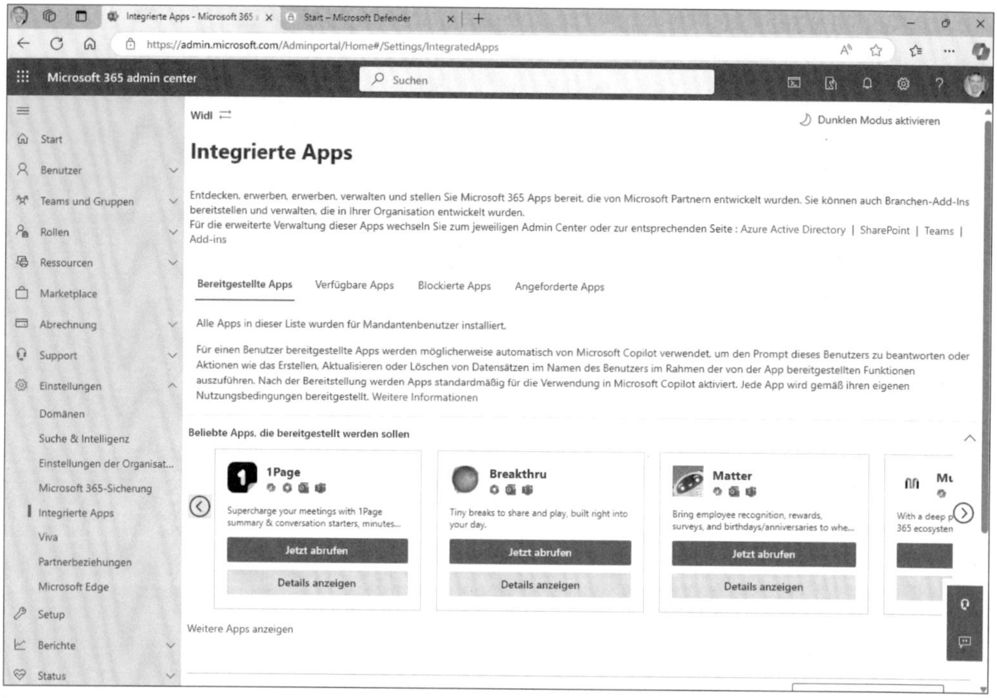

Abbildung 11.12 Integrierte Apps im Microsoft 365 Admin Center

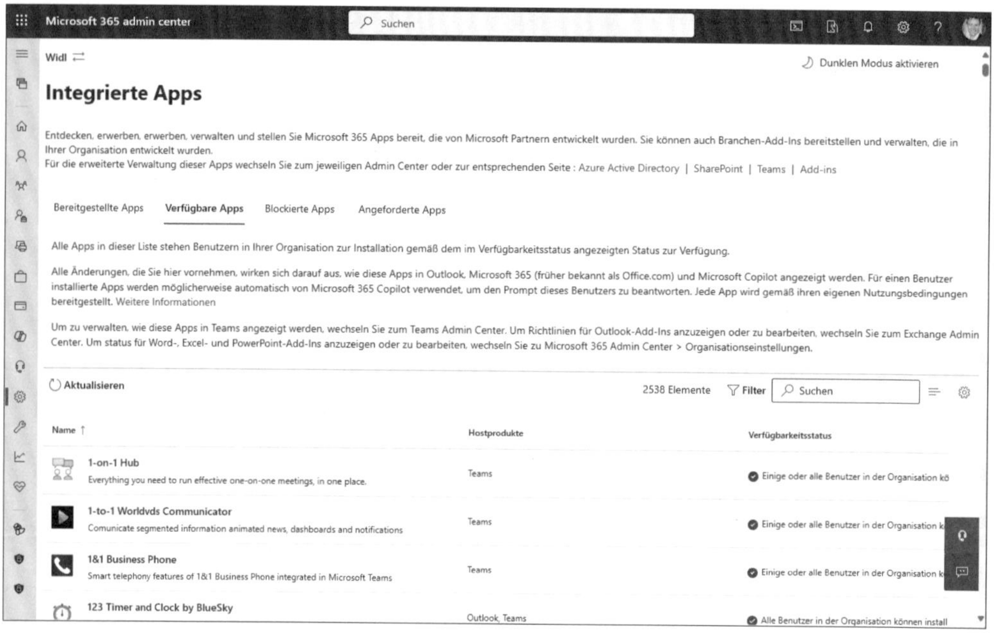

Abbildung 11.13 Auswahl der verfügbaren Apps

Nicht alle der dort aufgeführten Apps haben eine Relevanz für Copilot. Welche davon einen Copilot-Bezug haben, finden Sie am schnellsten heraus, wenn Sie unter FILTER den Eintrag COPILOT wählen.

In der Spalte VERFÜGBARKEITSSTATUS sehen Sie, ob und welche Benutzer die jeweilige App nutzen können. Möchten Sie eine Änderung daran vornehmen, klicken Sie auf die jeweilige App. Abbildung 11.14 zeigt ein Beispiel.

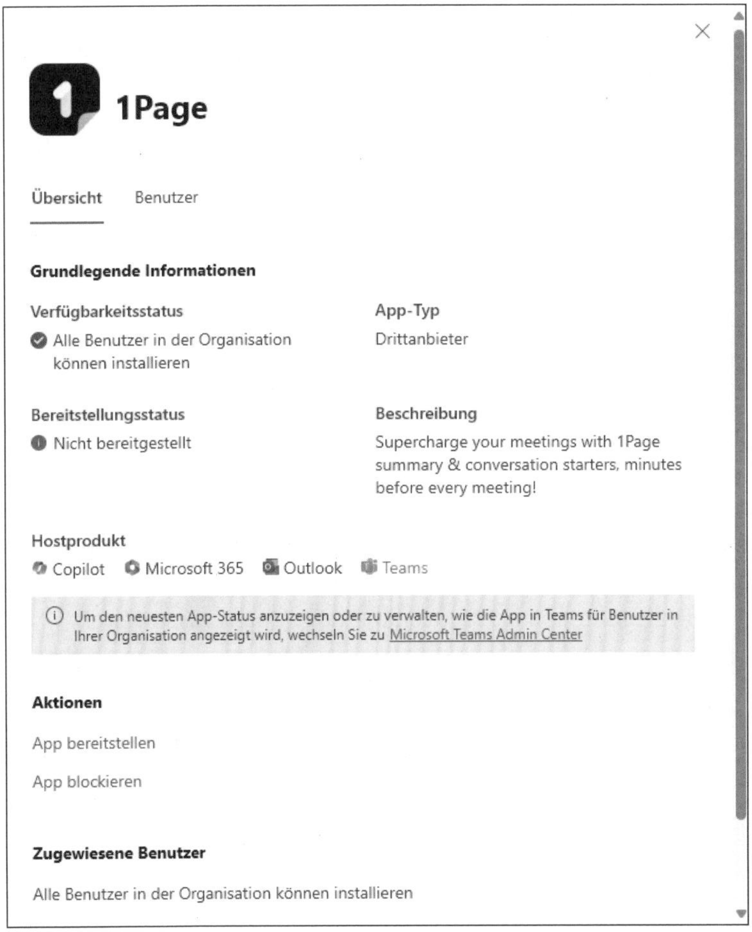

Abbildung 11.14 Verwaltung einer App

Beachten Sie dabei: Wenn Sie eine App blockieren, ist sie nicht nur in Copilot blockiert, sondern auch an anderen Stellen, beispielsweise in Microsoft Teams.

- BLOCKIERTE APPS
  Dieser Abschnitt führt die Apps auf, die im Abschnitt VERFÜGBARE APPS blockiert wurden.

- ANGEFORDERTE APPS
  Hier können Sie sehen, welche Apps von den Anwenderinnen und Anwendern gewünscht, aber nicht bereitgestellt sind.

Unternehmenseigene Agenten freigeben

In Kapitel 10, »Copilot erweitern«, habe ich Ihnen gezeigt, wie Sie eigene Agenten für Ihre unternehmensspezifischen Bedürfnisse anlegen können. Erstellen Sie dabei einen Agenten mit Copilot Studio und wollen Sie diesen in Ihrem Unternehmen nutzen, so muss die App *Copilot Studio* zumindest für diese Benutzer bereitgestellt sein. (Dies gilt nicht für die Agenten, die Sie in SharePoint angelegt haben.) Ansonsten sind die Agenten auch nach der Veröffentlichung aus Copilot Studio heraus in der Copilot-Oberfläche nicht zu finden. Gehen Sie zur Bereitstellung wie folgt vor:

1. Wechseln Sie im Microsoft 365 Admin Center zu EINSTELLUNGEN • INTEGRIERTE APPS.
2. Ist im Abschnitt BEREITGESTELLTE APPS die App COPILOT STUDIO aufgeführt (nicht zu verwechseln mit der App MICROSOFT COPILOT STUDIO – diese ist nur für das Entwicklungstool zum Einbinden in den Teams-Client gedacht), überprüfen Sie, welchen Benutzern die App zugewiesen ist, und passen gegebenenfalls die Liste an.
3. Suchen Sie im Abschnitt VERFÜGBARE APPS nach COPILOT STUDIO (wieder nicht zu verwechseln mit MICROSOFT COPILOT STUDIO), öffnen Sie den Eintrag und wählen Sie die Aktion APP BEREITSTELLEN. Wählen Sie dann alle Benutzer aus, denen es möglich sein soll, die mit Copilot Studio erstellten Agenten auszuführen.

[»] Aktuell gibt es noch keine Auswahlmöglichkeit, welche Agenten welchen Benutzern bereitgestellt werden sollen. Ist die App *Copilot Studio* für einen Benutzer bereitgestellt, kann dieser auf alle Copilot Studio-Agenten zurückgreifen. Natürlich wird dabei nach wie vor das Berechtigungsmodell berücksichtigt, sodass ein Benutzer über einen Agenten nicht versehentlich Zugang zu Daten erhält, auf die er keine Zugriffsberechtigung hat. Ich gehe allerdings davon aus, dass in Zukunft hier eine feinere Konfiguration möglich sein wird.

11.2 Microsoft Teams Admin Center

Ein umfangreicher Dienst wie Microsoft Teams erfordert auch umfangreiche Möglichkeiten zur Administration. Insbesondere die Bereiche zur Kommunikation, Zusammenarbeit und Telefonie werden in jedem Unternehmen unterschiedlich gehandhabt. Und durch die starke Integration von Copilot in Teams hat an so mancher Stelle eine Einstellung, die in Teams vorgenommen wurde, auch Auswirkungen auf die Nutzung von Copilot.

Grundsätzlich ist eines der zentralen Administrationswerkzeuge von Microsoft Teams das MICROSOFT TEAMS ADMIN CENTER (siehe Abbildung 11.15).

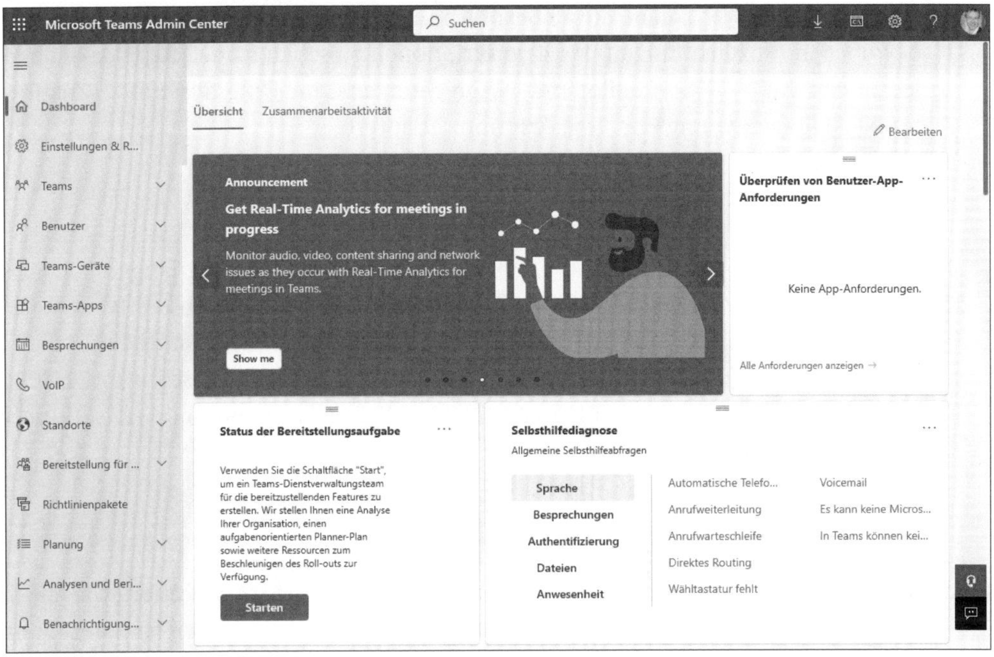

Abbildung 11.15 Microsoft Teams Admin Center

Im Laufe dieses Buches habe ich bereits an verschiedenen Stellen auf bestimmte Konfigurationen in diesem Admin Center verwiesen. Allen gemeinsam ist, dass über *Besprechungsrichtlinien* bestimmte Funktionalitäten freigeschaltet oder unterbunden werden. Eine solche Richtlinie können Sie sich als Sammlung von Einstellungen vorstellen, die steuern, welche Funktionen Organisatoren und Teilnehmer in Besprechungen nutzen können. Neben Besprechungsrichtlinien gibt es in Teams aber auch viele weitere Richtlinientypen für andere Einstellungsmöglichkeiten.

In Hinblick auf Copilot nutzen Sie Besprechungsrichtlinien insbesondere für die Punkte aus diesem Abschnitt.

11.2.1 Transkription erlauben oder verbieten

In Abschnitt 7.1.4, »Copilot mit Besprechungen«, habe ich im Unterabschnitt »Transkript als Grundlage« die Bedeutung der Transkripte für die Nutzung von Copilot während und nach Besprechungen beschrieben. Ob und unter welchen Bedingungen Transkripte angelegt werden, wie lange sie verfügbar sind usw. können Sie über Besprechungsrichtlinien steuern. Welche Möglichkeiten dabei bestehen, habe ich im genannten Abschnitt beschrieben.

11.2.2 Zustimmung zu Aufzeichnung und Transkription

Eine weitere wichtige Einstellungsmöglichkeit in Besprechungsrichtlinien ist die Möglichkeit, dass Personen, die an Besprechungen teilnehmen, zustimmen müssen, bevor sie in Aufzeichnungen und Transkriptionen zu sehen sind. Details dazu habe ich in Abschnitt 7.1.4, »Copilot mit Besprechungen«, im Unterabschnitt »Zustimmung zu Aufzeichnung und Transkription« erläutert.

11.2.3 Aufzeichnungen und Transkription automatisch löschen

Über Besprechungsrichtlinien können Sie außerdem steuern, wie lange eine Aufzeichnung und eine Transkription aufbewahrt werden sollen beziehungsweise nach Ablauf welcher Frist sie automatisch gelöscht werden sollen. Dies könnte unter Compliance-Gesichtspunkten relevant sein. Mehr dazu finden Sie in Abschnitt 7.1.4, »Copilot mit Besprechungen«, im Unterabschnitt »Aufzeichnungen und Transkription automatisch löschen«.

11.2.4 Sprechererkennung in Besprechungsräumen

In Abschnitt 7.1.4, »Copilot mit Besprechungen«, haben wir auch diskutiert, wie selbst bei Besprechungen, bei denen zumindest ein Teil der Teilnehmenden gemeinsam in einem Besprechungsraum sitzt, im Transkript, das die Grundlage für die Copilot-Verarbeitung während und nach einem Meeting ist, eine Zuordnung zwischen dem gesprochenen Wort und der jeweiligen Person erreicht werden kann. Dazu muss von administrativer Seite die Sprechererkennung aktiviert sein. Außerdem müssen die Benutzerkonten, mit denen die Microsoft Teams Rooms-Geräte angemeldet sind, mit einer *Microsoft Teams Rooms Pro*-Lizenz ausgestattet sein. Die Basic-Variante ist leider nicht ausreichend.

Anfang 2025 waren die dafür erforderlichen Konfigurationen im Microsoft Teams Admin Center noch nicht vorhanden, sodass zur Aktivierung ein Ausflug in die PowerShell-Kommandozeile erforderlich ist. Ich zeige hier kurz die nötigen Schritte.

Zunächst müssen Sie es den Benutzern ermöglichen, im Teams-Client ein Sprachprofil zu hinterlegen. Wie die Benutzer dabei vorgehen müssen, habe ich in bereits in Abschnitt 7.1.4, »Copilot mit Besprechungen«, beschrieben. Damit die Funktion im Teams-Client freigeschaltet ist, müssen Sie jedoch zuvor die Besprechungsrichtlinie anpassen, die dem betroffenen Benutzer zugewiesen ist. Dies geht über ein Kommando wie dieses:

```
Set-CsTeamsMeetingPolicy -Identity Global `
   -EnrollUserOverride Enabled
```

Listing 11.1 Die Besprechungsrichtlinie anpassen

Die dabei verwendeten Parameter sind in Tabelle 11.2 erläutert.

Parameter	Bedeutung
`-Identity`	Hiermit geben Sie den Namen der Besprechungsrichtlinie an, die Sie ändern wollen.
`-EnrollUserOverride`	In der Standardkonfiguration steht dieser Parameter auf `Disabled`. Mit `Enabled` können die jeweiligen Benutzer ein Sprachprofil (und ein Gesichtsprofil) im Teams-Client hinterlegen.

Tabelle 11.2 Parameter für »Set-CsTeamsMeetingPolicy«

[«] Eine Einführung, wie Microsoft Teams mithilfe der PowerShell administriert wird, finden Sie hier:

https://learn.microsoft.com/de-de/microsoftteams/teams-powershell-overview

Das allein ist jedoch noch nicht ausreichend. Sie müssen außerdem die Besprechungsrichtlinie modifizieren, die den Benutzerkonten zugewiesen sind, mit denen sich die Microsoft Teams Rooms-Geräte anmelden. Listing 11.2 zeigt ein Beispiel:

```
Set-CsTeamsMeetingPolicy -Identity Global `
   -RoomAttributeUserOverride Attribute `
   -RoomPeopleNameUserOverride On `
   -AllowTranscription $true
```

Listing 11.2 Die Besprechungsrichtlinie der Geräte anpassen

Die Parameter sind in Tabelle 11.3 erläutert.

Parameter	Bedeutung
-Identity	Der Name der Besprechungsrichtlinie, die Sie ändern wollen
-RoomAttributeUserOverride	Hierbei haben Sie drei Möglichkeiten: ▸ Off: Es erfolgt keine Sprechererkennung. ▸ Distinguish: Die einzelnen Stimmen werden unterschieden und es erfolgt im Transkript eine Auszeichnung in der Form SPRECHER*IN 1 usw. ▸ Attribute: Im Transkript erfolgt eine Auszeichnung mit den Namen der jeweiligen Personen.
-roomPeopleNameUserOverride	Mit On können die Namen im Transkript geändert werden (bei einer falschen Zuordnung), mit Off nicht (Standard).
-AllowTranscription	Mit $true wird im Raum die Verwendung eines Transkripts erlaubt, mit $false wird sie verboten.

Tabelle 11.3 Weitere Parameter für »Set-CsTeamsMeetingPolicy«

[»] Vor der Aktivierung der Sprechererkennung sollten Sie gegebenenfalls Rücksprache mit dem Betriebsrat und anderen relevanten Personengruppen halten, die mit dem Datenschutz befasst sind.

11.3 Berichte und Analysen

Bei der Einführung und Nutzung eines Dienstes wie Copilot stehen Unternehmen meist vor Fragen wie:

- Wird der Dienst von den Mitarbeitenden genutzt?
- Wie wird der Dienst von den Mitarbeitenden genutzt?
- Sind weitere Kommunikations- und/oder Schulungsmaßnahmen erforderlich?
- Hat sich die Einführung des Dienstes gelohnt oder können die zusätzlichen Kosten zukünftig wieder eingespart werden?

Um Sie bei der Beantwortung dieser Fragen zu unterstützen, hilft Microsoft mit verschiedenen Berichten und Analysen, insbesondere mit diesen beiden:

- *Copilot-Nutzungsbericht*
- *Copilot-Dashboard*

Beide geben grundsätzlich Aufschluss darüber, wie Copilot im Unternehmen genutzt wird, allerdings aus unterschiedlichen Blickrichtungen für unterschiedliche Personengruppen. Tabelle 11.4 vergleicht beide miteinander.

	Copilot-Nutzungsbericht	Copilot-Dashboard
Zielgruppe	Administratoren	Führungskräfte und technische Entscheidungsträger
Analysierter Zeitraum	Auswählbar sind die vergangenen 7, 30, 90 und 180 Tage.	Die vergangenen 28 Tage
Aktualität der angezeigten Daten	Daten werden nach spätestens 3 Tagen angezeigt.	Daten werden nach spätestens 5 Tagen angezeigt.
Lizenzierung für die in der Auswertung zu berücksichtigenden Benutzerkonten	Keine (mit Ausnahme der Copilot-Lizenzen für die Benutzerkonten)	Neben der Copilot-Lizenz muss den Benutzerkonten zusätzlich eine Lizenz vom Typ *Viva Insights* zugewiesen sein, damit die Daten des jeweiligen Benutzers im Dashboard berücksichtigt werden.

Tabelle 11.4 Vergleich zwischen Copilot-Nutzungsbericht und Copilot-Dashboard

Nach diesem ersten Überblick sehen wir uns beide Werkzeuge genauer an.

11.3.1 Der Copilot-Nutzungsbericht

Der Nutzungsbericht für Copilot ist nicht der einzige Bericht, mit dem Administratoren in Microsoft 365 arbeiten können. Alle Nutzungsberichte sind im Microsoft 365 Admin Center unter dem Navigationspunkt BERICHTE • VERWENDUNG zu finden. Die direkte URL lautet:

https://admin.microsoft.com/#/reportsUsage

Die Ansicht des Berichts für Copilot sehen Sie in Abbildung 11.16.

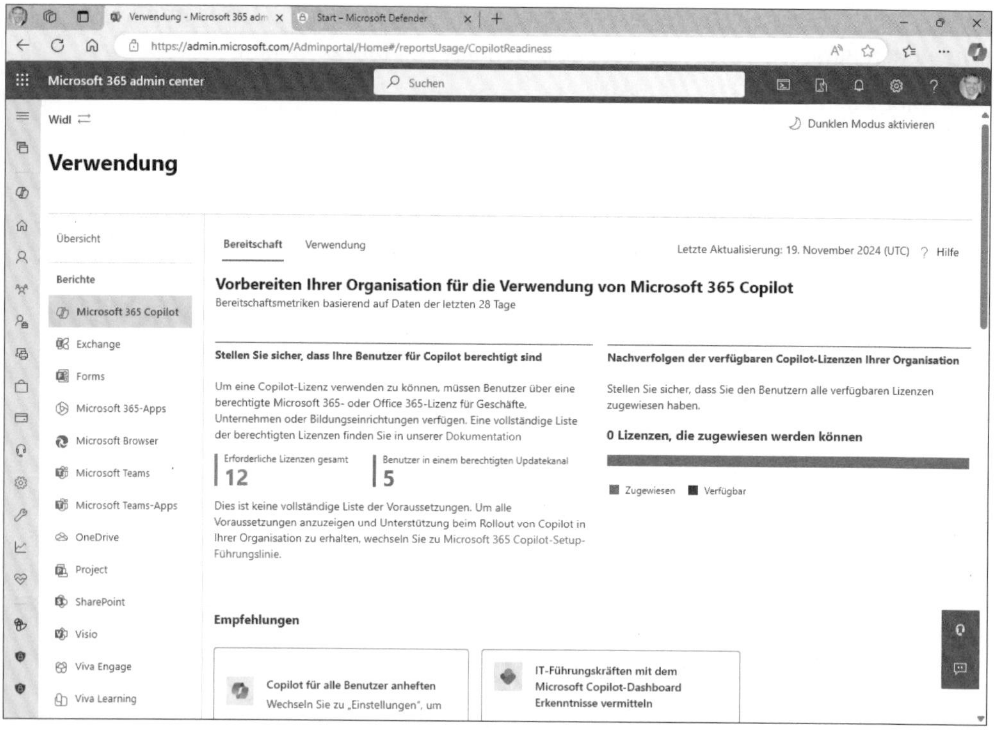

Abbildung 11.16 Copilot-Nutzungsbericht

In dieser Ansicht haben Sie die Wahl zwischen zwei verschiedenen Abschnitten – einem für die Vorbereitung und einem für die Nutzung von Copilot:

- Bereitschaft
  In diesem Abschnitt finden Sie einige Statistiken, die Aufschluss darüber geben, wie viele der vorhandenen Benutzer grundsätzlich von der technischen Seite her bereit sind, Copilot einzusetzen. Dabei werden einige Details als Grundlage verwendet:
  - die Anzahl der Copilot-Lizenzen, die noch erforderlich wären, um alle Benutzer zu lizenzieren
  - die Anzahl der Benutzer, deren Office-Anwendungen vonseiten der Updates so konfiguriert sind, dass sie mit Copilot genutzt werden können (Lesen Sie hierzu auch Abschnitt 1.5.4, »Technische Anforderungen«.)
  - die Anzahl der zugewiesenen und die Anzahl der verfügbaren Copilot-Lizenzen
  - die Anzahl der Benutzer der Microsoft 365-Apps (also der lokal installierten Office-Anwendungen)
  - eine Tabelle mit diversen Angaben pro Benutzer (siehe Abbildung 11.17). Dabei sind die Benutzernamen unkenntlich gemacht, um die jeweiligen Personen zu

schützen. Dies kann jedoch aufgehoben werden, und zwar im *Microsoft 365 Admin Center* unter EINSTELLUNGEN • ORGANISATIONSEINSTELLUNGEN • BERICHTE, wenn dort die Option ANZEIGEN AUSGEBLENDETER BENUTZER-, GRUPPEN- UND WEBSITENAMEN IN ALLEN BERICHTEN deaktiviert wird.

Besprechen Sie das aber im Vorfeld mit Ihrem Betriebsrat und anderen hier relevanten Personengruppen, die mit dem Datenschutz befasst sind.

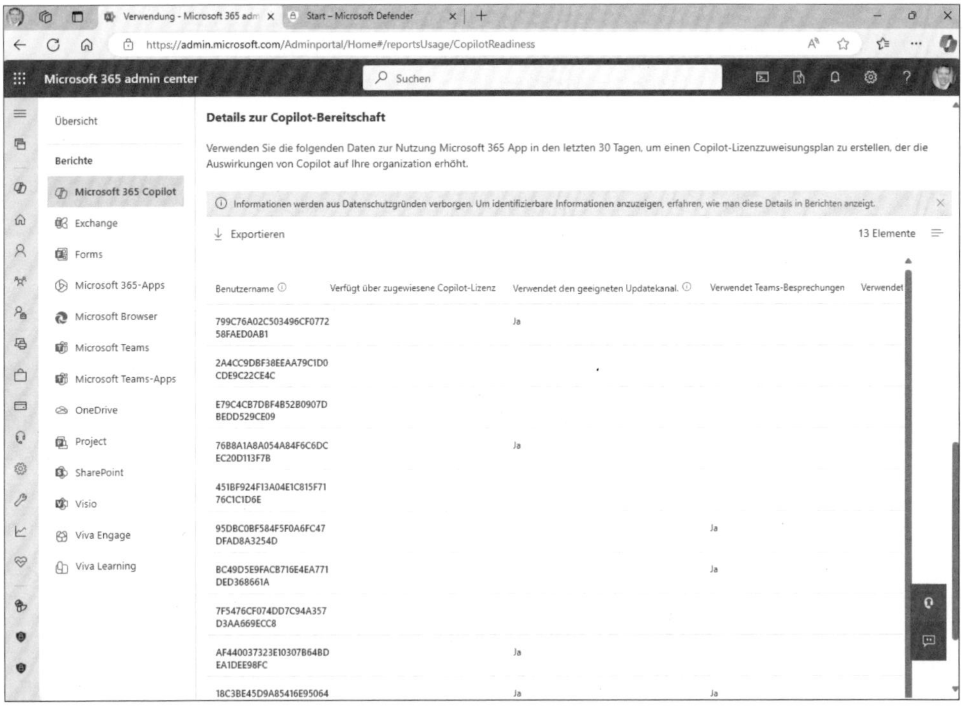

Abbildung 11.17 Angaben pro Benutzerkonto

- ► VERWENDUNG

  Im Abschnitt VERWENDUNG (siehe Abbildung 11.18) wählen Sie zunächst den gewünschten Zeitraum aus. Dann erhalten Sie die folgenden Angaben:
  - die Anzahl der für Copilot aktivierten Benutzer
  - die Anzahl der Benutzer, die Copilot aktiv nutzen
  - die Anzahl der aktiven Benutzer pro Dienst (beispielsweise mit Teams, Word, Outlook oder im Chat) und einen Trend in der Nutzung
  - Nutzungsdetails pro Benutzer (auch hier wieder in der Standardkonfiguration ohne Anzeige des Benutzernamens)

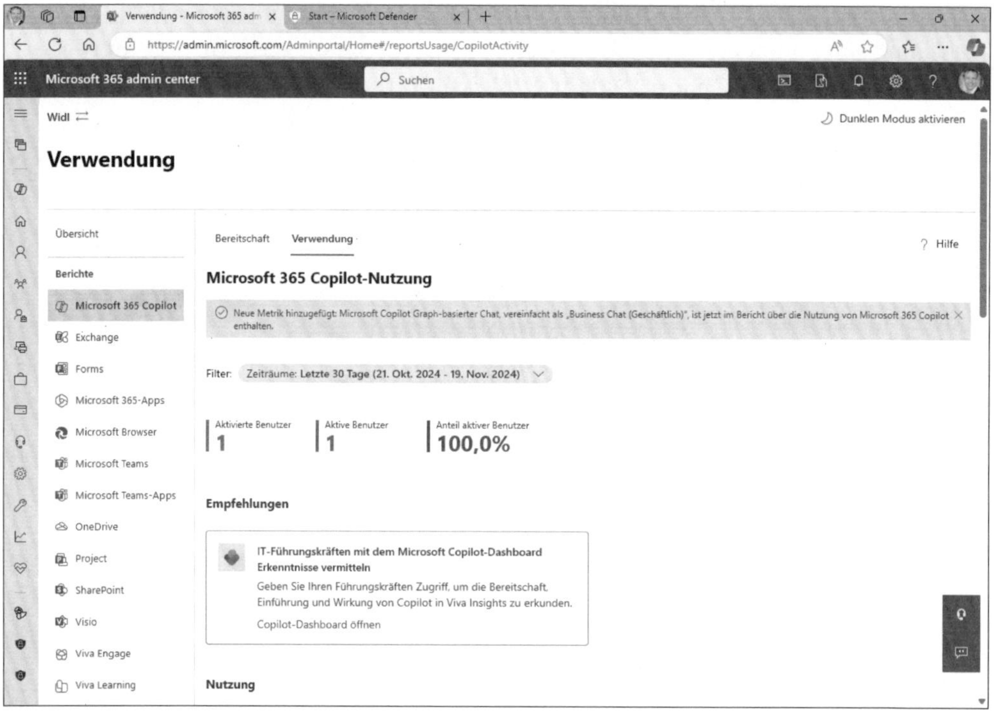

Abbildung 11.18 Verwendung im Copilot-Nutzungsbericht

11.3.2 Das Copilot-Dashboard

Da das Copilot-Dashboard primär nicht für Administratoren gedacht ist, befindet es sich auch nicht im Microsoft 365 Admin Center, denn dort haben üblicherweise nur Administratoren Zugriff. Stattdessen hat Microsoft das Copilot-Dashboard im Kontext von *Viva Insights* angesiedelt.

[»] Wollen Sie mehr über Viva Insights erfahren, ist diese Seite ein guter Startpunkt:

https://learn.microsoft.com/de-de/viva/insights/introduction

Sie finden das Copilot-Dashboard wahlweise direkt unter der folgenden URL oder auch als separaten Bereich in der Viva Insights-App, eingebunden im Teams-Client:

https://insights.cloud.microsoft/#/CopilotDashboard

In Abbildung 11.19 sehen Sie den ersten Abschnitt, BEREITSCHAFT.

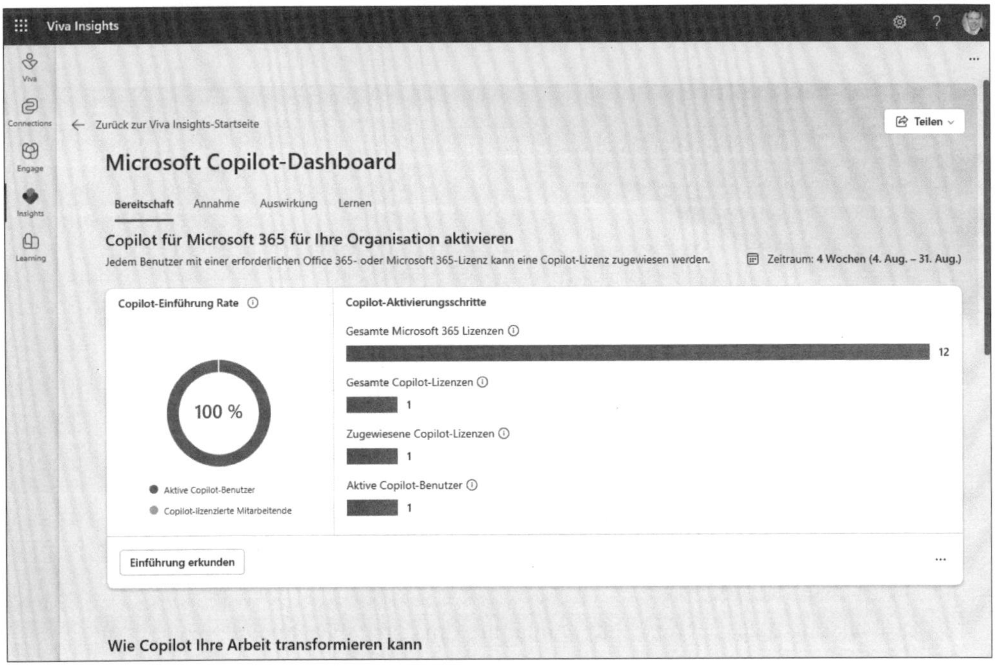

Abbildung 11.19 Der Abschnitt »Bereitschaft« im Copilot-Dashboard

Das Copilot-Dashboard ist in verschiedene Abschnitte aufgeteilt:

- Bereitschaft
  Dieser Abschnitt (siehe Abbildung 11.19) führt im Wesentlichen Zahlen zur Copilot-Einführung in vier Schritten auf:
  - die Anzahl der Microsoft 365-Lizenzen (die potenziell mit Copilot ausgestattet werden können)
  - die Anzahl der im Microsoft 365-Mandanten vorhandenen Copilot-Lizenzen
  - die Anzahl der Benutzern zugewiesenen Copilot-Lizenzen
  - die Anzahl der mit Copilot aktiven Benutzer
- Annahme
  In diesem Abschnitt sehen Sie, wie viele Copilot-Benutzer es pro App gibt (siehe Abbildung 11.20). Wenn Sie hier feststellen, dass Copilot in einer der Apps unterdurchschnittlich oft genutzt wird, können Sie überlegen, warum das so ist und ob gegebenenfalls weitere Informations- oder Schulungsmaßnahmen die Nutzung verbessern könnten.

  Unter dem ersten Diagramm finden Sie für einige Apps auch noch spezifischere Informationen, etwa zur Copilot-Nutzung bestimmter Funktionen. In Outlook wären dies etwa E-Mail-Entwürfe generieren und E-Mail-Threads zusammenfassen.

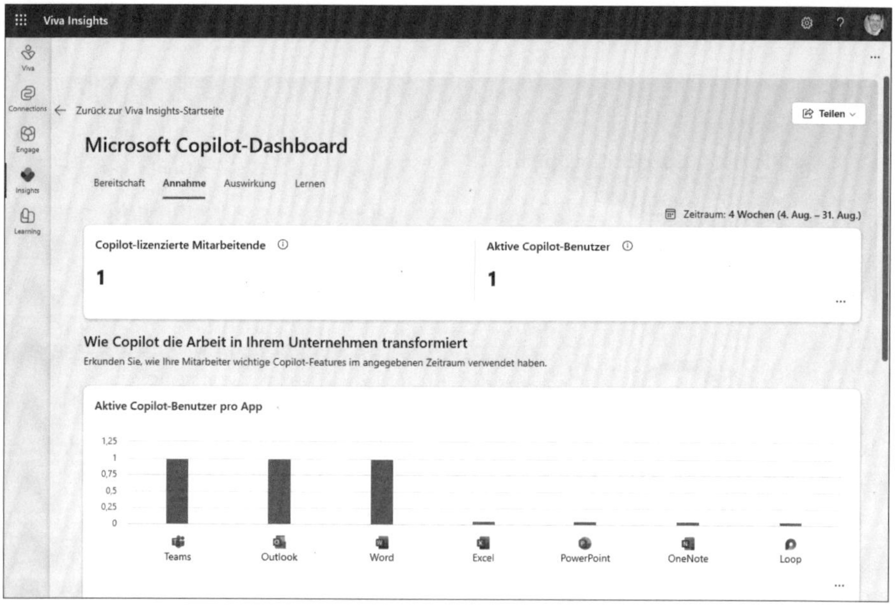

Abbildung 11.20 Der Abschnitt »Annahme« im Copilot-Dashboard

- AUSWIRKUNG
  Wie in Abbildung 11.21 enthält dieser Abschnitt das Ergebnis von Stimmungsumfragen, die Ihr Unternehmen bei Bedarf unter den Anwenderinnen und Anwendern erheben kann.

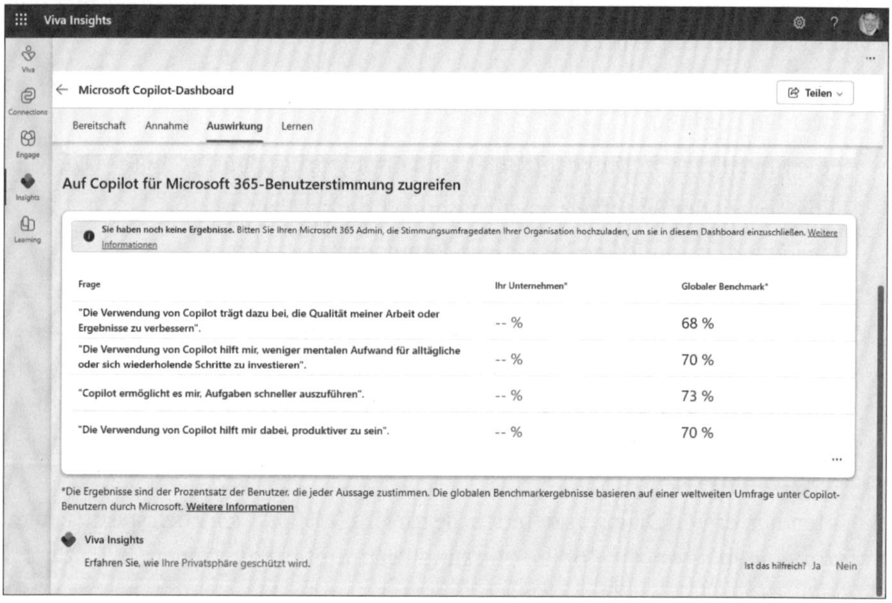

Abbildung 11.21 Der Abschnitt »Auswirkung« im Copilot-Dashboard

- LERNEN
  In diesem Abschnitt sind weitere Ressourcen für die Zielgruppe aufgeführt, die sie bei der Einführung und beim Betrieb von Copilot im Unternehmen unterstützen sollen (siehe Abbildung 11.22).

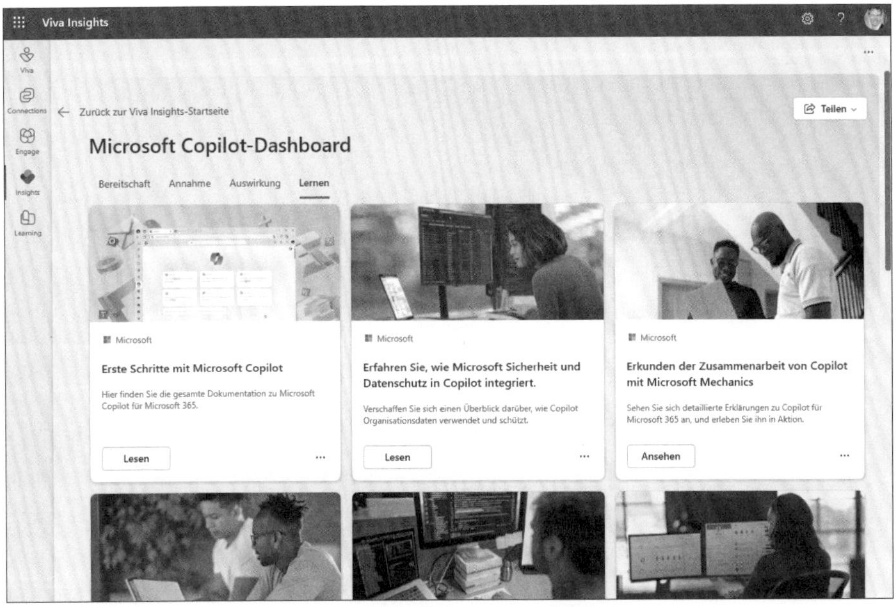

Abbildung 11.22 Der Abschnitt »Lernen« im Copilot-Dashboard

11.4 Schlusswort

Mit dem Kapitel zum Administrationsüberblick sind wir am Ende dieses Buches angelangt. Herzlichen Glückwunsch! Sie haben damit einen umfangreichen Einblick in Microsoft 365 Copilot gewonnen und sind jetzt in der Lage, Ihren Kolleginnen und Kollegen mit Rat und Tat zur Seite zu stehen.

Index

J

K

L

M

N

O

P

R

S

T

U

V

W

Z